KB091779

신식——
소학교의
탄생과
학생의 삶

신식 소학교의 탄생과 학생의 삶

한국 근현대 학교 풍경과 학생의 일상 02

초판 1쇄 인쇄 2017년 12월 1일 ＼**초판 1쇄 발행** 2017년 12월 5일
지은이 김태웅 ＼**펴낸이** 이영선 ＼**편집 이사** 강영선 김선정
주간 김문정 ＼**편집장** 임경훈 ＼**편집** 김종훈 유선 이현정 ＼**디자인** 김회량 정경아
독자본부 김일신 이호석 김연수 박정래 손미경 김동욱

펴낸곳 서해문집 ＼**출판등록** 1989년 3월 16일(제406-2005-000047호)
주소 경기도 파주시 광인사길 217(파주출판도시) ＼**전화** (031)955-7470 ＼**팩스** (031)955-7469
홈페이지 www.booksea.co.kr ＼**이메일** shmj21@hanmail.net

김태웅 © 2017
ISBN 978-89-7483-899-7 94910
ISBN 978-89-7483-896-6 (세트)
값 25,000원

이 도서의 국립중앙도서관 출판시도서목록(CIP)은 e-CIP 홈페이지(http://www.nl.go.kr/ecip)에서
이용하실 수 있습니다.(CIP제어번호: CIP2017029985)

이 저서는 2013년 대한민국 교육부와 한국학중앙연구원(한국학진흥사업단)의
한국학총서 사업의 지원을 받아 수행된 연구임(AKS-2013-KSS-1230003)

進賢
한국학

한국 근현대
학교 풍경과
학생의 일상
02

김태웅
지음

신식——
소학교의
탄생과
학생의 삶

서해문집

오늘날 한국의 교육은 1876년 국교 확대 이전 전통시대 교육과는 판이하다. 19세기 후반부터 오늘날에 이르기까지 일본을 거치거나 직접 들어온 서구의 교육이 미친 영향이 적지 않기 때문이다.

　이러한 교육은 한국인의 물질적 생활방식을 바꾸었을 뿐더러 가치관마저 송두리째 바꿨다. 그것은 오늘날 학교의 풍경과 학생들의 일상생활에서 엿볼 수 있다. 매일 일정한 시각에 등교해 교사의 주도로 학년마다 서로 다르게 표준화된 교과서를 학습하고 입시를 준비하거나 취직에 필요한 역량을 키운다. 또한 복장과 용모 지도에서 볼 수 있듯이 여전히 남아 있는 일제 잔재와 군사문화의 일부가 학생들의 일상생활을 통제한다.

　그러나 한국의 교육은 서구의 교육과는 동일하지 않다. 그것은 단적으로 해방 후 한국교육의 양적 성장에서 잘 드러난다. 초등교육은 물론 중등교육·고등교육의 비약적인 팽창은 세계교육사에서 유례를 찾아볼 수 없을 정도로 엄청난 규모를 보여 준다. 그리하여 이러한 경이적인 팽창은 한국의 경제성장에 기여했을 뿐만 아니라 사회 전반에 걸친 압축적 근대화에 견인차 역할을 수행했다. 아울러 이러한 성장은 직간접적으로 국민들의 의식에도 영향을 미쳐 산업화와 함께 민주화의 동력이 되었다.

그런데 오늘날 한국교육은 급속한 양적 성장을 거친 결과 만만치 않은 과제를 안고 있다. 사회의 양극화와 더불어 교육의 양극화가 극심해져 교육이 계층 이동의 사다리이자 자아실현의 디딤돌이 되기는 커녕 사회의 양극화를 부채질하고 학생들의 삶을 황폐화시키고 있다. 고등학생은 물론 초등학생·중학생들도 입시 준비에 온 힘을 기울임으로써 학생은 물론 학부모, 학교, 지역사회의 일상생활이 입시전쟁에 종속되어 버렸다.

도대체 1876년 국교 확대 이후 한국의 교육에서 어떠한 변화가 일어났기에 오늘날 이러한 현상이 일어났는가. 한국의 교육열은 어디에서 그 기원을 찾아야 하는가. 고학력자의 실업률이 나날이 증가함에도 이른바 학벌주의가 여전히 기승을 부리는 이유는 무엇인가. 그럼에도 야학으로 대표되는 제도권 바깥 교육이 비약적인 경제성장에도 끈질기게 살아남으며 한국교육에서 차지하는 비중이 낮지 않음은 무슨 까닭인가. 또 이러한 비제도권 교육은 한국의 압축적 근대화에 어떻게 영향을 미쳤으며, 비제도권 교육의 양적·질적 변동 속에서 학생들의 일상생활은 어떻게 변화했는가. 그 과정 속에서 학생들은 어떻게 자신의 꿈을 실현했으며, 한편으로는 어떻게 좌절했는가. 아울러 한국의 교육 현상은 유교를 역사적·사상적 기반으로 하는 동아시아 각국의 교육 현상과 어떻게 같고 또 다른가.

이 총서는 이러한 문제의식에서 역사학자·교육학자 10명이 의기투합해 저술한 결과물로서 다음과 같은 점에 중점을 두었다. 먼저 근현대 학교의 풍경과 학생의 일상생활을 공통 소재로 삼아 전통과 근대의 충돌, 일제하 근대성의 착근과 일본화 과정, 해방 후 식민지 유제의 지속과 변용을 구체적으로 고찰함으로써 한국적 근대성의 실체를 구명하고자 했다. 더 나아가 한국의 교육을 동아시아 각국의 근현대교육과 비교하고 연관시킴으로써 상호작용과 반작용을 드러내고 그 의미를 추출하고자 했다.

따라서 이 총서는 기존의 연구 성과를 디딤돌로 삼되 새로운 구성 방식과 방법론에 입각해 다음과 같은 부면에 유의하며 각 권을 구성했다. 첫째, 한국 근현대교육제도의 변천 과정을 통시적으로 고찰하면서 오늘날 한국교육을 형성한 기반에 주목했다. 기존의 한국 근현대 교육사에 대한 저술은 특정 시기·분야에 국한되거나 1~2권 안에 개괄적으로 정리하는 것이 보통이었다. 그러나 이러한 저술은 한국근현대교육의 흐름을 파악하는 데 도움을 줄 수는 있으나 자료에 입각해 통시적이고 종합적으로 이해하기에는 아쉬움 점이 적지 않았다.

특히 대부분의 저술이 초등교육에 국한된 나머지 중등교육과 고등교육, 비제도권 교육에 대한 서술을 매우 소략했다. 그리하여 이 총서에서는 기존 저술의 이러한 한계를 극복하기 위해 일반 대중의 눈높이를 염두에 두면서 초등교육은 물론 중등교육·고등교육을 심도 있게 다루었다. 다만 대중적 학술총서의 취지를 살려 분량을 고려하고 초등교육·중등교육·고등교육 각각의 기원과 의미에 중점을 둔 까닭에 개괄적인 통사 서술 방식에서 벗어나 특정 시기를 중심으로 구체적으로 서술했다.

둘째, 이 총서의 가장 큰 특징은 기존 연구에서 거의 다루지 않은 학생들의 일상을 미시적으로 탐색하면서 한국적 근대의 실체를 구명하는 데 있다. 따라서 이 작업은 교육제도와 교육정책에 치중된 기존 연구 방식에서 벗어나 삶의 총체성이라 할 일상 문제를 교육 영역으로 적극 끌어들였다고 하겠다. 물론 학생의 일상은 교육사 전체에서 개관하면 매우 작은 부분일 수 있다. 그러나 이들 학생의 일상은 국가와 자본, 사회와 경제 같은 거대한 환경에 따라 규정될뿐더러 학생이 이러한 환경과 상호작용하면서 자신의 체험을 내면화함으로써 새로운 세계를 열어가는 기반이라는 점에서 그 의미가 적지 않다. 그리하여 한국 근현대 시기 학생의 일상에 대한 서술은 일상의 사소한 경험이 사회 구조 속에서 빚어지는 모습과 특정한 역사 조건 속에서 인간 삶이 체현되는 과정으로 귀결된다. 나아가 이러한 서술은 오늘날 한국인의 심성을 만들어낸 역사적·사회적 조건을 구명하는 계기를 제공할 것이다. 이에 이 총서는 문화연구 방법론을 활용하기 위해 기존 역사 자료 외에도 문학 작품을 비롯해 미시적인 생활 세계를 담은 구술 채록과 증언 자료, 사진, 삽화 등을 적극 활용했다.

셋째, 이 총서의 마무리 저술에서는 학제 작업의 장점을 살려 일본·타이완과 같은 동아시아 국가의 교육과 비교·연관함으로써 동아시아적 시야 속에서 한국 근현대교육의 위상과 의미를 짚어보고자 했다. 왜냐하면 일본과 타이완, 한국은 유교를 기반으로 하면서도 각각 제국주의와 식민지라는 서로 다른 처지에서 전통과 다르면서도 공히 자본주의 체제를 내면화하면서 급속한 경제성장과 정치적 권위주의의 병존, 1990년대 이후의 민주화 여정에서 볼 수 있듯이 서구와 서로 다른 동아시아적 특색을 구비했기 때문이다. 따라서 동아시아 속에서 비교·연관을 통한 한국 교육에 대한 재검토는 이후 한국 교육의 방향을 국민국가 차원에서 벗어나 동아시아적·지구적인 차원에서 모색하는 데 중요한 시사점을 제공할 것이다.

그럼에도 이 총서는 기존 연구 성과를 밑거름으로 삼아 집필되었기 때문에 각 권마다 편차를 보인다. 지금에서야 새롭게 주목받기 시작한 일상생활 영역과 오래 전부터 연구돼 온 영역 간의 괴리로 인해 연구 내용과 자료가 시기마다, 학교급마다, 분야마다 균질하지 않기 때문이다. 다만 총서의 취지와 주제를 적극 살리기 위해 이러한 차이를 메우려고 노력했다는 점도 부기하고자 한다. 그리하여 이 총서가 한국 근현대교육사를 한때 학생이었던 독자의 눈과 처지에서 체계적으로 이해할뿐더러 학생의 일상과 교육의 상호작용을 구체적으로 묘사하는 데 중요한 문화 콘텐츠로 활용되기를 기대한다. 또한 이 총서는 총10권으로 방대하지만 독자들이 이러한 방대한 총서를 통해 한국 근현대교육사의 속내를 엿보는 가운데 한국교육의 지나온 발자취를 성찰하면서 오늘날 한국교육이 나아가야 할 방향을 모색하는 데 기꺼이 동참해 주기를 고대한다. 이 자리를 빌려 이 총서를 발간할 수 있도록 지원해 준 한국학중앙연구원 한국학진흥사업단에 감사의 말씀을 드린다.

끝으로 총서 작업을 해오는 과정에서 저자들에 못지않게 교열을 비롯해 사진·삽화의 선정과 배치 등 온갖 궂은일을 도맡아 주신 출판사 편집진의 노고에 감사의 뜻을 표한다. 아울러 독자들의 따뜻한 관심과 차가운 질정을 빈다.

저자들을 대표해 김태웅이 쓰다

머리말

이 책은 1876년 국교 확대 직후부터 1919년 3·1운동까지 근대 신식 학교의 탄생과 학생의 일상생활을 상호 연계해 근대교육의 목표, 방향과 내용, 성격을 역사적인 맥락 속에서 서술했다. 특히 학생이 맞닥뜨린 시대적 과제 및 교육제도의 변화와 함께 학교 안팎의 생활에서 겪은 여러 경험을 집중해서 다루었다.

지난 20세기에 우리 사회는 일제의 대한제국 강점과 일본화 공작, 남북분단과 전쟁으로 이어지는 연속된 고난으로 수많은 절망과 좌절을 겪어야 했다. 특히 일제의 노동력 강제 동원과 물자 수탈, 6·25 남북전쟁에 따른 인적·물적 피해는 심각해 대한민국은 다시 일어날 수 없을 만큼 엄청난 타격을 입었다. 그러나 오늘날 대한민국은 여전히 풀어야 할 난제가 많음에도 빈곤과 독재에서 벗어나 이전에 비해 경제적 풍요와 정치적 자유를 누리고 있음도 사실이다. 그것은 삶의 질을 높이려는 민인 대중의 열성 어린 노력과 사회 주도층의 근대화 기획이 맞물리면서 산출된 결과다.

여기서 우리는 새삼스럽게 질문하고 답하게 된다. 자본의 부족, 과학기술의 낙후, 부존자원의 빈곤에 굴하지 않고 단기간에 압축적 근대화를 가져올 수 있었던 원동력을 묻는다면 무엇보다 학교 교육을 통해 길러진 우수한 노동력의 양적 확대와 질적 성장이라고 대답한다. 그러면 여기서 다시 묻는다. 왜 우리의 앞선 세대는 수많은 고통과 난관에도 굴하지 않고 자식의 교육에 열과 성을 다했으며, 학교 설립과 교사 양성에 힘을 기울였는가. 그것은 우리 재래의 전통에서 나온 것인가 아니면 일제의 통치 체제에서 나온 것인가. 그리고 근대 개혁기에 외세의 등살에 시달리고 재정이 빈약함에도 조선 정부와 대한제국 정부는 왜 일찍부터 상업입국과 함께 교육입국을 설파했고, 지역 사회는 교육의 공공성을 주장하며 스스로 의무교육의 실현에 앞장서야 함을 강조했는가. 특히 이른바 초등교육이라고 불리는 소학교육에 온갖 정성을 기울이며 의무교육 실현에 열정을 바쳤다는 점에서 소학교육에 관심을 가질 필요가 있다. 그리고 왜 대한민국 임시정부는 일제에 항전하면서 신국가 건설의 방략을 수립하는 가운데 정치·경제와 함께 교육의 균등을 강조했는가. 이때 말하는 교육의 균등은 모든 국민이 사회구성원으로서 당연히 누려야 할 배움의 기회를 골고루 제공할 것임을 의미한다는 점에서 대한제국기 의무교육론의 부활이라고 하겠다. 물론 이러한 의무교육공약은 이념과 노선을 달리하는 여러 독립운동 단체도 공히 제시했다. 그리고 1948년 8월에 선포된 〈제헌헌법〉 제16조에서는 매우 열악한 사회경제적 여건 속에서 초등학교 의무무상교육의 실시를 명시했다. 그리하여 1950년대 전쟁의 뼈저린 상흔 속에서도 '콩나물 교실'에서 볼 수 있듯이 초등학교 의무교육이 시행됐다.

주지하다시피 초등학교에서 실시되는 소학교육은 모든 교육의 출발이다. 물론 초등학교 입학 이전에도 교육이 이루어진다. 그러나 그것은 교수학습보다는 아동보육에 주안을 두고 있다는 점에서 교육의 본질적 속성을 완전하게 지니고 있지 못하다. 반면에 소학교육은 아동이 개인의 주체적 자아를 실현하고 또래 연령으로서 갖추어야 할 지식을 쌓으며 공동체 성원으로서의 사회성을 키우게 북돋음으로써 중등교육·고등교육을 받을 수 있는 기초 역량을 육성하는 데 중점을 둔다. 이 점에서 소학교육은 기초교육의 대명사다.

또한 소학교육은 국가 차원에서 유아기를 넘은 아동이 모두 교육을 받을 수 있게 법률적으로 제도화함으로써 보통교육으로서의 위상과 가치를 보여 준다. 나아가 국가와 지역 사회가 경제적으로 지원함으로써 소학교육은 개인을 넘어 국가와 사회 차원에서 대중 교육의 근간을 이룬다. 따라서 이러한 소학교육은 특정 신분에 국한해 개별적으로 이루어지던 기존 소학교육과 성격을 달리할뿐더러 국가 차원에서 제도화되지 못한 서당교육과 질적으로 달리한다. 즉, 조선 후기 서당은 양반 자제는 물론 서민 자제도 다닌다는 점에서 이러한 보통 교육의 특성을 보여 줌에도 국가 차원에서 이러한 서당교육을 제도화하지 못한 반면, 갑오개혁 이후에는 소학교가 국가 차원에서 설립되고 운영됨으로써 소학교육이 제도화되고 많은 아동이 신분과 무관하게 소학교에 입학해 교육을 받을 수 있었다. 물론 이러한 학생은 국민국가의 구성원으로서 소양과 자질을 갖추게 했다. 이 점에서 소학교육은 보통교육의 대명사다.

그러나 오늘날 우리의 소학교육은 위기에 처해 있다. 학벌사회라는 용어에서 잘 드러나듯이 학벌이 개인의 진로와 삶의 질을 결정한다고 해 중학교육은 물론 소학교육마저 입시 광풍에 휘둘리고 있다. 또한 세계화라는 거대한 태풍 속에서 소학교육마저 자아의 실현보다는 개인의 입신영달을 위해 영어 교수학습에 몰입하고 있다. 또한 사교육 열풍은 공교육 강화 노력에도 사그라들기는커녕 오히려 확산돼 감으로써 즐겁게 뛰놀고 재미있게 활동해야 할 아동의 일상생활이 사교육으로 형해화된 지는 이미 오래 전의 일이다. 오늘날 아동은 그들이 누려야 할 권리는 어디로 가고 오로지 입시 전쟁에 동원된 전사로 키워지는 셈이다.

이 점에서 우리는 근대 소학교육의 자취들을 되돌아볼 필요가 있다. 거기에는 해결해야 할 과제도 적지 않고 계승해야 할 자산도 만만치 않게 많기 때문이다. 이런 과제와 자산이 오늘날 소학교육에 어떻게 영향을 미쳤는가. 그리고 이런 성찰 위에서 우리가 마주하는 교육 현실을 역사적인 눈으로 응시해야 한다. 우리 시대의 가르침과 배움은 어디에서 출발해 어떻게 흘러왔나. 그리고 앞으로 어떻게 될 것인가.

따라서 이런 의문에 답을 구하기 위해서는 오늘날 소학교육의 근간을 이룬 1876년 국교 확대 이후 1919년 3·1운동에 이르기까지 소학교육의 전개 과정과 역사적 의미를 곰곰이 검토해야 한다. 왜냐하면 이 시기에 설립된 신식 소학교의 면모와 소학생들의 일상생활은 중세교육이 근대교육으로 변모하는 과정을 잘 보여 줄뿐더러, 전통교육이 일제 침략으로 변용되거나 소멸되는 가운데 우리 스스로 신식교육을 내면화하면서 저항과 순응의 갈림길에 서서히 들어서는 과정을 명료하게 보여 주기 때문이다. 이를 위해 이 책은 다음과 같은 점에 유의했다.

첫째, 학생의 처지와 시선을 중심으로 이들을 둘러싼 넓은 의미의 학습 환경에 중점을 두었다. 그것은 무엇보다 그들의 꿈과 좌절의 목소리를 동시에 들어보고자 하는 의도와 관련된다. 또한 사회 주도층의 교육목표 설정과 내용 구성을 학생들의 삶과 연계해 그 의미를 찾아보고자 하는 것이다. 이 과정에서 학생들이 늘 접한 교과서를 교육목표와 학생들의 학업을 연결하는 고리로 활용했다. 그리고 학생을 중심으로 학습 환경에 접근하고자 한 것은 오늘날 사적 권익을 위해 학생의 수업권과 인격권을 공공연히 침해하고 공공적 책무를 방기하는 세태에 대한 경각심을 불러일으키고자 한 것이다. 이에 여기서는 학생들의 인격적·지적·육체적 발달을 도모하는 데 힘을 기울여야 할 교사의 양성 과정과 교사의 책무 의식도 함께 다루었다.

둘째, 학생들의 일상생활도 집중 다루고자 했다. 물론 교육사 연구에서 충분히 다루지 못했기 때문에 이에 대한 서술은 자료의 발굴을 통해 보완했다. 예컨대 학생들의 단발문제, 기숙생활, 생활비, 자치활동 등은 학생들이 학업을 수행하는 과정에서 늘 부딪히는 중요한 사안이어서 관련 자료를 최대한 추출해 학생들의 생활을 구성하고자 했다. 그리하여 학생들의 일상생활이 시기마다 어떻게 달라지고 그것이 학생 개개인은 물론 사회와 국가 차원에서 어떠한 의미를 지니는가를 살펴보고자 했다. 특히 단발 논란에서 드러나듯이 이는 당시 구세대와 신세대의 갈등은 물론 신식학교와 지역 사회의 긴장을 잘 보여 준다.

셋째, 근대개혁기 영어교육의 실태를 추적함으로써 영어교육의 기원은 물론 오늘날 영어교육의 허와 실을 드러내고자 했다. 비록 당시 영어교육이 영어학교에 한정된 교육이었지만 오늘날 영어교육의 맹목과 과잉을 역사적으로 되짚어 보고자 했다. 그리하여 초등학교 영어교육의 역사적·사회적 의미를 좀 더 깊이 있게 고민하는 계기로 삼고자 한다.

넷째, 소학교육의 실상을 구체적으로 들여다보기 위해 기존의 법령 관련 자료, 신문 자료, 통계 자료와 함께 외국인 견문록, 문학작품, 일기, 노래, 사진 등의 자료도 적극 활용했다. 물론 이런 자료에 대한 사료 비판은 말할 나위가 없다. 특히 문학작품은 단지 작가의 상상력이 빚어낸 허구가 아니라 그의 성장 과정을 적나라하게 드러낼 수 있다는 점에 유의했다. 그리하여 이들 자료의 신뢰도에 근거해 학생들의 일상생활을 생생하게 복원하고자 했다.

이 책은 크게 4장으로 구성했다.

1장은 1876년 국교 확대 직후부터 1905년 을사늑약 직전까지 학생들의 학업과 일상생활을 둘러싼 역사적·사회적 기반과 교육 안팎의 환경을 서술하는 데 초점을 두었다. 특히 근대적 국민교육체제를 수립하는 데 중요한 역할을 한 초등교육 개혁의 추이와 소학교 설립 과정에 중점을 두고 접근하되, 크게 갑오개혁 이전, 갑오개혁기, 광무개혁기 세 시기로 구분해 각각의 역사적 특징을 추출했다.

2장은 1894년 학제 개편부터 1905년 을사늑약 직전까지 학생들의 학업과 일상생활을 직접적으로 규정하는 국가의 교육목표, 교육과정 및 학생들의 학업 내용과 일상생활을 고찰하는 데 초점을 두었다. 특히 기존 연구에서 별로 주목하지 않은 학생들의 학교생활을 가능한 한 담아 보고자 했다. 이 과정에서 오늘날 영어교육의 원조라 할 영어학교를 비롯한 주요 외국어학교의 교수학습 실태와 교과목을 소개했다.

3장은 1905년 을사늑약 직후부터 1910년 일제의 대한제국 강점 직전까지 한국의 내정을 실질적으로 장악한 통감부의 교육목표와 교육정책 방향, 한국인의 교육구국운동, 그리고 근대적 시공간으로 편입되는 한국 학생들의 학업과 일상생활이 지니는 역사적·사회적 특징을 서술하는 데 중점을 두었다. 특히 일제강점 직후 조선총독부의 교육 시책 및 한국인의 교육구국운동과 연계함으로써 이 시기 한국교육의 역사적 위상을 자리매김하고자 했다.

4장은 1910년 일제 강점 직후부터 1919년 3·1운동까지 조선총독부의 교육시책과 교원들의 근무 환경, 학생들의 학업과 일상생활을 서술하는 데 중점을 두었다. 특히 학생들의 일상생활을 3·1운동 시위 학생들의 내면세계와 연계함으로써 학교생활에서 드러나는 3·1운동의 특징을 추출하고자 했다.

요컨대 이 책은 1876년 국교 확대 이후 1919년 3·1운동에 이르기까지 고난과 격정의 세월 속에서 어린 학생들의 일상적인 삶과 이를 둘러싼 시대의 만남과 부딪힘, 그리고 어른들과 함께 시대의 어둠을 헤치며 새로운 세계를 열려는 학생들의 고민과 열정을 역동적으로 그려내고자 했다. 독자 제현의 따가운 질정을 기다린다.

2017년 11월
김태웅

차례

I

우리 정부의 신식 소학교 설립과
보통교육의 제도화

2

우리 정부 아래 학생의 학업과 일상생활

3

일제 통감부의 우민화교육과
한국인 학생의 생활문화

4

**강점 초기 일제의
점진적 동화주의교육 추진과
한국인 학생의 기개**

우리 정부의
신식 소학교 설립과
보통교육의 제도화

1
신식학교의
설립과 이원적
근대 학제의 구상

I

신식학교의 설립과
이원적 근대 학제의
구상

신식학교의 설립

조선은 교화를 통한 통치를 표방하고, 중앙집권적 방식에 입각해 전국 차원의 교육제도를 운영했다. 국가에서는 서울에 성균관과 사부학당을, 지방의 모든 고을에 향교 등의 관학을 두어 흥학의 기준을 세웠으며, 양반 유자층은 서원·서재·서당 등을 통해 향촌사회의 교육과 교화를 담당했다. 그리하여 '학교진흥(興學校)'은 고려 시기와 달리 국초부터 고을 사또의 중요 임무로서 7사七事 가운데 하나였다.[1]

그러나 학문의 담당과 흥학의 책무는 사대부 양반 위주로 운영되는 현실을 바탕으로 했다.[2] 실제 조선의 이들 사대부는 지주적 경제기반과 지속적인 정치 참여를 근간으로 이 시기의 사회를 신분계급에서 주도하고 정치경제에서 중추를 이뤘으며, 학교제도 또한 이에 따라 이념이 정립되며 공론이 형성됐다. 그리하여 관학의 대표라 할 성균관을 비롯해 사부학당, 향교는 물론 사학의 대표라 할 서원도 일반 민인의 참여 기회가 봉쇄된 채 이들 사대부의 주도로 운영됐다.

또한 이들 사대부가 지향하는 이상적인 국가는 군신·부자의 윤리가 밝고 예악·형정·의문儀文(의식을 치르는 데 필요한 예절·법도)·도수度數(천체의 위치)의 명분이 나타나는 유교 국가였으므로, 이들 교육기관에서 사대부 자녀가 학습하는 교과내용의 핵심은 인륜과 의리의 학습에 중점을 둔 유교 경전이었다. 아울러 이러한 유교 경전을 가르치는 학관學官은 경학經學에 밝고 행실이 잘 닦여 사표師表가 될 만한 관원이었다.[3] 이른바 사범師範이었다.

그러나 임진왜란과 병자호란으로 그간 양반 사대부 중심으로 짜인 사회 기강이 크게 무너지고, 일부 일반 민인이 농업생산력의 발전과 교환경제의 발달로 부유한 농민과 상인으로 성장하면서 새로운 교육 현상이 나타났다. 즉 이러한 신흥 계층의 자녀는 사대부 자녀가 독점한 향교와 서당에 입학해 사대부 중심의 교화질서를 조금씩 무너뜨려 나갔다. 게다가 신흥 계층은 자식을 위해 서당을 설립하고 훈장을 고용하기도 했으며, 향촌민은 서당 운영에 필요한 기금을 확보하기 위해 서당계를 조직해 곡식을 저축하기도 했다.[4] 여기서는 신분을 가리지 않고 향촌민의 자식을 적극 서당으로 모아 배우게 했다. 드디어 이들 동몽은 비교적 자유로운 분위기에서 최소한의 초등교육을 받음으로써 배움의 욕구를 충족시킬 수 있었다. 나아가 이들 중 일부는 개인의 수양인 수기修己를 넘어서 정치권력에 참여하는 치인治人을 꿈꾸기도 했다.

국가도 향촌민을 교화하기 위해 서당 설립에 적극 나섰다.《향학사목鄕學事目》과《권학절목勸學節目》을 마련해 면 단위까지 면 훈장을 두게 했다.[5] 면 훈장을 통해서 각 면의 서당을 장려하고 관리하려 한 것이다. 이는 국가가 교육대상을 종전의 읍치邑治(수령이 통치하는 공간의 핵심) 중심에서 면 단위로 확대해 향촌 교화를 강화하고자 했기 때문이다. 이때 훈장은 마을에서 뽑았다. 교육대상도 사족과 중인, 서민의 자식을 가리지 않았다. 관리도 엄격했다. 수령이 직접 찾아가 살피고 동몽들이 외는 것을 시험하기도 했는데, 동몽들에게 상을 주어 격려하거나 회초리를 때려 게으름을 경계하기도 했다.

그러나 양반 위주의 신분제가 여전히 유지됐을뿐더러 국가가 관장하는 향교 이상의 교육 기회가 일반 민인에게 공식적으로 열리지 않아 보통교육의 확산과 제도화는 요원했다. 실학자를 제외한 대다수 양반층이 일반 민인의 관료 진출을 우려했기 때문이다. 이러한 보통교육의 제도화 문제는 1876년 국교 확대 이후 서구 및 일본의 침투에 맞서서 학교진흥정책을 강화하는 과정에서 다시금 부각됐으며, 근대적 국민교육체제는 이러한 전통에서 모색됐다. 신식학교의 설립은 그 도화선이었다.

당시 교육개혁의 기본 방향은 동도서기東道西器를 전제로 해서 전

〈그림 1〉1876년 5월 7일(양력 5월 29일) 아침 요코하마에서 도착한 수신사 김기수 일행이 요코하마역으로 기차를 타러 가는 행렬(《일러스트레이티드 런던 뉴스The Illustrated London News》)

통적 유교 이념을 사회 운영원리로 삼고 서구의 실용 지식을 수용해 부국강병을 도모하는 것이었다. 이때 동도서기는 동양의 도덕·윤리·지배질서를 그대로 유지한 채 서양의 발달한 기술·기계를 받아들여 부국강병을 이룩하는 방식을 뜻한다.

우선 정부는 서구와 일본의 문물을 시찰하기 위해 파견한 관리들을 통해 이들 나라의 교육제도를 탐색하는 데 힘을 기울였다. 김기수 金綺秀는 1876년 일본의 정황을 파악하기 위해 수신사로 파견됐는데, 그는 일본의 신학문인 실용 학문이 '공리功利의 학'에 지나지 않으며 중국 진나라 때 법가사상을 실천한 '상앙商鞅의 유법遺法'이라고 폄하

했다. 하지만 일본의 교육제도·교육내용 등에 대한 그의 보고는 조선 정부가 신식교육에 관심을 가지는 계기가 됐다.[6] 이어서 1880년에 일본에 파견된 김홍집金弘集은 복명을 통해 어학교육의 중요성을 강조했다.[7] 아울러 그는 일본 정부가 신식교육의 보급을 주도해 학교의 숫자도 많고 모든 사람이 학교에 가며, 실업의 종류별로 다양한 학교가 설립돼 있음을 보고했다. 특히 그는 일본의 교육이 산업의 발달과 연계됐음을 지적했다. 이에 고종은 '저 나라에서는 각기 그 재주에 따라서 사람을 가르치기 때문에 비록 부녀자와 어린아이라도 모두 공부하게 하니, 그렇다면 한 사람도 버릴 만한 사람이 없을 것이다'라고 응대했다.[8] 이는 고종이 일찍부터 즐겨 본 유형원柳馨遠의 〈사민교육론四民教育論〉을 바탕으로 메이지 시기 신분 차별 없는 일본 교육제도를 이해했음을 보여 준다. 즉 1880년 당시 고종은 일본의 교육이 인민을 대상으로 하는 교육이라는 것을 정확하게 인식했으며, 인민의 재능에 따라 가르쳐서 각자 업을 가지게 하므로 국가 부강과 대민 통치의 주요한 방안이 된다는 점 또한 인식했다.

특히 이즈음에 청나라 경세가 정관응鄭觀應의 《이언易言》이 조선에 유입돼 관리와 유자들에게 영향을 끼쳤는데, 거기서 언급된 교육개혁 방안과 서구의 교육은 조선의 교육개편을 모색하는 인사들에게 관심의 대상이 됐다.[9] 정관응은 《이언》에서 당대에 필요한 인재는 시세를 알고 중국과 서국의 일을 겸해 익힌 사람이라고 주장하고, 이러한 사람을 양성하기 위해서는 서구에 유학생을 보내는 것보다 중국의 학교

제도를 새롭게 정비해야 한다는 의견을 개진했다.[10]

　아울러 정관응은《이언》에서 전통적인 교육을 인정하면서 당면한 시무에 대처할 수 있는 인재를 양성하기 위해 새로운 학교를 설립해야 한다고 주장했다.[11] 특히 서원 신설을 제안했는데, 여기에서 서양의 학문에 정통해 선발된 교사가 10여 세에서 20세까지의 중국인에게 먼저 중국과 서양의 문자를 가르친 후 그 중국인들의 적성에 따라 업을 공부하게 하자는 것이었다. 전통의 학제를 그대로 두면서 새롭게 시무학교를 신설하자는《이언》의 제안은 이후 조선의 교육 개편을 도모하는 사람들에게 많은 영향을 미쳤다.

　한편 1881년 조선 정부는 교육제도가 근대적 소학·중학·대학 제도로 발전하게 하고자 서구와 일본의 교육제도에서 그 방법을 모색했는데, 이는 조사시찰단朝士視察團을 통해 이뤄졌다. 1881년에 조사시찰단 일원으로 파견돼 일본 교육제도를 시찰한 엄세영嚴世永은 다음과 같이 보고했다.

　　이른바 학교라는 것은 천문·지리·화학·이학 등을 배우는 곳이며, 어학으로는 한어(중국어 - 인용자)·조선어·영어·불어 등을 가르친다. 의학도 한약·양약, 내과·외과의 구분이 있고, 농학에는 소와 말에 관한 수의학도 포함되며, 광산학에서는 지질분석학을 배운다. 법학·예술·공업학·상업학 등에 이르기까지 갖추어지지 않은 학문이 없다. 유치원과 여성교육도 시행하며, 관립·공립·사립의 구별도 있다. 하나의 학문에는 과목들이 있고 본과와 예과도 있으며, 1년을 두 학기로 나누어 성적을 매긴다. 임신년(1872 – 인용자)에 창설해 무인년(1878 – 인용자)에 이르러선 국내 대학·중학·소학의 공립학교·사립학교가 2만 6584개에 학생이 6만 5612명을 헤아리며, 그중 여자가 1965명이다. 공적으로 들이는 교육비가 579만 8970엔 전후이고, 사적 교육비는 이것의 100배 정도나 되지만 재물을 투입하는 것을 아끼지 않는다.[12]

비록 엄세영도 유교지상주의자로서 일본의 이러한 교육을 긍정적으로 보지 않았지만 이러한 정보는 당시 조선의 관리와 유자에게 영향을 미쳤다. 그들은 특히 일본의 학교가 유학교육을 중심으로 하는 조선의 학교와 달리 실업에 중점을 두었다는 점에 주목했다. 즉 유학 위주의 교육에서 벗어나 실용 학제 차원의 학문에도 관심을 가지고 교육하는 문제를 고려하는 계기가 됐다.

한편 조사시찰단의 일원으로 일본의 문부성을 조사한 조준영趙準永은 당시 일본 최고학부인 도쿄東京 대학과 교원양성기관인 사범학교를 비롯한 각종 각급 학교의 연혁을 비롯해서 이들 학교의 학제, 교육과정, 학칙, 학사운영방법, 학령제도, 학위수여, 장학제도 등에 관해 상세하게 파악했으며, 교육박물관, 도서관, 학사회원과 같은 문부성 예하 단체에 관해서도 정보를 입수했다.[13] 당시 조사시찰단이 접한 일본의 이러한 교육제도는 프랑스의 자유주의적 교육제도로서 이후 〈일본제국헌법〉과 〈교육에 관한 칙어〉에 입각한 국가주의적 교육제도와 달랐다.[14] 특히 어윤중魚允中은 여타 조사朝士와 달리 조선이 전통적으로 견지해 온 유학 위주의 교육을 비판했다. 즉 그는 "우리나라가 본디 유도儒道를 숭상했는데 유나柔懦한 것을 어질다고 여기니, 이러한 전습을 통혁한 후에야 활발한 기상이 고동돼 나라의 위세를 진흥할 수 있다"[15]라고 주장했다.

이런 가운데 정부는 조미수호통상조약의 체결을 비롯해 서구 여러 나라와 조약을 맺고 이들과 빈번한 교섭을 하면서 영어를 할 줄 아는 통역관이 필요해졌다.[16] 예컨대 농상공부의 서기관을 지낸 강화석姜華錫은 1882년 4월(음력) 조미수호통상조약이 체결됐으나 영어를 배울 곳이 없어서 8월에 일부러 상하이의 영어학당에서 6개월 동안 유학하기도 했다. 이에 통리교섭통상사무아문 협판 겸 총세무사로 부임한 독일인 파울 게오르크 폰 묄렌도르프Paul Georg von Möllendorff는 베이징의 동문관同文館을 참조해 1882년 11월경 통상사무아문의 부속기관으로 동문학同文學을 설치했다.[17] 동문학은 일종의 통역관 양성소로서 동문학교라고도 했다. 그런데 이 기관은 단지 통역관을 양성하는 데 그치지 않고 외무와 상무 능력을 두루 갖춘 인재를 양성하기도 했다. 〈통리교섭통상사무아문장정〉에 따르면 동문학에서는 만 15세 이상의 총명한 자녀를 뽑아서 외국말을 가르쳤으며, 나아가 학생의 적성과 능력에 따라 정치·이재理財도 가르쳐 전문 관료로서의 요건을 갖추게 했다. 동도서기론자 김윤식金允植의 맏형 김만식金晩植이 교장으로 임명됐으며, 중국인 오중현吳仲賢과 당소위唐紹威가 교사로 임명돼 영어를 가르쳤다. 이후 이들 교사가 떠나자 1883년 7월 영국인 토마스 핼리팩스Thomas Edward Hallifax가 고빙됐다.[18] 학생은 40여 명이었으며, 오전·오후 두 반으로 나뉘어 있었다.[19] 또 하루는 장어長語, 하루는 단어短語, 그리고 문장을 해석하고 응용하는 법을 가르치며, 하루는 장어를 빼고 단어와 서양 계산법을 가르쳤다. 매년 여름과 겨울에 도강都講으로 시험을 치러 성적이 우수한 자에게는 식비 등 동문학에서 필요한 일체를 지급했다.

동문학은 통역관 양성에 머물지 않고 일반 대중을 계몽하는 데 필요한 신문의 발간에도 관여했다.[20] 그리하여 동문학은 1883년 8월 17일 예하에 박문국을 설치하고 《한성순보》를 발간했다. 이후 1884년 갑신정변으로 박문국이 파괴됨으로써 《한성순보》 간행이 중단됐으나, 김윤식이 통리교섭통상사무아문 독판에 임명되자 사태는 호전됐다. 이에 직원이 세 배로 늘어나면서 열흘마다 발간하는 순보가 아니라 일주일마다 발간하는 주보로 발행됐다.[21]

입학생 중 30여 명은 학업 중에 유학과 취직을 해 졸업으로 이어지지 않았지만, 나머지 10명은 졸업을 해 정부 통상기관 곳곳에서 활동했다. 1884년 6월에 우등으로 졸업한 남궁억南宮檍(1863~1939)은 해관본부의 견습생과 인천세무서의 번역관으로 있었으며, 인천 세창양행 주인 칼 월터Carl Walter를 고종이 불러올 때부터 그가 1886년 내부주사로 있을 때까지 어전통역을 담당했다. 후일 독립협회를 이끌었으며, 언론인이자 교육자로서 민족운동에 적극 참여했다. 홍우관洪

禹觀은 해관본부와 인천해관의 번역관을 거
친 후 농상공학교장, 학부 참서관으로 재직
하면서 한성외국어학교장을 세 차례 겸직해
외국어학교의 중추 역할을 했다.

　동문학은 이처럼 서울에 설립된 신식학
교의 효시인 동시에 근대개혁기 우리나라에
처음으로 설립된 외국어(영어) 전문학교였

〈그림 2〉 남궁억

다. 그러나 졸업생의 활동과 교과과정에 비
추어 볼 때 이 학교는 단순히 영어 역관 양성을 위한 어학교 이상의
의미를 지녔다. 그렇지만 고종이 동문학을 지원한 김윤식과 묄렌도르
프 등 친청 온건개혁파들을 배제하고 미국 교육제도를 선호하면서 동
문학은 1886년에 폐지되고 보빙사 파견의 산물이라 할 육영공원育英
公院이 그 자리를 대신했다.[22]

　한편 조선 정부도 부국강병을 위한 보통교육의 확대와 실용 학문
위주의 신식학교의 필요성을 절감하고 있었다. 정부의 이러한 의지는
1882년 12월 28일에 발표된 고종의 〈교육에 관한 윤음〉에서 잘 드러
났다.

팔도八道와 사도四都 백성들에게 하유下諭하기를, 왕은 다음과 같이 말한
다. "예로부터 치화治化를 갱신하려면 먼저 선입관을 깨버려야 한다. 우리
나라에서 문벌을 세습하는 유풍은 그 유래가 오래됐다. 귀족들은 지서支庶

가 수없이 뻗어나가 부모를 섬기고 자식을 기를 밑천이 없고, 천민은 문벌이 한미하다는 이유로 먼 옛날부터 억눌려 살아왔다. 번성하게 하고픈 마음은 비록 간절했지만 도와서 계도하는 것이 어려워 나는 몹시 안타깝다. 지금 통상과 교섭을 하는 이때에 관리나 천한 백성의 집을 막론하고 다 크게 재화를 교역하게 허락함으로써 치부致富를 할 수 있게 하며, 농·공·상고商買의 자식도 학교에 들어가는 것을 허락해 다 같이 진학하게 한다. 오직 재학才學이 어떠한가만을 보아야 할 것이요, 출신의 귀천은 따지지 말아야 할 것이다. 벼슬자리에 있으면서 헛되이 작록만 축내고 나라에 보탬이 없는 자들은 더욱 시세의 요구에 따라 분발하고 스스로 마음을 가다듬음으로써 온 도가 똑같이 풍화되는 정사를 이룩할 것이며, 착한 자를 드러내고 악한 자를 물리치는 권도에 맞게 하라. 이 내용을 팔도와 사도四都(4개 유수부 – 인용자)에 함께 유시하는 바다"라고 했다.[23]

이에 따르면 정부는 모든 국민이 신분과 상관없이 교육을 받을 수 있는 기회를 제공하며, 이를 통해서 산업을 발전하게 하고 통상을 확대해 부국강병을 이룩하고자 했다.

우선 정부는 1883년 1월 조사시찰단 출신 어윤중을 서북경략사로 파견해, 그가 함경도의 민인들을 평안하고 화목하게 하고 제도를 개혁하게 하면서 신식학교를 설립하게 지원했다. 당시 원산항 상인들은 원산항의 개항으로 일본 상인들과 협력하거나 경쟁하는 과정에서 외국어를 비롯한 서구 지식을 습득할 필요성을 절감하고 신식학교 설립을 요청했기 때문이다. 이에 어윤중은 이들 상인의 요청을 받아들여 덕원부사 겸 원산감리 정현석鄭顯奭과 함께 개항장인 원산에 원산학사元山學舍를 설립했다.[24] 그리하여 향교를 강학이 가능하게 재정비하고, 교영재敎英齋(원산학사)를 신설해서 문예반과 무예반으로 나누고 각각 경전과 병서를 먼저 가르친 뒤, 산수·격치, 각종의 기기, 농잠·광업 등과 같은 시무에 중요한 내용을 가르쳤다. 이를 위해 학사에는 《영지》(《영환지략瀛環志略》의 약칭),《연방지》,《기기도설》,《일본외국어학》,《법리문法理文》,《대학예비문》,《만국공법》등 청나라나 일본을 통해 수입된 개화 관련 신서적이 비치됐다.[25] 즉 정부와 상인들은 원산학사를 통해 경전을 학습함으로써 의리에 밝으면서도 시무에 대처할 수 있는 인재를 양성하고자 했다.

다음으로 정부는 중앙 차원에서도 이른바 격치학이라 할 산술·제조·기선·쟁鎗·포礮 등에 대한 학문을 배울 수 있는 서원을 설립하고자 했다.[26] 이에 1884년 말 김홍집이 중심이 돼 청나라 교육제도를 본보기로 삼고 송나라 유학자 호원胡瑗이 세운 학제에 근거를 두어 신설할 서원의 규례를 만들었다.[27] 김홍집이 마련한 서원의 규례는 시부詩賦와 사장辭章을 취하지 않고 경의經義와 치사治事를 위주로 했는데, 먼저 경의를 강론해 충효의 본령을 세우고 다음으로 치사를 강론해 나라를 운영하는 데서 성과를 보아야 한다는 것이다. 이는 전통적으로 중시해 온 것이었다. 거기에 더해 김홍집은 요즘 '시국이 일변'했으므로 이에 대응하기 위해서는 '격치학'을 따로 배워야 한다고 했다. 그러나 급격한 정국 변동 속에서 이러한 시도는 허사로 돌아갔다.

이어서 정부는 미국에 파견된 보빙사가 제안하고 미국이 조선으로 교사를 파견하는 것에 힘입어 1886년에 육영공원을 설립했다.[28] 이 학교는 통역관 양성 위주의 동문학과 달리 외교관 양성에 중점을 두면서 서양 학문도 가르치는 교육기관이었다. 이러한 특징은 교과과정에서 드러난다.

> 매일 학습하는 차례는 첫째 독서, 둘째 습자, 셋째 해자법解字法(글자풀이법 – 인용자), 넷째 산학, 다섯째 셈법 익혀 쓰기(寫所習算法), 여섯째 지리, 일곱째 문법 배우기다.
> 이러한 단계를 끝낸 학도는 다음과 같은 과목을 공부한다. 첫째로 대산법大算法, 둘째로 각국 언어, 셋째로 빨리 쉽게 깨닫는 여러 가지 방법, 넷째로 만물의 이치를 연구하기(의학·지리·천문·기기 – 인용자), 다섯째로 각국 역사, 여섯째로 정치(각국 조약법과 나라를 부강하게 하고 군사를 쓰는 전술 – 인용자), 금수, 초목으로 한다.[29]

1단계에서는 기초 산술과 문법 학습에 국한됐지만, 2단계에서는 수학·외국어·의학·농리·지지·천문·기기·외국사·국제법에 이르기까지 서구 학문 전반에 걸쳐 학습하게 했다.

그러나 육영공원의 설립이 관료의 양성과 재교육에 초점을 두었기 때문에 학교가 정상적으로 운영되지 못했다.[30] 대부분의 학생이 내외

아문의 당상관과 당하관의 아들, 사위, 아우, 조카, 친척 가운데 추천된 사람으로, 과거 급제 출신의 7품 이하 관료이거나 아직 관직에 진출하지 않았다가 도중에 관직에 진출함으로써 다수가 결석하는 사태에 이르렀다. 물론 정부는 결석생에게 경고 조치를 취했다. 그러나 이미 관직에 있는 사람들은 공부에 대한 동기가 희박했다. 또 이들은 입학 동기가 출세와 가문의 성장에 있었으므로 육영공원의 설립 목적에 대한 관심과 이해가 거의 없었다. 게다가 학교생활 방식에서도 하인들을 거느리고 다닐 정도로 신분제 관념에서 벗어나지 못한 까닭에, 이들 학생이 서양의 언어와 문화를 습득할지라도 이것이 일상생활로 이어지지는 않았다.

특히 육영공원 관리자들은 이미 관직에 진출한 좌원左院 학생들이 일을 핑계로 자주 결석함해도 묵인하거나, 고관의 제자가 불합격할 수 없다고 해 특별수험서를 준비하는 등의 부정행위를 몸소 앞장서서 저질렀다. 더욱이 이들 관리자가 학교 유지비를 횡령해 개인적으로 유용함으로써 학교 재정이 불건전해지고 교사들이 월급을 제때에 받지 못하는 상황에 이르렀다. 그리고 젊은 외국인 교사들은 그들을 배척하고자 하는 사회 분위기 속에서도 열의에 차 있었지만, 조선에 대한 충분한 이해 없이 그들이 알고 있는 서양식 방법을 적용함으로써 조선인들과 충돌을 빚거나 반목을 야기하기도 했다.

비록 관료를 양성하는 어학전문기관으로 출발한 육영공원은 이러한 많은 문제점을 지니고 있었지만, 학생들이 습득한 지식과 졸업생의 활동에 비추어 보면 후일 신식교육이 발전할 수 있는 기틀을 제공했다. 예컨대 육영공원 출신 중 상당수는 신식 산업 관련 기관에 취직하거나 외교관으로 활발한 활동을 벌였다.[31] 그리하여 육영공원은 능력 중심의 근대 관료체제와 고등교육의 역사적 기반을 제공했음은 물론이고, 고등교육을 받쳐주는 보통교육의 논의를 활성화하고 국민교육체제를 앞당기는 촉매 역할을 했다.

근대 학제의 구상

정부는 동문학과 같은 어학교를 설치해 급박하게 진행되는 외교 통상에 적극 대처하면서 학교체제 전반에 대한 구상에 들어갔다. 이는 조선의 위계적 학제에 기반을 두면서도 근대 학문을 조직적이고 단계적으로 습득할 수 있는 학제를 구축하는 일이었다. 이러한 관심은《한성순보》에서 이미 보였다.

> 태서泰西(서양 – 인용자) 여러 나라는 학교를 세우지 않음이 없다. 인민을 가르침에 그 법이 대략 상동하다. 대략 학교는 대·중·소 3등으로 나누어진다. 소학교는 여정閭井 사이에 세우고 그 가르치는 것은 보통이라 말하는데, 모두 생민의 일용에 보탬이 된다. 토지의 광협과 호구의 번조繁凋를 보아서 한 고을에 학교 하나 또는 두셋을 둔다. 귀천 남녀를 논하지 않고 5∼13세에 취학하게 한다. 사고 없이는 안 다닐 수 없으니 학령이라 한다. 재

비財費는 그 지방 인민의 출력으로 응판應辦하거나 부자의 재산, 생도의 사금, 아니면 부현 정부에서 보조한다. 중학교는 부현에서 각기 2~3처에 세워 14세 이상 소학교 통과자를 취학하게 한다. 농업·공업·상업·양어洋語 등의 여러 과는 각각 1업씩 전공하게 해 생리의 바탕으로 삼게 한다. 대학교는 국도國都에 설치하고 이학·화학·법학·의학 등 여러 과가 있다. 생도는 모두 총명한 재기로 치국경세에 뜻있는 자로 한다.[32]

여기서 주목할 점은 서양 여러 나라의 학제를 소학(초등교육)-중학(중등교육)-대학(고등교육)으로 이어지는 위계적 관계로 파악했다는 사실이다. 소학교는 마을마다 설립하고 보통교육을 가르치되 교습과목은 생민의 일용과 관련된 과목이다. 특히 보통초등교육은 신분·성별과 무관하게 모든 민인의 자녀가 취학하지만, 교육 수준은 민인들이 자기 가족을 부양할 정도의 능력을 갖추게 하면 된다고 해 국민보통교육을 실시하는 것으로 이해했다. 그리고 학령을 두어 민인의 모든 자녀가 일정한 연령에 이르면 의무적으로 소학교에 입학해야 함을 강조했다. 재정 확보 방식은 사립, 공립, 관립에 따라 달랐는데, 사립은 개인이 부담하고 공립은 지방기관에서 보조하며 관립은 정부가 보조하게 했다. 중학교는 부현 단위에서 2~3곳에 설립하게 했다. 그리고 중학교 진학자는 소학교 졸업자로 한정하되 입학 연령을 규정했다. 여기서는 여러 학과를 두어 농업·공업·상업·양어 등을 학습하게 했다. 이는 중등교육기관을 인문 교양을 가르치는 기관이라기보다는 생업을 준비하는 기관으로 인식한 것이다. 끝으로 고등교육 단계라 할 대학을 수도에 설립해 치국경세에 뜻이 있는 자가 이학·의학·법학·화학 등 고등 학문을 배우게 규정해 이들을 주로 관료나 학자로 양성하고자 했다.

사실 서구의 근대 학제는 일찍부터 중앙집권체제를 수립해 교화를 중시한 조선 전통의 학제와 유사하다. 조선에서는 예전부터 내려온 서당, 서원·향교, 성균관으로 이어지는 학제가 마련돼 있었다. 그러므로 소학교, 중학교, 대학교로 이어지는 위계적 학제는 조선의 당시 교육체제를 정비하면 실시될 수 있었다. 아울러 여기서 소개하는 학교 설립 방안도 정부에서 설립하거나 지방관청과 민인이 협력해서 세우거나 민인이 개인이나 공동으로 설립해 오던 학교 설립 방안과 비슷했다.

다만 국민교육의 기초라 할 초등교육을 국가 차원에서 제도화하는 방안이 기존에는 없었다. 이에 조선 정부는 서구의 소학교에 지대한 관심을 기울였다. 다음의 기사는 이를 잘 보여 준다.

오늘날 서양 여러 나라는 위로는 수도에서 아래로는 촌락에 이르기까지 모두 학교를 설치해 교육하고 보통학교라고 부르는데, 바로 중학교 소학교가 이것이다. 소학교는 전적으로 국내 어린이를 위해 설치해, 글을 통하고 이치를 밝혀 공수법公守法을 받들게 하고, 읽고 쓰는 데 능해 먹고 살게 함을 목적으로 한다. 이것은 사람들의 평생 대사이기 때문에 국가에서는

민간 어린이들을 가르치는 데 부지런히 한다.[33]

여기에 따르면, 서구 국가의 학교는 조선의 서당과 개념이 달랐다. 지금까지의 서당은 국가의 교육체제에 포함되지 않은 반면에, 이러한 소학교는 국가 교육체제로 편입해 적극 지도하고 지원해야 함을 강조했다.

그리하여 정부는 소학교교육에 큰 관심을 기울였다. 1886년 1월 2일 사노비 세습을 폐지하는 조치에 이어서 모든 인민에게 교육 기회를 실질적으로 확대하고자 했다.[34] 이에 따라 정부는 이듬해인 1887년 4월 이러한 학교에 필요한 교사를 선발하고 학교를 설립해 국민 모두에게 교육의 기회를 제공하라는 전교를 각급 지방관에게 하달했다.

시골에 묻혀 있는 선비 중에 경서에 밝고 수양을 쌓는 사람(經明行修之士)이 필경 많을 것이다. 능히 한 지방의 모범이 되고 또한 한 나라의 훌륭한 인재이니, 찾으면 얻을 수 있을 것인데 어찌 적임자가 없겠는가? 도신과 수재守宰에게 널리 찾아서 반드시 학문이 정밀하고 순수하며 행동이 단정해 이름과 실상이 일치하는 사람을 즉시 보고해 필요할 때 쓰도록 하라. … 이제부터 마을과 동리에 편리한 대로 강사講舍를 세우고 젊고 똑똑하며 재덕이 있는 사람을 선발해 학업을 가르치고 효도와 우애를 하게 타일러야 할 것이다. 이것 역시 가숙家塾과 당상黨庠을 설립한 뜻으로서 바로 조정에서 유술儒術을 공경하고 숭상해 인재를 즐겨 키우는 지극한 뜻이다. 모든

설치 계획과 규정을 내무부에서 참작해 마련하고 이어 글을 만들어 팔도
와 사도에 행회하게 하라.[35]

이에 따르면 정부는 각 마을과 동리에 일종의 소학교를 설립하고
자 했으며, 여기서 가르치는 교사로 경서에 밝고 수양을 쌓은 사람을
상정했다.[36] 그런데 이러한 사람은 전통적으로 조선이 늘 강조한 사범
을 뜻한다.[37] 즉, 사범은 학문에 뛰어나고 행실이 바르며 도덕을 겸비
한 교육 주체였다.[38]

지방관아도 실제로 정부의 지시를 받아 면 단위 학규절목을 제정
했다.[39] 이는 당시 서당을 국가 교육체제로 끌어들여 면학面學으로 삼
고자 했지만, 이는 실용이나 경제에 중점을 두는 서구의 소학교와 달
랐다. 즉 이 면학은 동문학·육영공원 등의 시무교육기관과는 별도로
동도서기에 근거를 두고 인륜교육에 중점을 둔 초등교육기관이었다.
이에 다수의 관료와 향촌 유자층은 면학을 지방에서 자치적으로 설립
할 것을 구상했다.

정부는 이 면학을 근간으로 상위에는 중등교육 단계로서 관학원官
學院(읍 단위)을 두고자 했다.[40] 여기에는 면학 유생 중 우등생이 입학
할 수 있었다. 그리고 도 단위와 전국 단위에 각각 고등교육 단계로서
영학원營學院과 경학원京學院을 두고자 했다. 이로써 유학교육을 중심
으로 면학-관학원-영학원·경학원으로 이어지는 학제의 계열성을 확
보하고자 한 셈이었다. 이는 궁극적으로 도덕과 인륜에 근간을 둔 인

재를 양성하고자 했음을 보여 준다.

이처럼 정부는 시무교육과 윤리교육을 별도로 나누어 실시하려고 했다. 이 중 시무교육은 고등교육으로서 외교 통상 업무를 담당할 수 있는 관리양성에 초점을 둔 반면에, 인륜교육은 소학-중학-대학으로 이어지는 학제의 계열화 속에서 국민을 도덕에 근간을 둔 인간으로 양성하고자 했다.

그러나 이러한 유학 중심의 학제 계열화 시도는 당시 시세에 필요한 인재를 양성하는 방안을 제시하지 못함으로써 외면을 받았다. 김윤식조차도 교육내용이 당면 시세에 조응하기 위해 과업 외에 의리지학義理之學(유학경전), 경제지구經濟之具(경세학), 관도지기貫道之器(문학)가 갖추어져야 한다고 역설했다.[41] 학제의 이러한 이원적 구조는 갑오개혁으로 흔들리면서 신식학교 위주로 재편되기에 이르렀다.

2

시무교육 위주의
신학제 추진과 신식 소학교의
설립

갑오개혁은 1894년 갑오농민전쟁을 배경으로 단행됐지만 직접적인
계기는 일본의 군사적 침략이었다. 일본은 군사력을 바탕으로 조선
사회를 자국의 침략에 맞게 바꾸려고 했으며, 교육제도 역시 이러한
방향에 맞게 개편하고자 했다. 하지만 갑오개혁 초기에 일본은 농민
군을 진압하고 청일전쟁을 수행하느라 개혁은 조선의 관료들을 중심
으로 추진됐다.

　그중 문명개화파는 조선 교육의 전면적인 개편을 구상해 기존의
학제를 대체하는 신학제를 수립하는 동시에 교육내용을 개편할 것을
주장했다. 이는 이원적 학제를 구상한 동도서기파의 노선과 다른 방
향이어서 교육사상·제도·내용면에서 근본적인 변화가 따랐다.[42]

　초기의 갑오정권은 대원군의 섭정을 통해 권력의 입지를 확보한

〈그림 3〉 군국기무처 회의 광경(조석진,〈군국기무소회의도〉)
하단에 김홍집을 비롯한 의원들의 이름이 보인다.

이후에 군국기무처라는 회의기구를 만들어 국정 전반에 걸친 개혁을 추진했다. 군국기무처는 중앙행정기구를 개편해서 여덟 아문을 편성했는데, 그중 학무를 담당하는 학무아문學務衙門을 설치했다.[43] 학무아문은 외교·교육·문화 사업을 담당한 기존의 예조와 달리 교육행정을 전문적으로 맡았다. 그리고 일본의 문부성 조직을 모방한 전문학무국과 보통학무국을 신설해서 새로운 학제를 수립하려고 했다. 아울러 조선은 일본과는 달리 성균관급상교서원成均館及庠校書院 사무국을 별도로 두었으되 강학 기능을 박탈하고 선현에게 제사를 지내는 향사 기능만 남겼다. 이는 갑오개혁 이전 정부와 향촌 유자층이 추구한 이원적 교육체제의 붕괴를 의미했다.

그리하여 정부는 국가의 기간이 되는 교육업무를 학무국에 일임했으며, 학무국은 신학제를 수립하는 데 몰두했다. 소학교-중학교-대학교를 기간교육으로 하는 신학제가 그것이다. 보통학무국은 소학교와 사범학교를 관장했으며, 전문학무국은 중학교·대학교·기예학교·외국어학교·전문학교를 관장했다. 이는 장차 설립할 학교들을 염두에 두고 관리 기구를 미리 조직한 것이다.

학무국의 이러한 직제는 일본 문부성 직제와 동일했으나, 보통학무국과 전문학무국이 각기 담당하는 학교 및 학교를 관할하는 방법은 달랐다. 일본의 보통학무국은 초등교육과 중등교육을 관장하고 지역적으로 전국의 학교를 관할했지만,[44] 조선은 중학교를 전문학무국이 관장하게 했는데, 이는 중등교육을 전문 수준으로 구상했음을 보여 준다. 그리고 조선의 보통학무국은 일본과 달리 각 지역의 학교를 관할하지 않았다. 이것은 지방제도의 개편이 이루어지지 않았을 뿐더러, 국가 주도의 소학교 설립이 전국 차원에서 일률적으로 확산될 필요가 없다고 판단했기 때문이다. 즉 정부는 예전부터 내려온 전통대로 교육시책을 마련하고 몇몇 관립학교를 운영함으로써 새로운 교육의 기준을 제시하되, 지방의 소학교는 향촌의 유자층이나 민인들이 정부의 신교육 방침에 근거를 두고 자치적으로 설립하게 했다.

한편 군국기무처는 향후 교육정책의 방향을 보여 주는 두 가지 의안을 의결했다. 먼저 1894년 7월 13일 국가에 필요한 인재를 양성하기 위해 인재들을 외국에 유학 보낼 것을 의정했다.[45] 이는 무엇보다 조선의 인재들을 일본 고등교육기관에서 육성함으로써 자국의 영향력을 강화하려는 일본의 의도에서 비롯됐다는 점에서, 《이언》이 우려한 바대로 동도서기론에서 벗어나는 고등교육 방침을 보여 준다. 다음으로 7월 28일에는 학무아문에서 담당해야 할 가장 시급한 업무로 소학교 교과서를 편찬할 것을 의정했다.[46] 교과서의 편찬과 활용은 1894년 이전 서당에 근간을 둔 유학 중심의 학제 구상과 다른 방향을 염두에 두고 이루어졌으며, 기존 서당에서 비롯되지 않는 신식학교로서의 소학교를 설립한다는 것을 의미했다.

학무아문 대신으로 임용된 박정양朴定陽(1841~1904)은 곧바로 8월 2일 고시문을 발표해 교육의 기본 방침을 밝혔다.

맹자께서 말씀하시길, 왕자王者에게는 삼락이 있는데, 영재를 얻어서 교육하는 것이 일락이라고 했다. 어려서 배우고 커서는 행해 국가에 수용되게 하고자 한다. … 지금은 시국이 크게 변해 모든 제도를 유신하고 있는데, 영재를 교육하는 것이 제일 급무다. 그러므로 본 아문에서는 소학교와 사범학교를 먼저 서울에 설치해 교육을 실시하려고 한다. 위로 공경대부의 자식부터 아래로 범민 중에서 준수한 자에 이르기

〈그림 4〉 박정양

까지 모두 이 학교에 입학해 경서자전經書子傳 육예백가지문六藝百家之文을 아침에 외고 저녁에 익히도록 하라. 장차 업무를 배워 때를 구하고 내수와 외교에 각각 등용하려고 하니 진실로 일대 기회다. 대학교와 전문학교 역시 장차 순서대로 설치할 것이다.[47]

국가를 유신하기 위해서는 인재를 양성하는 교육이 가장 중요하므로 학무아문에서 소학교를 먼저 설립한 뒤 대학교와 전문학교도 설립하겠다는 방침을 밝힌 것이다.

여기서 확인할 수 있듯이 학무아문은 교육정책의 중점을 소학교교육에 두고 학무아문이 직접 운영하려는 방침을 세웠는데, 이는 국가

의 전통적인 교육정책과는 달랐다. 따라서 이를 정당화하기 위해 고시의 첫머리에서 '왕자'의 제일 커다란 즐거움이 어린 인재를 양성하고 그 인재가 성장한 후에 수용하는 것이라고 했다. 군사君師로서 국가교육을 관장하는 국왕이 직접 소학교교육도 관장하겠다는 것이다.

갑오정권은 대학교나 전문학교도 장차 설립할 것이라고 밝히기는 했지만, 이미 언급한 대로 고등교육은 당장에는 해외 유학을 통해 이루어지게 했다. 국가를 개혁하는 중요한 시기에 개혁을 이끌 인재를 양성하는 일을 해외 유학에 의존하는 것은 자주적인 국가 교육체제의 온전한 수립을 더디게 한다는 점에서 우려할 만했다. 특히 국내에 고등교육기관을 시급히 수립하지 않음으로써 정부가 스스로 다수의 식자층을 고등 인재로 육성하는 길을 포기한 것으로 비칠 수 있었다.

반면에 학무아문은 소학교를 '입덕지문入德之門'으로 규정했지만 현시기 소학교를 급히 설립하는 목적을, 인재를 장차 시국의 변화에 대처해 '실무를 알아 시세를 구할(識務而救時)' 수 있는 안목을 가지고 '안으로는 수양하고 바깥으로는 교류할(內修外交)' 수 있는 영재로 양성해 관리로 등용하는 데 두었다.[48] 이 점에서 이 시기에 설립된 소학교는 국민을 양성하는 보통교육기관이라기보다는 개혁을 추진할 수 있는 영재를 양성하는 교육기관이었다.

또한 이러한 소학교에서 유학은 사회윤리를 배우는 하나의 과목으로 축소된 반면, 우리글, 우리나라와 세계 만국의 지지地誌 및 역사는 주요 과목으로 부각됐다.[49] 여기에는 두 가지 이유가 있다. 하나는 조선 후기에 중국 중심의 중화론이 무너지고 민인이 성장하면서 자아가 고양되자, 국사가 역사를 인식하는 데 중요한 자리를 차지했기 때문이다. 다른 하나는 우리나라와 세계의 현실에 대한 이해가 심화되면서 전통적으로 경세의 자료인 지지도 중시됐기 때문이다.

나아가 정부는 교육 기회를 개방해 신분의 제한 없이 7세 이상의 남자는 소학교에 입학할 수 있게 했다.[50] 특히 학무아문은 소학교가 초등교육기관으로서 자리를 잡을 수 있게 학사운영의 표준을 제정했다. 새로이 설립되는 소학교는 학령제를 도입해 7세 이상이 입학할 수 있게 했으며, 교육과정을 마련하고, 수학기간은 3년으로 정했다. 그리고 학기제로 운영해 각 학년은 2학기로 정했다.

그런 후에 학무아문은 학생을 모집했다. 다음 기사는 1894년 9월 2일 학무아문에서 통리기무아문에 보내는 공문의 일부다.

학무아문 첩정牒呈에 의하면, 우선 사범과 소학 양교를 세우고 각각 교수 한 명을 두도록 한다. 사범학교는 40명을 선발하고 소학교는 60명을 선발하되 외국학교를 모방해 일체─體를 가르치도록 한다. 학원은 각 10명을 기준하되 20명을 더 선발할 수 있도록 해 40명 원수가 충족할 수 있도록 한다. 각 아문으로 하여금 그 사람들을 천거하도록 해 널리 인재를 구하는 뜻에 맞도록 하고자 하니, 각 아문에 사범 학원 각 4명, 소학 학도 각 6명, 한어·영어·일어 학원 각 2명을 선발해 각 학교에 보내주기를 청한다. 바라건대 그 천거하는 학생의 나이와 그 본관과 거주지, 그 부모의 이름과

천거인과 보증인의 이름 등을 자세히 기록해 9월 5일까지 학무아문으로 보내주기를 바란다.[51]

이에 따르면 박정양의 고시에서 확인할 수 없었던 주목할 만한 사실이 몇 가지 보인다. 우선 소학생의 선발은 개별 자녀가 자원하는 방식이 아니라 각 아문당 6명의 추천을 받아 이루어졌음을 알 수 있다. 또한 소학생은 시무어학교인 외국어학교 학생과 더불어 선발되게 했을뿐더러 부모 이름 및 천거인과 보증인의 이름 등이 통보되게 규정했다. 따라서 설립 목적은 '널리 인재를 구한다(廣取人才)'라는 뜻을 표방했음에도, 학생을 선발하는 데 각 아문의 추천을 받음으로써 그 성격은 사실상 명문 자녀를 위한 신교육기관이었음을 보여 준다. 이러한 추정은 이 학교 2회 출신 윤보선尹潽善(1897~1990)이《교동구십년사》(1984)에서 "교동의 왕실학교는 구한말 세도가 자녀에게 신교육을 가르치기 위해 설립된 학교였다"[52]라는 회고 내용과 일치한다. 이 시기 개혁 관료들은 교육에서 신분 제한을 두지 않았으나, 실제로는 특정 신분을 대상으로 삼아 그들과 뜻이 같은 개혁 인재를 양성하려고 했다.

또한 학무아문 대신 박정양은 1894년 9월 3일에 교육을 확장하는 방안을 다음과 같이 밝혔다.

오늘날 권학하는 방법은 다른 데 있는 것이 아니다. 오로지 임금은 (학문

〈그림 5〉 교동소학교 건물(《조선》 1922년 3월호 별면)

을 - 인용자) 존숭하고 스승은 (학문을 - 인용자) 강명하는 데 있을 뿐이다. 그러나 나라는 크고 백성은 많으므로 진실로 한 두 개의 학교로 가르쳐서는 안 되는, 즉 가숙家塾에서 학교를 세우는 것을 분장하는 것만 같지 못하다. 그러나 강제로 설립하도록 하지 않고, 단지 그 뜻이 있는 곳을 볼 뿐이다. 무릇 뜻이 있어서 그 자세를 교양하고자 하는 자는 반드시 먼저 사숙私塾을 설립하고 본 아문에 와서 고하면 마땅히 배움의 순서를 알려줄 것이며, 아울러 장차는 규칙을 담은 책자를 일일이 분급할 것이다. 이것은 이른바 사람의 자연스러움으로 인해 밝게 이끄는 것이다. 관립과 사립은

스스로 다름이 없으니 후일에 성취되는 것은 헤아릴 수 있다.[53]

여기서 정부는 소학교 흥학의 주체가 군사君師, 즉 임금이라는 원칙에서 소학교교육의 지침을 만들고 관립소학교를 설립해 운영하는 가운데, 지방의 유자들이나 민인들이 기존에 설립한 서당이나 새로 설립하려는 학교를 정부의 지침에 따라 사립소학교로 바꾸거나 신설할 것을 권고했다. 이는 전통적인 흥학의 방법이었다. 또한 정부는 소학교육을 강제적으로 확장하려 하지 않은 이유로 인륜교육을 근본으로 삼아야 할 소학교육은 '자연스러움을 기초로 해 밝게 이끌어' '진성眞性'을 얻어야 하는데, 소학교육을 강제할 경우에는 진성을 얻을 수 없다고 판단하고, 뜻있는 사람이 자치적으로 설립하게 유도하려 했다. 요컨대 국가는 근대 초등교육의 기준과 모범학교 운영을 제시하고 전국 차원에서 학교를 관리하고, 민간은 지방 소학교를 설립하고 운영하게 했다.

그리하여 훗날 지방 관립소학교의 모범이 될 소학교의 개교를 앞두고 학생 60명이 추천됐다.[54] 통리기무아문에서는 안종학·정노미·안영수·황정연·윤봉식·안무룡 등을 추천했다. 그러나 이들 중 일부는 먼 지방에 거주해 입학하지 못하고 다른 학생으로 교체되기도 했다. 이처럼 소학교 설립을 위한 제반 규정을 마련하고 학생 모집을 완료하자 정부는 1894년 9월 18일 교동 육영공원 자리이자 광무국鑛務局 자리에 소학교를 개교했다.[55] 오늘날 교동초등학교는 이렇게 탄생했다.

또한 정부는 소학교를 설립하면서 소학생을 가르칠 교원을 양성하는 사범학교를 설립했다.[56] 사범학교는 입학자격을 15세 이상 20세 이하의 남자 중에서 한문을 배운 사람으로 한정함으로써 유학에 대한 소양을 기본으로 삼았다. 교육과정은 언문철자, 국문 기사記事, 진문 眞文(한문) 기사, 논설, 우리나라와 만국의 역사 및 지리, 경제, 법률, 박물, 산술 등으로 구성했다. 즉 국문과 한문의 철자법과 문장을 가르칠 수 있는 소양을 기르며, 시무학문으로 우리나라와 만국의 역사 및 지리를 학습하게 했다. 그 밖에 소학교 교육과정에 개설되지 않은 경제, 법률, 박물, 산술 등의 과목도 두었다. 이 중 경제와 법률은 당시 외교통상, 국제법과 매우 밀접한 시무 과목으로서 1895년 5월에 재설립된 사범학교 교육과정에는 들어 있지 않았다는 점에서, 초기의 사범학교는 교원의 양성을 목표로 내세우면서도 실무 관리도 양성하고자한 것으로 보인다. 이어서 학무아문은 사범학교의 수업시간을 정하고 교탁, 책걸상, 칠판 등의 시설을 갖추어 신식학교로서의 면모를 갖추게 했다. 따라서 이러한 관립사범학교는 우리나라 최초의 근대 교원 양성기관으로 주목할 만하다.

그러나 최초로 설립된 사범학교였던 만큼 그에 따른 시행착오도 일어났다. 그러한 사정은 다음과 같다.

사범학교의 곤란은 교사를 얻지 못하는 데 있으니, 학무아문도 당분간만

이름	생년월일	본관	부	거주지	보증인
박명서朴明緖 (진사)	1877년 7월 21일	반남潘南	박용원朴用元 (전 승지承旨, 정3품)	서울	이장식李長植 (탁지주사)
서상준徐相準 (유학幼學)	1875년 5월	대구大邱	서채순徐采淳 (선릉령宣陵令)	서울	윤동선尹同善 (탁지주사)
유철수柳喆秀 (유학)	1873년	전주全州	유협柳瑛 (전 교리校理, 정종5품)	서울	유정수柳正秀 (탁지참의)
안만수安晩秀 (유학)	1878년(?)	광주廣州	안종선安鍾善 (전 감역監役, 종9품)	서울	한선회韓善會 (전주사)

출전:《공문편안》6책, 1898년 9월 8일(규 18154) :《대한제국관원이력서》:《조선인사흥신록》.

구풍舊風의 교수를 하고 얼마 지나지 않아 보통교육을 해 각 아문에 봉직하고 있는 참의 또는 주사 중에서 적당한 인물을 선택해 교사로 충원해 신교육방법을 실행하게 될 것이다.[57]

사범학교에 근무할 교사를 바로 확보하지 못해 이전과 같이 유학위주의 교과를 가르칠 수밖에 없었던 셈이다.

그럼에도 학무아문은 사범학교 개교를 앞두고 학생 40명을 각 아문에서 17~23세의 한문에 능한 자로 4명씩 추천을 받아 선발하게 했다. 이 중 탁지아문에서 추천한 4명의 명단이 남아 있다. 〈표 1〉은 4명의 인적 사항과 추천자를 정리한 것이다. 현재 남아 있는 자료는 입학자 40명 중 4명에 지나지 않아 표본 대상으로서는 신뢰도가 떨어질 수 있지만, 여타 학생도 각 아문에서 추천했다는 점에서 그 경향은 유사하리라 여겨진다. 고시문에서는 교육대상을 공경대부 자녀뿐만 아니라 범민에서 준수俊秀에 이르기까지 모두에게 개방했으나, 실제로는 각 아문에서 사범학교 학생을 4인씩 천거한 셈이다.

〈표 1〉에 따르면 학생의 연령대가 10대 후반이며, 전직·현직 관리의 자녀임을 알 수 있다. 그러나 이들 중 대다수는 교원이 아닌 일반 관직에 진출했다. 박명서는 1905년 농상공부주사에 임명됐고, 서상준은 사범학교 졸업 후 학부주사가 됐다. 다만 유철수는 1896년 10월 한성사범학교 속성과 2회로 졸업한 뒤 같은 해 11월 충청남도 임천군 공립소학교 교원으로 임용됐다가 2년도 되지 않아 사직하고, 관립 법어학교, 경성학당, 일어야학 등에서 공부한 후 일반 관직으로 나아갔다.[58] 그 밖에 〈표 1〉에는 나오지 않지만 이공우李公雨와 이응원李應遠은 1896년 사범학교를 졸업한 뒤 각각 1898년 11월과 1897년 5월 종두의양성소에 입학했다. 또 최항석崔恒錫은 1895년 4월에 한성사범학교 부속 소학교 교원에 임명되는 동시에 4월에 법관양성소 속성과에 입학하기도 했다. 이와 같은 사례에서 볼 때 초기 사범학교는 결과적으로는 육영공원과 마찬가지로 관료양성기관이자 신학문을 배울 수 있는 고등교육기관으로서 기능했음을 알 수 있다.

물론 관립사범학교의 교육내용이 신학문보다 전통적인 유학교육 위주로 구성됐음은 분명하다. 이는 학무아문도 인정해 당분간 구풍의 교수를 한다고 한 것이다. 이에 당대의 조선인들도 사범학교에 대해

'한문학교'라고 인식하기도 했고, 1896년 학무국장조차도 "시대에 뒤떨어진 한문학교"[59]라고 평가했다.

그러나 사범학교교육은 이러한 한계에도 인륜교육에 기반을 두고, 국문·국사·본국지지 등을 통해 주체성을 확립하며, 세계역사·세계지지 등을 통해 변화하는 세계의 흐름을 인식할 수 있는 인재를 양성하는 데 중점을 두었다.[60] 또한 소학교교육도 원칙에 따라 교육 기회를 제한하지 않았으며, 기존 서당의 변화나 새로운 민립소학교의 설립을 권장해 소학교의 지속적인 확장을 모색하면서 국민들을 이러한 능력을 지닌 인재로 양성하는 데 목표를 두었다. 하지만 이 같은 자주적인 교육개혁 시도는 일본의 영향력이 상대적으로 약했던 갑오개혁 초기에 가능했다. 1894년 10월 청일전쟁에서 일본의 승리가 확실시되자 일본이 조선의 속국화를 적극 시도함으로써 이러한 교육개혁 노력은 일본의 영향을 강하게 받으며 굴절됐다. 이후 교육 개편은 이전에 비해 신속하게 추진됐지만, 교육의 기본 방침이나 법령, 교육내용 등이 일본 교육의 영향에 들어갔다.

3

소학교·사범학교의
재설립과 소학교
증설 시책 추진

갑오개혁기

일본이 청일전쟁의 승기를 잡은 1894년 9월 말, 일본전권공사로 새로 부임한 이노우에 가오루井上馨가 내정간섭을 본격화하자 그해 11월 1차 김홍집내각이 붕괴되고 2차 김홍집내각이 들어섰다. 여기에는 박영효朴泳孝(1861~1939), 서광범徐光範(1859~1897) 등 과거 갑신정변에 가담한 인사가 참여하는 한편, 일본인 고문관들의 영향력도 강화됐다.[61] 정치·경제·사회 부문은 물론이고 교육 부문도 마찬가지였다. 예컨대 이노우에는 일본의 영향력을 적극적으로 부식해 나가기 위해서 학무아문에 일본인 고문관을 고빙하게 했다. 비록 이러한 일본인 고문관 채용계획이 재정문제로 보류됐을지라도 이후 교육정책에 대한 일본의 간섭은 본격화됐다. 특히 12월 12일에 반포된 〈홍범 14조〉는 절정이었다. 왕실과 국정을 분리하며 군주의 권한을 약화하고, 입법·사법·행정을 분리해 내각을 중심으로 국정을 운영하려는 방침을 밝혔다.[62]

이 중 교육에 관한 항목도 〈홍범 14조〉에 포함됐는데, "나라 안의 총명한 자녀를 널리 외국에 파견해 학술·기예를 견습하게 한다"[63]는 조항이 그것이다. 이러한 조항은 이전에는 일본이 은밀하게 요구한 내용으로, 이제는 명문으로 밝혀 조선의 자주적인 고등교육 개혁을 억제하고 조선을 일본의 영향력 아래 두겠다는 심산을 보여 준다.[64]

그럼에도 정부는 일본의 간섭에 굴하지 않고, 이듬해인 1895년 2월 2일 전통적인 흥학 방침에 기준을 두되 기존과 달리 부국강병을 목표로 실용적인 국민교육을 실시한다는 방침을 담은 〈교육에 관한 조칙〉(이하 〈교육입국조칙〉으로 줄임)을 발표했다.[65] 여기에서는 일본 메이지천황明治天皇의 〈교육에 관한 칙어〉와 달리 국민의 능동적 자율성에 바탕을 둔 교육입국의 방향을 제시했다.[66] 즉 정부는 부국강병을 목표로 삼되 덕양德養·체양體養·지양知養에 기준을 둔 주체적이고 실용적인 국민을 육성한다는 것이다.

정부는 1895년 3월 25일(양력 4월 19일) 학무아문을 학부로 고치면서[67] 기존의 보통학무국과 전문학무국을 학무국으로 통합하고 대학교 규정을 없애는 대신 해외 유학생을 관장하게 했다. 이는 일본의 간섭이 여전히 강했기 때문에 국가 교육체제의 수립 과정에서 국내 대학을 설립하지 않은 채 〈홍범 14조〉에 근거를 두고 고등 인재를 해외 유학을 통해서만 양성할 수밖에 없는 방안이었다. 그리하여 조선 정부는 주체적인 교육을 실시하지 못함은 물론이고 학술연구기관을 설립하지 못한 채, 국가정책을 주도해 가야 할 고등 인재를 국내가 아닌 해외 유학을 통해 양성해야 했다. 더욱이 이러한 방안은 정부가 고등교육을 관장하면서 그 방향을 제시해 온 전통에 비추어 보았을 때, 조선 정부는 기존의 조선사회 식자층들을 국내에서 재교육하지 못함으로써 개혁 기반을 확대하고 자주적인 개혁을 추진하는 기초를 마련할 수 없었다. 신학제의 기본 특징이 소학교와 외국어학교에 치중됐음은 일본의 이러한 방침에서 비롯됐다.

학부는 여러 소학교에 배치할 교원을 양성하기 위해 1895년 3월 29일 '지방제학교교원양성地方諸學校教員養成을 위해 한성부에 1개 학교를 설립하는 일'을 의결함으로써 사범학교의 설립을 공식화했다.[68] 이미 갑오개혁 초기에 사범학교를 설립해 운영했지만 실제로는 교원보다는 일반 관리로 배출됐기 때문에 명실상부한 사범학교가 필요했다. 그리하여 학부는 1895년 4월 19일 〈한성사범학교관제〉를 반포했다.[69] 사범학교에는 2개년의 본과와 6개월의 속성과 두 과를 설립했으며 부속 소학교를 두었다. 한성사범학교는 관제가 반포된 이후 구체적인 교육목적을 설정하거나 규칙을 마련하지 못했지만,《관보》를 통해 학생을 공개적으로 모집하고 입학시험을 부과했다. 이러한 선발방식은 관립사범학교의 추천제 방식과 달랐다. 그 결과 개교 초기인

1895년 8월 당시에는 본과 학생 40명, 속성과 학생 60명이 있었다.[70] 이 중에는 관립사범학교에 재학하던 학생도 포함됐다. 그리하여 한성사범학교 속성과 1회 졸업생이 1895년 10월에 배출됐다.[71]

1895년 5월 1일부터 사범학교를 개편해 본과와 속성과의 체계를 갖추고 속성과 수업을 시작했다. 기존에 설립된 관립사범학교 교장인 학부 학무국장 이응익李應翼이 한성사범학교 교장으로, 교수인 정운경鄭雲樓이 한성사범학교 교관으로 다시 임명됐다.[72] 이는 이전에 설립된 사범학교의 교육을 계승하겠다는 뜻을 보여 준다.

이어서 학부는 1895년 7월 23일 〈한성사범학교규칙〉을 제정함으로써 구체적인 교육 목적을 제시하고 교육과정 등을 규정했다.[73] 여기서는 교육목표를 급히 제정하다 보니 일본의 〈사범학교령〉을 본떠 정신과 덕행을 기르고, 국민의 지조를 떨치며, 규율을 준수하고, 신체의 건강을 증진하는 데 두었다.[74] 그러나 고종의 〈교육입국조칙〉은 일본 천황의 〈교육에 관한 칙어〉와 달리 군주에 대한 충성보다는 덕양·지양과 더불어 체양이 강조됐다는 점, 후술하는 바와 같이 사범학교 교관 출신 박은식朴殷植(1859~1925)이 사범학교는 '군학群學의 근기根基'라고 설파했듯이 학식의 고양을 사범학교 학생들에게 지속적으로 요구했다는 점에서 실제 사범학교의 교육목표는 〈한성사범학교규칙〉의 교육목표와 달랐으리라 추정된다.

특히 〈한성사범학교관제〉를 제정하는 데 깊이 관여한 유길준兪吉濬(1856~1914)은 그의 저서 《서유견문》에서 다음과 같이 교사로서의 자질과 사범학교의 관계를 논했다.

> 또 교사될 자의 지식으로 논의하더라도 그 직책에 어울리지 않으면 교사라는 허명이 있을 뿐이고, 실상은 있지 않은지라. 그러므로 정부가 반드시 먼저 교사를 가르치는 학교를 건립해 그 학식이 족히 남의 교사가 될 만한 연후에 학교를 비로소 건립하고 교사되기를 허락해 교육하는 큰 근본을 나라 안에 정하는 것이 옳은지라.[75]

여기서 유길준은 '남의 교사가 될 만한'이라고 해 '경전에 밝고 행동을 닦아 도덕을 겸비하면 사범이라고 할 만한다(經明行修 道德兼備 可爲師範)'라는 전통적인 사범 정신을 계승하면서 사범교육을 교육의 근간으로 삼을 것을 주장했다. 요컨대 사범학교의 교육목표는 행수와 함께 경명을 위주로 한 지금까지의 사범 전통에 근거를 두고 근대교육목표의 또 다른 축이라 할 신체 건강과 규율 준수가 덧붙여진 것이라고 하겠다.

정부는 〈한성사범학교관제〉를 제정한 다음에 전문교육기관의 법제를 정비했다. 그중 어학교의 경우에는 당시까지 외국과 이루어지는 외교와 통상을 담당할 인재를 양성하는 데 중점을 두고 일어학교와 영어학교를 이미 설립해 운영했으나, 아직 법적인 정비는 이루어지지 못하고 있었기 때문이다. 그러므로 학부 관료들은 1895년 5월 10일 〈외국어학교관제〉를 반포했다.[76] 외국어학교는 외국인 교사를 중심으로 어학만을 가르친 것으로 보아서 '실용'교육에서는 외국어 기능을 익히는 데 비중을 두었음을 알 수 있다. 그러나 조선에 대한 외국의 간섭이 심한 시기에 외국어학교를 각각 설립함으로써, 각국이 학교를 통해 자국의 영향력을 확장할 수 있는 여지를 남겨 두었음도 간과할 수 없다. 정부는 대학은 국내에 설립하지 않고 일본 유학을 통해 인재를 양성하려고 했으므로, 1895년 4월부터 9월까지 유학생 190명을 일본의 게이오기주쿠慶應義塾에 입학하게 해 교육을 일본인에게 위탁했다.[77]

한편 이 시기 개화파 관료들은 국민교육기관의 중추로서 소학교를 설정하고 설립을 추진하는 것이 당면 과제라고 인식했다. 그리하여 1895년 7월 19일 〈소학교령〉이 반포됐다.[78] 〈소학교령〉은 학부에서 이미 설립해 운영한 소학교의 경험을 참고하면서 일본 〈소학교령〉을 모범으로 삼아 원안을 마련해 학부대신이 각의에 제출했다. 내각에서는 학부의 원안을 내각 고문관 이시즈카 에이조石塚英藏와 강정講定하라고 지시했고, 학무국장 이응익李應益은 이시즈카 에이조의 수정을 거친 다음에 내각 회의를 통과하게 하고 고종의 재가를 받아서 반포했다.[79]

이때 이시즈카 에이조가 대폭 수정한 〈소학교령〉의 특징은 크게 지방 공립소학교의 설립, 여자소학교교육의 유예, 외국어교육의 강화였다.

첫째, '공립'소학교 규정을 첨가했다. 그것은 장차 중앙과 지방을 각각 관립소학교와 공립소학교로 구분해 소학교교육을 확대할뿐더러 재정 기반을 각각 국가재정과 지방재정에서 확보하고자 했음을 보여 준다. 특히 〈소학교령〉 초안에서는 관립소학교에서 필요한 일체경비는 지방세로 충당하고자 했다.[80] 다만 일본과 달리 조선은 지방세제도가 아직 정비되지 못했으며, 정부의 재정정책이 국가재정 위주로 수립돼 국고 이외에는 지방의 재원이 공식적으로 없었기 때문에 우선 국고에서 지방 공립소학교 경비를 지출하게 했다. 정부의 이러한 방침은 지방 차원에서 이미 사유재산 혹은 공유재산을 이용해서 자율적으로 학교를 설립·운영해 온 유구한 전통을 염두에 두고 지방 공립소학교 설립에 대한 방침을 포기하지 않았음을 의미한다. 그리하여 7월 19일에 반포된 〈소학교령〉은 소학교를 관립, 공립, 사립으로 구분하고 지방 공립소학교 경비를 국고에서 지출하게 했다.

둘째, 소학교 설립 초창기에 시설 문제로 여학생 교육이 위축될 것을 우려해 남녀 공히 교육을 받게 특별히 명시했다. 그리하여 〈소학교령〉에는 남녀를 가리지 않고 소학교교육을 받는 규정이 포함됐다. 조선에서 가정 내부에 머물렀던 여성교육이 국가 차원에서 제도적으로 공식화됐음을 의미한다. 다만 실제로 여성이 소학교에 입학하지 않은 것으로 보아 여자소학교교육을 유예하고자 한 이시즈카 에이조의 구상이 반영된 것으로 보인다.

셋째, 소학교 심상과의 수업 연한을 3년으로 단축했다. 보통교육은 소수자를 대상으로 심화 집중하기보다는 일반민을 대상으로 널리 미치는 것이 중요하다고 판단했기 때문이었다. 그런데 여기서 주목되는 점은 초등교육임에도 외국어 과목을 설정할 수 있음을 명시했다는 사실이다. 이는 일본이 조선의 소학교에 일본어 과목을 개설하려고 했음을 보여 준다.

〈소학교령〉은 이처럼 일본인 고문관의 감독을 거쳐 제정·반포됐다.[81] 따라서 소학교교육의 목적 역시 일본 〈소학교령〉에 영향을 받은 면이 적지 않았다. '국민교육의 기초'와 '생활에서 필요한 보통지식과 기능'을 가르친다고 해 소학교를 국민교육의 기초로 삼았는데, 주요 내용은 생활에 필요한 실용 기능을 위주로 했다. 그러나 여기에는 차이가 두 가지 있다. 첫째, 조선 소학교 고등과는 외국역사를 가르치게 했으나, 일본에는 외국역사가 없다. 둘째, 일본 소학교 과목에는 창가唱歌와 수공手工이 있었으나 조선은 빠졌다. 이는 조선의 '실용'교육이 현실과 세계를 이해하는 데 중점을 둔 반면, 일본은 생활에 필요한 실용 기능에 중점을 두었기 때문이다.

학부에서는 〈소학교령〉을 반포한 뒤 1895년 8월 한성부 내에 관립소학교를 4개 설립했다.[82] 이때 설립된 관립소학교는 장동壯洞소학교, 정동貞洞소학교, 계동桂洞소학교, 묘동廟洞소학교였다. 그러나 국가재정이 궁핍해 학교 건물을 새로 짓기가 어려워 기존의 개인 가옥을 개조하거나 관청 또는 전통교육기관을 이용했다. 이후 이들 소학교는 학교건물이 비좁아 장소를 자주 옮겼으며, 옮긴 지역의 이름을 따서 학교명을 개칭하기도 했다. 예컨대 장동소학교, 묘동소학교, 계동소학교는 각각 매동소학교, 혜동소학교, 재동소학교로 명칭이 바뀌었다. 그리고 사부학당의 하나인 동학의 자리에 양사동 관립소학교가 설립됐다.

그러나 을미사변을 거치고 조선인들의 반발이 심해지면서 이러한 교육 개편 방향은 조금 조정됐다. 관립소학교를 확장할 때 〈교육입국조칙〉에 근거를 두면서도 학부고시를 통해 교육목표를 조정했다.[83] '애국의 심'과 '부강의 술'을 교육해 문명개화된 국가를 건설하다는 것이었다. 이에 교육과정은 '오륜행실에서 소학, 본국역사 및 본국지지, 국문, 산술, 기타 외국역사와 외국지지' 등을 교수해 '허문'을 거㈜하고 '실용'을 숭상한다고 했다. 소학교교육은 인륜도덕을 기초로 하면서 국문과 본국역사와 본국지지를 통해 주체성을 기르고, 산술과 외국역사, 외국지지를 통해서 현실의 세계를 인식하고 대처할 수 있는 실용을 의미했다. 그리고 〈소학교령〉과 달리 일본어는 가르치지 않았다. 갑오개혁 초기에 지향한 교육목표가 현실에서 계속 추구됐다.

그리하여 학부는 유학생을 교육하는 데 비중을 높이면서도 국내학교의 설립과 교육에 이전보다 힘을 기울였다. 이는 무엇보다 학부 예산에서 소학교 예산이 차지하는 비중이 결코 작지 않았음에서 확인할 수 있다. 소학교 확장을 위해서 한성사범학교와 부속 소학교의 예산을 가장 늘렸을뿐더러 지방 학교의 보조비 항목도 새로 편성했다. 이는 정부가 지방 소학교의 설립을 직접 주도하지 않지만 장려하는 취지에서 소학교 보조비를 확보한 것으로 보인다. 1896년 학부예산에 따르면 지방의 주요 지역인 부府마다에 공립소학교를 신설하려고 했음을 엿볼 수 있다.[84] 갑오개혁기 기존의 광역 지방통치구역인 8도를 중심으로 한 지방제도를 변경해 23부제로 개편한 터였다.[85] 이에 학부는 23부에 각각 하나의 공립소학교를 설립하고 보조비를 지급하려 했다. 즉, 학부는 한성부 공립소학교에 600원의 보조금을 주는 것을 기준으로 각 부에 신설된 공립소학교에 600원의 보조금을 주려고 예산을 편성했다.

그러나 이러한 정부의 의지는 국가재정에서 지원해 주기에는 국가 재정이 턱없이 부족해 관철시킬 수 없었다. 이에 소학교를 추가로 설립하는 데 필요한 재원을 확보하기 위해서 교육재정의 규모를 파악하되 기존 교육재정이 국가재정으로 전환되는 것을 방지하고자 했다. 즉 공립학교의 확장을 도모하던 내부대신 유길준은 1895년 11월 각 지방에 내부 훈령을 보내서 기존 교육재정을 조사·보고하게 했으며, 관찰사들은 관할 지역 내의 각 지역에 이를 시달했다.[86] 내부에서는 지방 각 부군의 향교와 각 방의 학계學契, 서원에 부속돼 있는 재산을 모두 보고하게 했는데, 지방의 각 부에서는 이에 근거를 두고 각 지역에 훈령을 하달했다. 이미 각 지방에는 향교·서원·양사재를 비롯한 각종 서재·서당 등이 운영됐으므로 기존 교육기관이 보유한 재원을 이용해 교육기관을 확장하려 했다.

이러한 재원을 확보하기 위한 노력은 탁지부의 반대로 소기의 성과를 거두지 못했다. 갑오개혁 과정에서 추진된 재정개혁으로 공유 재산 일부는 탁지부 장부에 추가로 기재됐기 때문이다. 여기에는 과거 양사養士의 재원으로 이용된 전토도 포함됐다. 또한 탁지부는 전국 부군에 하달해 훼철 서원의 전답을 일일이 성책해 보고하게 했다. 다만 남원부와 같이 향교에 유생들이 남아 있어 그대로 사용해야 한다고 이의를 제기하는 경우에는 이를 인정했다. 그러나 이러한 재원조차 일부에 국한될 뿐 대부분의 재원이 탁지부 장부에 올라갔다. 더욱이 이를 추진하던 김홍집내각이 1896년 2월 아관파천으로 붕괴되자 이 과제는 신정부로 넘어갔다.

한편 학부는 교원양성을 일반 관리양성과 분리하고자 했다. 그리하여 이들에게 교원으로서의 자격을 요구했다. 〈소학교령〉은 다음과 같이 규정했다.

21조 소학교 교원은 소학교 교원의 허장許狀이 있는 자로 한다.
22조 소학교 교원의 허장을 받을 때는 검정에 합격해야 한다.
26조 소학교 교원이 부정한 행동을 해 그 직을 잃으면 허장을 회수한다.[87]

이러한 교원자격 규정은 이전 시기 교원인 교수와 달리 전문적인 교직의 독립을 의미했지만,[88] 교원이 교수와 마찬가지로 관료 신분이라는 점에서 교원은 국가의 통제를 받았다. 그러나 이러한 규정이 사범학교 설립과 밀접하다는 점에서 교직이 일반 관리직에서 분리돼 전

〈표 2〉 관공립소학교 교원과 판임관 관등봉급표(월)

(단위: 원元)

구분	관등	1등	2등	3등	4등	5등	6등	7등	8등
교원	1급봉	35	30	26	22	18	15	13	11
	연봉 환산	420	360	312	264	216	180	156	132
	2급봉	33	28	24	20	16	14	12	10
	연봉 환산	396	336	288	240	216	180	156	132
판임관	월봉 환산	41.67	35	30	25	20	15	12.5	10
	연봉	500	420	360	300	240	180	150	120

출전 : 《관보》 1895년 7월 22일(1895년 7월 22일), 〈관립공립소학교교원의 관등봉급에 관한 건〉: 〈관등봉급령〉, 《고종실록》 권33, 고종 32년 3월 26일(1895년 3월 26일).

문성을 확보했음은 분명하다. 다만 허장제도와 검정제도는 규정에 그쳐 그 시행세칙이 마련되지 않았을 뿐만 아니라 1906년까지 시행되지도 못했다. 그렇다고 누구나 교원이 될 수 있지 않았다. 사범학교를 졸업해야만 교원자격이 부여됐다. 1894년 교육개혁기의 교원정책은 무엇보다 근대교원을 양성하는 것에 집중됐고, 그것은 사범학교 설립과 교원자격의 명시로 나타났다.

교원은 일반 관리와 다른 독자적인 관등봉급체계를 기준으로 봉급을 받았다. 교원의 관등은 하위 관료군이라 할 판임관에 한정됐고, 초임은 사범학교 본과, 속성과 출신과 관계없이 모두 판임관 6등 2급봉이었다.

〈표 2〉는 관공립소학교 교원의 봉급을 일반 관리인 판임관의 봉급

학교명	최초 교원발령일	교원
한성부	1895년 8월 13일	최만장崔萬璋(1895년 8월 13일~1902년 2월 27일)
인천부	1896년 1월 24일	변영대卞榮大(1896년 1월 22일~1899년 9월 6일)
대구부	1896년 1월 24일	이항선李恒善(1896년 1월 22일~?) 김영제金寧濟(1896년 6월 8일~?)
충주부	1896년 1월 29일	황한동黃漢東(1896년 1월 29일~1896년 9월 15일)
강화군	1896년 1월 24일	정지석鄭芝錫(1896년 2월 4일~1899년 9월 6일)
수원군	1896년 2월 4일	이필구李弼求(1896년 2월 4일~1898년 6월 10일)
개성부	1896년 2월 10일	이종협李鐘浹(1896년 2월 10일~1898년 6월 10일)

출전 : 노인화,〈대한제국 시기의 한성사범학교에 관한 연구〉,《이화사학연구》16, 1985, 20쪽 ; 김광규,〈대한제국기 초등교원의 양성과 임용〉,《역사교육》119, 2011, 99~100쪽 재인용.

과 비교한 내역이다. 당시 사범학교를 갓 졸업하면 판임관 6등으로 임명됐으므로 월급이 14~15원이다. 이러한 봉급은 1898년 쌀 한 가마니 가격 4원과 비교하면 겨우 네 가마니 정도 구입할 금액이었다.[89] 그러나 〈표 2〉에 따르면 교원은 관등이 올라갈수록 일반 관리와의 봉급 격차가 커졌다. 예컨대 관등 6등은 교원과 관리의 봉급이 같지만, 1등은 교원 월봉이 관리 월봉보다 6.67원이 적었다. 이러한 봉급체계는 정부가 교원의 중요성을 강조하는 방향과 달리 교원의 지위에 맞지 않는 대우로 인식될 수 있었다.

정부는 교원자격과 봉급이 결정되자 1896년 1월부터 23부를 중심으로 교원을 임명하기 시작했다. 〈표 3〉에 따르면 정부의 계획과 달리 23부 전체에서 일률적으로 임명하지 못했지만, 한성부를 시작으로 순차적으로 임명했음을 확인할 수 있다. 특히 23부 소재지가 아닌 수원군과 강화군이 포함됐다. 이들 주변 지역에 관아가 많고 향교가 소재해 건물을 구하기가 쉬웠던 것으로 보인다. 아울러 서울 주변에 있어 중앙 정부의 지침이 타 지역보다 상대적으로 쉽게 관철되지 않았나 한다.

이렇게 소학교 교원으로 임명된 교원은 현지에 가서 학교 설립과 학생 모집에 힘을 기울였다. 이 중 다수의 교원은 지방 소학교를 설립하고 교직에 오랫동안 근무했다.[90] 예컨대 이필구는 수원부공립소학교 교원으로 시작해 여러 소학교를 거친 뒤 1907년 4월 홍주 보통학교장에 겸직으로 임명됐다. 또한 정지석은 강화소학교 교원을 시작으로 여러 소학교를 거친 뒤 1910년 훈장을 받기도 했다.

그러나 애초 재원을 염출하기가 만만치 않은 데다가 정부의 소학교 설립이 형식적으로는 일본의 학제를 그대로 수용하는 가운데 이루어져, 정부의 이러한 설립 노력은 기존 교육기관의 재산만을 박탈하려는 식으로 비칠 수 있었다. 따라서 정부는 학교를 설립한 후 교원을 임명하기보다는 먼저 교원을 임명하고 그 교원이 현지에 가서 학교를 설립하게 했다. 게다가 갑오개혁이 일본의 영향으로 추진됐으므로 신식학교 설립은 순조롭게 진행되기 어려웠다. 이 역시 고종의 아관파천으로 갑오개혁 세력이 패퇴하면서 새로운 국면을 맞이했다.

광무개혁기

아관파천 이후 고종이 친정하면서 구본신참舊本新參의 방향에 따라 교육개혁 방향을 조정했다. 즉 신학제에 따른 교육내용이 주관적으로는 부국강병을 추구했지만, 결과적으로 서구의 문명화 논리를 추수하면서 일본인 교사와 교과서 집필자를 필두로 하는 일본의 침략을 쉽게 하는 요인이 됐음을 절감하고, 우리 문화 전통 속에서 기개와 기풍을 계승하고자 했다. 그러므로 갑오개혁이 중단된 이후에 문명적 실용교육이 재고되면서 교육내용과 교수방법, 학교운영 등 전반에 걸친 개혁이 모색됐다.

〈표 4〉는 1896년 3월부터 1906년 7월에 이르기까지 한성사범학교의 학생 모집 및 졸업 현황을 보여 준다. 이를 통해 여러 측면에서 한성사범학교의 학사운영을 짐작할 수 있다. 첫째, 한성사범학교의 학생 모집 시기가 일정하지 않았다. 학년은 7월 21일에 개시해 이듬해 6월 15일에 종료하는 것이 원칙이었다. 학생 입학은 매 학년 초라고 규정했지만, 학생 모집은 재학생이 졸업하면 신입생을 모집하는 방식으로 이루어졌다. 따라서 5-1회는 5회가 재학하는 기간에 모집했기 때문에 보결생을 모집한 것으로 보이며, 7-1 역시 보결생으로 보아야 할 것이다. 둘째, 본과와 속성과 학생을 따로 모집해 교육하지 않았다. 개교 초기인 1895년 8월 당시에는 본과 학생 40명, 속성과 학생 60명이 있었는데, 이후의 모집 광고를 보면 본과와 속성과를 각각 모집

<표 4> 1896~1906년 한성사범학교 학생 모집 및 졸업 현황

회	과정	모집연월	선발인원 (명)	졸업연월	졸업생 (명)	출전
2	속성과	1896년 3월	–	1896년 10월	41	《관보》 1896년 10월 31일
3	속성과	1896월 10월	–	1897년 4월	44	《관보》 1897년 4월 23일
4	본과	1897년 4월	–	1899년 4월	26	《관보》 1899년 4월 13일
5	본과	1899년 5월	16	1901년 10월	3	《관보》 1901년 10월 26일
5-1	–	1900년 3월	–	–	–	《황성신문》 1900년 3월 24일
6	본과	1902년 1월	–	1903년 1월	24	《관보》 1903년 1월 6일
7	본과	1903년 1월	28	1905년 10월	23	《관보》 1905년 11월 7일
7-1	–	1904년 4월	–	–	–	《황성신문》 1904년 4월 20일
8	본과	1905년 11월	–	1906년 7월	3	《관보》 1906년 7월 4일

비고 : 1회 속성과는 1895년 10월에 졸업했으므로 생략함. 5회 졸업생은 해당 관보에서 우등생만 기재됨. 김광규, 〈대한제국기 초등교원의 양성과 임용〉, 《역사교육》 119, 2011, 104쪽, 〈표 4〉를 수정 보완함.

한 사례는 확인되지 않는다. 입학생 모집 광고에는 2회까지는 '사범학교 속성과원'을, 3회부터는 '사범학교학원' 또는 '사범학도'를 모집한다고 돼 있다. 셋째, 교육기간이 일정하지 않았다. 속성과의 경우 교육기간을 1개년이라 하고 학생을 모집했으나 실제 교육기간은 1년에 미치지 못했고, 본과의 교육기간도 규정보다 짧았다. 1899년 4월 본과의 수업기간을 2년에서 4년으로 연장했지만 규정에 그쳤을 뿐 실현되지 않았다. 이처럼 한성사범학교의 학사운영은 초창기의 시행착오를 거치고 있었다. 당시 교원에 대한 수요가 시기마다 달랐고, 학교설립의 추이가 불규칙적인 데서 비롯한 것으로 보인다.

그러나 정부는 학사운영에는 이러한 문제가 있지만, 교과내용을 운영하는 데는 내실을 다지고자 했다. 먼저 1896년 6월 사범학교에 〈훈령〉을 내려서 교육과정과 교수학습방법을 개편했다.

- 전부터 써 온 역사 지리 교과서는 처음 배우는 사람에게 맞지 아니하므로 이 두 가지 교과서 대신에 사민필지士民必知를 가르친다.
- 체조과는 몸을 건강히 하고 심신을 상쾌하게 하는 데 도움이 되지만 점차 날씨가 더워지므로 가을까지는 정지한다.
- 교당에서는 관을 벗는 것이 편리하기는 하지만 우리나라의 예법이 아니므로 금후부터는 교당이라도 관을 착용한다.
- 어떤 과목에서 교과서를 외국교사에게 가르치게 의뢰하는 것은 우리나라 교사 중에 아는 사람이 없으므로 부득한 일이지만, 금후부터는 외국교사가 교수할 때는 우리나라 교사가 그 곁에서 교수를 보좌하고 그도 학습한다.[91]

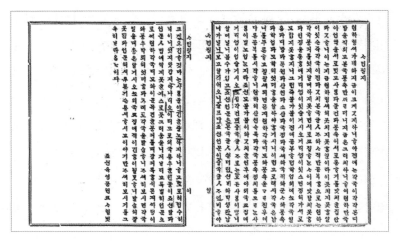

〈그림 6〉《사민필지》

기존의 서구와 일본 문명을 기준으로 하는《만국지지》와《만국약
사》를 비판하면서 대안을 마련하는 과정에서《사민필지》가 채택됐다.
즉《만국지지》와《만국약사》의 서술 형태나 시각은 일본인의 세계지
지·세계역사 인식 방식을 반영했으므로, 이에 육영공원 교사(교원)인
호머 헐버트Homer B. Hulbert의《사민필지》(1890)를 채택한 것으로 보
인다. 또한 교사를 양성하지 못해 당분간 외국교사가 담당해서 가르
치는 과목은 전적으로 외국교사에게 맡길 수밖에 없으나, 장기적으로
는 우리나라 교사가 가르칠 수 있게 해야 함을 강조했다.

그 밖에 정부는 학생들의 수업 일과표를 다시 만들어서 여타 수업
시간을 줄이고 독서와 작문시간을 늘렸다. 이는 신식학교에서 유학교

육시간을 늘리려고 한 것으로, 유교문화전통에 근간을 두고 교육하려고 했음을 보여 준다. 사범학교의 이러한 변화는 관립소학교 교육에도 그대로 반영됐다.

한편 정부는 1897년 사범학교교육을 개편하고자 했는데, 이에 학부는 일본의 시각에서 벗어나 세계의 현실을 인식하고 대처할 수 있는 안목을 갖추게 하는 교육을 실시하려고 했다. 이에 1897년 6월 헐버트를 한성사범학교 교습으로 고빙했다.[92] 헐버트는 이미 육영공원의 교습으로 한국 교육 개혁 초기부터 활동해 왔으며, 이미 언급한 바대로 《사민필지》라는 세계지지·세계역사 교과서를 저술한 교과서 편찬자이기도 했다. 이에 학부는 한성사범학교 교육내용에 산수·지지 등 새로운 교과목을 추가했으므로 헐버트에게 이와 관련한 교과서의 편찬과 교수를 기대했다. 그리하여 사범학교 외국인 교관으로 임명된 헐버트는 교과서 편찬에 주력하면서 사범학교 학생들의 수학 열을 북돋았다. 그는 그의 이러한 노력이 결실을 맺고 있음을 다음과 같이 묘사했다.

첫 해에 학생들은 유럽, 아시아, 북아메리카의 일반지리를 완벽하게 공부했고, 아울러 각 나라의 군사력과 해군력의 정도, 외교정책, 상대적인 힘, 교육과 종교의 상태, 그리고 많은 특수한 문제에 대해서도 공부하게 했다.[93]

〈그림 7〉 산술 수업 중인 헐버트

이에 정부는 교과서를 새로이 제작해 수업에 적극 활용하고자 했지만, 교과서 제작이 당시 여건으로는 여의치 않아 번역해 활용하고자 했다. 예컨대 1897년 중국 개혁의 지침서로 널리 읽힌 로버트 매켄지Robert Mackenzie의 *The 19th Century : A History*를 선교사 티모시 리처드Timothy Richard가 《태서신사람요泰西新史攬要》라는 제목으로 한역했는데, 대한제국 정부가 1897년 이 책을 다시 《태서신사》라는 제목의 한문본과 한글본 교과서 두 가지로 편찬했다.[94]

또한 정부는 한성사범학교에서 중심 역할을 할 교원을 선발하고 관리하는 데 힘을 기울였다. 관제에 따르면 한성사범학교 교직원은 모두 8명 정도였는데, 교장 1명(주임), 교관 2명 이하(주임 또는 판임), 부교관 1명(판임), 교원 3명 이하(판임), 서기 1명(판임)이었다. 교관은 학생의 교육을 관장하고, 부교관은 교관의 직무를 보조하고, 교원은 부속학교 아동의 교육을 담당했다. 여기서 각 과목의 교육을 주도한 인물이 교관이었음을 확인할 수 있다. 1895년부터 1905년까지 한성사범학교에 재직한 교관은 총 12명으로 〈표 5〉와 같다. 이 밖에 교원으로 채용된 외국인도 몇 명 있었는데, 일본인 2명과 미국인 1명이었다.

1895년부터 1905년까지 한성사범학교에는 매년 2~3명의 교관이 재직했는데, 정운경과 김형식金亨湜을 제외한 나머지 교관의 재직 기간은 1개월에서 1년 정도였다.[95] 이는 한성사범학교 교관 중 장기간 근속한 사람이 드물었음을 보여 준다. 이들 교관 중 부임하기 전 경력과 학력이 확인된 7명 가운데 근대적인 학교교육을 이수한 사람은 한성사범학교를 졸업한 윤정로尹定老뿐이다. 나머지는 모두 가숙이나 사숙에서 한학을 수학한 인물로서 한학에는 능통했지만 사범학교교육을 받았는지는 확인되지 않는다. 정운경은 앞에서 언급한 바와 같이 사범학교 교수로 근무한 인물로, 1898년 3월에는 각 학교 교관과 졸업생을 모아 교육 진보에 대해 연설했다.[96] 또한 그는 매주 토요일 토론회를 여는 모임에서 투표로 회장에 당선될 정도로 사람들 사이에 신임이 높았다.

1900년 3월에 정운경의 후임으로 임용된 박은식은 저명한 한학자로서《학규신론學規新論》을 집필해 학부에 건의하기도 했다.[97] 그는 여기서 교육개혁 방안을 제시했는데 이러한 방안은 당시 대한제국이 추

〈표 5〉 한성사범학교 교관 임명 상황(1895~1905년)

성명	관등	발령일자	해임일자	재임기간	부임 전 학력, 경력
정운경	주임관	1895년 5월 4일	1900년 3월 26일	4년 10개월	사범학교 교수 (1894~1895)
김영순	주임관	1896년 1월 15일	1896년 2월 22일	1개월	학부주사
이상설	주임관	1896년 2월 25일	1896년 3월 25일	1개월	성균관교수겸 성균관장
윤헌섭	판임관	1896년 3월 20일	1896년 6월 20일	3개월	
주도환	판임관	1896년 6월 20일	1897년 6월 9일	1년	
한홍이	판임관	1897년 6월 24일	1897년 7월 29일	1개월	
최찬	판임관	1897년 7월 29일	1897년 11월 1일	3개월	
이인순	판임관	1897년 12월 28일	-	-	
박은식	주임관	1900년 3월 31일	-	-	한학, 경학원강사
김형식	주임관	1900년 11월 17일	1905년 12월 20일	5년 1개월	중추원 의관
김기년	판임관	1904년 2월 6일	1904년 8월	6개월	외국어학교부관
윤정로	판임관	1905년 12월 21일	-	-	한성사범학교 졸업(1905년)

출전 : 《관보》 해당 일자.

진하고자 한 방안과 비슷했다. 즉 그는 흥학을 위해서는 학교를 세우고 학교예산을 편성하며 개명한 나라의 것을 배우게 하되 비교, 참작할 수 있다고 주장했다. 그가 주장한 흥학의 구체적인 방안은 유교를 교화의 수단으로 강화하되 서양에 유학생을 파송해 학숙을 널리 세우고 책을 간행하고 사범을 양성하며 배우려 하지 않는 자는 강제로 배우게 해야 한다는 것이었다. 나아가 그는 사범의 핵심을 밝혀 후일 평소의 지론대로 사범학교 교관으로서의 경험과 사범관師範觀을 다음과 같이 피력했다.

〈그림 8〉 박은식

금일 교육방침에 대해 가장 먼저 해야 할 급무는 사범양성이 이것이라. 대개 학생은 국가의 기초요 몽학蒙學은 학생의 기초라. 몽학이 없으면 완전한 학생이 없을 것이오 완전한 학생이 없으면 어찌 완전한 국가가 있으리. 오직 이러한 완전한 몽학을 건립하고자 할진대 반드시 우선 완전한 사범을 배양할지라. 이러므로 세계 각국의 교육사를 보건대 모두 그 사범학교로써 군학群學의 근기根基를 삼았고, 최근 한 일본의 교육사를 증거할지라도 메이지 8년에 비로소 나라 안에 대학교를 보설했는데 3년을 앞서 사범학교를 설비해야 소학교와 더불어 같이 설립하니 소학교의 교사는 곧 사범학교의 생도라 수년 이후에는 소학의 생도가 올라가 중학 대학의 생도가 되고 소학의 교사가 올라가 중학 대학의 교사가 됐으므로 왈 사범학교는 군학의 근기라.[98]

그는 사범학교를 군학의 근기로 삼고 이를 바탕으로 해 소학교-중

학교-대학교로 이어지는 체계적인 학
제를 구상했다. 따라서 그의 이러한
지도에 영향을 받은 인사가 대거 등장
했다. 훗날 민족주의 역사학자로 대성
한 장도빈張道斌(1888~1963)은 한성사
범학교에 재학할 때 박은식에게서 가
르침을 받았는데, 후일 이러한 인연으
로 해서《대한매일신보》의 주필이 됐
으며, 박은식이 교장으로 재직한 오성
학교五星學校의 학감이 되기도 했다.[99]

〈그림 9〉 장도빈

또 1903년경에 한성사범학교에서 공
부한 김두섭金斗燮은 3 · 1운동 참가로 검거됐으며, 의열단과 관계를
맺기도 했다.[100]

그 밖에 교관으로 초기에는 일본인을 채용했으며, 이후에는 헐버트
를 채용했다. 그는 1886년 조선에 들어와 1891년까지 육영공원에서
영어를 가르친 바 있는데, 1897년 6월 10일 5년 기한으로 '학부직할
한성사범학교 교습 고용계약서'를 체결했다.[101] 그는 사범과정에서 수
학과 지리를 가르쳤는데, 지리 교과서로는 그가 육영공원 시절에 집
필한《사민필지》를 사용했다.

헐버트는 1898년 7월 미국 공사 호러스 앨런Horace N. Allen에게 〈학
교개량에 대한 건의서〉를 제출했는데, 이는 당시 한성사범학교의 실정

을 잘 보여 준다.[102] 그 내용은 다음과 같다.

첫째, 일정한 학생 수로 일 년을 시작하고 도중에 탈락하는 학생이 있어도 새로이 충원하지 말고 일 년 동안 연속해서 학생들을 가르치게 할 것
둘째, 학생을 선발할 때 능력 있는 학생을 선발토록 할 것
셋째, 헐버트는 두 학교(한성사범학교와 영어학교 – 인용자)에서 가르치므로 능력 있는 조교를 선발해 사범학교에서 쓸 수 있게 할 것[103]

이에 학부에서는 타당한 방법을 강구하겠다는 답변을 보냈다. 이후 헐버트는 한성사범학교 교관으로 재직하면서 1900년에 설립된 관립중학교 촉탁교사로 영어를 가르쳤고, 1902년 5년 기한으로 중학교 교사를 계속하는 고용계약을 체결했지만 고종의 밀서를 미국 정부에 제출한 것이 빌미가 돼 교사직에서 해임됐다.[104]

이처럼 한성사범학교에는 박은식으로 대표되는 전통 유학에 근거를 두고 서구의 문명을 적극 참작하고자 하는 구본신참의 방향 속에서 헐버트로 대표되는 서구의 시무학문을 직접 학습할 수 있는 교육과정이 개설됐다. 이는 한성사범학교가 자주적이면서 현실 세계에 적극 대응하고자 하는 교사를 양성하고자 하는 목표와 밀접했다.

그러나 한성사범학교의 졸업 관리는 애초의 방침과 달리 〈표 4〉와 같이 엄격하지 못했다. 그 이유로 첫째, 한성사범학교 졸업은 재학기간과 상관없이 졸업시험 합격 여부에 따라 이루어졌다. 둘째, 졸업생

수가 규정된 정원에 비해 매우 적었다. 이것은 애당초 정원보다 적게 선발하기도 했거니와 중도 퇴학자와 낙제제도로 졸업률이 낮았기 때문이다. 본래 학생 정원은 본과 100명, 속성과 60명이 원칙이었으나, 공간의 협소함과 소학교 설립 상황에 비추어 학생 수용을 조절해야 했기 때문에 정원대로 학생을 수용하기는 어려웠다. 졸업률을 살펴보면 1898년 8월 당시 속성과 재학생이 60명이었다고 하는데 동년 10월 속성과 졸업생 수는 28명이므로 졸업률은 50퍼센트가 채 되지 않는다. 이는 당시에 신식학교가 별로 설립되지 않은 상황에서 명문가 자녀가 한성사범학교를 관리로 진출하는 데 필요한 교두보로 인식했기 때문이다. 그리하여 5회 입학생의 경우 시험을 거쳐 선발된 16명 중 졸업생은 9명에 지나지 않았다. 그리하여 6회 졸업자 김창제金昶濟의 회고에 따르면, 사범학교 학생 중에는 재학 중에도 관직에 나갈 기회가 있으면 바로 퇴학하거나 전보학교電報學校나 무관학교로 옮겨가는 학생이 많았고, 본인과 같이 입학시험을 치르고 들어온 학생이 18명이었는데 졸업할 때는 7명밖에 없었다고 한다.[105] 사범학교 학생 중에 중도 퇴학자가 많았던 것이다. 이러한 내용을 종합해 보면 한성사범학교는 학사관리가 엄격하지 못했음을 알 수 있다. 이는 근대교육제도와 시설이 채 완비되지 못한 과도기의 한계라고 할 수 있을 것이다.

이처럼 한계가 많았음에도 학부는 사범학교 학사운영과 교육과정을 정비하자 갑오정권이 추구한 소학교 증설 시책을 계승해 공립소학교를 추가로 설립할 수 있는 기반을 조성하고자 했다. 무엇보다도 소학교를 설립하거나 보조비를 지급하는 데 필요한 재정제도를 마련하고자 했다.

그리하여 학부는 1896년 2월 20일 아관파천 직후임에도 〈소학교령〉에 이어 〈보조공립소학교규칙〉을 반포했다.[106] 이는 국고보조금을 받을 수 있는 공립소학교의 자격 요건을 정한 것이었다. 특히 보조를 허가한 경우에는 학부에서 교원 1명을 파견하지만 따로 부교원을 두게 했다. "부교원은 각부 관찰사가 지방 내에 학행이 있는 자로 임용한다"[107]라고 했다. 부교원 제도를 두어서 지방 유생이 신교육에 참여하게 독려하면서 공립소학교제도가 뿌리내리게 했다. 그리하여 지방 공립소학교는 학교당 360원씩 보조했다. 이때 부교원 일부는 교육가 집안을 이루어 교육구국운동을 벌이기도 했다. 나아가 일제 강점기에 농촌계몽운동에 헌신하기도 했다. 예컨대 1930년대 농촌계몽운동사에서 우뚝 빛난 최용신崔容信(1909~1935)은 심훈 소설《상록수》의 실제 모델로서, 큰아버지 최중희崔重熙가 덕원공립소학교 부교원이었으며 이어서 아버지 최창희崔昌熙가 부교원직을 수행했다.[108]

이어서 학부는 관공립소학교를 지속적으로 증설하고자 했다. 우선 한성에 관립소학교를 증설했으며, 장기적으로 지방 공립소학교를 증설하는 방안을 마련해 갔다. 그 결과 〈표 6〉과 같이 서울을 중심으로 관립소학교가 설립돼 학생이 입학했는데, 그 수가 685명에 이르렀다. 또한 1898년 8월과 9월에는 각각 한성의 구리개(銅峴)와 안동安洞에

<표 6> 1897년 관공립소학교 학생 수

(단위 : 명)

소학교명	학생 수	소학교명	학생 수
한성사범학교 부속	99	양사동관립소학교	40
수하동관립소학교	93	양현동관립소학교	46
공동관립소학교	99	안동관립소학교	57
재동관립소학교	90	한성부공립소학교	74
매동관립소학교	87	9개교	685

출전 : 《협성회회보》 2, 1898년 1월 8일 자.

<표 7> 1896년 9월 17일 발표된 38개 공립소학교의 위치

13도 관찰부	경기관찰부(수원), 충청북도관찰부(충주), 충청남도관찰부(공주), 전라북도관찰부(전주), 전라남도관찰부(광주), 경상북도관찰부(대구), 경상남도관찰부(진주), 황해도관찰부(해주), 평안남도관찰부(평양), 평안북도관찰부(정주), 강원도관찰부(춘천), 함경남도관찰부(함흥), 함경북도관찰부(경성)
부·목	한성부, 개성부, 강화부, 제주목
항구	인천항, 부산항, 원산항, 경흥항
군	양주군, 파주군, 청주군, 홍주군, 임천군, 남원군, 순천군, 영광군, 경주군, 안동군, 안악군, 의주군, 강계군, 성천군, 원주군, 강릉군, 북청군

출전 : 《관보》 1896년 9월 17일.

각각 관립소학교를 신설했다.

1896년 9월 17일 학부는 지방에 설립할 공립소학교의 위치를 정해 발표했다. 〈표 7〉을 보면 충주, 공주, 전주, 광주, 진주, 해주, 평양, 정주, 춘천, 함흥, 경성 등의 관찰부 소재지와 원산항, 경흥항 등의 개항장, 제주목 등의 부·목, 그리고 지방의 대표적인 군청 소재지에 지방소학교가 설립됐음을 확인할 수 있다. 이어서 학부는 충청북도관찰부를 필두로 해서 31곳에 순차적으로 한성사범학교 졸업생을 교원으로 임용·배치했다.

그러나 이것이 학교의 설립을 의미하지는 않는다. 가장 커다란 문제는 학교 설립을 위한 재원의 마련이었다. 〈소학교령〉에 따르면 공립학교는 부·군에서 설립하는 것으로 됐고, 〈보조공립소학교규칙〉에 따르면 공립소학교에 당분간 국고보조금을 지출한다고 규정됐다. 따라서 정부에서 공립소학교에 지급하는 것은 국고보조금이었지 학교 설립비용이 아니었다. 그나마 보조금을 지급할 예산도 집행되지 못하는 상황이었다.

이에 각 관찰부는 학부 훈령에 따라 지방 학교를 설립하기 위한 재원을 마련하려고 역토驛土와 같은 공유재산을 이용하려고 했다.[109] 하지만 역토를 관장하는 농상공부는 교비를 위한 구획은 학부에서 관리할 바이니 결코 사용할 수 없다고 했다. 지방관이 학교를 설립하기 위해 전일 양사養士 자금으로 이용된 각고전세各庫田稅 등을 군에서 자체적으로 학교경비로 사용하려고 하는 경우에도 탁지부는 "학교설치와 폐지는 본부 소관이 아니라"[110]라고 하며 학교에 붙여 양사하는 데 쓰지 못하게 했다. 학교 설립과 운영을 위한 재원을 마련하는 것이 쉽지 않았다.

이러한 곤경에 빠진 학부는 재원 확보 방안을 새로이 모색해야 했다. 그리하여 고을의 양사답養士畓을 전통교육기관의 교육재원 이외에 소학교 설립의 재원으로도 사용할 수 있게 하려 했다. 그러나 양사전토는 기존의 유학교육을 위한 재원으로 이용됐으며, 당시에도 주요한 교육재원으로 이용됐고, 지방관들이 흥학의 일환으로 양사재를 설립해 운영하는 것은 계속 추구했기 때문에 이러한 시도도 여의치 못했다. 그리하여 유자들의 반발을 의식해 양사 전토를 반분하는 방향에서 마련되게 했다. 그러나 재원이 매우 한정돼 공립소학교 설치는 지속되지 못했다.

이에 소학교 교원들은 지방 소학교 증설의 구체적인 방침을 제안하기도 했다. 전국 인민에 대한 교육은 잠시도 지연할 수 없으므로 학교를 증설해야 하는데, 소학교의 경우는 국재國財만으로는 감당할 수 없으므로 인민들이 학비전學費錢을 매년 납부해 학교를 민립으로 설립해야 한다고 주장했다.[111] 소학교는 학령아동이 있는 집에서 납부한 비용이나 관리들의 보조금 등으로 설립해 차차로 증설해 나가자는 것이었다. 또한 정부는 교육과정과 규칙을 마련하고 교장과 감독을 내어 모든 학교를 시찰, 권면함과 아울러 재정을 보조해 주는 역할을 해야 한다고 주장했다.

이에 정부는 소학교 증설 시책을 추진해, 1898년 예산을 편성하면서 공립학교 보조금을 책정해 1898년 1월부터 학교당 1년에 360원씩 실제로 지급했다.[112] 물론 탁지부에서 직접 각 지방에 지출하는 것

〈표 8〉 1898년 지방 공립학교 학생 수

(단위 : 명)

학교명	학생 수	학교명	학생 수	학교명	학생 수
수원부	28	(진주부)	–	인천항	28
충주부	30	평양부	52	부산항	59
공주부	23	영변부	0	원산항	26
전주부	36	춘천부	6	경흥항	23
광주부	0	함흥부	43	삼화항	31
해주부	18	경성부	36	무안항	22
(대구부)	0	개성부	0	김포군	14(20개교에 포함 안 됨)

출전 : 《제국신문》 1898년 10월 15일.

이 금융체제의 미비로 쉽지 않았다. 그러므로 1898년 5월 이후부터는 점차로 지방관아에서 탁지부로 보내야 할 공전 중에서 월 30원씩 따로 떼어내어 직접 해당 공립소학교에 배정하는 방식으로 지급했다.[113] 그 밖에 이전부터 추진한 지방공유재산이나 양사 전답을 이용해 학교를 설립하는 것이 쉬워졌다. 경기관찰부 공립소학교의 경우 학부에서 관찰부에 훈칙해서 양사답으로 이용하던 수원군 매곡 양사답을 공립소학교의 경비로 이용하게 했다.[114] 그 밖에 공립소학교의 재원을 마련하기 위해 역둔토를 이용했다. 그리하여 관찰부 소재 공립학교와 항구소학교에 교원들을 파견할 수 있었다. 1898년에는 〈표 8〉과 같이 학교 수는 20개교, 학생 수는 470여 명에 이르렀다.

학부는 관찰부와 항구를 중심으로 공립소학교를 설립하면서 다른 지역에도 학교를 설립하라는 훈령을 지속적으로 하달했다. 경주군과 정평군에서도 학교가 설립됐다. 정평군의 경우 그 재원은 이미 부군에 돌려준 군둔전세전軍屯田稅錢 460냥과 염판노초세鹽板蘆草稅 270냥이었다. 경주군은 향교의 재원으로 이용하던 향둔별고답을 향교의 유생과 합의해 공립소학교의 재원으로 부속되게 했다. 그러나 황실의 재정기관인 내장원이 재원을 확보하는 과정에서 군둔토, 역둔토 등을 장악하면서 소학교 경비 확보를 둘러싼 내장원과 학부, 지방관, 지방 유자층의 갈등이 극심해졌다. 이는 지방 공립소학교의 재정 기반을 약화하는 요인이 됐다.

이들 지방 공립소학교의 운영 실태를 1900년 경기관찰부 공립소학교의 경우를 통해 살펴보면 〈표 9〉와 같다. 비록 1년 전체를 담지 않았지만 학교 세출입의 운영 실태를 짐작할 수 있다. 〈표 9〉에 따르면 정기적인 인건비와 기타 경비는 국고에서 매달 30원(매년 360원)이 보조된 반면에 부정기적인 각종 수리비 등은 자체 확보한 수입에서 지출됐음을 확인할 수 있다. 이 중 보조금은 교원과 부교원의 월봉으로 각각 15원과 7원이 지출됐으며, 학교 관리를 담당하는 청사에게는 3원이 지출됐다. 1901년 7월에서 볼 수 있듯이 간혹 교원이 견책과 감봉을 받기도 했다. 그 밖에 땔감비, 기름, 지필묵 등의 경비로 사용됐다. 특히 1900년 음력 6월과 12월에는 방학시 시상비, 1901년 음력 1월에는 연종 시상비가 지출된 것으로 보아 시상을 통해 학생들의 학

업을 장려한 것으로 보인
다. 한편 자체 재원은 표에
는 제시되지 않았고 보조
기에 기재됐는데, 여타 공
립소학교의 경우와 마찬
가지로 관찰사, 군수, 지역
유자층의 찬조를 통해 확
보한 것으로 보인다. 또한

〈그림 10〉《경기관찰부 공립소학교 회계대장》(수원
시박물관 소장)

수입 항목에 학생들의 수업료가 기재되지 않았다. 소학교의 학비가
무료였기 때문이다. 그럼에도 정부와 지방관은 학생들에게 지필묵을
지급했다.

　이처럼 공립소학교가 열악한 재정 상태로 운영됐지만, 정부의 지
방소학교 증설 시책은 민간에도 영향을 미쳐 지역 주민이 참가해 설
립하는 공공적 성격의 민립소학교라 할 사립소학교도 점차 늘어갔
다. 평양과 경기도 양천군 및 진위군에 설립된 사립소학교를 통해 알
수 있듯이 이들 소학교의 경우도 장정과 교육방침, 교과서를 〈소학
교령〉에 준해서 실시해야만 인허를 받을 수 있었으며, 운영자도 스스
로 학부의 지도에 따라서 신교육을 실시하려고 했다.[115] 점차 사립학
교 운영자들은 공립학교와 같이 사립학교도 보조금을 지급해 줄 것
을 요망했다. 이에 학부도 각 지역에 사립소학교를 증설하려는 방식
을 고려하고 있었으므로 사립소학교의 설립을 지원할 수 있는 방안

〈표 9〉 경기관찰부 공립소학교 회계 내역(1900년 음력 6월～1901년 음력 6월)

	사용 내역	6월	7월	8월	9월
국고보조비	교원 월급	15	15	15	15
	교원 반월봉半月俸				
	부교원 월봉	7	7	7	7
	체遞부교원 최평래 월급				
	신부교원 유인식 월급				
	청사廳使 월봉	3	3	3	3
	시유비柴油費 탄炭	2			4
	방학시 시상비	2			
	비품비	1			
	방학시 부교원수교비 放學時副教員守校費		2		
	시유급주지柴油及周紙 책자			3	
	시유급요용柴油及要用				
	지필묵紙筆墨				
	연종시상비제年終施賞費除				
	경축비慶祝費(초8일)				
	자사월이상신문지가 自四月已上新聞紙價				
	이상우편비已上郵便費				
	유치留置		3	2	
	유치세무정留置稅務町				
	전가하조충대前加下條充代				1
양방 내수리비兩房 內修理費(자체 재원)				178냥	
수리보조기修理補助記					535.2냥

출전 :《경기관찰부 공립소학교 회계대장》(수원시박물관 소장); 손봄이,《대한제국기 공립소학교 연구 : 경기지역 공립소학교를 중심으로》, 한국교원대 석사학위논문, 2011, 19～21쪽 재인용.
비고 : 1원=25냥, 수리비는 단위가 냥임.

(단위 : 원元)

10월	11월	12월	1월	2월	3월	4월	5월	6월	7월
15	15	15	15	15	15	15	15	15	
									7원 5각
7	7	7	7	7		7	7	7	
					87냥 5전				
					87냥 5전				
3	3	3	3	3	3	3	3	3	
5	6(가하加下1)	6	6(4원 교원당)	6(가하1)	5	3	2		
		3(가하)							
									27냥 3전
			1						15냥
			2						
				2(가하)					
							5원 4전 4리		
									7냥 5전
									20
					2(2월삭)	3			13냥 2전

을 모색했다.

이러한 지방 사립소학교는 대부분 지방관과 지역 유자층이 합동해 설립했다.[116] 예컨대 독립협회 의원을 지낸 바 있는 안악군수 정현철鄭顯哲은 군내에 소학교를 설립하고 의연금을 모아 학교를 운영했다. 이렇게 설립할 경우 전통교육기관의 건물 및 재정 기반을 활용하는 경우가 많았다. 각 지방의 재, 향교 등이 학교 건물로 활용됐으며, 양사답 등이 재원으로 사용됐다. 함북 각 군의 유생은 함북 내 11개 군에 소학교를 설립해 자녀를 교육하되 교비를 양사답 소출로 수용하게 해줄 것을 학부에 청원하기도 했다. 기존의 교육기관을 학교 시설로 활용한 대표적인 예는 1899년 독립협회 회원 평양부 관찰사 조민희趙民熙가 인재양성을 위해 소관 관찰부의 29개소에 달하는 전통적인 교육기관 재의 이름을 모두 사립학교로 바꾼 것이다. 그런데 이러한 사립학교는 지방 주민의 공공 부조에 근간을 두었기 때문에 공립학교와 별로 차이가 없었다. 이처럼 전통적인 교육기관인 재를 기반으로 신식학교를 세운 것은 신식학교의 확산을 위한 효율적인 방도로 평가된다.

따라서 이러한 사립소학교는 일종의 민간 주도형 공립학교였다. 지방관이 주도해 설립하거나 유생들과 전직 관리들이 학교를 설립한 경우에도 지방관이 학교장을 맡은 일이 많았다. 따라서 학교장은 오늘날과 같이 단위 학교의 행정을 담당하기보다 일정 구역 내의 교육활동을 감독, 권장하는 역할을 했다고 하겠다.

또한 이들 사립소학교의 대다수는 〈소학교령〉과 〈보조공립소학교 규칙〉에 근거를 두어 보조 공립소학교로 편입하고자 했다. 정부 역시 여러 규정에 근거를 두어 사립학교에 보조금을 지급하고 그 설립과 운영을 지원했다.[117] 정부가 사립학교를 국가 교육체제의 일부로 취급했듯이 사립학교 설립자 역시 정부 인가를 획득하려 했을 뿐만 아니라 공립학교로 전환하고자 했다. 무엇보다 사립학교가 정부 인허를 받아야만 재정 지원을 받을 수 있었기 때문이다.

그러나 정부 역시 재정 형편으로 지원하지 못했다. 이에 사립학교는 설립 기금을 마련하기 위해 지방관, 전·현직 관리, 유자층에게 의연義捐을 적극 권장했다. 그 가운데 지방관과 유생 등이 자금을 모집한 후 이를 기금으로 조성해 그 이자로 학교를 유지할 방책이 마련됐다.[118] 사립학교를 설립한 후 지방관을 교장으로 추대하는 것도 학교를 유지하는 방책이었다. 기부금 모집의 편의와 지방관 재량으로 수세권을 학교에 부속되게 할 수 있기 때문이다. 예컨대 홍천군에서는 군수가 학교를 창설하고 관할 군 소유 목철점의 세금을 교비로 획부했다.[119] 또한 후술하는 바와 같이 사립학교가 재정난을 극복하고 지속적으로 유지하기 위해 학교를 설립할 때 찬성회를 조직한다든지 면민이 의무적으로 일정 금액을 갹출하는 의무교육방안은 1905년 즈음에 처음 등장해 1907~1908년에 이르러서는 각지로 확산됐다.

정부는 이처럼 사립학교에 재정적인 지원을 하는 한편 그 질을 관리하려고 했다. 1900년 4월 〈사립학교규칙〉을 마련해 사립학교를 관립학교에 준해 운영할 것을 강조했다.

> 학부에서 각 사립학교의 규칙을 새로 제정했는데 학원은 30인 이상으로
> 모집하고 교수시한과 세칙정규는 관립학교규칙을 본떠 준행하고 매월 끝
> 나갈 즈음 학원 출입의 조사를 교장에게 보고하고 계절마다 초하루에 학
> 원의 학업을 시험하고 교사가 태오하거나 장정을 위배하는 경우에는 그
> 경중에 따라 처벌한다고 했더라.[120]

이 규칙은 사립학교 교육과정을 〈소학교령〉에 준해 운영하게 하고
시험을 통해 학생들을 통제하며 교사의 직무를 감독하기 위한 것으
로, 사립학교교육 역시 명백히 국가의 통제에서 운영돼야 함을 강력
히 시사한다. 이 규칙에 따르면 학원의 출입을 교장에게 보고하게 했
는데, 이때 교장은 지방관이 대부분이었다. 이러한 지방관은 앞에서
언급했듯이 고을에 신식 사립학교를 설립하는 데 적극 앞장섰을뿐더
러 학교를 운영하는 일에도 적극 관여했다. 반대로 담당 행정구역의
교육행정 업무에 태만한 지방관은 징계되기도 했다. 예컨대 1902년
김해군수는 교육을 게을리한 책임을 물어 감봉에 처했다.[121] 이처럼
정부는 사립학교를 국민교육체제 일부로 간주해 직접·간접으로 지
원·장려·통제했다.

지방 사립소학교의 교사는 주로 유학적 소양이 있는 인물로, 고을
유생의 천거와 지방관의 추천을 받은 인사였다.[122] 사립학교일지라도

학부의 인가를 청할 때 공립학교와 다를 바 없다는 인식이 있었으므로 공립학교와 같이 부교원도 인허를 받았다. 부교원을 인허한다 함은 학부에서 부교원을 시험해 교원자격을 부여하는 것이다. 이는 공립소학교의 경우와 같았다. 그러나 설립자나 지방관이 사립학교 교사를 선정하는 경우가 대부분이었다. 관찰사가 부교원을 임명하는 데는 사립학교 설립자, 의금 출연자, 유생 등의 의견을 참조할 수밖에 없었기 때문이다. 다음 기사는 지방 사립소학교의 교원을 선발하는 데 지방 사회의 의견을 존중해야 했음을 보여 준다.

평양부윤이 학부에 보고하면서 청하되 본부 소재 유생이 재산을 모아 학교를 설립하고 총준한 자녀를 열심히 교육하는데, 부교원은 해교 설시 때에 찬무贊務한 인원으로 잇달아 서임하면 공사 양편에 교육이 더욱 전일보다 배가될 터이오니 비추어 재결해주길 했더라.[123]

부교원은 학교 설립에 관여한 사람 중에서 선정됐는지는 분명하지 않으나 학교 설립에 참여한 사람들이 공천했음은 분명하다. 이 점에서 사립학교는 개인이 재력을 내어 만들어 운영하는 학교라기보다는 지역 주민과 지방관이 합심해 학교를 설립하되 국가의 관리를 받는 공립형 민립학교였다.

우리 정부 아래
학생의 학업과
일상생활

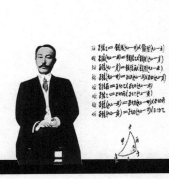

I

교육목표와
학습내용의
특징

교육목표와 교육과정의 구성

조선의 교육목표는 두 가지였다. 즉 흥학을 통해 인재를 양성하고, 민인을 교화하는 것이었다. 전자는 주로 관립 중등교육기관과 고등교육기관에서 양성한 뒤 과거를 통해 관리를 선발한 반면에, 후자는 수령과 지방 양반의 주도로 민립 초등교육기관이나 가정에 맡겨 민인을 교화하는 것이었다.

　그러나 조선 후기와 갑오개혁을 거치면서 국가는 보통교육을 제도화해 인재를 양성함은 물론 국민도 양성하고자 했다. 이에 모든 학생의 학업이 국가가 설정한 교육목표와 교육과정을 기준으로 이루어졌다.

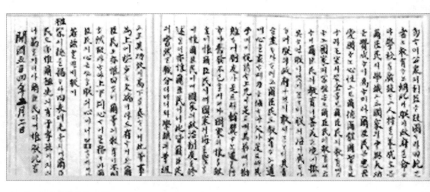

〈그림 11〉〈교육입국조칙〉(《관보》 1895년 2월 2일)

　　우선 갑오개혁기 정부는 1895년 2월 2일 〈교육입국조칙〉을 통해 교육목표를 제시했다. 이에 따르면 덕양·체양·지양의 삼양을 제시해 추구해야 할 교육적 인간상을 '전인적 인간'으로 설정했다. 전통교육이 지육知育과 덕육德育만을 유교적 테두리에서 강조한 나머지 숭문적 문약주의에 치우쳤다는 비판을 면하기 어려웠으나, 〈교육입국조칙〉에 덕양·지양 외에 새로이 지양 앞에 새로이 체양을 기본 강령으로 설정함으로써 신교육의 출발점을 마련했다는 점에서 큰 특징이 됐다.

　　따라서 교육목표의 3대 강령으로 덕양·체양·지양의 삼양을 제시한 것은 〈교육입국조칙〉의 가장 두드러진 특징이다. 이러한 덕양·체양·지양은 일본 메이지천황의 〈교육에 관한 칙어〉에서 언급하지 않은 목표다. 즉 후자는 덕·체·지를 언급하지 않은 채 국가와 천황에게 충성하는 신민의 양성에 초점을 둔 반면, 전자는 인간으로서 갖추

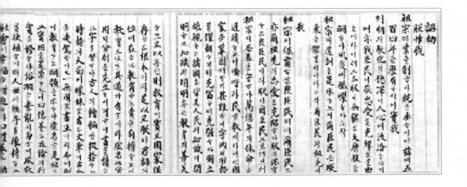

어야 할 덕·체·지의 양성에 초점을 맞추었다.[1] 더욱이 이러한 삼양은 전통교육의 목표를 계승하면서도 근대적인 성격으로 전환한 목표였다. 즉 전통학교에서는 육덕六德(智仁聖義忠和)과 육행六行(孝友睦仁任恤)을 길러 인륜을 밝히는 것을 교육목표로 삼은 반면에 삼양은 지를 덕에서 분리하고 체양을 합쳐 삼양으로 정리했다.

덕양·체양·지양에 관해서는 해학海鶴 이기李沂(1848~1909)의 〈일부벽파론—斧劈破論(도끼 한 자루로 쪼개서 깨뜨리는 논의)〉에서 잘 드러난다.[2] 이기는 여기서 "삼육의 방법이 우리 고전에 실려 있지 않으며, 삼육의 효과는 구식 학문으로는 도저히 그 성과를 기대할 수 없다"[3]라고 했다. 이로써 추론하면 삼육은 영국의 경험주의 철학자 존 로크John Locke가 삼육론을 주장한 이후 요한 페스탈로치Johann Heinrich Pestalozzi와 허버트 스펜서Herbert Spencer의 삼육 개념이 일본을 거쳐 동아시아에 수용되는 과정에서 나타났다고 하겠다.[4] 다만 덕양과 체양이 각각 《주역》의 양덕養德 및 양신養身과 상통한다는 점에서 이러한 개념은 조선의 유교적 전통과 연계돼 새로운 개념으로 탄생한 것으로 보인다.[5]

덕양·체양·지양에 관해서 구체적으로 살펴보면 다음과 같다.

먼저 〈교육입국조칙〉에 나오는 덕양에 관한 설명을 보자.

덕양은 오륜의 행실을 닦아 풍속의 기강을 문란하게 하지 말며, 풍속과 교화를 세워 인간 세상의 질서를 유지하고 사회의 행복을 증진할 것이다.[6]

여기서 알 수 있듯이 덕양의 기초를 유교의 윤리지침인 오륜에 두었다. 따라서 〈교육입국조칙〉의 덕양론은 기본적으로는 새롭지 않다. 효의 개념만 하더라도 부자자효父慈子孝의 관계는 인위적인 것이 아니라 자연적인 천성이기 때문이다. 그리하여 개항 이후 신식 문물이 급속하게 유입됐지만 조선 정부는 보편적인 인륜에 근거를 둔 세상의 질서를 유지하고 사회 행복을 증진하고자 했다. 이 점에서 유사 이후 강조한 양덕과 통한다. 그러나 덕양은 여기에 그치지 않았다. 이제 덕양은 치자가 덕을 쌓아서 백성을 교화하게 하지 않고 근대 국민국가의 일원으로서 사회 질서와 행복을 꾀하게 하는 데 중점을 두었다.

다음 체양에 관한 구체적인 설명을 보자.

체양은 동작에는 일정함이 있어서 부지런함을 위주로 하고 안일을 탐내지 말며 고난을 피하지 말아서 너의 근육을 튼튼히 하며 너의 뼈를 건장하게 해 병이 없이 건장한 기쁨을 누릴 것이다.[7]

이러한 체양 역시 천리를 궁구하고 수양해 실천하는 가운데 중시된 양신과 크게 다르지 않다. 그러나 이러한 체양은 치자 개인의 양신과 달리 서양의 체육 개념을 적극 받아들여 신체와 정신이 분리된 가운데 근면한 태도와 건장한 몸으로 장차 근대 국가의 노동자와 병사가 될 국민을 양성하는 데 중점을 두었다. 후일 체조와 운동회가 중시된 것도 이러한 이유 때문이다.

끝으로 지양에 관한 구체적인 설명을 보자.

지양은 사물의 이치를 연구하는 데서 지식을 지극히 하고 도리를 궁리하는 데서 본성을 다해 좋아하고 싫어하며 옳고 그르며 길고 짧은 데 대해 나와 너의 구별을 두지 말고 상세히 연구하고 널리 통달해 한 개인의 사욕을 꾀하지 말며 대중의 이익을 도모하라.[8]

이러한 지양론은 주자의 지육론에 근거를 둔다. "사물의 이치를 궁극에까지 이르러 나의 지식을 극진하게 이른다. 이치를 궁구해 성을 다한다(格物致知 窮理盡誠)"[9]라는 것이 그것이다. 그러나 지양은 치자治者로서의 지양을 넘어서서 대중과 더불어 공유하는 방향으로 나아갔다.

이처럼 〈교육입국조칙〉에 나타난 삼양은 전통적 유학 개념을 기초로 하면서도 치자든 피치자든 근대 국민국가 일원으로서 사회 질서와 행복을 꾀하는 데 초점을 두었다. 모든 인민의 선비화는 이를 뜻한다.

따라서 〈교육입국조칙〉은 일본 천황의 〈교육에 관한 칙어〉와 달랐다. 〈교육에 관한 칙어〉는 서양의 삼육론을 들여와 외양적으로는 근대화에 필요한 인력양성에 중점을 두면서도 내면적으로는 봉건적인 권위 체제를 옹호하고 천황에 대한 절대적인 헌신을 강요했는데, 이는 천황 중심의 교육을 통해 천황에 충성하고 군국주의에 동조하는 '충량한' 신민을 기르는 데 목적이 있었기 때문이다. 반면에 〈교육입국조칙〉은 유자들이 이미 설파했듯이 전통 유학의 연장에서 다음과 같이 이해하기에 이르렀다.

서양의 철학박사가 말하기를, 교육에는 세 가지가 있는데 덕육과 지육과 체육이라 하니, 저들의 이른바 덕육은 우리 《대학》의 명명덕明明德이 그것이요, 저들의 이른바 지육은 곧 격물치지格物致知가 그것이요, 저들의 이른바 체육은 체조와 운동이니, 곧 우리의 노래와 춤과 간간히 노닐면서 정신을 펼치고 답답한 기운을 펴며 혈맥을 소통시키는 도리다.[10]

이에 따르면 서양의 덕육·지육·체육은 각각 유교의 '명명덕', '격물치지', 노래·춤 등에 해당한 셈이다.

이어서 조선 정부는 이러한 교육목표를 구체적으로 실현할 수 있

〈표 10〉 소학교 교육과정

구분	과목	비고
심상과(3년)	수신·독서·작문·습자·산술·체조	체조 제외 가능 본국지리, 본국역사, 도서, 외국어 중 1개 또는 수 개 부가 재봉(여학생) 부가
고등과(2년)	수신·독서·작문·습자·산술·본국지리·본국역사·외국지리·외국역사·이과·도화·체조	재봉(여학생) 부가 외국어 1과 선택 부가 가능 외국지리, 외국역사, 도서 1과 또는 여러 과 제외 가능

출전 :《관보》1895년(1895년) 7월 22일, 〈소학교령〉.

는 교육과정을 마련해야 했다. 이러한 교육과정은 교육내용, 교육방법, 그리고 교육목적이나 교육효과 등과 관련되기 때문이다.

우선 〈소학교령〉은 심상과와 고등과의 교과목을 분리했다. 물론 1894년 이전에도 개별 사립학교에서는 교육과정을 편성하고 이에 따라 학생들을 가르쳤다. 배재학당의 경우 예비과정부와 교양과정부로 구분한 뒤 학년마다 난이도를 달리하는 교과목을 배치했다. 그러나 이러한 교육과정은 개별 사립학교에서 자체 편성해 운영됐을 뿐 국가 차원에서 편성해 배치한 교육과정은 아니었다. 따라서 〈소학교령〉에서 규정한 교육과정은 이전과 차원을 달리했다.

〈표 10〉에 따르면 저학년은 윤리·독서·작문·습자·산술 등을 중심으로 편성한 반면에 고학년은 지리·역사·이과·도화 등을 편성했다. 이는 학령을 고려해 교육과정을 마련했음을 보여 준다. 이러한 교

육과정은 일본 〈소학교교칙대강小學校敎則大綱〉(1891)에 준해 마련했다. 또한 조선도 일본과 마찬가지로 심상과 고등으로 구분했다.

교과도 매우 유사했다. 당시 일본인 고문관이 직접 개입해 일본의 〈소학교교칙대강〉에 준해 작성한 것으로 보인다. 다만 일본은 학년별 교육과정을 편성한 반면에 조선은 과별 편성에 그쳤다. 그러나 조선의 이러한 교육과정 편성은 학년별 교육과정에 대한 이해가 부족해서라기보다는 현실 여건이 갖추어지지 않아 비롯됐다. 1881년 조선의 조사시찰단이 일본 문부성의 현황을 조사할 때 일본 학교의 교육과정을 이미 인지했으며, 1885년에 간행된 《만국교육설략萬國敎育說略》을 입수해 서구 및 일본의 학교과정 총론을 비롯해 교육과정 관련 자료들을 파악한 터였기 때문이다. 이후 시기이지만 1898년 11월 학부가 평안남도 공립학교에 보낸 훈령에 따르면 교육과정과 관련한 인식을 다음과 같이 볼 수 있다.

서양 각국의 학교제도는 소학, 중학, 대학의 등급을 두었다. 나이가 어린 자가 먼저 소학교에 들어가니 그 교수법이 매우 얕고 쉬워 깨닫기가 쉽다. 다만 문산, 지구, 사학 분야의 책을 대강 이해하며 또는 타국의 언어와 문자를 겸해 익힌다. 15세에 이르면 익히는 것이 천문, 측량과 산술, 격물, 화학, 중학, 제조학, 정치학, 법률학, 부국학, 교섭학이며 아울러 옆으로 동물, 식물, 금석, 회화, 음악, 농상광공 등의 학문을 이해한다. 배움이 성숙되면 대학교에 올라간다. 그 배우는 바가 중학교와 대략 비슷하나 다만 공부의

깊고 얕음이 서로 다르다.[11]

이에 따르면 학부는 대학, 중학, 소학 등 학교 급별로 난이도를 달리해 교육과정을 제정하고 교수법을 수립해야 할 필요성을 강조했다.

그 밖에 이러한 교육과정을 변경할 때에는 해당 감독자가 학부대신의 허가를 받게 했다. 이는 교육과정을 이전 시기 서당과 달리 국가가 직접 관장하겠다는 의미를 내포한다. 이러한 교육과정은 사립학교에도 그대로 적용됐다. 예컨대 대묘동소학교는 입학연령이 7세에서 15세까지였고, 교육과정은 한문, 글 읽기, 글짓기, 글자 익히기, 산술, 조선역사, 조선지지 등을 필수과목으로 했으며, 수신·체조·외국어 등을 선택과목으로 했다. 흥화학교도 마찬가지여서 과목은 영어·산술·지지·역사·작문·토론·체조 등이었다.

다음 1895년 8월 12일에 공포한 〈소학교교칙대강〉은 〈교육입국조칙〉에 근거를 두고 인격교육과 실용교육을 목표로 해 각 교과목을 상호 연관해 교수할 것을 밝혔다. 일종의 교육과정이라고 하겠다. 제2조부터 제12조까지는 일본의 〈소학교교칙대강〉과 달리 다음과 같이 각 교과별 교수 요지를 밝혔다.

수신
① 요지 : 〈교육입국조칙〉의 취지에 기基하고 아동의 양심을 계도해 그 덕성을 함양하며 입도를 실천하는 방법을 일러줌.

② 내용 : 효제·우애·예경·인자·신실·의용·공검 등을 실천하는 방법을 일러주고 특별히 존왕애국하는 사기土氣를 기름을 힘쓰고, 또 신민으로서 국가에 대하는 책무의 대요를 지시하고 겸해 염치의 무거움을 알게 하고, 아동을 이끌어 도와주어 풍속과 품위의 순정을 추구함을 주의함. 고등과는 전하의 취지를 확충해 도야의 공을 견고하게 함을 힘씀.

③ 유의점 : 여학생은 특별히 정숙한 미덕을 기르게 함. 얕고 쉬운 속된 말과 아름다운 말과 선행 등을 예증해 권하거나 경계하게 하며 근본을 가르치고 교원이 몸소 아동의 모범이 돼 아동으로 하여금 충만하고 좋은 감화를 받게 함을 요함.

독서와 작문

① 요지 : 가까운 것을 거쳐 멀리 있는 것에 이르게 하며 간단한 것을 거쳐 복잡한 것에 이르는 방법에 따라 먼저 보통의 언어와 일상에서 반드시 알아야 할 문자, 문구, 문법의 읽는 법과 의의를 알게 하고 적당한 언어와 자구를 이용해 정확히 사상을 드러내는 능력을 키우고 겸해 지덕을 계발함.

② 내용 : (심상과) 쉽고 적절한 사물에 관해 평이하게 담화하고 그 언어를 연습해 국문의 독법, 서법, 철자법을 습득하게 하고 다음으로 국문에서는 문장을 앎에 얕고 쉬운 한문을 섞는 문장을 일러주고 점차 독서와 작문의 교수 시간을 분리함. 독서에서는 국문과 평이한 한문을 섞는 문장으로 일러주고, 작문에서는 국문과 평이한 한문을 섞는 문장과 일용

서류 등을 일러줌.

(고등과) 독서는 한문을 섞은 문장을 일러주고 작문은 한문을 섞은 문장과 일용서류를 일러줌.

③ 유의점 : 단어, 짧은 구, 짧은 문장 등을 받아쓰거나 개작해 국문 사용법과 어구의 용법에 익숙케 함. 독본의 문법은 평이하게 해 보통 국문의 모범됨을 요하므로 아동이 이해하기 쉬워 그 심정을 쾌활하고 순정하게 함을 일러줌. 작문, 양서와 기타 교과목에서 가르치는 사항과 아동의 일상견문한 사항과 처세에 필요한 사항을 기술하되 공문서가 평이하고 취지가 명료해야 함. 언어는 타 교과목의 교수에도 항상 주의해 연습하게 함.

습자

① 요지 : 통상 문자의 서법, 운필을 배워 익혀서 숙달케 함.

② 내용 : (심상과) 국문과 쉬운 한자를 섞는 짧은 구와 통상의 인명, 물건 이름, 지명 등의 일용 문자를 익히게 함. 서체는 해서 또는 행서로 함.

③ 유의점 : 자세를 정돈하고 붓 잡는 법과 운필을 바르게 해 글자의 줄은 정돈케 하며 운필은 힘써 빠르게 함. 타 교과목의 교수에 문자를 쓸 때 자형과 자행을 바르게 함.

산술

① 요지 : 일용 계산에 숙숙하게 하고 사상을 정밀하게 하고, 생업에 유익

한 지식을 줌.

② 내용 : (심상과) 최초에는 10위 이하의 수의 범위 내에 있는 계산법과
가감승제를 일러주고, 점차로 수의 범위를 넓혀 만 이하 수의 범위 내
에 있는 가감승제와 통상 소수의 계산법을 일러줌. 초년에서 점차로 도
량형 화폐와 시각의 제도를 일러주고 이를 일용 사물에 응용해 그 계산
을 배워 익혀서 숙달케 함. 필산과 주산을 이용하고 필산 주산을 병용
함은 정황에 따름.

(고등과) 필산 주산을 병용하되 주산은 가감승제를 연습하고 필산은
초에는 도량형, 화폐와 시각의 계산을 연습하게 하고 정진하는 대로 간
이한 비례문제와 통상 분수, 소수를 아울러 일러주며 또 학교의 수업
연한에 응하고 다시 복잡한 비례문제 등을 일러줌.

③ 유의점 : 이해력을 정밀하게 하고 통산을 배워 익혀 숙달케 해 응용에
자유자재하기를 힘쓰고, 항상 정확한 언어를 사용해 운산(연산 - 인용자)
의 방법과 이유를 설명하게 하고 암산에 숙달하게 함. 산술의 문제는
타 교과목에서 일러준 사항을 적용하고 또는 정확을 짐작해 일상 적절
한 것을 택함.

본국지리, 외국지리

① 요지 : 본국지리 및 외국지리의 대요를 일러주어 생활에 관한 중요한
사항을 이해하게 하고 겸해 애국하는 정신을 기름.

② 내용 : (심상과) 향토의 지형 방위 등과 아동의 일상 목격하는 사물에

대해 단서를 열고 점차 본국의 지형, 기후와 저명한 도회와 인민의 생업 등의 개학을 일러주고, 지구의 현황과 수륙의 분별과 기타 아동이 이해하기 쉽고 중요한 사항을 알게 함.

(고등과) 본국지리는 전항에 준해 소상히 가르치고 다시 지구의 운용과 주야간 사계절의 연유하는 근원을 알게 하고, 외국지리는 대양, 대주(대륙 - 인용자), 5개 기후대의 분별과 각 대주의 지형, 기후와 산물, 인종과 일본, 중국과 본국의 관계에 중요한 여러 나라 지리의 개발을 일러줌.

본국역사

① 요지 : 국체의 대요를 알게 해 국민 된 지조를 기름.

② 내용 : (심상과) 향토에 관한 역사이야기에서 시작해 점점 건국의 체제와 현군의 성업과 충신현철의 사적과 개국 유래의 대강을 일러주어, 국초부터 현시에 이르기까지 사력의 대요를 알게 함.

(고등과) 전항에 준해 소상하게 국초부터 현시에 이르기까지 사력을 일러줌.

③ 유의점 : 아동으로 하여금 당시 실상을 상상하기 쉬울 방법을 취하고 인물의 언행 등에 대해서는 이를 수신에서 일러준 격언 등에 비추어 정사시비를 분별케 함.

이과

① 요지 : 통상의 천연물과 현상의 관찰을 정밀케 하고, 인간의 삶에 대하는 관계의 대요에 관해서 이치를 따져 생각케 함.

② 내용 : (고등과) 최초는 학교 소재 지방의 동식광물 및 자연의 현상에 대해 아동이 목격하는 사실을 교육하기를 주로 하고 그중 중요한 동식물의 형상과 생활 발육하는 상태를 관찰케 해 그 대요를 이해하게 하고 나아가 동식물과 인간의 삶에 대한 관계와 물리·화학의 현상과 아동의 목격하는 기계의 구조·작용 등을 이해케 하고 겸해 인신의 생리와 위생의 대요를 교육함.

③ 유의점 : 실지의 관찰에 기초를 두어 표본, 모형, 도화 등을 보이고 또 간단한 시험을 해 명료히 이해케 함.

도화

① 요지 : 눈과 손을 연습해 통상의 형체를 간취하고 바르게 그리는 능력을 양성하고 의장을 연습하고 형체의 미를 힘써서 알게 함.

② 내용 : (심상과) 직선, 곡선 및 그 단순한 모양에서 시작해 때때로 직선, 곡선에 기초를 둔 여러 모양을 연습해 그리게 하고 점차 간단한 형체를 그리게 함.

(고등과) 초에는 전항에 준하고 점차 여러 형체로 옮기고 실물 또는 화본을 보고 그리게 하고, 또 수시로 자기의 의사로써 제목을 정하고 겸해 간단한 용기물의 그림을 일러줌.

③ 유의점 : 다른 교과목에서 교수한 물체와 아동이 일상 목격하는 물체

중에서 그리게 하고 청결과 정밀한 습관을 키워 준다.

체조

① 요지 : 신체의 성장을 골고루 건강케 하며 정신을 쾌활하고 강하고 아름답게 하고 규율을 지키는 습관을 키움.

② 내용 : (심상과) 최초에는 적절한 유희를 하게 하고 점차 보통 체조를 더하되 편의한 병식체조의 일부를 교수함.

　　　(고등과) 병식체조를 주로 함.

③ 유의점 : 여학생에게 교수하는 체조는 적절히 절충함. 상황에 따라 체조교수 시간 외에도 적절한 집밖 운동을 하게 함.

재봉

① 요지 : 눈과 손을 연습해 통상 의복의 바느질과 마름질을 익숙히 연습함.

② 내용 : (심상과) 바느질 요령을 일러주어 점차로 간이한 의복의 바느질과 통상의복의 수선을 교수함.

　　　(고등과) 점차 통상 의복의 바느질과 마름질 교수

③ 유의점 : 재봉의 품류는 일상 소용의 물품을 선발해 일러줄 때에 용구 종류와 의류 보존과 세탁 방법 등을 교시하고 항상 절약이용의 습관을 키움.[12]

　　이러한 교육과정의 편성과 교수 요지는, 학부대신 서광범이 1895

년 9월 28일에 발표한 〈소학교취학설유小學校就學說諭〉의 방침대로 "그 과정은 오륜행실에서 소학과 본국역사와 본국지지와 국문과 산술과 기타 외국역사와 외국지지 등 시의에 적용한 서책을 일체 교수해 허문을 버리고 실용을 숭상해 교육을 무진케 하노니"[13]라고 해, 전통적 윤리에 근간을 두면서도 실용에 중점을 두었음을 보여 준다.

한편 수신 교과에서 잘 드러났듯이 '덕목' 중심의 수신교육이 우선하며, 그 덕목의 '실천'을 중요하게 여겼다. 이러한 단계에서는 국가의 구성원으로서 기본적으로 알아야 할 '규범'의 중요성도 강조됐다. 그런데 낮은 단계에서는 교수 요지가 상세한 반면에, 높은 단계에서는 '도야'라는 용어를 통해 이전 단계에서 배운 내용의 심화와 범위의 확장이 이루어져야 함을 강조했다. 물론 여학생에게 필요한 미덕을 '정숙'이라고 규정한 것이나, 교사의 지향을 단지 '모범'으로만 제시한 것은 한계다. 그러나 새로운 학제가 태동하던 당시의 열악한 상황을 감안하면 이러한 목적 제시가 상당히 체계적으로 기술됐음은 인정해야 할 것이다.

다만 소학교에서 실제로 어떤 교과목이 어떠한 교과서로 교수됐는지는 관련 사료가 부족하기 때문에 그 실상이 구체적으로 드러나지 않는다. 특히 도화의 경우 미술 교사가 1907년에서야 처음으로 임명돼 미술수업을 실시했다는 기사로 미루어 볼 때 이 시기에 미술교육이 관제 그대로 이루어졌는지 의심스럽다.[14]

이처럼 당시 관련 사료가 부족해 구체적인 교수법, 교과내용 등을 깊이 천착할 수는 없으나 당시 신문 기사로 미루어 보면 이러한 교과에 대한 수업이 이루어졌음은 분명하다. 예컨대 《황성신문》 1898년 12월 23일 자에서 소학교의 교과목이 독서·작문·습자·산술·지지·천문·역사·이학·화학 등이었다고 보도한 점은 교과목 수업이 법령대로 이루어졌음을 보여 준다.

그렇다면 당시 소학교 학생들은 독서·습자·작문·산술 등 오늘날 읽기(Reading), 쓰기(wRiting), 셈하기(aRithmetic), 즉 3R'S 교과서를 기본으로 삼아 학습한 셈이다. 또한 이들 학생은 역사, 지지 교과목 등을 통해 우리의 역사와 지리를 체계적으로 이해하고, 세계사 속에서 우리의 위치를 학습했음을 추론할 수 있다. 이 점에서 학생들의 이러한 교과목 학습은 1895년 9월 28일 〈학부고시〉 4호의 발표대로 오륜행실에서 소학, 본국역사, 본국지지, 국문, 산술, 기타 외국역사, 외국지지에 이르기까지 시대에 맞는 학문을 교육한다는 것과 거의 일치함을 알 수 있다. 그리고 수신과 체조가 후술하는 바와 같이 앞의 교과목과 더불어 소학교에서 매우 중시됐다. 따라서 당시 교육과정과 교수 요지는 〈교육입국조칙〉에서 밝힌 덕양·체양·지양의 실현에 중점을 두고 마련됐다고 하겠다.

그러나 이러한 교육과정을 뒷받침하는 데 매우 중요한 교과서 제작이 원만하게 이루어지지 않았다. 물론 교과서 사용 원칙은 〈소학교령〉 제15조에서 "소학교의 교과용서는 학부가 편집한 것 외에도 혹 학부대신의 검정을 거친 것을 사용함"[15]이라고 밝힌 바대로 동일하게 수립됐다. 즉 실제 교육내용에 대해서는 학부 편찬 교재나 학부대신의 검정 교과서만을 인정함으로써 국가의 교육목적에 맞는 소학교육만을 일률적으로 집행하고자 했음을 확인할 수 있다. 하지만 관립소학교의 교과서 및 교사용 참고서가 학교 설립 당시 자체적으로 마련되지 않아, 1895년 4월 일본 도쿄 심상사범학교 및 고등사범학교의 교과서와 교사용 참고서를 각각 1부를 구독해 새로운 교과서 편집에 도움을 얻고자 했다. 이어서 1896년 예산안에 교과서 인쇄비 5000원을 책정했다. 그 결과 학부 편집의《만국지지》,《만국약사》,《조선역사사략》,《국민소학독본》,《근이산술서 상·하》,《심상소학》,《국문소지구도》,《신정심상소학》,《간이사칙산술》등이 현장 교과서로 쓰였다.

그러나 전체적으로 보아 교과서가 갖추어지지 않은 문제는 해소되지 못했다. 그 때문에 교육성과가 제대로 달성되지 못한다는 불만이 토로됐다. 즉《황성신문》은 다음과 같이 그 문제점을 지적했다.

소학교는 심상과 고등이라는 나이에 따른 과정이 분별돼 있으나 애초에 서적과 과목이 정해져 있지 않아 교과가 착잡하고 과정이 문란해 이 학교의 1학년 교과서가 저 학교의 2, 3학년 교과서가 되고 이 학교의 3학년 수업이 저 학교 1, 2학년 수업이 되며, 독서 과목을 말할지라도 한 책을 1년 안에 읽기를 형세에 따라 끝내지 못한다. 저 학급으로 올라가면 다시 다른 책을 읽고 앞머리가 어떠한지를 보지 못하고 끝부분을 먼저 읽으며 앞과 끝이 어떠한지를 읽지 않고 갑자기 중간을 읽는다. 산술로 말할지라도 가감승제 비례 분수가 차례대로 있거늘 가감승제를 알지 못하고 먼저 비례와 분수를 가르치며, 지지와 역사를 말할지라도 본국사와 만국사의 분별이 있거늘 본국사를 익히지 않고 먼저 만국사를 배우고, 천문 이화理化의 학문도 얕고 가깝고 깊고 오묘함의 난이를 분간하지 않고 오직 교과에 뜻을 두니 학교에 거액은 낭비하나 교육에서 이루는 바는 반드시 없을지라.[16]

여기에서는 일정한 교육과정이 마련되지 못하고 교과서도 제대로 갖추어지지 않은 상태에서 소학교교육이 효과적인 교육이 되지 못함을 지적하면서, 학부에서 더욱 적극적으로 교육과정의 계열화에 힘쓰고 교과서를 속히 편찬할 것을 역설했다. 또한 교수법에 대해서도 다음과 같이 주장하면서 전통적인 교수법에서 벗어나 근대적 교수법으로 나아갈 것을 주장했다.

그 가르치고 이끎이 아동의 천성을 순순하게 해 보는 바의 사물과 아는 바의 향으로 글자 뜻을 분류하되 그 숙지하는 바가 천지부모의 글자와 그 숙달해 아는 본 바가 소, 양, 닭, 개 등의 글자와 꽃, 풀, 과일, 나무 등의 글자와 기타 가장 가깝고 가장 쉬운 글자로 말뜻을 이루어 교습하고, 차차 나이의 기운이 장성하며 문견이 넓어진 대로 조금씩 어렵고 먼 것을 거쳐 매우 어렵고 매우 먼 것으로 도달하니 이는 배움을 세울 때부터 글자 뜻과 문장의 이치를 속속들이 아는지라. 어찌 무식한 자가 많고 어찌 도리에 맞지 않다고 이르는가. 그 가르치고 이끎이 아동의 천성을 순순하게 하지 않게 해 그 알지 못한 의향과 보지 못한 사물로 책자를 편성하되 천지현황이라 했으니, 유아가 천지는 알거니와 검고 누런 이치를 어찌 알며 천지 사이와 만물 가운데 오직 사람만이 가장 귀하니 사람보다 귀한 것은 오륜이라 했으니 유아의 슬기가 나오는 원천이 미처 개통치 못하거늘 태어나면서부터 알지 아니한데 어찌 사람이 사물 가운데 가장 귀한 이치와 오륜의 실행을 능히 도달해 정신을 넓고 큰 영역에서 거두어 바로잡으리오.[17]

이에 따르면 '소부지所不知 소불견所不見'한 것에서 시작한다는 원칙 아래, '하늘 천, 따 지, 검을 현, 누를 황', '오륜' 등 난해한 것부터 가르치는 전통 교수법의 문제를 지적하면서, 아동의 발달 정도에 따라 가까이에서 보고, 듣고, 아는 것에서 시작해 차츰 견문이 넓어지면서 매우 어렵고 먼 곳으로 옮아가는 이른바 환경확대법이라는 신식 교수법을 시행할 것을 주장했다. 그리하여 학생들은 중국사, 만국사, 중국지리, 만국지리부터 배울 게 아니라 본국역사, 본국지리부터 배워야 한다는 것이다.

이러한 교수법은 당대에 세계를 풍미한 요한 아모스 코메니우스 Johann Amos Comenius(1592~1670)의 교수법을 적용하고자 한 것으로, 쉽고 가까운 곳에서 시작하자는 생활 중심의 교수법을 강조한 셈이다.[18] 코메니우스는 서양 최초의 교과서 《세계도화世界圖繪》를 편찬했으며, 아동교육의 선구자로 알려져 있는 체코 출신 인물로 엄격하고 추상적인 주입식 교육방법을 비판하고 아동의 자연성 개발에 적합한 인간적 실물 중심의 교육방법을 강조했다.

그러나 이러한 교육과정의 설정은 후속 조치가 취해지지 않아 부작용이 많았다. 당시 교육현장과 직접 관련된 학생·교사·부모 등이 교육과정에 문제를 제기했다. 이들은 국가가 추구한 교육목표가 현실과 맞지 않다고 판단했기 때문이다.

우선 교과과정을 구성하는 데 계열성 문제가 부각됐다. 즉 학년과 학년 사이 또는 초등학교와 중등학교 사이에 학습 수준과 내용을 명확하게 구분해야 함에도 그렇지 못했다. 이미 1880년대 배재학당에서는 교양교육에 치중했음에도 1학년, 2학년, 3학년의 교과목 내용과 수준을 달리한 터에 학부가 이러한 위계를 준수하지 않아 학생들에게서 반발을 초래했다. 예컨대 1897년 1월 교동소학교 고등과에서 수하동 관립소학교 학생 열두 명을 받아들이는 것에 대해 고등과 학생 30여 명이 소학교 학생과 등급이 다름을 이유로 자퇴하고자 했다.[19] 당시 학생들은 저학년과 고학년에 따라 교육 수준과 내용을 달리해야 함을 인지했기 때문이다. 그리하여 학생들은 소학교 4년 심상과와 이후의 고급 과정을 개설해 달라고 요구했다.

학생들은 이처럼 학년과 학년 사이 또는 학교와 학교 사이의 교육 내용이 구분돼야 하며, 교육을 효과적으로 수행하기 위해서는 계열이 일차적으로 고려돼야 함을 알고 있었다. 즉 교육과정에서 어떠한 일관된 체계나 순서가 규정되지 않은 채 이미 배운 내용을 되풀이하거나 정도에 맞지 않은 어려운 내용을 갑자기 접하면 교육이 효과적일

수 없다는 것이다. 나아가 교육은 학년과 학년 사이 또는 학교와 학교 사이에 일관된 연계가 있어야 한다는 것이다. 요컨대 교육과정은 일관성과 위계에 근간을 두어 구성돼야 그 효과를 거둘 수 있다.

또한 1896년 6월 신임 학부대신 신기선申箕善(1851~1909)이 "국문을 쓰는 일은 사람을 변해 짐승을 만드는 것이요 종사를 망하게 하고 청국 글을 폐하는 일이니 청나라 글을 폐지하고 국문을 쓰는 것은 사람을 변해 짐승을 만드는 것이라"[20]고 주장하자 한성사범학교 학생들이 일제히 학부대신의 발언을 문제로 삼으며 모두 퇴학하겠다고 청원하기도 했다.[21] 이런 상황은 일본 공사관에서 예의 주시하면서 다음과 같이 본국 정부에 보고했다.

신 대신은 지난 14일 한성사범학교에 훈령해 1. 기존에 사용하던 역사·지리 교과서를 폐지하고 이에 대신해 한문의 《사민필지》로 할 것, 2. 체조는 현재 혹서에 시달리므로 가을까지 중지할 것, 3. 교실 안이라 할지라도 구식 의관을 착용할 것, 4. 외국인 교사가 수업할 때는 조선 교사도 참석해 학습할 것 네 조항을 지시했고, 다시 일과표 중에서 다른 교과의 시간을 빼서 독서·작문을 부과해 예전부터 내려온 과정을 몇 배로 늘렸다. 따라서 국가의 〈소학교령〉에 대해 또다시 다른 논의가 여러 가지로 나와 도저히 쉽게 그 실행을 기대할 수 없는 모양이라고 한다.[22]

학부대신이 신식교육과정을 폐기하고 과거의 교육과정으로 회귀

하려 하자 한성사범학교 학생들이 퇴학 투쟁을 벌이며 신식교육 과정을 고수하고자 한 것이다.

당시 신학문에 대한 식자층, 관료, 학생 사이의 극한적인 차이로 말미암아 교육과정 작업이 답보 상태를 면치 못해 교과의 구성과 학년별 배열을 둘러싼 논의가 진행될 수 없었다. 그러므로 교육 당국은 어떤 순서에 따라 무슨 내용을 가르칠 것인가를 사전에 준비할 수 없었다. 그리하여 교육의

〈그림 12〉 학부 편집국 편찬 교과서의 종류와 가격 현황(1896년 2월)

이념과 목표는 정해졌지만 이를 구체적으로 실현할 교육과정은 여전히 혼란을 겪을 수밖에 없었다. 이는 교육효과마저 반감되게 하는 결과를 가져왔다. 더욱이 교과서 편찬이 원만하게 이루어지지 못한 데다가 그 수량도 매우 적어 교과서가 학교교육에서 차지하는 비중이 낮았다. 후일 기사이지만 《황성신문》 1907년 11월 17일 자 논설에서 1905년 이후에도 교과서 부족 문제가 해결되지 않았음을 지적하면서 정규 교사의 확보와 함께 교과서 편찬이 매우 시급함을 강조했다.

교과서는 반드시 갖추어야 한다(敎課書 不可不備).

여러 해 전부터 우리나라에서 교육 부문에서 조금 먼저 깨달은 인사들이 천신만고로 학교를 건설하고 학생을 모집해 교육을 유지하고자 하나 신선한 교과서를 저술함이 없으므로 부득이함에 쫓겨 《천자문》과 《동몽선습》과 중국의 역사 등을 교수하니, 이는 진실로 이른바 도로 묵어墨魚라. 그러므로 근일 유지들이 교육의 흠결됨을 개탄해 교과서를 초등부터, 중등, 전문에 이르기까지 여러 종류의 편집본을 많이 출간했는데, 전일에 비해서는 가히 조금 나아졌다고 말할지나 그 나라의 사정의 적합으로 논하면 결코 수긍할 수가 없도다.

대개 교과서란 것은 그 나라의 사정과 국민의 정도에 따라 지나치고 모자람의 개탄이 없은 연후에 가히 완전한 효과를 거둘 수 있으니 이를 어찌 심상과에 부치리오. 무릇 우리 사회에서 교육에 뜻을 둔 자는 이런 우리 대한의 나라 사정과 정도에 따라 우선 이런 모범적으로 자격을 갖춘 교원을 가급적 양성하고 적합한 교과서를 편찬하며, 기성의 학교에 이르러서는 영구히 유지할 방법을 강구할지오. 또한 아직 설정하지 못한 부분에 대해서는 어떠한 방법과 수단을 취하든지 불가불 그 설립의 길을 처음 만들어 세울 것이어늘 이에 대해 능히 세찬 회초리를 먼저 잡은 자가 극히 적으니 알지 못하겠도다. 우리 대한의 이른바 유지 인사의 눈구멍이 능히 나라 사정의 적합한 교육계에 아직 도달했는지. 설혹 이들의 간과함이 있어도 임시로 대처하고 지체하는 습성이 길고 용감하게 다다르고 곧바로 앞으로 가는 마음이 짧아 능히 그 본뜻에 도달할 수 있을는지 실로 개탄함을 그치지 못하겠도다.[23]

당시 학교의 증설과 학생 수의 증가 등으로 교과서 수효가 많아졌는데도 교과서를 편찬하기 위한 기반이 취약해 주체성 있는 실용적 교과서가 제대로 편찬되지 않고 여전히 옛날 교과서가 사용됨을 지적했다. 그러나 서두에서 언급한 바와 같이 많은 유지가 다양한 수준의 새로운 교과서를 편찬하고자 노력했음에 주목해야 한다.

교과내용의 특징

수신

최초의 수신 교과서는 《숙혜기략夙惠記略》으로 〈소학교령〉이 공포되자 학부가 서둘러 내놓은 국한문혼용 수신과 교과서다.[24] '숙혜'는 '일찍 깨닫는다'는 뜻인데 중국 남북조 시대 송나라 유의경劉義慶이 편찬한 《세설신어世說新語》의 편명에서 비롯됐다. 총 20세로 편성됐으며, 책제목에서 짐작할 수 있듯이 나이별로 어렸을 때부터 지혜가 숙달하고 행실이 모범적인 우리나라와 중국 명현의 이야기를 엮은 것이다. 주로 《세설신어》를 위주로 추출하되, 당나라 이한李瀚의 《몽구蒙求》, 역사서의 열전, 중국 시문집 등에서 추출했다. 이렇듯 소학생의 연령에 맞는 위인전 교육이라는 특징에도 내용이 비현실적이고 교과서에서 소개되는 인물이 대부분 중국인이어서 교수 취지를 살릴 수 없다는 한계가 있었다.

다음으로 1895년 겨울 학부 편집국에서 편찬한 《소학독본》은 입지

立志·근성勤誠·무실務實·수덕修德·응세應世라는 다섯 가지 주제가 유기적으로 연결돼 있을뿐더러 사례 인물이 대부분 고려와 조선의 인물이어서 교육 효과가 《숙혜기략》보다 나았다. 즉 《소학독본》은 《숙혜기략》과 달리 우리 민족과 나라의 인물들을 대거 수록함으로써 우리 민족의 정체성 및 국민정신을 배양하려 했다는 점에서 수신과의 교육과정 취지를 준수하고자 했음을 보여 준다.

그러나 일부 학교 학생은 교과서 수량이 부족해 여전히 《동몽선습》 등을 학습했다. 예컨대 《독립신문》 1898년 3월 1일 자에 따르면 여학교인 순성학교는 《동몽선습》, 《천자문》 등을 배웠다.

국어

국어 교과서에 해당하는 소학서 중 최초의 교재는 학부 편집국에서 1895년 음력 7월에 발간한 《국민소학독본》이다.[25] 총 41과로 구성된 이 책은 국내외의 역사·지지·수신·문화·인물·물리·화학 등 다양한 분야의 내용으로 구성됐다. 이러한 구성 방식은 1888년에 편찬된 일본의 《고등소학독본》을 저본으로 해 조선의 상황을 가미했다.

이 교과서는 정부가 육성하고자 하는 국민상을 설정하고 국민들은 부국강병과 문명개화를 실현하기 위해 과학적 지식을 익히는 데 그치지 않고 그것을 응용하고 실천해야 한다고 강조한다. 예컨대 〈상사급교역商事及交易〉에서는 외국과의 교역이 국가의 부강과 연결되니 '서로 의지하며 교류해야 한다'고 하거나, 〈지나국 1, 2〉에서는 중국이 오늘날처럼 쇠락해 외국에 국토를 유린당한 이유가 허문만을 숭상하고 급변하는 현실에 맞게 스스로 갱신하지 못했기 때문이라고 진단했다. 또한 민족사에 대한 자부심과 긍지가 곳곳에 기술됐다. 예컨대 〈대조선국〉에서는 토지의 비옥과 물산의 풍족을 강조하고 훈민정음을 비롯한 세종대왕의 업적을 상세히 기술했다. 다만 국한문 혼용체의 국어 교과서이지만 주요 어구는 모두 한문을 사용했으며, 외국 인명과 지명은 괄호를 사용해 구분해 주었다. 아울러 이 책에는 식물변화, 시계, 낙타, 바람, 벌집, 기식氣息, 악어, 동물천성, 원소 등 과학적 지식을 담았다. 이는 근대과학을 통해 국민을 계몽하고자 하는 정부의 의도를 보여 준다 하겠다. 사실 이 책은 중등 이상을 대상으로 편찬됐지만, 소학교 관련 교과서가 아직 편찬되지 않은 까닭에 소학교에서도 활용한 것으로 보인다.

이어서 학부는 소학교 수준에 맞는 독본 교과서로 1896년에 《신정심상소학》을 편찬했는데,[26] 1887년에 일본에서 편찬된 《심상소학독본》을 저본으로 했다.

따라서 《신정심상소학》은 《국민소학독본》에 비해 평이한 문장으로 내용을 기술하고 한자의 사용도 줄였으며, 삽화도 많았다. 띄어쓰기는 하지 않았으나 띄어 써야 할 부분에는 •이나 。을 찍어 표시해 주었다.[27] 이는 소학생용 교재여서 그렇게 표시한 것으로 보인다. 또한 삽화를 넣어 소학생들이 쉽고 재미있게 배우게 구성했다. 3권 3책으로 편성됐는데, 교육과정의 측면에서 보면 소학교 심상과 3년에 맞추

〈그림 13〉조선본《신정심상소학 2》22과(좌)와 일본본《심상소학독본 2》9과(우)
양쪽을 비교하면 본문 내용은 다르지만 삽화는 거의 비슷하다.

어 계열화했음을 짐작할 수 있다. 책의 내용은 생활에서의 여러 사물,
도리, 행위, 제도 등과 권력, 경계할 바 등을 평이한 동화체의 이야기
로 쉽게 기술했다.

　그러나 편찬자로 일본인 다카미 가메高見龜와 아사카와 마쓰치로
麻川松次郎가 참여하고 일본의《심상소학독본》을 저본으로 삼은 까닭
에 삽화 중에는 일본의 색채를 띠는 것도 있으며 일본 복장을 취한 인
물도 더러 보인다. 심지어〈만수성절〉에서는 집집마다 태극기를 꽂은
그림을〈그림 14〉와 같이 수록했는데, 역설적으로 그림 속의 집은 한
옥이 아니고 일본식 가옥이다. 특히《국민소학독본》은 역사와 지리를
중심으로 근대지近代知와 주체성을 아우르는 국민상을 수립하는 데
중점을 둔 반면,《신정심상소학》은 근대의 문물을 소개하거나 근대적
생활과 관련된 덕목·제도 등을 보급하기 위한 시선이 관철됐다. 이는

이 책이《국민소학독본》과 달리 수신 위주로 구성된 일본의《심상소학독본》을 번안한 책이었기 때문이다.

산술

1895년 학부 편집국은 3권의 수학책을 발간했는데, 7월《간이사칙문제집》, 9월《근이산술서 상권 일一》, 11월《근이산술서 상권 이二》가 그것이다.

이 가운데《간이사칙문제집》은 소학교와 한성사범학교 설립에 맞추어 급히 간행된 문제집으로 교과서로 보기에는 어렵다. 먼저 네 장은 가감승제 사칙연산을 다루었고, 그다음으로 사칙연산을 응용하는 문제를 200문항 넣었으며, 마지막에 해답을 넣어 모두 78쪽으로 구성됐다. 그리고 오탈자가 매우 많았다. 이어서 간행된

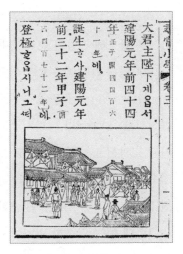

〈그림 14〉《신정심상소학 3》

〈그림 15〉《간이사칙문제집》덧셈항목

《근이산술서》는《명치산술》을 저본으로 하되 여러 일본인 저자의 산술서를 참조해 편찬된 교과서다.

1900년에 가면 짧은 기간이지만 한성사범학교 교관을 지낸 이상설李相卨(1870~1917)이 우에노 기요시上野淸의《근세산술》을 번역해《산술신서》로 간행했다.[28] 당시 이 교과서는 학부의 요청을 받아들여 편찬된 교과서로 한성사범학교 교재로 사용됐다. 내용은 1편 총론, 2편 정수의 구성 및 계산, 3편 계산의 사칙 및 여러 계산법, 4편 정수의 성질, 5편 분수, 6편 소수, 7편 순환소수로 됐다.

그런데 이는 단순한 번역이 아니었다. 그는 양量을 도입하는 데 원본과 달리 시간과 중력을 예로 들어 첨가했다. 과학과 수학의 연계성을 강조하고자 한 것이다. 특히 전통수학과 조선 사정을 염두에 두고 중국식 셈법을 적용해 수를 표시하고 단군기원을 계산하는 문제를 제시하기도 했다. 아울러 동양의 전통적인 세로쓰기를 하면서도 실제의 편리함을 위해서 서양적인 가로쓰기 표기법을 시도했다.[29] 이는 이상설의 주체적이면서도 근대적인 수학교육 인식을 보여 준다. 나아가 성균관 학생을 대상으로 하는 중급 이상 수학 교과서로《수리》를 편찬했다.[30]

이어서 이교승李敎承이 양재건梁在謇과 더불어 1901년에 소학교 심상과용《신정산술》을 저술했다. 아라비아식 기수법에 관한 설명에서 시작해 정수(자연수)의 계산사칙과 그 응용을 다루었다. 비록 이 교과서도 외국 교과서를 본뜬 편집이지만, 한국의 현실을 적용하려는 의

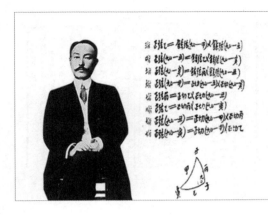

〈그림 16〉 이상설과《수리數理》(국사편찬위원회 소장본, 98쪽) 일부
갑甲은 a, 을乙은 b, 병丙은 c, 자子는 A, 축표는 B, 인寅은 C로 각각 바꾸고, 정현正弦은 sin, 여현餘弦은 cos, 정절正切은 tan으로 바꾸면 오늘날 쓰이는 것과 똑같은 삼각함수 공식이 된다.

도가 드러나 보인다. 예컨대 교과서 내용 대부분을 차지한 응용문제는 가능한 한 한국의 실정에 맞는 소재로 채우려고 노력했다.

지리

지리교과서 중 가장 최초의 교과서는《소학만국지지》다.[31] 이 책은 학부가 공식 편찬한 세계지리 교과서다. 그 내용을 보면 세계를 대륙, 국가, 지역의 규모로 구분하고, 6편의 지지를 자연지리에서 인문지리의 순서로 서술하면서 지역을 비교하거나, 지리적 현상의 인과관계를 서술하는 근대적 지지로 구성됐다. 국한문 혼용체로 서술된 이 책의 문체와 문자, 그리고 편집 체계에서의 변화는 세계 각 지역의 지명에 대한 한글 표기, 서양 근대 지식의 적극적인 수용, 근대적 지리 지식의 대중화에 영향을 미쳤다. 이렇게《소학만국지지》는 당시의 세계

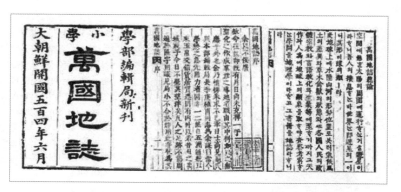

〈그림 17〉《소학만국지지》의 표지와 총론

를 사회진화론과 계몽주의, 제국주의와 민족주의의 복합적 이데올로기로 견지하면서, 사람들의 인식을 중국 중심에서 근대적 세계관으로 전환하는 데 필요한 구체적이고 실질적인 지식을 제공했다. 이어서 《조선지지》가 《소학만국지지》와 연계해 간행됐다. 그러나 이들 지리 교과서는 일본인들이 관여한 까닭에 일본 중심의 지리관이 엿보인다.

반면에 대한제국기에 들어와 현채玄采(1856~1925)가 1899년에 편찬한 《대한지지》는 전통적 지리관을 극복하고 실학사상에 근거를 두고 과학적 지식을 도입한 계몽적인 내용으로 구성됐다.[32] 또한 자연지리 내용을 주시하고 지리적 접근방법으로 총론과 한국의 각 지방을 행정구역에 따라 기술했다. 비록 백과사전을 본뜬 나열식 구성이지만 국한문을 통해 내용을 쉽게 전달하고 지형용어를 쉽게 풀어 썼다. 특히 산맥과 하류의 경우 지세, 지형을 기술하고, 명승지, 성곽, 광물자원,

역사적 사건 등도 기록했을뿐더러 해만, 도서의 경우도 기복, 수심, 항만 발달 조건, 해수의 특성 등을 기술한 저본으로 자연을 합리적으로 인식하게 하는 틀을 제공하고자 했다. 이것은 각 지역을 단순히 지형적인 특징만으로 다루지 않고 각 지역의 역사와 정치체제 등도 공히 다룸으로써 〈소학교령〉에서 목표한 대로 나라에 대한 주체성을 인식하고 애국심을 배양하고자 한 것으로 보인다.

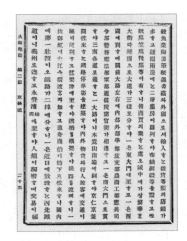

〈그림 18〉《대한지지》

또한《대한지지》에서는 대한제국의 발전상을 다음과 같이 기술해 광무개혁을 교육 차원에서 뒷받침했다.

근시에 서문 밖 경구교(경교京橋 - 인용자)에서 동대문 밖 청량리까지 전기철로를 부설하고, 또 밤에는 점포마다 등을 걸어 수많은 불빛이 사람의 눈을 황홀케 하며, 성내에 산물과 재화가 모이고 외국에서 수입된 잡화 등이 많고, 종각 근처에는 이층집이 나열해 온갖 물건을 늘어놓고 파니 상인이 모이는 곳이요 성내에서 가장 번화한 거리라.[33]

당시 광무정권의 한성 도시개조 사업을 비롯한 산업화 추진 사업의 현황을 소개하면서 학생들이 이를 적극적으로 인식할 것을 주문했다.

끝으로 고등과에서만 가르친 《만국지지》는 세계 여러 나라의 지리에 대한 지식을 교육해 세계관을 넓힘으로써 그 안에서 국가적 정체성을 찾고, 이를 부국강병에 이용할 수 있게 실용적으로 편찬된 교과서다.[34] 이것은 〈소학교령〉에서 언명한 대로 중국 중심의 지리 교육에서 벗어나 이웃 주변국을 비롯한 서양 여러 나라까지 골고루 다룸으로써 만국공법의 질서 속에서 우리 민족의 주체성을 자각하게 하고 이를 통해 부국강병의 필요성을 학생들에게 심어주고자 했음을 보여준다. 더욱이 그 내용이 지형과 지질에 인종과 각국 정치제체 등을 포함함으로써 지리적 성격을 강화했다.

역사

갑오개혁 이후 발행된 최초의 본국사는 학부가 1895년에 초등용 교과서로 편찬한 《조선역사》다. 3권 3책으로 편성된 이 책은 국한문혼용체로 쓰인 편년체 역사서로, 단군·기자에서 조선(1893)에 걸쳐 구성됐다. 이어서 1896년에는 초등용 교과서로 국한문혼용체의 《조선약사십과》를 편찬했다. 이 책은 1895년에 간행된 《조선역대사략》을 그대로 발췌했다. 그러나 단원별로 구성돼 교과서 형식을 갖춘 최초의 학습서였다. 즉 1과 단군조선, 2과 기자조선, 3과 삼한, 4과 위만조선, 5과 사군이부, 6과 신라, 7과 고구려, 8과 백제, 9과 고려, 10과 본

조조선 등으로 구성됐다.

또 1895년에 학부가 순한문으로 편찬한《조선역대사략》이 있다.[35] 이 책의 구성은《조선역사》와 같다. 아마도 당시 중등교육기관인 한성사범학교나 외국어학교의 교과서로 간행한 것으로 보인다. 전체 내용은 안정복安鼎福의《동사강목》에서 발췌했고, 단군-기자-삼한(마한)으로 체계화한 실학자의 삼한정통론을 계승했다.

〈그림 19〉《조선약사십과》

연대 표시는 조선왕조의 개국을 기원으로 했는데, 이는 한국사의 주체성을 강조한 것으로 이해된다. 역사 서술의 일반적 원칙을 제시하고 자료에 대한 비판적이며 고증적인 태도는 그 이후에 간행된 국사 교과서의 모범이 됐다고 볼 수 있다.

이후 1899년에 학부는《동국역대사략》과《대한역대사략》을 편찬했다. 중학교 이상 수준을 대상으로 했으며, 순한문으로 썼다. 형식은 역대 국왕을 중심으로 하는 전통적인 편년체 서술 방법을 쓰고 있다. 이어서 현채가 이들 교과서를 보충해 국한문혼용판《보통교과 동국역사》를 편찬했다. 내용은《대한역대사략》과 대체로 같고 문체만 다를 뿐이다. 당시 이 책은 상당히 인기 있는 교과서로 학생과 국민에게서 많이 읽혔다. 이후 1908년 일제의 교과서 도서검정규정에 따라 불인가 국사교과서로 낙인찍혔다.

이들 교과서는 대부분 조선 초기에 쓰인 《동국통감》이나 실학자들이 쓴 저서들을 그 저본으로 했다. 따라서 이들 교과서에는 실학자들의 역사인식이 반영됐다. 그리하여 국사교과서는 고조선에 관한 내용을 비교적 상세하게 다루었다. 특히 단군이 우리의 시조임을 강조했다. 고대사를 인식하는 데는 단군→기자→마한으로 이어지는 삼한 정통론을 채택했으나, 단군→기자→위만으로 체계화한 것도 있다. 단군의 건국을 강조한 것은 국사교육을 통해서 국민의 애국심을 고취하려 한 의도에서 비롯됐다. 또 다른 특징으로 국가의 자주성을 강조하기 위해 연기를 표기하는 데 기존의 중국 연호를 사용하지 않고 주로 조선 왕조의 개국 연호를 표기했다는 점이다. 단군의 개국 연도를 조선 개국 기원전 3743년이라고 기술한 것이 그 예다. 또 서력기원을 사용한 교과서도 있는데, 이는 국제교류가 넓어지는 시대 상황과 관련됐다. 이 가운데 김택영金澤榮(1850~1927)의 《역사집략》과 《대동역사》는 발해의 역사를 상세히 다루었다. 요컨대 근대개혁기 국사교과서는 우리 민족의 유구한 역사와 나라의 성립 과정 및 그 역사 속에서 활동한 인물을 기술함으로써, 학생들이 당시의 국제 정세를 주체적으로 이해하는 데 필요한 민족적 자긍심을 내면화하고 애국심을 기르는 데 중점을 두었다.

한편 근대 학교의 설립에 맞추어 애국심을 기르고 민족정신을 고취하기 위해 국사교육이 중시되고 근대화정책이 적극 추진되면서 세계 여러 나라에 대한 관심이 만국역사책에도 반영됐다.[36] 특히 제국주의 침략에 대응하기 위해 국제 정세를 올바로 인식해야 하는 현실에서 대한제국이 근대 주권국가로 발전하기 위해 취한 한 가지 방법은 외국사에 대한 관심을 높이는 것이었다. 그리하여 각급 학교의 교과목에 본국역사와 함께 외국역사를 포함했다. 이에 따라 1896년 학부 편집국에서 편찬한 우리나라 최초의 세계사 교과서인《만국약사》이후 1905년까지 7종의 교과서가 간행됐다.《만국약사》는 총론에서 지구구형설, 땅과 바다의 분포 및 비율, 6대주의 주민과 인종을 소개한 데 이어, 아시아의 아시리아·바빌로니아·이스라엘·말레이시아·

싱가포르·베트남·타이·인도·중국·일본·조선과 아프리카의 이집트, 유럽의 그리스·이탈리아·터키·스페인·포르투갈·프랑스·오스트리아·독일·러시아·덴마크·스위스·스웨덴·노르웨이·벨기에·폴란드·네덜란드·영국 및 북아메리카 대륙의 미국·캐나다 등 여러 나라의 약사를 기술했다. 이러한 구성 방식은 학생들이 중국 중심의 화이론적 질서에서 벗

〈그림 20〉《만국약사》

어나 주권 국가 중심의 만국공법 질서를 적극 수용하는 데 주안을 두었다. 다만 서구 문명을 추구하면서 일본을 실제 모델로 삼았다는 점에서 서구-일본 중심의 문명관에 경도돼 있었다. 《만국약사》의 이러한 경향은 이후 세계사 교과서 서술에 영향을 미쳤다.

　다음 대한제국기에 들어와 편찬된 《태서신사泰西新史》와 《태서신사언역泰西新史諺譯》은 학생들이 대한제국의 개혁 방향과 그 의미를 세계사에 비추어 이해하는 데 초점을 두었다. 여학교인 순성학교 학생들도 역사교과로 《태서신사》를 학습했다.

이과

'이과理科'라는 용어는 일본의 〈소학교령〉에서 규정한 명칭을 따서 지어졌다. 이 과목은 주로 천연물, 자연의 현상을 대상으로 삼아 이들 가운데 인생에서 가장 필요한 것, 아동들이 일상에서 목격할 수 있는 것을 대상으로 삼았다. 그런데 이러한 교과는 소학교에서 비중도 낮았지만 여타 교과와 달리 생소한 근대 과학과 매우 밀접했기 때문에 일본의 이과 교과서를 원서 그대로 들여와 가르친 것으로 보인다. 다만 한성사범학교나 중학교에서는 이상설이 편찬한 《식물학》, 《화학계몽초》, 《백승호초百勝胡艸》를 사용했다.[37] 그는 수학 교육과 더불어 과학 교육의 중요성을 인식하고 서양의 학문을 공부할 필요를 느낀 것 같다. 이 가운데 1899년에 편찬한 《식물학》은 영국의 조지프 에드킨스Joseph Edkins가 중문으로 번역한 《식물학계몽》을 읽으면서 그에게

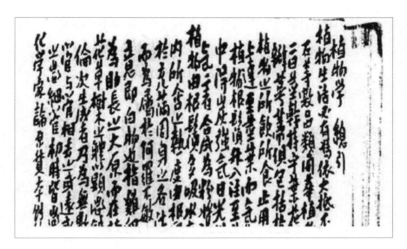

〈그림 21〉 이상설이 붓글씨로 쓴《식물학》원고

새로운 내용을 중심으로 메모해 둔 것이다.

도화

도화는 소학교 심상과에서는 선택으로 가르쳤고, 고등과에서는 정규 교과목으로 지정했다. 이 점에서 미술교육이 소학교 고등과에서 본격화됐다고 하겠다.[38] 그러나 교과서나 교재가 거의 없어서 필요한 교재는 교사가 스스로 만들어서 사용하는 데다 미술의 기초 지식이나 능력이 있는 교사가 없는 실정에서 체계적인 지도가 이루어질 수 없었다. 더욱이 당시 도화 교과서가 남아 있지 않아 실상을 파악할 수 없다. 다만 〈소학교교칙대강〉에 따르면 교과의 취지가 대상의 형태를 파악하는 데 필요한 정밀성이나 관찰력과 이것을 표현하는 데 필요한 창의적 표현력을 기르는 것에 목표를 두었음을 추측할 수 있다.

체조

소학교에서는 적당한 실외 운동을 학교의 사정에 따라 선택할 수 있게 했고, 중학교에서는 체조를 배당했다. 이 중 체조는 많은 이가 관심을 두었다.[39] 이기李沂 같은 유학자도 체조의 필요성을 다음과 같이 강조했다.

> 체육이 운동장에서 뛰며 노는 교육이니 8, 9세 된 어린이가 한창 자라날 때에 종일 문을 닫고 공기가 탁한 방안에서 꾸벅이고 글을 읽어야 쓰겠는 가. … 자라나는 아이는 하루 한 시간쯤 자기 수족에 힘을 들여 운동을 해 근육과 골격을 튼튼하게 만든다. 이것을 체조라고 한다. 체조는 신체를 건 전하게 만드는 학문이다.[40]

물론 도교의 양생법에 영향을 받은 이황, 이이 같은 유학자도 심신 수양, 건강관리 또는 생활의 운치 등에 관심을 두었으며, 많은 이는 작상무勺象舞나 활쏘기를 통해 신체를 단련했다. 다만 이것은 특정 계층의 관심일 뿐 국민적 차원으로 확대되지는 않았다. 그러나 이제 국가는 덕양·지양과 함께 체양에도 관심을 기울이기에 이르렀다. 지식도 중요하지만 건강하지 못하면 아무 일도 못한다는 주장이다.

그런데 이 시기에 민족적 위기의식이 심화돼 체육이 구국운동 분위기에 연계될 수밖에 없었으므로, 체육의 중점을 개개인의 건강에 두기보다는 군사훈련에 두었다.[41] 물론 서구의 체조가 일본을 거치지 않고 외국어학교 교사를 통해 직접 들어왔지만, 일본에서도 볼 수 있듯이 체조 자체가 유럽식 근대적 병제의 도입과 밀접했으므로 병식체조의 범주에서 벗어나지 못했다. 즉 군대 조련의 일환으로 체조를 가르쳐 무예를 숭상하는 풍속을 권장하고자 했다. 그리하여 당시 소학교와 외국어학교 학생들은 총을 가지고 병대의 기예를 하고 체조를 했다. 심지어 체조 과목을 가르칠 교사가 부족해 군부에 무관 졸업생을 의뢰하는 상황이었다.

정부 역시 체조를 강조했는데, 체조 수업을 위해 복장과 두발을 신식으로 바꿀 것을 권장했다. 고종 또한 외국어학교 학생들에게 체조를 권장하면서 체조에 편리할 수 있게 서양식 복장과 단발을 촉구했다. 이에 학생들도 체조에 편한 서양식 복장으로 바꾸었다. 또한 독립협회에서 행사를 벌일 때 각 학교 학생들이 참석해 체조를 보여 주었다. 특히 운동회 때 학생들이 여러 종류의 체조를 보여 주기도 했다. 나아가 학생의 식비금 일부로 운동장을 확장하고 운동기계를 들여와 체조를 더 연습하고자 했다. 또한 일부 학교에서는 체조를 오후 3시 하학 15분 전에 하게끔 규정하고 이를 위반할 때에는 해당 교관들의 월급을 감봉하기도 했다. 심지어 관립 일어학교는 체조를 시험과목에 포함했다.

재봉

재봉과는 소학교 심상과와 고등과에서 모든 여학생을 대상으로 시의에 따라 제공하는 선택 교과목이다.[42] 그러나 교과서가 현재 전해지지 않아 구체적인 실상을 파악할 수 없다. 다만 〈소학교교칙대강〉에 근거를 둔 그 내용을 짐작하면 다음과 같다.

첫째, 일상 의복을 만들기 위해 옷감을 재단하고 바느질을 익히는 것을 주요 내용으로 했다. 둘째, 재단과 바느질에 필요한 용구를 알고 다룰 줄 알게 했다. 셋째, 의류의 세탁과 보존법을 익히게 했다. 넷째, 다양한 바느질법을 익히게 했다. 다섯째, 간단한 의복의 바느질법과 일상 의복의 수선을 다루게 했다. 여섯째, 일상 의복을 위한 재단과 바느질법을 다루기로 했다.

이처럼 재봉과는 가정에서 모녀간에 전수된 옷감의 재단과 바느질 기술을 공적인 교육기관에서 가르쳤음을 보여 준다. 이는 여학생들이 가정교육에서 벗어나 학교교육을 받는 단계에서 재봉을 비롯한 가사에 대한 교육이 학교에서 본격적으로 이루어졌음을 말해준다. 더욱이 가정용 재봉틀이 아직 국내에 도입되지 않았고 수선을 가정에서 해야 하는 상황에서 학교에서 재봉을 비롯한 가사교육이 절실했다. 특히 서구의 가정학이 일본을 통해 도입되는 과정에서, 학교에서는 가정교육을 전담하는 현실에서 더욱 그러했다.[43]

2

외국어교육의
허와 실

영어 중심, 일어 부중심의 외국어교육

갑오개혁 직후 외국어 중에서 가장 주목받은 언어는 일본어였다. 당시 일본이 청일전쟁에서 승리하면서 조선 정국을 장악했기 때문이다. 그리하여 〈소학교령〉에 명시되지 않았지만 여기서 말하는 '외국어'는 일본어였다. 일본인이 경영하는 《한성신보》 1895년 9월 15일 자는 외국어교육의 실정을 보여 준다.

> 새로 설립되는 소학교에 수의과隨意科로서 일본어를 더해 방과 후 1, 2시간 교수하고 동교의 생도 외에도 희망자는 동과를 배울 수 있게 한다.[44]

〈그림 22〉 1900년 초 관립 영어학교 학생들과 교사 러셀 프램턴G. Russel Frampton
(카를로 로제티 저, 서울학연구소 역,《꼬레아 꼬레아니》, 숲과나무, 1996)

〈그림 23〉 법어학교 교장 에밀 마르텔Emil Martel 교수와 그의 조교들
(카를로 로제티 저, 서울학연구소 역,《꼬레아 꼬레아니》, 숲과나무, 1996)

이처럼 일본어를 소학교에서도 가르치게 함으로써 일본어를 우위에 올려놓고자 했다.

그러나 육영공원 설립 이후 영어교육은 결코 일본어에 뒤지지 않았다.[45] 갑오개혁 이전인 1894년 2월에는 학교 명칭을 아예 '영어학교'로 바꾸었다. 1895년 5월 칙령 제88호 〈외국어학교관제〉의 발표로 모든 외국어학교는 하나로 통합됐지만, 당시 외국어학교는 영어학교와 일어학교 단 둘뿐이었다. 그나마 이러한 통합도 법조문에서의 통합이었고, 실제로는 외국어학교별로 수업을 했고 재정도 독립적으로 운영됐다. 즉 형식상 하나의 외국어학교 안에 영어학교가 포함된 것이다. 흔히들 지칭하는 '관립 영어학교'가 그것이다.

외국어학교의 설치 목적은 무엇인가. 이에 대해 〈외국어학교관제〉 제1조는 "외국어학교는 학생을 광모廣募해 여러 외국의 어학을 교수하는 곳으로 함"[46]이라고 규정했다. 외국어학교의 교육목표는 동아시아의 이웃 나라 및 구미 열강과 이루어지는 외교 및 통상에 필요한 역관 또는 외교관을 양성하는 데 있었다.

이러한 〈외국어학교관제〉에 따라 기존의 일어학교 및 영어학교 외에 1895년 10월에는 법어학교法語學校, 1896년 5월에는 아어학교俄語學校, 1897년 5월에는 한어학교漢語學校, 1899년 9월에는 덕어학교德語學校가 잇달아 설립됐다.[47] 한어학교는 1891년 일어학교와 함께 설립됐으나 청일전쟁에서 중국이 패한 후 폐교했다가 다시 생겼다.

각 외국어학교의 설립 시기와 당시 국제정세를 연계해 보면, 삼국

간섭 이후 법어학교가, 아관파천 이후 아어학교가, 일본의 세력이 약화된 틈을 노려 다시 한어학교가 문을 열었음을 알 수 있다. 일본공사 관원 시노부 준페이信夫淳平는 이에 대해 "조정 내에 미치는 외국 세력을 비교하려면 우선 외국어학교에 가서 학생 수를 조사해 보는 것이 첩경이다"[48]라고 빗대어 말했다. 언제나 영어학교 학생 수가 가장 많았고, 두 번째가 일어학교였다.

영어 중심, 일어 부중심의 경향은 정부의 외국어학교 지원에서도 판연하게 나타났다. 1903년에 서울을 방문한 폴란드계 러시아인 민속학자 바츨라프 세로셰프스키Wacław Sieroszewski는 저서 《코레야 1903년 가을(Корея)》에서 대한제국 정부의 외국어학교 지원 현황을 다음과 같이 기술했다.

외국어학교 중에는 영어학교가 가장 비싸고 시설이 좋은데, 1894년부터 매년 1만 달러의 정부 지원을 받는다. 일어학교는 가장 싸지만 그럼에도 불구하고 시설이 좋고 아주 훌륭하게 운영된다. 연간 3000달러에 불과한 지원을 받으면서도 그 돈으로 우등생들에게 매달 10달러씩 장학금을 지원한다.[49]

영어학교는 일어학교의 3배가 넘는 지원을 받았다. 이러한 수치는 당시 예산안과 비교하면 큰 차이가 나지만 여러 이유로 지나친 과장은 아닌 것으로 보인다. 최소치로 가정해 1898년 교육비 예산안을 보면 영어학교 예산이 2348원으로 한성사범학교 예산 2790원과 맞먹는다. 그러나 이 역시 예산안에 지나지 않고 세로셰프스키의 '정부의 교육비 지출, 대부분 외국어학교 차지'라는 발언에 주목한다면, 정부가 외국어교육에 매우 큰 기대와 의존을 했음을 확인할 수 있다. 물론 이에 따른 피해는 교육을 받아야 할 민인의 자녀에게 고스란히 전가됐다. 그리하여 지원이 제대로 이루어지지 않는 현실에서 민인들은 스스로 알아서 배울 수밖에 없었다.

그렇다면 정부는 왜 영어학교에 막대한 자금을 지원했을까. 외국어에 대한 세간의 시각이 이를 말해준다. 1898년 덕어학교 개학식에서 학부협판 고영희高永喜가 연설한 내용의 일부를 인용하면 다음과 같다.

대황제 폐하의 성지를 받자와 금일 덕어학교를 증설해 학도를 교육케 하니 … 구주 각국으로 말하면 영어는 만국상회에 통용하는 말이오, 프랑스어는 교제의 성용이요, 심지어 독일어에 이르러서는 군법과 군제에 매우 중요해 세계에서 제일이라 할 만하다. 모든 학생은 입학하는 일부터 주의를 하고 일취월장하야 … 타일 국가의 동량이 되기를 바라오.[50]

영어는 만국 간의 교역에, 프랑스어는 사교에 필요하고, 독일어는 군사에 매우 중요하다는 것이다. 이 점에서 교역을 통해 부국강병을 추구한 대한제국 정부로서는 교역하는 데 유리한 영어를 중시했다.

한편 해당 국가도 문화를 전파하거나 자국의 영향력을 확대할 수 있는 수단으로 자국의 언어를 가르치는 학교의 개교 및 운영을 적극 지원했다. 그리하여 해당 외국어학교에서 행사를 거행할 때는 해당 국가의 공사관원이 참석해 자리를 빛내고 영향력을 과시하고자 했다. 이 중 영어 사용 국가의 영향력이 가장 컸고, 일본의 영향력이 다음으로 컸음을 보여 준다. 그리하여 각 외국어학교는 상호 경쟁이 치열했으며 심지어 적대하기까지 했다. 당시 외국어학교 입학이 출세의 수단으로 비쳤기 때문에 상호 갈등이 심했다. 《독립신문》은 1898년 2월 19일 자에서 이런 파쟁을 다음과 같이 비판했다.

정부에 밤낮 당론만 성해 노론이라 소론이라 남인이라 소북이라 하는 중에 근일에는 또한 일당이니 아당이니 영당이니 미당이니 불당이니 청당이니 완고당이니 중립당이니 하는 모든 당이 더 생기고 대한 당은 하나도 없어서 나라가 잘되고 못되는 것은 돌아보지 않고 밤낮 자기들의 사사 욕심들만 채우려고 모여 못된 의논질들만 하니 실로 애석하도다. 일본을 가보더라도 각국 어학교가 모두 한 관원의 관할에 매여 각기 배우는 것은 다를 망정 나라 위하는 마음은 다 한 마음이라. 어찌 아름답지 아니하리오. 대한 정부는 각국 어학교 대접하는 것을 말할진대 학부대신 되는 이가 영국과 친하면 영어학교를 더 대접하고 러시아와 친하면 러시아어학교를 더 대접하고 일본과 친하면 일어학교를 더 대접하고 법국과 친하면 법어학교를 더 대접하고 덕국과 친하면 덕어학교를 더 대접하고 청나라와 친하면 청

어학교를 더 대접하니 어찌 공평타 이르리오.[51]

관료들은 외국어학교를 정치적 기반으로 삼고 출세하기 위해 각각 외국어학교에 연줄을 대어 파당을 형성한 한편, 외국어학교에 대한 지원은 관료들의 성향에 따라 달라졌다.

외국어학교의 성쇠와 외국어학교 학생 수의 추이

외국어학교별 학생 수는 그때그때 각국 세력의 영향력에 따라 증감됐다. 외국어학교가 세워진 1895년 이후 1911년 폐지될 때까지 외국어학교의 설립연도는 각각 다르지만 통산 16년 동안 영어학교의 학생 수가 가장 많았다. 그다음으로는 일어학교였다. 학교별 정확한 학생 수는 알 수 없지만, 당시 일본공사관원인 시노부 준페이의 《한반도》에 실린 1901년 통계와 1903년 오세창吳世昌이 창립한 《만세보》에 실린 해당 연도 통계에 따르면 외국인 학생 수와 졸업생 수는 각각 〈표 11〉, 〈표 12〉와 같다.

1897년 재학생 수를 보면 영어학교가 제일 많다. 이어서 일어학교가 2위를 차지하고 있다. 한어학교 역시 결코 적지 않다. 졸업생의 경우 일어학교는 꾸준히 배출했다. 반면에 한어학교의 졸업생은 점차 줄어들었다. 일본의 영향력이 커진 만큼 중국어에 대한 매력이 떨어졌기 때문이다.

<h3>〈표 11〉 각 외국어학교 재학생 수</h3>

(단위 : 명)

학교＼연도	1897	1901	1906
영어	110	70	127
일어	86	57	88
법어	35	37	44
한어	40	25	54
덕어	-	20	20
아어	79	37	-

출전: 이광숙, 《개화기의 외국어교육 : 1883~1911》, 서울대학교출판문화원, 2014, 49쪽 재인용.

<h3>〈표 12〉 각 외국어학교 졸업생 수</h3>

(단위 : 명)

학교＼연도	1897	1901	1906
영어	-	-	2
일어	11	4	9
법어	-	-	9
한어	-	10	6
덕어	-	-	-
아어	-	-	-

출전 : 이광숙, 《개화기의 외국어교육 : 1883~1911》, 서울대학교출판문화원, 2014, 50쪽 재인용.

　　우선 미국이 서울 인천 간 철도 개설권을 장악하고 영국이 해관을 지배하면서 의사소통을 하는 데 영어의 필요성이 늘어남에 따라 영어학교가 호황을 누렸다. 특히 독립협회를 이끈 서재필徐載弼(1864~1951)과 윤치호尹致昊(1865~1945)를 비롯한 인사들이 영어에 능통해 계몽운동의 기수로 떠오르고 출셋길이 열리면서 학생들의 영어에 대한 열망이 강해졌다. 《독립신문》은 1896년 12월 26일 자 기사에서 학부협판 민영찬閔泳瓚(1873~?)을 두고 다음과 같이 칭찬했다.

새로 부임한 학부협판 민영찬 씨는 이왕에 미국 가서 공부도 했고 영어도 잘하고 외국 교제도 능란히 하는 사람이라. 민 씨가 나이는 어리되 학무에는 매우 주의하는 이인즉 아마 학부에 대단히 중요할 터이요 학부대신에게도 매우 도움이 있게 보좌하는 관원이 되겠더라. 우리는 민영찬 씨를 대해 치하도 하거니와 학부를 위해 기뻐하노라.[52]

심지어 부산에서 찹쌀떡 장사로 생계를 꾸린 이하영李夏榮(1858~1919)은 앨런에게 영어를 배워 훗날 외무대신에 오르기도 했다.[53] 그리하여 청년들은 영어 학습을 문명개화와 출세의 지름길로 파악하기도 했다. 《독립신문》은 1898년 3월 3일 자에서 청년들의 이러한 움직임을 다음과 같이 보도했다.

이달 사일 오후 삼시 반에 정동 새 예배당에서 청년회 회원들이 모여 영어를 배우는 것이 개화의 뜻을 알기에 매우 중요하니 소년들은 불가불 알 것으로 결정하다는 문제를 가지고 토론들 할 터이니 학문상에 유의하는 이

들은 다 와서 방청들 하며 회원들도 다 와서 참례들 하시오.[54]

나아가 독립협회는 신문에서 자주 영어 학습의 필요성을 강조했다. 《독립신문》 1899년 8월 5일 자에서는 다음과 같이 영어의 효능을 설파했다.

천하 열국 중에 잉글랜드가 제일 나아가기를 좋아해 남아메리카와 아프리카와 태평양 여러 섬 중에 어느 곳을 가든지 우둔한 백성을 교화로 가르치고 언어를 연습하게 해 악한 풍속을 고치게 하는 고로 오주 세계에 영어를 능통하는 자 제일 많다 했더라.[55]

이러한 양상은 당대 각국의 영향력 및 정치 상황과도 밀접하게 연관됐다. 일어교육은 초기부터 확고한 위치를 차지했으며, 1904년으로 갈수록 영향력이 커져 을사늑약 직후에는 재학생 수가 88명에 이르렀다. 정치와 사회제도의 모든 영역에서 일본의 영향력이 막강해지면서 일어에 대한 관심이 커졌기 때문이다.

그리하여 영어와 일어에 대한 수요가 많아졌다. 이에 대표적인 민립학교인 흥화학교도 영어와 일본어를 전문적으로 교수하기에 이르렀다. 러일전쟁이 일본의 승리로 굳혀 가는 때인 1905년 2월 28일 흥화학교 영어과 및 일어과 전문 교수 모집 광고가 《황성신문》에 실렸다.

그 밖에 한어학교도 청년들의 관심을 끌었다.[56] 청일전쟁의 패배로 세인의 관심에서 잠시 멀어졌지만 조선과 중국의 관계가 매우 밀접했고 학생들이 전통적으로 한문에 강했기 때문이다. 법어학교도 아어학교와 마찬가지로 삼국간섭 이후 러일전쟁 직전까지 프랑스의 영향력이 귀스타브 샤를르 마리 뮈텔Gustave Charles Marie Mütel 주교를 매개로 강화되면서 인기를 끌었다.[57] 물론 아어학교도 마찬가지여서 삼림 채벌권의 획득, 한러은행 개설과 더불어 세인의 관심을 끌었다.[58] 천민 출신으로 아어학교 졸업생은 아니지만 블라디보스토크에 내왕하면서 러시아어를 익힌 김홍륙金鴻陸(?~1898) 같은 이는 아관파천 때 고종과 러시아 공사 카를 이바노비치 베베르Karl Ivanovich Veber 사이의 통역을 맡은 뒤 출세 가도를 달렸다.[59] 덕어학교의 경우는 당시 자국의 국내 정치 상황이 복잡한 독일이 동아시아의 한국에까지 커다란 관심을 둘 수 없었던 탓에 개교 초기 1900년 전후에만 잠시 호황을 누렸다.[60] 심지어는 한성사범학교 재학생마저 학업을 중도에 포기하고 영어학교에 입학하기도 했다. 그리하여 어떤 이는 외국어의 성쇠에 따라 여러 외국어학교를 들락거렸다. 예컨대 1869년생인 이능화李能和는 1887년 17세에 육영공원에 입학했으며, 1892년에는 한어학교에서 공부했다.[61] 그리고 1896년에는 법어학교에서 공부하다가 1906년에는 사립 일어야학사日語夜學舍를 졸업했다. 그의 외국어에 대한 열망도 이러한 잦은 변경에 영향을 줄 수 있거니와 외국어의 인기 역시 그의 행로에 영향을 끼쳤으리라 보인다.

한편 외국어의 난이도도 학생들의 선택에 영향을 주었다. 영어학교는 일어학교와 달리 졸업생의 비율이 매우 낮았다. 영어학교의 첫 졸업생은 1903년에야 배출됐다.[62] 갑자기 낯선 어학을 공부하자 힘이 든다든가 흥미를 잃어 도중에 포기하는 경우가 많았고, 때로는 약간이라도 영어를 구사하면 쉽게 취직할 수 있었기 때문이다. 따라서 초창기 졸업생은 많을 때는 6~7명, 적을 때는 2~3명 정도에 지나지 않았다.

한편 정부가 근대화정책을 추진하면서 프로젝트별로 다수의 외국인 고문이나 기술자들을 자주 고빙하자 이들과 의사소통할 수 있는 통역의 수효가 급증했다. 실제로 1898년 12월 프랑스인 클레망세 E. Clémencet가 우정국 고문으로 초빙돼 일하자 법어학교 학생들이 대거 우정국에 가서 일했고,[63] 같은 해 7월 미국인 기술자 레이먼드 크럼 Raymond Krumm과 일본인 측량 기술자들이 들어와 국토 측량에 나서자 영어학교와 일어학교 20여 명의 학생이 측량 견습생으로 취직했다. 이 밖에 외국인이 경영하는 개인상사에 근무하는 학생도 많아졌다.

영어학교의 교과과정

초창기 영어학교의 교과과정은 정확히 알려지지 않았다. 동문학이나 육영공원, 배재학당, 이화학당의 초기 영어교육은 원어민이 전체 교과과정을 영어로 진행했다. 이후 외국어학교 초창기도 이와 비슷하지 않았을까 짐작된다.

그러나 외국어의 숙달에만 목표를 둔 이 같은 교육에 일부 식자층이 반발하기도 했다. 〈외국어학교규칙〉 제정 직전인 1900년 4월 3일자 《황성신문》에서 다음과 같이 외국어학교의 교육을 혁파해야 한다고 주장했다.

학부에서 정부에 청의한 대강의 뜻을 들은즉, 기존에 설치한 외국어학교에서는 전공할 학문의 교육이 없으니 그 학도를 잘 양성해도 타일 효과를 보기에는 통변通辯에 불과할 터인즉 외국어학교는 모두 혁파하고 중학교에 부속해 몇 시간은 어학, 몇 시간은 보통학을 교수하자고 했다더라.[64]

즉 외국어학교에선 학문의 교육이 없어 나중에 졸업해도 통역에 지나지 않으니, 이 학교를 아예 중학교에 통합해 어학과 함께 몇 시간은 보통 학문을 가르치자고 주장했다.

이 기사가 나온 두 달 뒤인 1900년 6월 매우 세세한 운영규칙을 담은 〈외국어학교규칙〉이 제정됐다.[65] 그 골격은 다음과 같다.

첫째, 형식으로 통합됐을 뿐 실질적으로는 분리 운영된 외국어학교를 법적으로 통합했다. 둘째, 수학 기간도 각 학교별로 명시해 외국어교육의 효율성을 높이고자 했다. 셋째, 교장이 교관과 부교관을 장악해 학교운영이 외국인에게 휘둘리지 않게 했다. 넷째, 학사일정을 확정해 수업이 교육과정대로 진행되게 했다. 다섯째, 엄격한 학사관리를 통해 학생들의 근태를 엄격하게 통제하고 성적을 제고하고자 했다.

그리하여 〈외국어학교규칙〉 제정 이후 영어학교 교과과정은 다른 어학교들과 마찬가지로 주로 독본, 번역, 받아쓰기, 작문, 회화 등에 대부분의 시간을 할애했다. 또 일주일에 한두 시간씩 한문, 역사, 지리, 이과 등의 수업을 진행했다. 그 밖에 체조 시간이 들어간 것도 특색이었다. 체조는 거의 군사훈련에 가까웠기 때문에 영어학교에서는 영국의 해병 하사가, 아어학교와 법어학교에서는 러시아 군인이 학교에 와서 집총법執銃法까지 가르치며 훈련했다. 그 밖에 수업시간에 축구 같은 운동도 배웠으며, 일 년에 한 번씩 거행되는 운동회에 참가해 심신을 단련했다.

이 시절 영어교육은 영어학습의 네 부문인 듣기, 말하기, 읽기, 쓰기 교육이 모두 교과내용에 포함돼 균형 있는 영어학습이 가능했다. 또 두 명의 원어민과 조선인 교관 및 부교관이 하루 5시간씩 고강도 수업을 진행하면서 높은 수준의 영어교습과 학습이 이뤄졌다. 여기서 듣기 과정은 원어민이 읽어 주면 받아 적는 과정이나 독본읽기 등을 통해 훈련했다는 의미다. 이러한 수업방식은 갑오개혁 이전에 외국어를 가르치는 사역원에서 '말 중심'의 교육을 하고, 나아가 배우려는 '목표어'만을 사용하고, 이를 어겼을 때는 최악의 경우 벼슬길까지 막는 전통과 밀접했다. 이처럼 원어민이 주도해 서당식 암기 위주로 진행된 영어교육은 '동양에서 가장 뛰어난 어학자'가 많이 배출됐다는 외국인들의 언급에서 볼 수 있듯이 단기간에 3000 단어를 암기하며

〈그림 24〉 영어학교 수업시간 전경(카를로 로제티 저, 서울학연구소 역, 《꼬레아 꼬레아니》, 숲과나무, 1996)

교사 헐버트가 지도하고 학생들은 책상 앞에 앉아 공부하고 있다.

영어 구사 능력을 높이는 데 크게 이바지했다.

　그리하여 이들 영어학교 졸업생들은 중국인이나 일본인보다 영어 구사력이 뛰어났다. 1894년에 조선을 방문한 오스트리아인 에른스트 폰 헤세-바르텍Ernst von Hesse-Wartegg은 조선인의 영어 구사 능력을 중국인 및 일본인과 비교하면서 다음과 같이 높이 평가했다.

　여기서는 영어로 수업을 진행한다. '학교'란 명칭에 걸맞은 곳은 영어학교 뿐이다. 5년제로 돼 있는 이 학교는 학생 수가 해마다 늘고 있다. 독일계 미국인으로 육군 대령인 닌스테트Nienstedt(오류인 듯함 - 인용자)가 교장을 맡

고 있었는데, 아마 지금도 맡고 있는지 모른다. 그는 내게 학생들의 열성과
이해력 그리고 빠른 진도에 대해 칭찬을 아끼지 않았으며, 일본인이나 중
국인보다 더 큰 가능성을 기대하고 있었다. 나는 서울에 머무르는 동안 조
선인과 얘기를 나눌 기회가 여러 번 있었는데, 이들은 조선을 한 번도 벗
어난 적이 없었음에도 비교적 교육을 잘 받아서 영어를 잘 구사했다. 이들
의 영어 실력은 내가 영어로 대화를 나눠 본 어떤 중국인이나 일본인보다
훨씬 나았다. 일본인은 L을 R로 발음하고 R은 L로 발음하는데, 예를 들어
텔레그라프Telegraph를 테레글라프Tereglaph라고 발음하는 식이다. 중국인
은 R 발음을 전혀 하지 못한다. 이와 달리 조선인은 영어 발음을 완벽하게
구사한다.[66]

이후에도 이렇게 수업을 받은 학생은 어학능력이 어떠했을까. 시노
부 준페이는 외국어를 배우는 조선 학생의 능력이 매우 뛰어나다고
특기했다. 또 주재 영국 영사도 '조선인은 동양에서 가장 뛰어난 어학
자'라고 지적했다.

영어학교의 교과서

영어학교는 찰스 반즈Charles J. Barnes가 미국 뉴욕에서 편찬한 *New
National Readers*를 독본으로 사용했다. 이 책은 미국 초급학교용
교과서로 총 5권이며, 영어학교 학생들은 3년 동안 다섯 권을 전부 학

습했다. 그 밖에는 찰스 샌더스Charles W. Sanders의 *Union Reader*가
있었다. 이러한 교과서는 이미 일본에서 사용한 교재로 일본에서 수
입했을 가능성이 높다.

*New National Readers*는 단어 활용, 구성 방식, 삽화 수록 등을
통해 영어 입문자들이 쉽게 배울 수 있게 구성됐다. 우선 〈그림 25〉
교재 본문을 보면 단어가 흥미를 돋우기 위해 대상과 행동이 구체적
인 단어들로 구성돼 있음을 확인할 수 있다. 특히 짧은 길이의 친숙
한 단어를 대폭 활용했다. 이후 단어가 익숙해지면 문장의 길이가 조
금씩 길어졌다. 50과 정도에 가면 반 쪽에서 한 쪽에 해당하는 대화가
나온다.

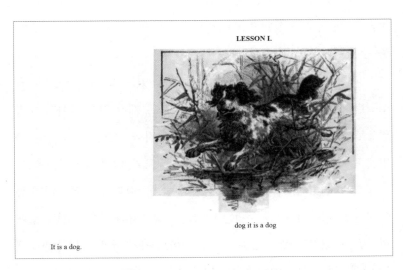

〈그림 25〉 *New National Readers* 본문

다음 복습과 연습 등을 두어 학생의 빠르고도 전반적인 발전을 꾀했다. 교과서에 수록된 문장과 리뷰는 이런 특징을 잘 보여 준다. 〈그림 25〉와 같이 개의 그림 밑에 'dog it is a dog'이라는 단어들을 쓰고, 'It is a dog'란 문장을 왼쪽 하단에 만들었다. 그리고 〈그림 27〉과 같이 글씨 연습에 개 그림과 양쪽에 'dog'라고 썼다. Part I은 이 같은 단문과 짧은 문장 위주의 54개 과로 구성됐고, Part II는 단편 이야기 10개를 실었다.

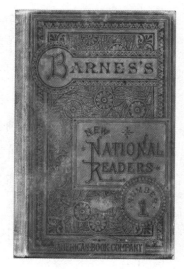

〈그림 26〉 New National Readers

각 과의 주제는 학생 주변에서 쉽게 볼 수 있는 소재를 중심으로 구성됐다. 예컨대 한 소년이 개와 함께 달리고, 개가 쥐를 쫓아가는 장면을 묘사한 문장은 한국인 학생에게도 공감을 일으켰을 것이다. 그 밖에 팽이치기, 숨바꼭질, 배를 만들어 띄워보기, 마차 타기, 북·총 등을 들고 행진하기, 사과 따기, 눈사람 만들기, 썰매 타기, 연날리기 등이 주제로 나온다. 이런 주제는 학생의 일상생활과 매우 밀접해 쉽게 접근할 수 있기도 했으며, 때로는 스케이트 타기 같은 이색적인 주제가 학생의 호기심을 자극하기도 했다.

SCRIPT EXERCISE.

〈그림 27〉 *New National Readers* 글씨 연습

SPELLING REVIEW.

ĭt   ăt   bĭḡ   thē   sēe☐   răt

ĭş   ăn   dŏḡ   ănd   căn   hĕn

ĭn   ŏn   boy   rŭn   ḡĕt   bŏx

căt   ĕḡg☐   wĭll☐   thĭs   nĕst

〈그림 28〉 *New National Readers* 철자 복습

3

교실의 탄생과
학교생활

교실의 탄생과 공간의 분할

전통교육의 공간은 하나의 덩어리 공간으로서 소규모 단위의 분화가
미약했다.[67] 그럼에도 훈장은 빙 둘러 앉아 소수의 학생을 대상으로
가르치기 때문에 학생과 상호 소통하면서 학생의 태도와 학습 수준을
쉽게 파악할 수 있었다. 그러나 갑오개혁을 거치면서 보통교육이 제
도화되고 학생 수가 많아지자 이러한 교수 방식은 불가능했다. 무엇
보다 서당이나 향교, 서원 같은 전통적 교육기관에서는 다수의 인원
을 수용하기도 어렵기 때문이다. 특히 정해진 자리 없이 움직이는 다
수 학생에 대한 교사의 통제는 매우 어렵다. 따라서 다수의 학생을 수
용할 수 있으며 교사의 시선에 잡히는 새로운 공간으로서 교실이 탄

생했다.

이에 정부는 학교 부지를 확보하고 교실을 건축하고자 노력했다. 그러나 국가재정이 빈곤한 데다가 빠른 시간 안에 교실을 확보하는 일이 매우 어려웠다. 그래서 이전에 군현 관아 객사이거나 집무실이었다가 폐쇄된 건물을 활용했다.[68] 한성사범학교 부속 소학교는 광무국 건물을 활용했다. 장동소학교는 민가를 사용하다가 관청 건물로 이전했으며, 다시 1895년 11월 매동의 관상감 청사로 옮긴 후 매동소학교로 개칭했다. 묘동소학교도 민가를 사용하다 교사가 협소해 혜동의 전 혜민서 건물로 옮기면서 혜동소학교로 이름을 바꾸었다. 양사동소학교는 사부학당 중 하나인 동학의 자리인 동부 창선방에 설립됐으며, 남학의 자리에는 주동소학교가 설립됐다. 양현동소학교는 양현동 성균관 학사의 일부에 설립됐다. 또한 이러한 교사 형태는 ㄷ자 형 평면 위에 별동의 한옥으로 이루어졌다.

서울의 사립학교도 사정은 마찬가지였다. 1899년에 설립된 광성학교는 애초에 서서 창동 구 홍엽정紅葉亭에 설립됐다가 학생 수가 증가하자 남문 안 상동에 소재한 서당보徐堂輔 주택을 매입해 학교를 이리로 옮겼다.[69]

한편 지방의 공립소학교도 군현의 합병으로 쓸모없어진 지방관청 건물에 자리 잡았다. 그러나 교실이 한곳으로 정해지지 못해 관아 형편에 따라 이리저리 옮겨 다니곤 했다. 예컨대 1897년에 설립된 전라북도 공립소학교는 처음에 전주성 밖 전주 향교 양사재 터에 교실을

〈그림 29〉 김홍도의 〈서당도〉

〈그림 30〉 1897년에 설립된 전라북도 공립소학교(손경석·이상규·이규헌 해설,
《(사진으로 보는) 근대한국》상, 서문당, 1986, 144쪽)
멀리 풍남문과 곤지산이 보인다.

만들었는데,[70] 다음 해에 전라북도 감영 안의 보선고로 이동했다가 다시 집사청으로 이동했다. 또 대구부 공립소학교는 경북관찰부 안에, 옥구군 공립소학교는 본부 양사재에 교실을 만들었으며, 단천군 공립소학교는 군 관아 건물을 교사로 활용했다.[71] 민립소학교도 사정은 마찬가지여서 관청이나 향교 등의 공공건물을 빌려 설립됐다. 따라서 학생은 여러 곳에 흩어져 있는 교실에 들어가 공부를 해야 했다. 《황성신문》1905년 10월 13일 자는 교실을 만드는 과정을 다음과 같이 보도했다.

> 평안남도 함종군 기독교회에서 학교를 설립하는데 본군 내 현재 빈 장청을 교실로 인허하기 위해 오기선吳基善 등이 학부에 청원했더니 학부에서 본군으로 훈령해 즉시 허급하라 했더라.[72]

향리와 장교가 근무한 장청이 교실 부족으로 전통적 공간의 형태를 지닌 채 교실로 전환됐다.

이러한 과도기적 학교 공간이 수업의 효율성을 떨어뜨렸지만, 전통 공간의 개방성이 유지됐다는 점에서 학교와 지역사회의 연결고리를 마련해 주었다. 한 가운데 홀로 큰 자리를 차지하며 위압감을 풍기는 운동장과 달리 대문과 건물 사이의 안마당은 외부와 연결될 수 있는 여지를 만들어 주었기 때문이다. 그리하여 이화학당, 배재학당처럼 서양인 선교사가 조선 정부의 지원으로 설립한 학교조차 최초의

〈그림 31〉 창설 당시 이화학당 건물(1891년)

건물배치도에는 안마당을 매우 중시해 학교 공간의 중심으로 배치할
정도였다.[73] 따라서 학생은 닫힌 공간에 머무르지 않고 예전처럼 세
상과 늘 소통하며 가정, 학교, 지역사회의 관심과 배려 속에서 성장할
수 있었다.

한편 정부는 이러한 교육환경을 개선하기 위해 비록 중등학교에
국한됐지만 학생들이 새로운 교실환경에서 학습할 수 있게 노력했다.
관립중학교의 경우가 그러했다. 관립중학교는 소학교와 달리 양옥 건
물로 지었으며, 교실이 확보된 가운데 책상, 걸상, 칠판 등의 신식 교
자재가 교실에 배치됐다. 그리하여 교사는 교실 전면에 서서 다수 학
생이 집중하게 해 학생을 하나하나 관찰하면서 수업을 진행했다.

그러나 1900년대 중·후반기에 이르러서도 선교계 신식학교와 일

〈그림 32〉 관립중학교 건물 전경

〈그림 33〉 관립중학교 물리학 수업시간 전경
교실의 구조와 칠판, 책상, 의자가 보인다. 반면에 학생들은 갓을 쓰고 도포를 입고 있다.

부 민립학교의 근대식 건물을 제외하고는 여전히 전통가옥을 개조한 건물이 대부분이었다. 물론 재정능력이나 건축설계, 시공기술, 건축 자재의 생산능력이 미약해 대규모 건물을 짓는 일이 쉽지 않았기 때문이다. 따라서 학생 수의 증가에 맞추어 확장, 증축을 거듭하는 데 그쳤다. 또한 넓은 운동장이 없어 학생이 운동회에 참가하려면 동대문 근처 훈련원에 가야 했다. 즉 이 시기 근대학교는 전통적인 공간에서 크게 벗어나지 못했으며, 일부 선교학교들도 교실을 확보했지만 공간이 기능에 따라 세분되지는 못했다.

그리하여 일제강점기 대표적인 소설가 한설야韓雪野(1901~?)는《탑》이라는 소설에서 갑오개혁 직후 속속 등장하는 관공립학교의 교실을 다음과 같이 묘사했다.

그러나 이름만 학교지 거의 전부가 그 동리 도회청이나 사가의 온돌방과 대청 같은 것을 이용한 것으로 학생도 많게는 20, 30명씩밖에 안 됐다.[74]

한편 교실이 탄생하면서 학생은 서당과 달리, 바닥에 무릎을 꿇거나 앉아서 공부하지 않고 책상 위에 책을 놓고 의자에 앉아 공부할 수 있었다. 또한 학생이 책걸상을 사용하면서 복장도 달라졌다. 전통 한복이 불편했기 때문이다. 책상 앞에서 걸상에 앉아 공부하다 보니 한복이 책상과 걸상 모서리에 걸려 찢어지거나 더러워지는 일이 다반사였다. 이에 학생은 서양식 복장을 입었다.

일부 열정적인 교사는 이러한 신식 교실을 만들기 위해 노력했다. 한성사범학교 출신 김창제 교장은 다음과 같이 회고했다.

내가 사범학교를 졸업한 후 광무 8년(1904)에 경성공립소학교로 부임해 보니 교사도 헐어진 옛 관청이었고 칠판도 없이 서당식 같이 한문만 공부했고 학생은 10여 명 밖에 없었다. 내가 가서 칠판을 달고 산술을 가르치고 지냈는데 일본인 교감을 둔 뒤에 곧 나는 교장이 돼 책상, 의자 기타 학습 도구를 새로 서울에서 실어다가 학교 모양을 만들었다.[75]

신식 교실이 열악한 교육 여건으로 더디게 만들어졌지만, 일부 교사는 이러한 난관을 뚫고 근대식 교실을 만들며 신식 실용교육을 하기에 이른 것이다.

학교생활과 시간관념

학교생활

학생의 학교생활은 학사일정에 맞추어 이루어졌다. 〈소학교령〉에 준해 살펴보면 대체로 다음과 같다.

학기는 여름학기와 겨울학기 2학기제였다. 개교 일자에 따라 다소 차이가 있지만, 대개 학교는 9월 초에 1학기가 시작돼 12월 말에 끝나며, 2학기는 1월 초에 시작해 여름 방학까지였다. 여름 방학은 6월

중하순부터 7월 말까지로 규정됐으나 실제로는 7월 초에 시작되는 경우가 많았다. 날씨가 무더우면 좀 더 일찍 방학하기도 했으며, 전염병이 돌면 개학이 연기되기도 했다. 겨울방학은 12월 하순부터 1월 초까지로 여름방학에 비해 매우 짧은 편이었다. 그러나 설날 명절을 전후해 20일 이상이 휴일이었기 때문에 이 기간이 실질적인 겨울 방학이었다.

휴일은 일요일, 여름방학 및 겨울방학을 합쳐 연중 90일을 넘지 못했으며, 필요에 따라서 학부대신의 허가를 받아 이를 연장할 수 있었다. 기타 국경일 등 휴일은 〈소학교령〉에서 특별히 제시하지 않았는데, 이런 조항이 한성사범학교에 준해 규정됐다고 한다면 처음에는 개국 기원절(음력 7월 16일), 만수성절(대군주 폐하 탄신일, 음력 7월 25일), 서고일誓告日(종묘에 다짐하고 고한 날, 음력 12월 12일) 등 3일을 쉬었을 것이다. 나중에는 홍경절(고종 즉위일, 음력 12월 12일), 계천기원절繼天紀元節(황제 즉위날, 음력 9월 17일), 천수성절(왕태자 탄신일, 음력 2월 8일) 등이 추가됐으며, 음력 명절로 한식과 추석 전날과 당일도 휴무일이었다. 다만 만수성절, 천수성절, 계천기원절 같은 휴무일에는 학생이 모두 등교해 기념식에 참가했다. 사립학교들도 마찬가지여서 만수성절과 천수성절에는 학생들이 오후 1시경 학교에서 모여 간단한 기념식을 거행했다. 이어서 학생은 한성사범학교에 집합해 학교마다 태극기 2개와 학교 이름을 쓴 황색깃발을 들고 머리에는 꽃을 꽂고 일제히 학부로 가서 애국가를 부른 뒤 만세와 천세를 합창했으며, 또한 경운궁 인화문

<표 13> 공립소학교 등하교 시각

기간	등교시간	하교시간
입하(5월 6일)~입추 전날(8월 7일)	오전 8시	오후 6시 30분
춘분(3월 21일)~입하 전날(5월 5일)	오전 9시	오후 5시 30분
입추(8월 8일)~추분 전날(9월 22일)		
입춘(2월 4일)~춘분 전날(3월 20일)	오전 9시 30분	오후 4시 30분
추분(9월 23일)~동지 전날(12월 22일)		
입동(11월 8일)~입춘 전날(2월 3일)	오전 10시	오후 4시

출전 : 《황성신문》 1899년 3월 13일.

앞에 가서 만세와 천세를 불렀다. 학부에서는 만수성절에 한해서 각 학교에 연회비를 지급했다. 관공립소학교는 6원, 사립소학교에는 4원 이었다.

〈표 13〉과 같이 계절별로 등하교 시각을 정한 것은 당시 전기가 보급되지 않아 일몰 후에는 수업을 진행할 수 없었기 때문이다. 물론 계절별로 신체적 리듬도 고려됐다. 그리고 〈표 13〉을 보면 학생들이 학교에서 지내는 시간이 6시간에서 10시간 30분가량으로 법정 수업시간인 5시간보다 훨씬 길다는 것을 알 수 있다. 이는 당시 소학교 학생에게는 점심이 배급되지 않았기 때문에 학생이 점심을 먹으러 집에 다녀오는 시간이 2시간 이상이었기 때문이다.

당시 학교에서 학생의 생활은 어떠했을까. 혹시 소학교 학생은 장난이 심하지 않았을까. 당시 직접적인 자료가 없어 구체적인 사실을 확인할 수 없지만 신문 기사에 보도된 몇 가지 사건으로 추측해 볼 수 있다.

우선 소학교 학생의 경우 학교에서 무척이나 장난이 심했던 것으로 보인다. 나이 어린 학생은 장난이 심해 교사가 이들을 통제하기가 무척 어려워 입학 연령을 아예 15세 이상으로 올린 공립소학교도 있었다. 예를 들어《시사총보》1899년 4월 19일에 따르면 관립 양사동 소학교 학생들은 교사가 장난을 치지 못하게 제지하자 일시에 학교에서 나가버린 일도 발생했다. 이 사건으로 주동자 4~5명은 퇴학을 당하고 나머지 학생은 체벌을 받았으며, 담임교사인 윤태진도 15일 감봉이라는 징계를 받았다. 또 일부 교사는 학생에게 체벌을 가하거나 학부모를 부르기도 했다.《독립신문》1896년 10월 27일 자에서는 교사의 체벌 사건을 다음과 같이 보도했다.

남별궁 뒤 관립소학교에 있는 박 교원이 학교 규칙에 없는 매를 심히 쓰는데 일전에 어린아이 둘을 몹시 매를 때리고 한명순이란 학원을 별로 잘못한 일도 없이 매를 때리려고 하다가 듣지 안 하니까 그 학원의 부친을 불러다가 대단히 준책을 했단 말이 있다더라.[76]

학생들도 이런 억울한 일을 당하거나 학교에 시정 사항을 요구하기 위해 학생회를 조직했다. 학생회는 각 학교별로 구성한 것으로 보이는데, 그 대표를 총대總代라고 불렀다. 학생회는 학생들의 요구를 수렴해 학부에 건의하는 일을 주로 했는데, 집단행동도 서슴치 않았다. 1901년 4월에는 경기관찰부 공립소학교 학생들이 교사 김규원이 가르칠 만한 실력이 없다고 교체를 요청하는 상소를 올렸다.[77] 또 1902년 3월에는 덕원항 공립소학교 학생들이 학부에 고등과 설치를 청원했다.[78] 그리고 1901년 1월에는 관립소학교에서 교장 안영상, 신규태 등이 기말 시험 평가를 자의로 하고 학교 건물을 수리할 때 뇌물을 받았다는 내용의 익명서가 학부에 보내졌는데, 이에 안동, 재동, 매동, 양사동 소학교 학생들은 총대 이름으로 해명 광고를 신문에 게재해 익명서와 무관함을 주장하기도 했다.[79]

또한 학생들은 교사의 권익을 보호하는 데 앞장섰다. 1905년 9월 학생들은 교사들의 봉급 삭감에 항의해 교사들과 함께 학부에 항의 방문을 하고, 이튿날 고등소학교에 모여 집단 사퇴한 교원을 대신해 새로운 교원을 임용하면 수업을 받지 않겠다고 결의하기도 했다.[80] 또 총대들은 국민교육회, 의법회, 상동청년회 등에 파견돼 집단행동을 설명하기도 했다.[81]

이에 일부 교사는 학생들의 학업을 진작하기 위해 자기의 월급에서 일부를 내놓기도 했다. 예컨대 한성부 공립소학교 교사 최종록崔鍾錄은 학생들에게 필요한 석판과 석필, 그리고 서적을 구매해 나눠 주기도 했다. 당시 독립신문은 교사 최종록의 이러한 미담을 널리 보도하면서 참교원의 직분을 극진히 했다고 평가했다.[82]

한편 학생회의 학생들은 다양한 친목 단체와 토론회를 결성해 활동했다. 1898년 10월 서울에 있는 공립학교·사립학교 학생들이 친목회를 결성하고 총대위원을 선발했는데, 별도의 사무실까지 마련됐다.[83] 이 모임은 그해 2월 이미 결성된 광무협회가 확대 개편된 것인데, 광무협회는 경성학당 학생, 사범학교의 즙목회원과 공동소학교의 개연회 회원들이 경성학당에 모여 결성해 일요일마다 문명개화와 교육 문화에 대한 토론회를 개최했다.[84] 이 같은 토론회는 지방에서도 결성돼, 1898년 12월 4일 대구 공립소학교에서 15세 이상의 학생들로 구성된 개진협회는 전 집사청 용일당에 회의실을 마련해 토요일마다 토론회를 개최하기도 했다.[85] 개진협회는 회장을 투표로 뽑고, 개회사에 이어 국기에 대해 만세를 하는 등 신식 회의법을 도입했는데, 이를 대구 지방 유지들이 기특히 여겨 보조금을 대주기도 했다.

또한 학생들은 사회활동 참여에도 적극적이어서 일반 국민보다 두드러졌다. 독립협회와 만민공동회가 한참 활동 중인 1898년에는 사립학교 학생뿐만 아니라 관공립학교 학생도 수업을 전폐하고 민회에 참가했다. 1898년 9월 11일 김홍륙의 독차사건 이후 정부에서 연좌법과 노륙법拏戮法을 부활하려 하자 독립협회에서는 이를 반대하는 투쟁을 전개했는데, 이때 관립소학교 학생은 일어학교, 아어학교, 법어학교 학생과 함께 소청에 참여했다.[86] 만민공동회 집회가 더욱 격렬해진 11월 하순에는 학부 관원이 각 학교를 시찰해 학생의 민회 참가를 저지코자 했으나 각 학교 학생은 모두 민회에 참가해 학교에 학생이 한 명도 남아 있지 않자 시찰을 중단하기도 했다.[87] 매동소학교의 장동남, 수하동소학교의 채병선 두 학생은 민회에 열심히 다니며 연설하는 까닭에 학부에서 퇴학 조치를 당하기도 했다.[88]

시간관념의 주입

신식학교는 근대적 시간관념과 더불어 시작했다.[89] 학교 규칙과 교과서 여기저기에 시간을 강조하는 구절들이 기술됐고 시간을 잘 맞추는 것이 미덕이라고 강조했다. 반대로 시간을 어기면 처벌이 뒤따랐다. 교원도 시간을 지키지 않으면 직무태만으로 견책을 당했다. 교과서《국민소학독본》제25과에서는 다음과 같이 시간 엄수를 강조했다.

사람의 귀천을 물론하고 직업에 종사해 성취를 기망하려 하면 부디 시간을 지킬 것이라. 사람이 세상에 입신을 못하는 자는 그 시간을 지키지 않음이오, 또 제 직업을 범연泛然히 하는 자는 남의 시간을 방해하는 일이 많으니라. 세상에 믿을 바는 다만 만반사에 시간을 견수할 분이니 그런 고로 극심하게 분주한 업무를 담당하는 사람에게는 시간이 곧 금전이라.[90]

시간은 이제 금이었고 생존 그 자체였다. 시간을 지키지 않는 자는 낙오자이고 비도적적인 사람으로 비쳤다. 조선 사회도 시간을 귀하게 생각하는 시대에 접어들었고 교육은 이 같은 변화를 효과적으로 전달하는 데 중요한 역할을 했다. 이제 시간은 모든 생활에 깊숙이 파고들었다.

초창기에는 선교사가 세운 학교에서 시간 엄수를 강조하더니만 이제는 관공립학교에서도 그러했다. 심지어 영어학교의 경우는 등교 시간을 정해 두고 그것을 어길 경우 벌금 10전을 물리기도 했다. 또 사유 없이 결석하는 자에게는 15전을 부과하기도 했다.

영어학교에서 학도의 공부하는 시간을 매일 오전 아홉 시로 정하고 만일 늦게 오는 학도가 있으면 매 명에 벌금 10전씩 물리고 혹 무고히 올 날을 아니 오는 학도가 있으면 매 명에 벌금 15전씩 물리는 고로, 형세 구차한 학도들은 매우 감당키 어렵다고 하나 학교에 규칙이 엄해야 학도들이 마음을 겨울이 아니 먹고 정한 시간 안에 진즉들 다닐 터이니 영어 교사 허치슨 씨의 학교에 규칙을 이렇듯이 엄히 세운 일은 공부에 유익할 터이니 매우 치사할 만하더라.[91]

학교의 이러한 조치는 학습의 효과를 내세워 규칙을 내면화하는 일종의 길들이기였다.《독립신문》인사도 이러한 조치에 적극 찬동했다.

또 신식소학교는 다른 학교와 마찬가지로 수업은 시간 단위로 구분해 운영했다. 시간 단위는 1시간이었으며,

〈그림 34〉재동소학교 개교 당시 타종 역할을 한 태극북
(서울재동초등학교 편,《재동100년사》, 서울재동초등학교, 1996)

이 안에 학교장이 결정하는 휴식시간을 포함했다. 교과과정은 시간표로 구분해 학생에게 제시했다. 따라서 학교에서는 학생에게 시간관념을 주입하기 위해 시간을 가르치고자 했다. 《신정심상소학》에서 〈시時〉라는 단원은 다음과 같이 기술했다.

일주야는 24시가 되니 24시를 1일이라 칭하고 1시간을 60으로 나누거늘 1분이라고 이르며 그 분을 또 60으로 나눈 것을 1초라 하옵니다.[92]

또한 당시 시계는 매우 귀한 사치품이어서 관공서와 상류층만 지닐 수 있는 물건이었음에도 《신정소학독본》에서는 '시계를 보는 법'도 소개했다. 그것도 산술 시간이 아니라 《신정소학독본》에서 배웠다. 시간관념은 모든 국민이 문명 국민이 되기 위해서는 반드시 알아야 할 요소였기 때문이다. 그리하여 시간관념은 학생을 근대적 생활방식으로 이끌었으니 누구나 시간에 맞추어 상학하고 하학해야 했다.

그러나 시간관념의 이러한 주입은 학생의 부적응을 초래하기도 했다. 학생들의 높은 퇴학률은 경제적 곤란과 근대적 시간에 대한 부적응에 따른 결과였다. 상공업에 종사하는 도시 주민과 달리 농촌 주민은 계절적 순환 및 생산 주기의 농경 생활, 즉 '해 뜨면 나가 일하고 해 지면 들어와서 쉬는' 생활에 바탕을 두므로 학교가 요구하는 기계적인 시간관념을 내면화하기가 쉽지 않았기 때문이다.

또한 학교도 시간관념의 내면화를 강하게 밀어붙이지 않았다. 다만 기숙사를 운영하는 학교에서 부분적으로 시간 엄수를 강조했다.[93] 그리하여 기숙생활을 하는 학생은 새벽 5시에 기상한 뒤 오후 7시까지 수업을 받았다. 이를 위해 기숙사는 10개의 세부 규율을 마련했다. 그러나 그 내용은 주로 일상생활에 관한 것이었으며, 이들 규율을 강조한 교장이 바뀌고 난 뒤에는 그리 강하게 제재를 가하지 않았다. 예컨대 계성학교의 경우도 기본적인 16개의 규율만 있었다. '수업료가 없음, 학생은 학교에 출입이 자유로움, 해가 지면 방에서 자습하고 밤 10시에 취침, 등교 8시 점심 12시 오후 4시까지 수업, 심신과 거처는 늘 깨끗하게 함, 술과 노름 금지, 천한 말 금지, 음란한 책을 읽어서는 안 됨'[94] 등이었다.

그러나 이후 일제가 이 땅을 지배하면서 교육현장에서는 조선인을 통제하기 위한 수단으로 시간관념을 더욱 강력하게 주입했다. 시간이 없는 일상생활, 학교생활은 있을 수 없게 됐다.

운동회와 소풍

학생들이 늘 공부만 하지는 않았다. 봄과 가을에 운동회를 개최해 공부를 쉬면서 신체를 단련하고 단체 생활을 통해 협동 정신을 기르곤 했다.

이러한 운동회는 안으로는 명절에 하는 돌싸움, 차전놀이, 씨름, 그네타기 등 전통놀이에서 비롯했으니, 이때 이긴 팀은 일 년 동안 돌림

〈그림 35〉 소학생들이 줄다리기를 하고 있고 어른과 교원이 심판을 본다.
가까이에 태극기가 보이고 멀리에서 남녀노소 지역 주민이 경기를 구경한다.
(그림엽서 〈삼금당三金堂 발행, 한국풍속〉)

병도 없고 풍년이 든다고 믿었다. 바깥으로는 서양에서 시작해 일본을
거쳐 들어온 신식 운동회가 표본이 됐으니 서양의 여러 경기가 펼쳐졌
다.[95] 재래의 세시 풍속과 서양의 운동회가 만나 풍토색 짙은 신식 운
동회가 열렸다. 이는 국민의 신체 단련을 강조하기 위해 마련한 행사
였다.[96] 《신정심상소학》은 운동의 필요성을 다음과 같이 강조했다.

> 학교에서도 이런 일(독서, 셈 - 인용자)을 먼저 가르치나 그러나 몸이 건강치
> 못하면 마음대로 공부를 못할 것이니 사람은 몸을 조심해 음식이라도 삼
> 가고 또 항상 게으르지 아니하게 운동하고 몸을 강하게 함이 긴한 일이올
> 시다.[97]

정부가 신체에 대해 관심이 높아지면서 국가적 차원에서 운동회도 장려됐다. 그래서 운동회가 열릴 때면 정부의 고위 관리가 직접 참관하고 온갖 보조금을 내며 이를 적극 후원했다. 심지어는 황태자가 직접 참관한 뒤 여러 상품을 내려주기도 했다.

1895년 4월 18일 일어학교의 일종인 을미의숙 학생 300여 명이 참가한 운동회가 열렸다.[98] 장소는 훈련원 자리였다. 비록 이날 보슬비가 내려 생각보다 관중이 적었지만 우리나라 최초의 운동회가 열렸다는 점에서 운동회의 효시라 하겠다.[99]

1896년 5월 30일 드디어 관립소학교 학생이 운동회에 참가했다. 《독립신문》1896년 6월 2일 자에서 다음과 같이 보도했다.

오월 삼십일 각 관립소학교 학생이 훈련원에서 운동회를 하는데, 정부 고관과 교사가 다 모이고 운동회를 마치매 학생들이 애국가를 불렀다더라.[100]

비록 대규모 운동회는 아니었지만, 여러 관립소학교 학생이 참가한 가운데 서울 주민과 정부 고관이 참석할 정도로 주목할 만한 운동회였다.

이후 대규모 연합운동회가 개최됐다. 이들 운동회 가운데 1897년 6월 16일에 열린 대규모 운동회는 많은 이의 이목을 끌었다.[101] 이날 4시 30분 영어학교 학생들이 훈련원 안에서 대운동회를 열었는데 각국 공영사와 정부 대신 및 그 외 고관과 외국 신사를 초청했다.

훈련원 주위에는 울타리를 치고 그 울타리 위에는 붉은 기를 많이 꽂아 관람자가 함부로 출장하지 못하게 했다. 또 많은 의자와 탁상을 배치해 다수의 내빈이 앉게 하고 입구와 대청 앞은 태극기, 미국 성조기, 영국 유니언기 등으로 다채롭게 장식했다. 당시 운동회에 참석한 이들은 대한제국 관리와 민인은 물론 서울 소재 공영사관 직원과 부인이었다. 그리고 총을 멘 학생들이 경기자를 조사하고 영국인 교사 윌리엄 허치슨William Duflon Hutchison과 A. B. 터너A. B. Turner가 심판이 되고 핼리팩스가 기록원이 돼 경기를 질서 있게 진행했다. 경기 종목과 성적을 보면 〈표 14〉와 같다. 이날 운동회의 경기 종목이 10종목에 이를 정도로 다채로웠다. 여기에 스포츠의 기초라 할 육상과 관련한 종목이 대거 포함돼 있어 축구 같은 종목의 도입이 쉬워졌다. 이후 운동회가 지속적으로 열리면서 씨름, 줄다리기 같은 전통적인 민속 종목도 포함돼 운동회는 점차 한국 현실에 토착화하기에 이르렀다.

당시 《독립신문》은 1897년 6월 19일 자에서 이렇게 개최된 운동회를 다음과 같이 보도했다.

학교 학원들이 이렇게 훌륭하게 대운동회를 해 세계 인민에게 조선 사람의 진보하고 활발하고 승벽 있는 것을 보이는 것은 나라 사기에 처음 일이라. 첫째는 우리가 조선에 대해 경축하게 생각하고, 둘째는 이 학원들을 위해 다행한 일이요, 셋째는 이 학원들이 이렇게 되게 인도하는 교사들에 대

<표 14> 영어학교 운동회 경기 종목과 성적

종목		1위	2위	3위
300보 경주	청소년	송경선	이호성	윤호
	소년부	김민희	박유창	이제현
660보 경주		송경선	노제목	조갑식
1350보 경주		이유관	서한무	-
300보 경주(내빈)		월니스(英公)	-	-
공던지기		윤호	이병헌	-
대포알 던지기(투포환)		이종설 25척 9촌	이병헌	-
멀리뛰기		곽한성	윤규익	-
높이뛰기		윤태실	박호병	-
세다리 달리기		임민희	윤태길	-
		박한성	조률선	-
당나귀 달리기		이한구	신태관	-

출전 : 《독립신문》 1897년 6월 19일.

해 치하하노라. 청한 손님들과 그 밖에 천여 명 구경한 사람이 해진 후에 돌아가는데 사람마다 영어학교를 칭송하고 아무쪼록 조선에 이러한 학교가 많이 생기기를 축수하며 조선을 사랑하는 유지각한 사람들은 이 학원들이 이렇게 진보해 가는 걸 보고 은근히 감격해 눈물들을 흘리더라. 학원들이 파해 가며 대군주 폐하를 위해 만세를 부르고 학교 선생들과 온 손님들을 위해 갓들을 벗고 천세를 부르더라.[102]

영어학교가 주축이 된 이러한 운동회는 학생을 비롯한 국민의 애국심을 배양하는 동시에 문명개화에 대한 열망을 고양하는 국가적·사회적 행사였다. 나아가 영미권 외교관에게 조선의 근대화정책을 선전함으로써 이들에게서 지원을 받으려는 정치외교적 행위이기도 했다.

물론 운동회는 근대적인 국민을 양성하기 위해 벌이는 행사이기도 했다. 운동회의 이런 의도는 서재필이 1897년 4월 운동회에서 한 연설에서 잘 드러난다.

오늘날 조선 학교 학도들이 여기 모여 대운동회들 할 때 이 마당을 조선 국기로 단장을 했으니 그걸 보거드면 조선 인민도 차차 국기가 무엇인지 알며 국기가 소중한 것을 아는지라 국기란 것은 위로는 임금을 몸 받은 것이요 아래로는 인민을 몸 받은 것이라. 그러한 고로 국기가 곧 나라를 몸 받은 것이니 이렇게 학도들이 모여서 운동회를 할 때에 국기를 모시고 하는 것은 조선 인민이 차차 조선도 남의 나라와 같이 세계에 자주 독립하는 것을 보이자는 뜻이라. 또 학도들이 운동을 해 몸이 충실하고 강건해지는 것이 학교에서 공부해 학문을 많이 배우는 데서 조금치도 못지아니한 일이라 하며 설령 사람이 학문은 있어도 몸이 약해 무슨 일을 할 수 없으면 그 학문이 쓸데없는 것이요. 몸은 강하되 학문이 없으면 그 사람이 또 쓸데가 없는지라. 그러한 고로 사람이 쓸 사람이 되려면 학문도 배우고 몸도 강건해야 할지니 오늘날 이 운동하는 것은 대단히 좋은 일이라 하며 학도들을 권면해 아무쪼록 만사를 생각해 그 일에 까닭을 다 알라고들 하며 일에 이해와 선불선과 길고 짧은 것과 높고 낮은 것을 생각해 자기 소견으로 작정들을 하고 남이 그렇다고 자기 생각 없이 따라한 것은 아니라고 하며 또 제일 조선이 약한 것은 인민이 합지 못한 까닭이니 학도들은 이것을 깨달아 서로 사랑하고 서로 도와주라 하며 교원들도 힘을 더 써 학도들을 가르치고 교원이 교원 노릇 하는 것을 세계에 제일 영광으로들 알라고 하며 학도들더러도 아무쪼록 속히 학문을 배워 후일에 남을 가르칠 사람이 되라고들 권면하더라.[103]

운동회에서 국기를 비롯한 국가 상징물을 배치하고 의례를 거행하는 의식은 이를 단적으로 보여 준다. 그러나 당시 서재필이 언급한 바대로 외세 침략과 내부 분열이 심화하고 자주적인 근대국가 건설이 절박한 상황에서, 운동회를 계기로 국민의 대동단결을 이끌어내어 근대화의 동력으로 삼고자 했다는 점에서 운동회가 계몽운동에서 차지하는 비중이 결코 작지 않다.

운동회의 경비는 이를 주도하는 교장, 교사, 학부모, 학생이 마련했지만, 시간이 갈수록 정부 고관을 비롯해 지역 유지, 상인, 노동자도 분담했다. 때로는 돈 대신에 학용품과 운동 설비를 제공하기도 했으며, 심지어는 기생도 기금을 내 행사에 차질이 없게 했다. 운동회는 특정 학교만의 행사가 아니었다.

1899년 봄에 열린 연합 대운동회는 규모가 더욱 커져 군악대가 동원되고 질서 유지를 위해 순검이 50명이나 동원됐으며, 구경꾼들에게는 문표(입장권) 한 장을 엽전 한 냥에 판매하기도 했다.[104] 상품도 더욱 다양해져서 국기, 풍금, 석판, 빗도 등장했는데 상품 값만 300여 원이 들었다.

또한 운동회는 학생들의 잔치에 그치지 않고 서울이나 전국의 잔치 같은 행사여서 많은 구경꾼이 몰려왔다. 1897년 6월 16일 영어학교 운동회는 학생과 초청자 외에도 구경꾼이 1000명을 넘었다.[105] 1898년 5월 28일 관립 외국어학교 연합대운동회는 전국의 남녀노소 수만 명이 구경했다.[106] 이처럼 운동회는 전 국민이 함께 즐기는 잔치였다. 그 때문에 운동회가 열리는 장소에는 엿장수, 떡장수, 얼음장수 등도 많이 모여들었다. 물론 이처럼 연합운동회의 규모가 커짐에 따라 도둑질과 같은 여러 가지 문제가 또한 생겨나자 운동회 통제권을 두고 학교와 경무청이 이견을 보이기도 했다.

운동회 경기 중에서 체조는 압권이었다.[107] 학생과 교사만 1000명에 이르렀으며, 울타리 안에서 손발 맞춰 체조를 하는 모습은 그야말로 장관이었기 때문이다.[108] 그런데 이러한 체조는 단지 신체를 활용한 스포츠의 한 종목에 그치지 않고 강병의 상징으로 비쳤다. 따라서 일반 민인은 물론 정부도 체조 활동에 관심을 기울였다.

신식학교에서는 개학 후 어느 정도 지난 시점에 도시 근교로 소풍을 다녀왔다.[109] 최초의 행사는 1896년 4월에 배재학당 학생들이 다녀온 소풍이다.

이달 스무 닷샛날 배재학당 교사가 학원들과 더불어 강가에 가서 화류를
하는데 이 화창한 때에 소풍도 잘하려니와 맑은 흥미도 한 냥이 없을지라
우리는 바라건대 학원들이 그 맑은 물에 옛 마음을 씻어 버리고 이 몸에
만물의 새로운 뜻을 본 바다 돌아온 후에 각색 학문을 널리 배워 새 사람
들이 되기를 바라노라.[110]

여기서 묘사한 소풍은 전통적인 화류花柳와 다를 게 없다. 즉 소풍
은 갑갑한 마음을 풀기 위해 바람을 쐬는 일로 옛날부터 있는 선비들
의 도락道樂과 유사했다. 꽃놀이의 일종이었다.

물론 이러한 소풍이 정례화된 계기는 일본을 거쳐 들어온 원족遠足
이다.[111] 그러나 일본의 원족은 군사훈련 성격이 매우 강했다. 일본 학
생은 소풍을 갈 때 모두 나무총을 손에 들고 배낭을 등에 짊어지고 갔
다. 그리고 이들은 목적지에 가는 노정에서 활기차고 늠름하게 군가
를 불러야 했다. 소풍 일행의 행진이 마치 군대 훈련 자체였다. 반면
에 조선의 소풍은 전통 화류와 같이 학업을 중단하고 학교를 잠시 떠
나서 봄의 완연한 기운을 감상하며 호연지기를 기르는 한편 재학생
선후배들이 모처럼 함께 모여서 화기애애한 대화를 나누는 자리였다.
소풍의 이러한 성격은 1895년 5월 영어학교 학생의 소풍에서 잘 드
러난다.

영어학교 교사와 학도들이 이달 이튿날 동소문 밖으로 화류를 갔다니 오

〈그림 36〉 천주교 신도 모임인 나바위 성당 신자들의 소풍(김원모·정성길 엮음, 《(사진으로 본) 백년 전의 한국》, 가톨릭출판사, 1986, 220쪽)
이 시기 소학교 소풍의 모습을 연상케 한다.

래 학교 속에서 공부하다가 좋은 일기에 경쳐 좋은 데 가서 맑은 공기를 마시고 장부에 운동을 하는 것은 진실로 마땅한 일이니 다만 마음과 지각만 배양할게 아니라 조선 사람들이 몸 배양하는 것도 매우 소중한 일이니 몸 배양하는 데는 맑은 공기에 운동하는 게 제일이요 목욕을 자주 해 몸을 정하게 하는 것이 제일이라.[112]

이러한 소풍은 하루에 다녀오는 것이 보통이며, 걸어서 갔다 오는 것이 원칙이므로 가능한 범위에서 목적지를 정했다. 주로 가는 곳은 자연을 쉽게 접할 수 있는 산과 들이었다. 그래서 소풍은 맑은 물에 옛 마음을 씻어 버리고 몸에 만물의 새로운 뜻을 본받아 돌아온 후 학문을 널리 배워 새사람이 되는 계기로 여겨졌다. 그리고 동문 사이에 위안과 친목을 다지는 자리였다.

그리하여 방정환方定煥이 다닌 보성소학교는 300명 학생이 4열로 길게 늘어서서 길을 떠났다. 이들 학생은 걸어서 서대문 감옥 앞 무악재 고개를 넘은 뒤 홍제원 내를 끼고 돌아 세검정과 창의문을 거쳐 효자동으로 돌아왔다.[113] 평택에 자리한 진위소학교도 사정은 마찬가지였다.[114] 봄과 가을로 1~3학년 학생은 만기사로 소풍을 갔으며, 4학년은 오산까지 걸어가서 기차를 타고 병점역에 내려 용주사로, 5학년은 서울로, 6학년은 월미도로 갔다. 당시 교통편은 철도밖에 없어 대부분이 걸어 다녔다.

4

입학과
진급, 졸업,
그리고 시험

학생들은 입학부터 진급, 졸업하는 과정에서 반드시 시험을 치러야 했다. 시험을 통과하지 못하면 다음 단계로 진입할 수 없었다. 먼저 소학교 심상과나 고등과에 입학하기 위해서는 시험을 치러야 했다. 흥화학교의 경우 입학시험이 1898년 음력 11월 10일이었다.[115] 이때 국한문에 전혀 불통하거나 보증인이 없으면 입학이 허가되지 않았다. 다음으로 학생들이 합격해 입학한 뒤에는 월말 시험을 치러야 했다. 성적 우수자를 3등급으로 나누어 상을 주었다. 그리고 학년이 바뀔 때마다 진급 시험을 치러야 했다. 끝으로 심상과 졸업과 고등과 진학, 그리고 중학교에 진학하기 위해서도 졸업·진급 시험이 치러졌다. 당시 신문들은 표준이 된 관립소학교의 시험제도를 다음과 같이 소개했다.

학부 관립소학교에서 지난 달 23일에 심상과 수업한 1년급 2년급 3년급 학도로 학기 시험을 행했는데 시험에 응해 1년급에서 2년급으로 나아가고 2년급에서 3년급으로 나아간 자는 236인이요 3년급에서 졸업한 자는 30인인데 이달 5일에 졸업 증서와 진급 증서를 주고 심상과 3년급에서 졸업한 자는 고등과 1년급에 수업하게 한다니 이는 문명개화의 근본이나 아직 우리나라 교육이 확실하지 못하니 정부 제공들은 교육상에 힘을 더욱 쓰기를 바라노라.[116]

이처럼 학사운영은 오늘날과 같은 학년제가 아니라 승급제로, 매학기 시험을 보아 그 성적에 따라 진급 증서와 졸업 증서를 수여했고 승급과 졸업이 이루어졌다. 따라서 이들 시험의 종류는 다양했으나 기본적으로는 입학과 진급을 위해 시행된 시험으로, 오늘날 학생의 학습을 효과적으로 평가함으로써 학생에게 적절한 피드백을 제공하는 시험과는 달랐다. 그러나 근대개혁기의 이러한 평가 방식은 학교급별 구분이 분화되지 않은 전통적 교육제도에서 벗어나 학습자의 발달 단계에 맞추어 학교급별 구분을 통한 학제의 사다리를 마련하는 행정적 기초였다는 의미가 적지 않다.

한편 평가와 연계해 학습자의 학업 효율을 높이기 위해 상벌을 부과했다. 《독립신문》 1899년 4월 19일 자를 보면 다음과 같다.

충청남도관찰부 공립소학교 교원 윤정규 씨와 교원 이찬 씨는 해 학교 학도들의 교육상에 대단 열심하는 고로 학도들의 학업이 차차 나아가는데 학도 중에 이봉주 이봉을 박홍운 이복동은 더욱 총명해 공부가 우등이라 더라.[117]

반면에 시험 성적이 좋지 않을 때에는 다시 수업을 듣게 하되 불응하면 벌금을 부과하기도 했다. 심지어 홍화학교의 경우 개학을 맞아 시험을 보아서 성적에 따라 반 편성을 했다.[118]

이처럼 경쟁에 의한 철저한 선발과 진급제도, 그리고 엄격한 상벌제도는 과거제도에 의한 인재양성이라는 전통교육의 연장으로 보이며, 당시 교육개혁이 실제 교육방법보다는 교육내용에 초점을 두었음을 보여 준다. 이는 학습자의 처지에서 교육방법의 개혁을 강구하기에 앞서 국가와 사회의 처지에서 부국강병을 위한 신지식 전수에 초점을 두었기 때문이다. 그리하여 시험문제도 국가와 사회의 처지에서 실현해야 할 목표를 염두에 두고 출제됐다. 다음은 학부가 평안도 공립소학교에 내린 시험 문제다.

문제
- 프랑스가 무슨 이유로 대란하며 나폴레옹 제1황은 무엇 때문에 영웅인가.
- 영국은 무엇 때문에 홍성해 세계일등국이 되며 정치 선불선이 아국에 비하면 어떠한지 숨기지 말고 실에 의거해 직서함이 가함.
- 인도국은 무슨 이유로 영국의 속국이 돼 지금까지 자주치 못하는가.

- 보불전쟁普佛戰爭에 프로이센(보국 - 인용자)은 어찌해서 승리했으며 프랑스는 어찌해서 패배했는가.
- 오스트리아 황제 페르디난도는 무슨 이유로 손위하며 지금 그 나라 정형은 어떠한가.
- 이탈리아 국사기 중 나폴리 시칠리왕 페르디난도 2세가 그 민을 포학하다가 각국에게 모욕을 당했으니 그 정형과 시비가 어떠한가.
- 러시아가 정치와 척지함과 얻은바 속지 국민을 어떻게 대하며 그 나라와 깊게 통교함이 어떠한가. 차는 러시아 약사를 숙람하고 조목조목 대답함이 가함.
- 터키는 어떠한 나라인고. 그 정치 선불선을 말함이 가함.
- 미국은 세계 중에 교화와 각 정형이 어떠하다고 할고.
- 신정이 흥한 후 세계가 이전과 비교하면 어떠한가.
- 우리 대한은 어떻게 정치를 해야 세계일등국이 되며 또 구습은 고치지 않아 어떠한 지경에 이르르고. 뚜렷하게 명백하게 저론함이 가함. 끝.

이상 문제는《태서신사》를 잘 읽고 조목조목 대답함이 가함.[19]

세계 여러 나라의 신국가 건설 경험을 학습함으로써 대한제국이 앞으로 어떻게 나아갈지를 학생들에게 질문한 것으로 보인다. 이러한 여러 시험을 무사히 통과한 학생들은 졸업하기에 이르렀다. 1897년 10월 14일 자《독립신문》보도에 따르면 관립소학교 심상과 졸업시험에는 111명, 공립한성부소학교 졸업시험에는 19명으로 시험을 치

<h3 align="center">〈표 15〉 소학교 졸업자 현황</h3>

(단위 : 명)

연도	졸업자 수			비고
	고등과(고등소학교)	심상과(심상소학교)	계	
1897	–	130	130	
1898	14	77	91	
1899	–	30	30	
1900	15	55	70	
1901	15	72	87	관립 72개교
1902	16	81	97	공립 5개교
1903	16	86	102	민립 30개교
1904	17	137	154	
1905	26	171	197	
계	119	839	958	

출전 : 김영우, 《한국초등교육사》, 하우, 1999, 44쪽.

른 이가 총 130명이었다. 이런 숫자는 당시 3학년 정원 195명에 훨씬
미치지 못한다. 매동소학교는 16명을 졸업하게 하고, 3년급 우등은 3
명, 2년급 우등 4명, 1년급 우등은 1명이었다. 그리고 이들 성적 우수
자에게는 상품을 주었다. 〈표 15〉는 1897년에서 1905년 사이에 소학
교를 졸업한 학생 수다.

그러나 평가 방식이 상대평가가 아니라 절대평가여서 학생 사이에
배타적인 경쟁이 일어나지는 않았다. 물론 정부와 학생은 교원을 신

뢰했으며, 교원은 실력과 열의로 강의와 평가에 당당하게 임했다. 그래서 일제 강점기처럼 살벌한 교실 풍경을 도저히 찾아볼 수 없었다.

이들 학생은 졸업 이후 다양한 분야로 진출했다. 1895년에서 1905년 사이에 관립소학교 심상과 졸업자 총 839명 중에서 관직에 진출한 졸업생은 18명 정도로 파악된다. 이들 중 17명은 상급학교에 진학한 뒤 탁지부 주사, 농상공부 기수, 중학교 교관, 법관양성소 교관, 내부주사, 탁지부 건축기사, 외국어학교 부교관 등 행정직·기술직·교직 등 다양한 관직에 진출했다. 그 밖에 졸업생 일부도 상급학교에 진학하거나 유학했을 것이다. 그러나 대다수 졸업자는 상급학교로 진학하지 못하고 곧바로 취업 현장에 뛰어들었다.

학생의 학교생활 중 가장 화려한 마감은 졸업식이었다. 졸업식에는 교사와 학생뿐만 아니라 학부대신 및 고위 관리와 외국 공사, 신문 기자 등도 초청됐으며, 졸업생에게는 졸업장과 함께 금시계, 자명종 등 당시 구하기 힘든 푸짐한 상품이 주어졌다. 졸업식은 ① 개회사 ② 졸업장 및 상품 수여 ③ 주임교사 학교 현황보고 ④ 교장 연설 ⑤ 학부대신 연설 ⑥ 내빈 연설 ⑦ 학생 답사 ⑧ 폐회사 ⑨ 연회의 순서로 진행됐다.[120]

지방 학교 졸업식도 마을 전체의 잔치였다. 경기도 광주군 대왕면 수서동 공립소학교는 설립된 지 6년 만에 제1회 졸업생을 냈는데, 마을 전체가 모여 잔치를 열고 기념사진도 찍었다.[121] 또 경주군 공립소학교 졸업식에서는 교문 앞에 병풍을 세우고 국기와 등으로 장식했으

며, 상품으로 특별 제작한 부채를 마련했는데 부채에 '○○학교 제○회 졸업 기념'이라고 새겼다.[122]

학교마다 졸업식 식사도 조금씩 달랐다. 한성사범학교의 교관은 학교교육의 중요성과 교사의 사명의식을 다음과 같이 역설했다.

이달 14일 한성사범학교 교관 정운경 씨가 학부대신 조병직 씨의 지의를 이어 각 학교 교관과 졸업생들을 모여 연설하되 학교는 국가의 기초라 학업의 나아가는 것은 각기 교육하는 방책에 있나니 우리가 함께 교육하는 직임을 맡아 혈심 주의해 전국 인민으로 하여금 학문상에 이익하게 하되 특별한 방략과 고명한 식견으로 서로 토론해 말로만 숭상하지 말고 실상 행실을 주장함이 가타해 매주 토요일마다 회를 할 차로 회장은 정운경 씨로 투표 선정했는데 각 교원과 졸업생들이 토론 설명한 후에 국가를 위해 경축하고 학부를 대해 칭송했다니 대한국 개명 진보하기는 실로 이에 있는 지라 우리는 깊이 흠탄하노라.[123]

다음 《독립신문》은 1899년 7월 1일 자 보도에서 배재학당 졸업식 광경을 다음과 같이 묘사하면서 교육의 참뜻을 되새기고자 했다.

영 한문 도강을 마친 후에 사범학교 교사 헐버트 씨가 권학하는 뜻으로 여러 학원에게 말씀하되 내가 지금 영문과 한문과 대한 국문의 도강하는 것을 본즉 여러 학원의 부지런히 공부한 것을 가히 짐작할지라. 무한이 치하하거니와 대저 학교를 설립하고 학도를 이같이 가르치는 것이 이른바 교육인데 참 실상으로 힘쓸 것이요. 다만 외양으로 하지 못할 것은 그대들도 다 아는 바이라. 내가 일전에 마침 종로로 지날 새 어떠한 사람 하나가 화초 한 분을 가지고 팔러 다니는 모양인데 멀리 보매 꽃과 잎이 휘황하고 찬란해 참 봄즉한 고로 종로에 있는 아이들이 다투어 사고자 해 그 화초 장사를 불러 가까이 온 후에 자세히 본즉이 가화(가짜 꽃 - 인용자)라. 아이들이 서로 웃고 각기 흩어지는 것을 내가 잠시 보고 생각하기를 우매한 모군을 데려다가 좋은 의복을 입히고 하늘 천 땅 지 검을 현 누루 황과 동몽선습을 밤낮 가르쳐도 다만 입으로 숭내만 내고 그 속뜻을 알지 못하면 무슨 유익함이 있으리오. 마른 나무 가지에 구멍을 뚫고 보기 좋은 꽃과 잎사귀를 박으면 잠시는 비록 보기에 좋으나 오래지 아니해 그 꽃과 잎이 마름과 같도다. 그런즉 불가불 좋은 씨를 가려 좋은 땅에 심어야 거기서 좋은 열매를 맺을 터인데 좋은 씨는 다른 씨가 아니라 여기 모인 여러 학원 민 씨 이 씨 박 씨가 좋은 씨요 좋은 땅은 다른 땅이 아니라 이 배재학당이 좋은 땅인즉 이 좋은 씨가 이 좋은 땅에서 장래에 좋은 열매를 많이 볼 것이니 내가 실로 기뻐하거니와 참나무는 껍질이 우툴우툴해 보기에 험하고 버드나무는 껍질이 반질반질해 보기가 좋으나 만약 참나무 껍질을 버드나무와 같게 좋게 하려고 칼로 암만 깎은들 어찌 버드나무 껍질이 되리오. 나무도 적을 때에 좋지 못한 것은 커도 좋은 나무 될 수가 없고 사람도 어렸을 때에 좋지 못한 아이는 장성해도 좋은 사람 되기가 어려울뿐더러 지혜 있는 자가 만약 교육을 받지 못하고 불미한 일을 행할 것 같으면 어리석은 자의 완패한 것보다 몇 배가 더 난화亂花의 물건이 될 것이니 어찌 삼가 할 곳이 아니리오. 그런즉 오늘날 학교에서 각 항 학문을 힘써 배우는 것은 몇 해 후에 좋은 사업을 하자는 경영이니 여기 있는 모든 학원들은 관동冠童(남자 어른과 남자 아이 – 인용자)을 물론하고 착실히 공부해 일후에 할 바 일을 단단히 예비하기를 간절히 바라노라 함에 내외국 손님들과 수백 명 학원들이 다 손뼉을 치고 재미있게 들었으며 그다음에 부교사 노병선 씨와 학원 한광하 민찬호 송언용 남궁혁제 씨가 교육 종지를 서로 문답하는데 동양 선배의 어떠함과 서양 선배의 어떠한 것이며 교육의 긴요한 목적을 변론하매 말씀이 유리하고 의사가 심원해 가히 우매한 사람의 이목을 열리게 하더라 했으니 우리가 이 친구의 적어 보낸 것을 보고 얼마큼 기뻐한 것이 배재학당은 대한국 중에 처음으로 설시한 학교인데 학도를 교육하는 과정도 주밀하거니와 방학할 때에 이같이 볼 만하게 예식을 행한 것을 더욱 치하하노라.[124]

이에 따르면 육영공원의 교사를 역임했고 한성사범학교의 교사로 근무하고 있는 헐버트가 교육의 필요성을 강조하며 학문 연구에 매진할 것을 당부했음을 확인할 수 있다. 또한 식장에 참가한 인사들은 졸업식장에서 동서양의 교육종지宗旨를 비교하라는 교사의 질문에 졸업생들이 교육종지를 명확하게 답변하며 심원한 뜻을 펼침에 많은 기대를 걸었다. 졸업생의 탄생은 개인의 명예를 넘어서서 국가와 사회의 기대를 안고 성장하는 인재의 첫출발인 셈이다.

그러나 이들 졸업생이 순탄한 길을 걷기에는 일제 침략이라는 역사적 조건이 너무 불리했다. 이제 졸업생들은 문명개화의 사명을 완수하는 동시에 일제로부터 국권을 지켜야 하는 과제가 부여되어 점차 높아지는 현실의 장벽에 다가가야 했다.

일제 통감부의
우민화교육과 한국인 학생의
생활문화

1
일본 교육의
침투와 일본인
교사의 활동

3

일본 교육의 침투와
일본인 교사의
활동

일본 교육의 침투

일본은 러일전쟁에서 승리하자 곧이어 1905년 11월 대한제국의 외교권을 탈취했다. 이른바 을사늑약의 체결이다. 나아가 조약 내용과 달리 대한제국의 내정까지 장악했다. 이어서 일본은 대한제국 강점을 앞두고 통치체제를 확립하는 데 기여할 동화교육의 기반을 닦는 데 목표를 두었다.

이에 일본 고무라 주타로小村壽太郞 외상은 을사늑약에 앞서 1905년 1월 대한제국 교육에 간섭할 학부 고문을 임명케 했고, 이에 일본 전권공사 하야시 곤스케林權助는 중학교 교사인 시데하라 다이라幣原坦를 대한제국 정부가 학부 고문으로 용빙傭聘하게끔 종용했다.¹ 그리하여 시데하라는 대한제국 정부와 체결한 계약서에 따라 2월 1일 학정참여관學政參與官으로 취임했다. 계약서에 따르면 그는 학정참여관이라는 직명에 걸맞게 한국 교육 전반에 대해 거부권을 행사할 수 있었으며, 한국 정부 각의에 출석해 의견을 개진할 수도 있는 권한이 부여됐다.[2] 그리하여 시데하라는 〈한국교육개량안〉을 마련해 대한제국 교육의 기본 방침을 마련했다. 그 기조는 바로 점진적 동화주의였다.

① 일본제국 정부의 대한 정책에 따라 장차 한국이 제국의 보호국으로서 만반의 시설개량을 하는 데 적당한 교육을 시행할 것을 우선으로 한다.
② 한국민으로 하여금 선량하고 평화롭고 아름다운 성품을 함양하도록 할 것을 기대한다.
③ 일본어를 보급한다.
④ 종래 한국의 형식적 국교인 유교를 파괴하지 않으면서 일반인에게 새로운 지식을 개발하게 한다.
⑤ 학제는 번잡하고 형식에 치우친 까다로움을 피하고, 과정은 흔히 가까이 있는 친근한 것으로 한다.[3]

①과 ③에서 잘 드러난 바와 같이 〈한국교육개량안〉은 장차 한국이 일본의 보호국이 될 것을 전제로 자국어를 보급하고자 하는 일본의 의도를 잘 보여 주었다. 이는 당시 일본이 강제 병합 전부터 일본어를 매개로 점령지를 일본화(동화)한다는 구상의 표출이라 하겠다. 그리고

이러한 동화는 한국인이 일본인 통치와 척식 사업에 저항하는 것을 무마하는 데 중점을 두었다. 그리하여 〈한국교육개량안〉에서는 일본어를 보급하는 의도를 다음과 같이 말했다.

장차 한국에서 해야 할 각종 사업은 일본 제국의 관민이 주요한 역할을 해야 하는데 이러한 까닭에 한국인으로 하여금 난폭하고 험악한 폐해에 빠지지 않도록 하고, 또 서로 언어 풍속을 이해해 감정의 충돌을 피하게 하는 일에 힘쓴다.[4]

그러나 시데하라는 이러한 동화정책을 급격하게 실행하는 것에는 신중했다. ④는 이를 단적으로 보여 준다. 즉 그는 전통 교육의 근거가 되는 한국의 유교 도덕이 충군애국과 의용봉공을 핵심으로 삼은 일본의 도덕과 서로 다르다고 파악하고, 유교 도덕은 그대로 인정해야 한다고 주장했다. 이는 1890년 〈교육에 관한 칙어〉와 〈개정 소학교령〉에서 일본 교육의 이념으로 역할을 한 천황제 국가주의 이데올로기를 한국 교육에 그대로 적용할 수 없음을 의미한다. 다만 그들이 힘써야 할 것은 '국민의 상식을 배양할 신지식', 다시 말해 '일본의 개화를 수입'함에 역점을 두었다.

이러한 방침은 동화정책의 포기를 의미하기보다는 점진적인 동화정책을 펼치다가 궁극적으로는 한국인을 일본에 동화되게 해 민족을 말살하겠다는 전제에 닿아 있다. 시데하라도 후일 《朝鮮敎育論》에서 다음과 같이 언급했다.

신영토(조선 - 인용자)에서 일을 하는 데는 눈앞의 공을 서두르지 않고 백년 대계를 수립해서 대세를 제어하는 도량이 필요하다. 이것이 잘 이해돼야 동화를 말할 수 있다.[5]

결국 이러한 언급은 일본의 문화를 급격하게 한국에 이식하기보다는 점진적으로 보급해 한국인을 동화되게 하겠다는 의지를 천명한 셈이다. 이에 통감부도 시데하라의 이러한 주장에 찬성하면서 점진적 동화주의의 기반이라 할 일본어 보급을 본격화했다. 시데하라가 〈한국교육개량안〉에서 제안한 일본어의 보급방법을 살펴보면 다음과 같다.

제1절 개량, 제1기

제1 보통학교의 설립

지금까지 유명무실한 심상소학교, 고등소학교를 근본에서 고치고 이것을 합병해 보통학교로 삼고, 점차 각 부군에 1개교 이상을 설치하며, 보통학교의 수업 연한은 4년으로 하고 서당에서 약간의 학습을 한 자녀부터 입학하게 해 첫 학년부터 일본어를 배우게 한다.

제5 사범학교의 개혁

사범학교는 전국의 소학교 교원을 양성한다. 어느 곳이나 상관없이 학과 중에 교육과가 없어 수업 연습을 전혀 하지 않아 불완전한 것과 같아 졸업생의 성적이 최하위가 되는 것에 비추어서도 알 수 있다. 마땅히 이러한 때에 쇄신을 해 점차 장래의 입학생은 보통학교 졸업생부터 입학시켜 상급에서는 일본어로 수업을 해도 차질이 없도록 해야 한다.[6]

이에 통감부도 보통학교 저학년부터 일본어를 학습하게 하고, 나아가 초등교사 양성기관인 사범학교의 상급 학년에서는 일본어로 교수하게 했다. 시데하라는 이를 위해 일본어 교과서인《일어독본》에 한정하지 않고 지리, 역사, 산술, 이과, 수신 등의 교과서도 일본문으로 편찬하려고 했다.[7] 실제로 시데하라는 1905년 6월 다카하시 도루 高橋亨와 와타세 쓰네요시渡瀬常吉를 학부교과서 편집 촉탁으로 고용했다.[8]

이러한 의도는 외국어로서의 일본어를 학습하는 차원을 넘어서서 일본문 교과서 학습을 통해 일본적 세계관을 주입하는 데 중점을 두었음을 보여 준다. 일본 본국도 각의에서 "교육은 한국 신민을 일본에 감화하는 것을 주안으로 한다"[9]라는 점을 확인해, 한국 통치의 기본 방침으로 일어교육에 의한 동화정책을 결정했다.

한편 시데하라는 실용을 내세워 우민화교육에 중점을 둔 학제를 제안했다. 즉 일본식 신교육을 도입하되, 수업 연한을 단축할뿐더러 학제와 과정을 간단하게 하고 고등교육은 당분간 유보해야 한다는 것이다. 또한 "국민의 감정을 과민하게 해 식민지 주민을 비생산적으로 만들고 불행을 동반하기 쉽다"[10]라는 이유를 내세워 인문교육보다는 기능교육에 치중할 것을 주장했다.

그리하여 이러한 구상은 학제 개편안에 반영됐다. 우선 보통학교 수업 연한을 4년으로 단축했다. 이러한 개편안은 일본 본국은 1907년 4년제 심상소학교를 6년제로 승격할 예정이었다는 점, 기존의 6년제 수업 연한을 단축시켰다는 점, 보통학교가 초등교육이 아닌 완성교육의 의미를 담고 있다는 점에서 우민화교육의 일환이라고 하겠다. 중학교 역시 수업 연한을 3년으로 줄이면서 최종 교육이라는 의미로 '고등학교'로 개명하고자 했다.[11] 결국 이러한 방안은 대한제국 교육에 필요한 경비를 줄이는 동시에 한국인이 고등교육을 받을 수 있는 기회를 봉쇄하고자 했음을 보여 준다.

따라서 시데하라의 이러한 개편안을 뒷받침하는 점진적 동화주의는 홋카이도와 오키나와에서 적용한, 일본 본국에 준해 통치한다는 '내지연장주의內地延長主義'와 달랐다. 또한 이러한 점진적 동화주의가 궁극적으로 완전한 일본화를 목표로 삼는다는 점에서 일본 본국의 헌법을 적용하지 않는 '특별통치주의'와도 달랐다.[12] 그리하여 시데하라는 일본 본국과 다른 학제를 시행해 한국인을 차별하면서도 일본어교육을 강화해 문화적 통합, 즉 동화에 진력했다.

우선 시데하라는 이런 방침을 실행할 일본인 교사를 본국에서 대거 초빙해 한국의 교육을 장악하는 일에 중점을 두었다. 외부대신 이하영과 일본전권공사 하야시 곤스케가 1904년 5월 20일, 석 달 전에 체결한 〈한일의정서〉 제6항에 근거를 두고 협정한 조관 중 제18관에 따르면 "중앙과 지방의 교육을 완비하기 위해 여러 종류의 학교를 설립하고, 그 교사는 다수를 일본인으로 한다"[13]라고 해 일본인 교사의 한국 침투를 수용하게 했다.

이어서 시데하라는 일본인 교원의 채용에 적극 나섰다. 당시 일본 교육잡지 《敎育界》도 시데하라의 이런 방침을 적극 지원하면서 을사늑약 직전인 1905년 7월 한국을 실질적인 보호국으로 만들기 위해 일본인 소학교 교사가 한국으로 도항할 것을 적극 권장했다.[14] 그 결과 1905년 10월 1일 부산 일본인 거류지 소학교장인 구니이 이즈미國井泉가 관립고등소학교에 취임하기에 이르렀다.[15] 시데하라는 이러한 조치에 다음과 같이 의미를 부여했다.

이것(구니이 임명 – 인용자)은 정부에 의해 공공연히 소학교 교육에 일본인을 포함한 단서이며, 그 목적으로 하는 바는 교육의 뿌리를 개선하고, 국민의 상식을 늘리고, 일본어를 보급해 일본 교육사상을 전달함으로써, 머지않아 발표할 국민교육안의 기본으로 하는 데 있다.[16]

시데하라의 이러한 언급은 일본인 교사가 한국인에게 일본어를 가르쳐 한국인을 일본사상으로 무장한 일본인으로 만들겠다는 의지를 보여 준다.

그러나 이러한 방침에 한국인은 즉각 반발했다. 이 가운데 일문 교과서 편찬에 비판이 쏟아졌다.《대한매일신보》1905년 10월 1일 자에

겸재생謙齋生이라고 밝힌 독자의 기고문에서 한국인의 거부감을 추론할 수 있다.

지금 일어와 일문으로 몽학의 최선 교과를 제작했으니 그 주의가 어디에 있는지를 아직 알 수 없다. 한국 아이들에게 일어와 일문으로 최초 선입지학이 되게 하고 자국정신은 전연 소멸케 함인지 그렇다면 한국 전도가 장차 파란(폴란드 – 인용자)과 동일하게 돌아갈지니 생각이 여기에 미치면 비분통석이 어찌 극하지 않으리요.[17]

이 기고문은 시데하라의 일문 교과서 편찬 시도가 러시아가 폴란드를 동화하려 한 수법과 마찬가지로 한국을 병탄해 일본화하려는 의도에서 비롯됐다고 비판했다. 왜냐하면 다른 나라의 언어와 문자는 어학의 한 과목으로 배우는 것이지 일반 학생의 교과로는 할 수 없다고 여겼기 때문이다. 또한 소학생 300여 명도 1905년 9월 30일에 고등소학교에 모여 새로운 교관에게 수업을 받지 않기로 동맹하고 국민교육회, 의법회懿法會와 상동청년회尙洞靑年會에 대표를 보냈다.[18] 이어서 《대한매일신보》는 이듬해인 1906년 3월 29일 자 〈신론교과서新論敎科書〉라는 사설에서 다음과 같이 좀 더 명료하게 시데하라의 책동을 비판했다.

학부 참여관 시데하라 씨가 한국 아동의 초학교과를 일어 일문으로써 하는 사건에 대해 만약 유치한 아동이 자국의 언문을 배우지 못하게 하고 우선 타국의 언문을 배우게 한다면 자국의 사상이 보존되지 않고 자국의 정신이 전부 녹아 그 국가와 그 민족이 반드시 영원히 멸망할 따름이니 … 지금 한국 학부에 이른바 대신이니 협판이니 국장이니 참서니 하는 허다한 관인이 모두 일개 시데하라 씨 지도 아래 굴복해 감히 항론하지 못하니 이는 한국의 끝없는 참화가 실로 학부에서 비롯되니 지극히 원통하며 …[19]

《황성신문》도 1906년 4월 5일과 6일 사설에서 자국의 정신을 배양하기 위해서는 국문 교과서를 편찬해야 한다고 강력하게 주장하면서 일문 교과서 편찬 시도를 비판했다. 나아가 한국인 청년에게 간편한 국문과 통상의 국풍으로 가르치지 않고 난해한 음의音義로 훈도하면 그 정신이 마치 구름 속에 갇히고 방향을 잃어버릴 것이라고 경고했다. 대신에 우리나라의 정신을 사람들에게 관주灌注하는 데 우리나라의 역사와 지지·윤리·덕의를 반드시 배양할 것을 강조했다.

한편 일본에 유학한 학생들의 조직인 재일본동경대학공수회在日本東京大學共修會의《공수학보共修學報》2호에서 구자학具滋鶴은 〈논아국소학교교교사서論我國小學校敎科書(우리나라 소학교 교과서를 논한다)〉에서 편찬의 미비점을 다음과 지적했다.

① 외국인에 편찬을 의뢰함은 부당한 처사다.

② 자국이 저술한 것을 사용해야 애국심을 고취할 수 있다.

③ 외국(특히 일본)이 자국보다 우세함을 말하는 것은 자국 정신을 감축하는 처사다.

④ 일어학습에 치중토록 함은 노예근성을 키우는 것밖에 되지 않는다.[20]

이후에도 한국인들의 반발은 더욱 커졌다. 《대한매일신보》는 일본도 소학교에 외국어과가 없음을 예로 들면서 국내 소학교에서 이루어지는 외국어로서의 일본어 학습도 전 과목을 일본어 한 가지로만 쓰는 것과 별 차이가 없다고 비판했다.[21] 나아가 이러한 교과서 편집이 한국 어린이의 뇌수에 이른바 일본 혼을 주사하려는 의도라고 지적하면서 일본 교과서를 사용하는 교육이 한국에서 이루어지면 바로 일본이 한국을 얻는 것이라고 경고했다.[22]

한편 통감 이토 히로부미伊藤博文도 시데하라의 교육 방침에 불만을 품었다. 1906년 6월 겉으로 교과서 편찬이 부진함을 이유로 시데하라를 해임했지만, 실제로는 시데하라의 보통학교 증설 방침이 당시 재정 실정과도 맞지 않다는 점을 들어 관료로서의 무능력을 문제 삼은 것이다.[23] 또한 교과서 편찬 과정에서 제기된 한국인의 반발을 무마하려는 의도도 담겨 있었다.

그럼에도 시데하라가 구상한, 일본인을 소학교에 배치하는 계획은 착착 진행됐다. 첫 조치로 한성사범학교 임시 교원양성과가 개설됐다. 여기에서는 통역교원양성과 병행해 일본인 교원을 추가로 초빙했다. 《황성신문》 1906년 7월 14일 자에 따르면 한성 내 관립소학교마다 일본인 교사 한 사람씩 배치하기 위해 1906년 7월 현재 일본인 10명을 초빙해 그중 4명은 이미 왔고 6명은 앞으로 올 예정이었다. 이토가 시데하라를 해임했음에도 통감부는 시데하라가 제시한 기본 방침을 그대로 준수한 셈이다.

이어서 1906년 6월 제2대 학정참여관으로 취임한 미쓰치 주조三土忠造도 시데하라의 안을 기초로 해 대한교육방침을 마련했다. 물론 미쓰치의 방침은 이토와 기타 인사의 의견을 반영해 수정했다. 그러나 그 골격은 시데하라와 거의 동일했다.[24]

우선 일본의 학제 1단계 심상 4년, 2단계 고등 4년을 따르지 않고 1단계 4년으로 단축하며 이 학교를 '보통학교'라고 칭했다. 그 이유는 〈보통학교령〉 제1조에 잘 드러난다. 즉 1895년 조선 정부가 제정한 〈소학교령〉은 "아동 신체의 발달에 따라 국민교육의 기초와 그 생활에 필요한 보통지식과 기능을 가르치는 것을 근본 취지"[25]로 삼는다고 한 반면, 〈보통학교령〉은 "학생의 신체 발달에 유의하며 도덕교육 및 국민교육을 실시하고 일상생활에 필요한 보통지식과 기예를 배우는 것"[26]이라고 해 갑오개혁기 〈소학교령〉과 차별화됐다. 반면에 재한국 일본인 학생을 대상으로 하는 〈소학교규칙〉(1909)에 따르면 "소학교는 아동의 신체 발달에 유의해 도덕교육 및 국민교육의 기초와 아울러 생활에 필요한 보통지식과 기능을 배우는 것"[27]이라 했다. 즉 한국인 보통교육은 국민교육 자체이지만, 일본인 소학교교육은 국민교육의 기초를 배운 다음 상급학교에서 국민교육을 본격적으로 배운

다는 의미를 담았다.[28]

다음으로 시데하라의 중학교 안도 그대로 받아들여 6년 중학교를 4년 연한의 고등학교로 축소하되, 시데하라의 안과 달리 대학교육을 대신해 전문교육을 실시하기로 했다. 그 결과 1906년 신학제 발족으로 개설된 중등 보통교육기관은 한성고등학교 단 하나였다. 이후에도 한성고등여학교(1908)와 평양고등학교(1909)가 설립됐을 뿐이다.[29] 게다가 '고등학교'라는 명칭은 "중등 교육기관을 더 위의 상급학교에 진학하는 예비단계로 생각하는 나쁜 습관에 빠지지 않게, 실제로 최종 단계의 교육기관으로 한다"라는 의도가 들어 있어 대한제국기 '중학교' 명칭에 들어간 의미와 달랐다.[30]

끝으로 실업교육도 시데하라의 안을 이어받아 경성에 상공학교, 수원 등에 농림학교를 설치하기로 했다.

그리하여 통감부는 1906년 8월 27일 〈소학교령〉을 개정해 〈보통학교령〉을 제정 공포했다. 그 결과 5~6학년(심상과 3년, 고등과 2~3년)제의 소학교는 4년제의 보통학교로 개편됐다. 1906년부터 1911년 〈조선교육령〉 공포 이전까지 통감부가 마련한 학제는 〈그림 37〉과 같다.

다만 통감부는 1906년 8월 27일에 공포한 〈보통학교령시행규칙〉에서 일본어의 교수 요지를 '실용에 도움이 되기 위함'이라고 해, 쉽고 간결한 회화를 시작으로 읽기·쓰기·작문 등 실용적인 것을 위주로 정확한 일본어를 가르칠 것을 다음과 같이 규정했다.

일어 : 쉬운 회화와 간단한 문법을 이해함과 더불어 작문을 시키고 실용적으로 하는 것을 필요로 하는 쉬운 회화에서 시작해 간단한 구어문의 읽기와 쓰기를 합쳐서 가르칠 것. 실용을 주로 해 학도의 지식 정도에 따라 일상에서 반드시 알아야 할 사항을 선택해 가르침과 함께 발음에 주의하게 해 정확한 일어를 익히는 데에 힘쓸 것.[31]

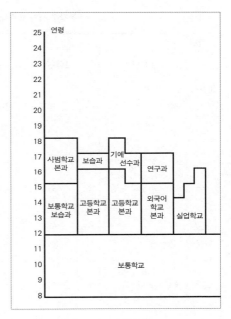

〈그림 37〉 1906~1911년 학제도

이처럼 쉽고 일상적인 일본어 습득을 강조해 일본어가 문화 동화의 수단이 아니라 외국어 습득에 중점을 둔다고 언명함으로써 일본어 보급에 대한 한국인의 우려와 반발을 누그러뜨리고자 했다. 특히 《일어독본》을 제외한 여타 교과서는 한국어로 표기해 편찬될 예정이었기 때문에 한국인의 우려는 더 확대되지 않았다.

학제 개편에서 볼 수 있듯이 일제가 가장 큰 관심을 기울인 교육 부문은 중등교육이 아닌 초등교육이었다. 이러한 초등교육은 중등교육

<표 16〉 통감부 시기 보통학교 교육과정

교과목 \ 학년	1학년		2학년		3학년		4학년	
	시수	정도	시수	정도	시수	정도	시수	정도
수신	1	인도실천의 방법	1	좌동	1	좌동	1	좌동
국어	6	일상수지須知의 문자 및 보통문의 독법, 서법, 작법	6	좌동	6	좌동	6	좌동
한문	4	근이近易한 한자	4	좌동	4	좌동	4	좌동
일어	6	회화, 구어문의 독법, 서법, 작법	6	좌동	6	좌동	6	좌동
산술	6	계법計法, 서법書法, 통상通常 가감, 승제	6	통상 가감, 승제	6	통상 가감승제, 소수의 독법 서법, 가감승제와 분수 도량형 화폐 시時의 계산	6	좌동
지리 역사		본국역사 본국 지리의 대요		좌동		본국역사, 본국지리 및 외국지리의 대요		좌동
이과					2	좌동	2	간단한 물리, 화학의 현상과 인신생리 위생의 대요
도화	2	간단한 제반형체	2	좌동	2	좌동	2	
체조	3	유희, 보통체조	3	좌동	3	좌동	3	

교과				
수예	운침법, 편직, 자수	통상 의복의 봉법縫法, 재법裁法, 선법繕法	좌동	
창가	단음창가	좌동	좌동	
수공	간단한 세공	좌동	좌동	
농업			농업의 대요	
상업			상업의 대요	
계	28	28	30	30

출전 : 《관보》 1906년 9월 4일, 〈학부령 제23호 보통학교령시행규칙〉.

을 염두에 두지 않은 완성교육이었다. 그리고 '선량하고 평화로운 미성'을 지니고 '수신제가'에 자족하는 국민으로 키우는 데 목표를 두었다. '치국평천하'처럼 주체적인 정치 참여와 확고한 자주 독립을 내세우며 민족운동에 적극 나서는 한국인은 일제에 요주의 인물이었다. 이러한 방침을 기준으로 마련된 교육과정은 〈표 16〉과 같이 〈보통학교령시행규칙〉으로 구체화됐다. 3장 9조에 제시된 각 교과별 교육목표와 주된 교육내용을 요약하면 〈표 17〉과 같은데, 이는 크게 도덕교육, 일본어 보급, 실업교육에 중점을 두었다. 우선 수신은 물론이고 국어·한문도 덕성의 함양과 품성의 도야를 목표로 삼았다. 또 일어는 외국어 교과이지만 국어(조선어) 시간과 동일하게 6시간을 배정했다. 더욱이 국어의 경우 독서·작문·습자 등을 통합해 주당 6시간으로 축소한 데 반해 일어는 새로이 주당 6시간이 배정됐다. 외적으로는 실

〈표 17〉 교과목 취지와 내용

교과	취지와 내용	비고
수신	학생의 덕성을 기르고 도덕의 실천을 지도하는 것을 핵심으로 한다. 실천하기에 적합하고 일상생활에 가깝고 쉬운 상황을 가르치며, 나라와 사회에 대한 책무를 알게 하고 여자에게는 정숙함을 가르친다.	
국어	덕성을 함양하고 일상생활에서 알아야 할 언어 및 보통문장을 읽는 법, 쓰는 법, 작문하는 법으로써 정확하게 사상을 말할 수 있는 능력을 기르고 아울러 지덕을 계발하게 한다.	
한문	품성을 도야하게 하며, 쉬운 문장을 가르치고 문구의 뜻을 밝히며 국어와 접맥하는 데 힘쓰고 국문으로 번역하게 한다.	
일어	쉬운 회화와 간단한 문법을 이해하게 하며 또 작문케 해 실용의 바탕을 요한다. 국어와 관련을 맺는 데 힘써 수시로 국문으로 번역케 한다.	
산술	일상적인 계산을 습득하게 해 생활에 필요한 지식을 주며, 정확하게 생각하게 하는 것을 핵심으로 삼는다. 처음에는 간단한 수의 계산법을 가르치고 더 나아가서는 보통 가감승제와 소수와 간단한 분수, 비례 계산을 가르친다. 지역적 특성에 따라 주산을 사용할 수 있다.	
지리	지구의 표면과 인류 생활의 상태에 관한 지식을 습득하게 하고 우리나라의 지세·기후·구획·도시·산물·교통을 이해하게 해 점차 이웃나라의 지리와 세계의 도시·산물·인정·풍속 등의 개략을 알게 해야 한다.	특별한 시간을 정하지 않고《국어독본》과《일어독본》에 등장하는 소재로 바로 교수한다.
역사	사적의 대요를 가르쳐 국민의 발달과 문화의 유래와 이웃나라와 맺은 관계를 알게 한다.	
이과	자연과 자연현상에 관한 일반적인 지식을 얻게 하고 서로의 관계와 인생에 대한 관계의 대강을 알게 하며 관찰을 정밀히 해 자연을 사랑하고 공동생존정신을 기르는 것을 핵심으로 한다. 이과는 지역 특성에 따라 농업·수산·공업·가사 등의 적절한 사항을 가르치고, 특히 식물·동물·광물 등을 가르칠 때는 그것으로 만든 중요한 가공품의 제조법과 효용의 개략을 알게 해야 한다.	

도화	형체를 파악해 바르게 그리는 능력을 얻게 하고, 미적인 감각을 기르게 하는 것을 핵심으로 삼는다. 교과서에서 가르친 물체와 항상 보는 물체를 그리게 하고 청결을 좋아하게 하고 면밀히 관찰하는 습관을 기르는 데 주의해야 한다.	
체조	유희, 일반 체조를 통해 신체의 건강을 보호하게 하고 밝은 정신으로 규율을 지키고 협동하는 습관을 기르는 것을 핵심으로 한다. 처음에는 적당한 놀이에서 시작해 점차 공동놀이를 하게 하며 항상 올바른 자세를 유지하게 한다.	
수예	편물·자수·바느질·재봉을 배워 절약과 근로정신을 배우게 한다. 간단한 것에서 점차 복잡한 것까지 가르치며, 재료는 일상생활에서 사용하는 것으로 하며, 용구의 사용법과 재료의 종류와 성질 및 의류 보존법, 세탁법 등을 가르치고 보여준다.	수시(여학생)
창가	쉬운 가곡을 부를 수 있게 하고 미적 감각을 키워 덕성이 함양되게 함을 핵심으로 삼는다. 단음 창가를 가르치고, 가사·악보는 쉬운 것으로 학생들의 마음을 쾌활하고 순수하게 할 것을 필요로 한다.	수시
수공	간단한 물건제작 능력을 얻게 하고 사고를 정확히 하게 하며 근로 습관을 기르는 것이 핵심이다. 그 지역에 적절한 재료를 써서 간단한 세공을 가르쳐야 한다.	수시
농업	농업과 수산에 관한 지식을 배우며 농업의 즐거움을 통해 근면함을 배운다. 농업은 토양·수리·비료·농기구·농작물·양잠·목축·원예 등을 지역 상황에 맞게 이해하게 하고 개량할 사항을 가르친다. 농업을 가르치는 데는 특히 지리·이과 수업과 관련되게 해 지식을 확실히 하게 힘써야 한다.	수시
상업	상업에 관한 지식을 습득하게 하고, 근면·민첩하며, 신용을 중시하는 습관을 기르는 것이 핵심이다. 금융·운수·보험, 기타 상업에 관한 사항 중에 학생이 알기 쉬운 것을 뽑아 국어·산술·지리·이과 수업과 연관해 가르치고, 또 간단한 상업부기를 가르쳐야 한다.	수시

출전 : 《관보》 1906년 9월 4일, 〈학부령 제23호 보통학교령시행규칙〉 제9조 4.

용을 내세워 일어 교과를 배정했지만, 시데하라의 취지와 마찬가지로 일찍이 초등교육에서 일본어를 동화교육의 수단으로 활용하고자 했음을 보여 준다. 그리고 산술·이과·수예·농업·상업은 실용을 중시하며 근로정신을 강조했다.

　여기서 주목할 점은 지리와 역사가 설정됐지만 시수가 배정되지 않았다는 것이다. 이러한 조치는 대한제국기 소학교 교육과정과 달리 지리와 역사를 독자적으로 교수하지 않고자 했음을 의미한다. 물론 일본은 당시 세계 여러 나라에서 가능한 한 교과목 수를 축소하고 있을뿐더러 보통학교의 수업 연한이 4년으로 단축돼 지리와 역사를 배울 수가 없다고 주장했다.[32] 그러나 사실은 이들 교과목의 내용이 애국 독립사상을 고취할 가능성이 가장 높았으므로 국어나 일본어 교과에 통합해 민족의식을 억제하고자 했음을 알 수 있다. 나아가 고등보통학교에서는 지리와 역사가 배정됐지만 주당 시수가 일본어 과목의 절반밖에 되지 않았다. 그나마 한국역사와 한국지리는 1학년에서만 취급되고 2학년부터는 일본역사와 일본지리, 세계지리만 취급됐다. 그리고 고등보통학교에도 실업과목을 넣게 하고 거기에 적지 않은 시간을 배당했다.[33] 또한 역사과목의 취지에서 제시했듯이 1895년 〈소학교교칙대강〉과 달리 '국체의 대요'를 빼고 대신에 '사적의 대요'를 넣은 것은 역사교육의 목표를 국민의식의 형성이 아니라 단지 과거 사실만을 간단하게 가르치는 데 중점을 두겠다는 의미다. 또한 일본의 역사교육목표와 달리 이웃과 맺는 관계를 강조했는데, 이는 일본사를 적극 가르치겠다는 의도를 반영했다. 통감부의 이러한 역사교육 시책은 한국의 주체성과 자립성을 한국인 학생에게 가르치지 않겠다는 의지의 표출이다.

통감부는 이처럼 교육과정을 마련한 뒤 곧바로 교과서 편찬 작업에 돌입했다. 이때 교과서는 일본어 교과서를 제외하고는 국한문 혼용체였다. 이는 시데하라가 일본어로 교과서를 편찬하려 한 시도가 좌절됐음을 의미한다. 그러나 형식은 국한문 혼용체였지만 내용은 일본의 의도가 반영됐다. 당시 다나카 겐코田中玄黃를 비롯한 8명의 일본인이 교과서 편집을 위해 학부 편집국에 배치됐는데, 역사와 지리의 내용을 다수 수록한 《보통학교 학도용 국어독본》(1907년 2월 1일 발행, 이하《국어독본》)은 일본의 교과서 편찬 의도를 단적으로 드러냈다.[34]

우선《국어독본》에 나오는 역사와 지리를 단편으로 가르치면서 일본의 식민사관을 주입하는 수단으로 활용했다. 단적으로 임나일본부설을 보통학교 교과서《국어독본》에 다음과 같이 수록했다.

일본사기에 이르기를, 옛날 변한의 땅에 가야라 칭하는 작은 나라가 있었다. 삼국이 나란히 일어난 후 얼마 안 가서 가야왕이 사자를 일본에 보내어 지방의 관리가 되기를 청했다. 일본이 그 요청한 바에 따라 진장鎭將의 우두머리 직함을 보내고 가야에 살게 하며 또 국명을 임나라 개칭했다고 이른다.

그 후에 임나는 여러 차례 신라의 침략을 당해 일본에 구원을 청했다. 일본의 신공황후가 대군을 이끌고 와서 신라와 서로 싸웠다. 신라왕이 제대로 맞서 겨루지 못하고 화약을 체결했다.[35]

또한 동해 또는 한국해를 일본해로 표기해 가르쳤다. 예컨대《국어
독본》에서 함경도, 강원도를 소개하면서 바다를 동해가 아닌 일본해
로 표기해 학생들이 무의식적으로 동해를 일본해로 인식하게 했다.[36]

또한 통감부는 그들의 통치행위를 정당화하기 위해 교과서에 통감
부의 역할을 긍정적으로 기술하고 일본의 보호국 통치를 문명화론에
근거를 두고 서술했다.

일러전쟁 후에 일본이 우리나라와 협의해 경성에 통감이라 부르는 큰 관
청을 설치했다. 통감은 한국 정치를 개선하고 교육을 보급하고 농업, 상업,
공업을 발달하게 해서 한국 사람의 행복을 꾀했다. … 통감부는 설치된 후
로 날은 비록 짧았으나 한국의 정치, 교육, 농공상공업은 점가 개선돼 나아
지는 데로 향했다. 이 형세로 수십 년이 지나면 한국은 완전히 모습을 새
롭게 할 것이다.[37]

나아가 통감부의 통치행위를 뒷받침하는 일본인 순사를 미화해 한
국인 학생이 일본의 통치에 긍정적으로 인식하게 유도했다.

또 순사도 매우 근면 성실한 사람이어서 항상 읍내를 순행해 도적과 화재
가 없도록 각별히 주의를 기울인다. 그리하여 이번 순사가 우리 고을에 온
후 화재와 도둑 걱정 같은 소문은 듣지 못했다.[38]

그러나 통감부의 교과서 편찬에 따른 한국인의 반발이 컸다. 한국인 식자층은 일본의 이러한 획책을 다음과 같이 우려했다.

〈그림 38〉《국어독본 권6》

독립자존하는 기상을 잠자게 해 마침내 국민에게 국민적 정신을 감멸하고 그 대신에 일본에 복종하는 일본적 정신을 배양하는 것이다. 우리나라의 각 소학교에서 일어와 일어독본을 교수케 함은 우리나라 아동들을 일본 정신으로 기화케 함이로다. 결국 이렇게 되니 학교는 노예제조장에 지나지 않고 학도는 일본의 노예에 지나지 않는다.[39]

또한 우리나라의 언어와 문제·풍토·물정을 알지 못하는 일본인이 교과서를 편찬하거나 검정 업무를 담당해서는 안 된다고 주장했다.[40]

게다가 관립학교 교장단이 지지와 역사를 첨입하고 보통학교 1학년과 유치원 학생에게 가르치는 일어를 폐지할 것을 건의했지만, 통감부 미쓰치 주조는 이를 거부했다.[41] 이에 통감부가 교과서 편찬을 밀어붙여 1906년 11월경에는 가인쇄본이지만《국어독본》을 4권까지 발행했고, 그 후 각종 교과서를 발간해 학교에서 사용하게 했다.[42] 또

도쿄의 오쿠라 쇼텐大倉書店에서 인쇄된 일본어 교과서도 1907년 4월 부터 사용할 수 있었다. 수신·산술·이과 등은 일본의 각 소학교 교과서를 조선어로 번역한 교과서였다.

이 가운데 수신 교과서는 일본 문부성 편찬 교과서처럼 충군애국과 같은 애국적인 내용을 담기보다는 한국인의 단점을 부풀려 위생관념이라든가 개인의 덕목을 강조하는 내용으로 일관했다.[43] 예컨대 권2 제12과 〈청결〉에서는 다음과 같이 서술했다.

… 우리나라 사람은 의복은 자주 세탁하는데, 목욕을 적게 한다. 신체와 의복뿐만 아니라 집안, 정원, 도로 등도 청결하게 함이 옳다. 도로에 대소변을 누며 집 밖으로 대소변을 흘려 보내어 악취가 코를 찌르게 하는 것은 문명국에서는 결코 없는 일이다.[44]

〈그림 39〉와 같이 삽화에서도 교사와 의사는 양장을 입고 말끔했으며 일본식 콧수염을 기른 모습이지만, 한국인은 교사 앞에서 울고 있거나 의사 앞에서 치료를 받는 장면으로 그려졌다.[45]

〈그림 39〉 〈제6 쟁투하지 말나〉, 《보통학교 학도용 수신서 권1》

반면에 인물 서술에서는 서희의 아버지 서필徐弼, 이응선李應善, 장구용張九容을 제외한 나머지 인물은 워싱턴, 프랭클린, 나이팅게일, 뒤낭, 공자, 자공, 증자, 사마온공, 존덕尊德(일본인) 등 서구, 중국, 일본의 인물을 집중 다루었다. 심지어 현채가《유년필독幼年必讀》에서 다룬 이순신이《보통학교 학도용 수신서》에서는 누락됐다. 그것은 한국인 학생이 충군애국에 관심을 가지고 일본에 저항할 것을 우려했기 때문이다.[46]

한편 통감부는 시데하라의 보통학교 증설 안을 거부했음에도 한국인의 민심을 무마하기 위해 임시 학사 확장사업을 내세워 보통학교를 증설하기 시작했다. 그리하여 1906년에는 관립 9개, 공립 13개, 1907년에는 공립 28개, 1908년에는 공립 9개의 건물을 신축하거나 수리했다.[47]

일본인 교사의 활동과 학교 공간

1906년 후반에 들어서자 교과서 편찬 작업은 궤도에 올라섰고, 보통학교가 증설되자 시데하라의 방침대로 일본인 교원이 점차 초빙됐다. 1906년 7월 한성 내 관립소학교마다 일본인 교사를 한 명씩 배치할 계획이라는 소문이 나돌았다.[48] 그리하여 9월에는 일본인 교사 30명이 고빙됐다.[49] 당시 신청자가 쇄도해 수백 명에 달할 정도로 일본인 교원에게 큰 관심을 불러일으켰다.[50] 이때 한국인의 반발을 무마하면서 동화교육의 선도로 삼기 위해 교원 임명 요건을 엄격하게 했다. 소학교장 또는 군 시학관 등으로 교무를 담당해 본 유경험자를 선호했다. 그리하여 이들 일본인 교원은 관립보통학교나 한성공립보통학교의 교장이나 훈도로 임명돼 한국인 교원의 통역을 통해 일본어, 이과, 산술 등을 가르쳤다.[51]

이어서 1906년 12월에 1907년도 보통학교 증설계획이 정식으로 결정되자, 여기에 맞추어 관립한성사범학교에 통역 양성을 위한 2차 임시 교원양성과가 개설됐다. 모집 인원 50명, 기간은 1차와 마찬가지로 3개월이었다.[52] 당시 선발된 학생도 1차와 마찬가지로 사범학교 입학 전에 일어를 수학했으며, 일본인 통역 교원으로 양성할 목적이었다. 그리하여 임시 양성과 학생의 졸업에 맞추어 1907년 4월 1일에 공립보통학교 28개를 설치하고, 4월 24일 2차 임시 양성과 졸업생 중 26명을 관공립보통학교 부교원으로 임명했다.[53] 이때 일본인 교장·훈도·시학 28명도 공립보통학교 교원으로 임명됐다. 지방의 공립학교도 장악하겠다는 통감부의 속셈이 잘 드러난 셈이다. 1907년 4월 이토는 일본인 교원에게 미개한 한국을 보통교육을 통해 문명국으로 이끌어야 한다는 의무감을 심어주면서도 절대로 정치에 관여해 분란을 일으키지 말 것을 당부했다.[54] 이러한 당부는 일본인 교원을 관리하는 학부 촉탁 다와라 마고이치俵孫一도 마찬가지로 했는데, 특히 한국인 보통학교 교장 및 교원이 신교육 경험이 결핍됐다는 평계를 대며 일본인 교원이 중추에서 교장을 보좌할 것을 요구했다.[55] 이는 일본인 교원이 학교교육을 주도해야 함을 강조한 것이다.

그러나 통감부의 이러한 노력은 헛수고였다. 관립중학교 일본인 교사는 공자의 수레에 접근해 경고한 은자를 두고 미치광이가 아니라고 반박한 학생 강용흘姜鏞訖을 보고 자기 칼에 손을 대었다.[56] 특히 일본인 교사의 역사 수업은 한국인 학생에게 오히려 반감을 살 뿐만 아니라 그들에게 망신만 안겼다. 강용흘은 그때의 광경을 다음과 같이 묘사했다.

그(일본인 교원-인용자)는 말하기를, 자기네 조상은 두 개의 핏줄을 가지고 있어서, 일본의 첫 번째 천황 진무는 한국의 첫 번째 임금인 단군왕검의 사촌이라는 것이었다. 그는 또 진무의 자손은 단군의 자손이 야만인이었을 때 이미 개화됐으므로, 일본이 한국을 개화하기 위해 합방한 것은 잘한 일이라는 식으로 말했다.

나는 이 이야기를 그냥 들어 넘길 수가 없었다. 나는 더 잘 알고 있었다. 나는 손을 들었다.

"진무의 기원은 기원전 660년에 시작되지 않습니까?"

그는 이렇게 대답했다. "그렇다"

나는 말했다. "단군의 기원은 기원전 2333년에 시작되지 않습니까?"

그는 우물쭈물하며 눈을 치떴다. 그는 학생들을 정면으로 보지 않고 안경의 반사를 통해서 바라보곤 했다.

나는 말했다. "거의 2000년이나 되는 차이를 어떻게 생각하십니까?"[57]

1907년 7월 24일 3차 한일협약이 체결되면서 일본인이 한국의 관리가 될 수 있는 길이 열리자, 학부에는 8월 9일 다와라가 차관에 취임해 교육행정에서 사실 최고 권력자가 됐다. 당시 다와라는 한국의 모든 학교에 가능한 한 복수의 일본인 교원을 두려고 했지만, 인건비 문제로 배치하지 못함을 아쉬워했다.[58] 이후 재정 사정이 나아지자 학교마다 복수의 일본인 교원을 배치했다.

3차 한일협약의 연장으로 1907년 12월 〈보통학교령〉이 개정됐는데, '교원'을 '훈도'로 바꾸고 일본인 훈도를 '교감'으로 임명하게 했다.[59] 직무 권한의 실태는 조금도 변하지 않았으나, 교감직의 신설로 일본인 훈도에게 법적인 뒷받침이 부여된 것이다. 일본인 훈도는 1908년 1월 1일 자로 정식 한국 관리로 임명됐다. 당시 일본인 교원의 월급은 80~100원으로 한국인 교원 월급 30원의 3배가량이나 됐다.[60] 그 결과 일본인 훈도는 1908년 7월 관립보통학교에는 11명, 공립보통학교에는 51명에 이르렀다.[61] 그중 전직·현직 교장, 시학관이 각각 24명, 5명으로 적지 않았다.

반면에 한국인 식자층은 학부가 사범학교를 확장해 국민교육이 발달하게 해야 하는 책임을 다하지 않고 일본인 교사만 고빙하는 것을 비판하며, 학부가 일본인 교사에게 국민교육을 위임하려는 의도인지 반문했다.[62] 특히 일본인 교원이 한국 아동에게 일본어로 교수하는 것은 공부의 정도를 빠르게 이룰 수 없으며, 나라의 정신을 상실하기 쉽다고 우려했다.

연도	학교 수(개교)	교원 수(명)		
		한국인	일본인	계
1908	50	163	53	216
1909	107	313	66	379
1910	125	440	105	545

출전 : 金正明 編,《日韓外交資料集成 8》, 巖南堂書店, 1964, 156쪽.

그러나 통감부는 한국인의 이러한 비판을 무시하고 일본인 교원을 적극 채용했다. 그리하여 관공립보통학교 일본인 교원이 1908년에는 67명이었으나 1910년에는 105명에 이르렀다. 〈표 18〉은 1908년에서 1910년까지 관공립보통학교 한국인과 일본인 교원 현황이다.

1909~1910년에 일본인 교사의 증가율은 한국인 교원과 비교하면 매우 높다. 이는 1907년 차관 정치가 시작되면서 일본인 교원의 배치가 급속도로 진행됐음을 보여 준다.

학교가 증설되자 이에 따라 학교 건물과 구조도 바뀌기 시작했다. 무엇보다 통감부가 1906년 〈보통학교령〉을 공포하면서 학교 건물을 신축했다. 그 과정에서 학교 건물의 특성도 대대적으로 바뀌었는데, 이때 관공립소학교 건물이 일본식 목조 건물로 바뀌었다. 통감부로서는 한국인의 불만을 잠재우기 위해 '임시 학사확장사업'이라는 이름으로 학생을 수용할 수 있는 전시성 건물을 건축해야 했기 때문이다.[63]

〈그림 40〉 교동공립보통학교 건물(서울교동국민학교백년사편찬위원회 편, 《교동백년사》, 서울교동국민학교동창회, 1994)
교사와 학생이 2층 목조 건물 앞에 앉아 있거나 서 있다.

〈그림 41〉 나주공립보통학교(1910년)
일부 학교는 단층 건물로 건립되기도 했다.

이러한 건물은 1906년에 서울 관립보통학교 9개를 시작으로 동일한 설계로 건축됐으며, 건축 재료는 모두 일본에서 수입했다.[64] 이후 이와 비슷한 학교 건물이 신축됐다. 그중 2층 규모로 건립된 경우도 많았다. 특히 한성에 설립된 대다수의 학교와 개성·인천 등 경기 지역 학교는 2층 규모로 건축됐다. 당시 보통학교 건물은 아동이 주로 이용한다는 점에서 1층이어야 함에도 한정된 재원에서 전시적 성격을 지니기 위해 2층 규모로 건립됐다. 그리하여 이러한 보통학교 건물은 층고도 낮고 단층의 전통가옥이 밀집한 마을에서 '고루高樓'로 표현될 만큼 상대적으로 규모가 컸고 또 그만큼 상징성도 컸다.

또한 많은 학생의 눈길을 끈 것은 외관에 유리창이 달렸다는 점이다. 서당이나 향교에서 보지 못한 유리창은 교실에 햇빛이 들어오게 해 채광 효과를 높여주었다. 1906년경에 해주의 어느 신식학교에 다닌 이미륵은 학교는 "수많은 빛나는 유리창을 달고 있었다"[65]라고 표현했다. 그리고 동네 유지들이 학교에 지원할 때 유리창을 기부하기도 했다.[66]

이들 건물 내부는 기본적으로 교실 4개와 교원실이 있었다.[67] 여기서 교실 수가 4개인 것은 수업 연한이 4년이고 학년별로 일 개 학급 규모의 운영방침이 세워졌기 때문이다. 학생의 연령과 능력에 따라 학생을 공간적으로 나누어 배치한 셈이다. 〈보통학교령〉에 따르면 학생은 학급당 약 50명으로 규정됐고 학교당 200명을 정원으로 하되, 지방의 상황에 따라 증가할 수 있었다.[68]

신식학교 건물은 학생과 교원을 여러 곳에 나누어 배치한 전통 향교나 서원 건물과 달리 한곳에 집중해 수용했다는 특징이 있다. 이것은 무엇보다도 많은 학생을 수용해야 할뿐더러 학생을 효율적으로 통제하는 데 적합한 학교 공간으로 개조하려고 했기 때문이다.

일반 교실은 크기가 대부분 같았는데, 교사가 통제할 수 있게 효율적이고 파악하기 쉬운 크기였다. 교실은 학생이 학교에서 대부분의 시간을 보내는 장소다. 학교의 주된 목적인 교육을 하는 공간으로서 시간 단위로 이루어진다. 교실은 엄격하게 수업을 위한 공간으로 한정되며, 휴식 시간도 수업 연장의 의미를 강조하기 위한 각종 규율이 있었다.

교무실은 폐쇄적이어서 학생은 예외에만 출입할 수 있었다. 교사가 점유한 고유 공간으로 원칙적으로 학생과 관련한 행위가 일어나지 않는다. 다만 학생의 출입이 있으면 교사의 영역으로서 매우 엄숙한 분위기를 만들기 위한 학내 세부 규율이 있었다.

학교 건물은 일본 문부성의 '소학교 가상 설계도'에 따라 일자형 편복도 구조가 원칙이었다.[69] 일직선으로 배치된 복도는 교실과 교실을 분리해 주기도 하지만, 교실에서의 이탈에 대한 시선 확보가 쉽고, 내부를 바라볼 수 있는 공간이기도 하다. 즉 복도는 교실과 교실을 연결해 주는 통로이자 교실의 연장으로서 교실 바깥에 있는 학교 관리자가 교실 안의 교사와 학생을 감시하고 통제하는 공간이다.

학교에는 교실과 함께 운동장이 설치됐다. 당시 학생들이 배운《국

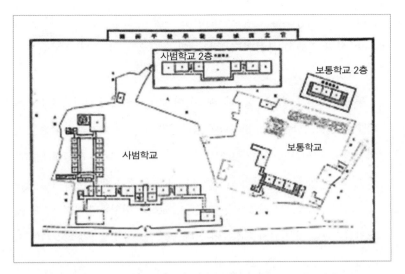

〈그림 42〉《教育界》(1908년 1월)에 실린 관립 한성사범학교 및 부속 보통학교 평면도
(近代アジア教育史研究會 編,《近代日本のアジア教育認識 : 明治後期教育雜誌所收 中國·韓國·臺灣
關係記事 : 資料篇 2》, 龍鷄書店, 1999)

어독본》 41과는 다음과 같이 운동장이 교실과 더불어 주요 구성물임
을 학생들이 주지하게 했다.

학교에는 교장敎場(교실 - 인용자)과 운동장이 있느니라.

교장은 공부하는 곳이오, 운동장은 운동과 유희하는 곳이니라.

교장에서는 성심으로 공부하고, 운동장에서는 유희와 운동하는 것이 좋으
니라.[70]

1907년 이응종李應鐘은 《소년한반도》 제5호에서 학교 부지를 선택하는 방식에 대해 언급하면서 운동장의 조건을 가장 먼저 제시했다.

운동장은 기지를 광척해 활동을 쾌유하며 교내에 반드시 설치해 정신작용이 외계에 소비함을 미리 방지함이 심히 좋으니라. 즉, 교지의 선택은 환기와 채광을 고려하고 식수가 오염되지 않은 곳이어야 하며 위생에 문제가 없는 곳이어야 한다. 교사의 위치는 지대가 높은 곳을 택해 공기의 순환을 도모하고 동남향으로 해 밝기를 조절하고 교실의 위치를 정하며 그다음에 교원실과 비품실의 위치를 정해야 한다. 변소는 100명당 1개소로 하며 소독이 필수다. 운동장은 교내에 설치하는 것이 바람직하고, 조경은 직사광선을 피하게 하고 공기를 쾌적하게 하도록 이루어져야 한다.[71]

그중에서도 운동장이 가장 중시됐다. 운동장은 학생에게는 신나게 뛰어놀 수 있는 공간이었기 때문이다. 그러나 운동장은 여기에서 그치지 않았다. 조회가 있거나 국가 의례가 있는 날이면 모든 학생을 빠짐없이 모아 일장 훈시하는 집합 장소였고, 언제든지 군사훈련을 할 수 있는 연병장이었다.[72] 이제 운동장은 학생이 신체적 욕망을 분출하는 공간이면서 국가 권력이 학생을 훈육하고 통제하는 공간이었다.

이들 학교는 당시 재한 일본인 학생의 소학교에 비해 매우 열악했다. 일부를 제외하고는 창가·재봉 등을 하는 특별 교실이 거의 없었으며, 건축 비전문가들이 건립할 정도로 재원도 충분히 투여되지 않

〈그림 43〉 히노데소학교 교실 전경

〈그림 44〉 히노데소학교 외관

왔다. 이에 비해 1905년에 건립된 히노데日の出소학교는 문부성 소속 기사인 구루 마사미치久留正道에게 설계를 의뢰해 건립된 소학교 최초 벽돌조 건물로, 당시로서는 거액인 5만여 원이 투입됐다.[73] 투자된 금액도 금액이지만, 구루와 같이 건축교육을 받은 전문건축가에게 설계를 의뢰했다는 점에서 전술한 바와 같이 일본인 교원이 직접 설계와 감독에 관여할 정도로 비전문가가 건립한 보통학교와는 학교 건축에 대한 태도에서 큰 차이를 보였다.

2

교육구국운동과
일제의 탄압

민립학교설립운동과 교육자치론의 제기

1905년 11월 17일 을사늑약이 체결됐다는 소식이 들려오자 교사와
학생들은 늑약 체결에 항의했다. 먼저 법관양성소 학생들은 자퇴 결
의서를 제출하는가 하면, 반대상소운동에 앞장섰다.[74] 또한 한성 소재
소학교 학생 300여 명이 수하동 소학교에 모여 이에 항의하는 선언서
를 발표하고 토론했다.[75] 이때 일본 헌병들이 오자 이들 학생은 국가
의 큰 사업을 두고 모였다고 하면서 귀가를 거부했다. 나아가 일진회
장소에 대표로 간 학생이 협박을 받자 이들 학생은 종로 백목전 도매
상에 모여 일진회를 규탄하는 모임을 열었다.

이처럼 일반 민인은 물론 소학생마저 을사늑약반대운동에 나서자

일본은 교사와 학생의 이러한 행동을 적극 저지하고자 했다. 이에 학정참여관 시대하라는 학부대신 이완용에게 1905년 12월 〈학부령 제1호 학교동독學校董督에 관한 규정〉을 반포하게 했다.

학부령
1호 학교동독에 관한 규정
1조 교장, 교관, 교원과 학생은 정사에 간여하지 못할 일
2조 교장, 교관, 교원과 학생은 상호 연결해 함부로 휴학하지 못할 일
3조 위 2개조를 위월하거나 선동함이 있으면 상당한 징벌에 처할 일
부칙
4조 본령은 반포일부터 시행할 일

광무 9년 11월 28일 학부대신 이완용[76]

그럼에도 한국인은 무력으로써 저항운동을 벌이는 한편, 교육을 통해 나라를 구해 보려는 교육구국운동을 추진했다. 박은식은 1906년 1월 벽두부터 교육구국운동을 벌일 것을 다음과 같이 제안했다.

대한국가의 명운과 인민의 행복을 위해 가장 기축企祝 희망하는 것은 국내에 학교가 취증해 교육이 흥왕함이로다. 현금 대한 국세를 폄론하는 자가 비록 말기의 지경에 이르렀다고 하나 본 기자가 본 바에는 다만 교육 한 가지만 흥왕하면 철류綴旒한 국맥을 가히 회태回泰할 것이오 땅에 떨어진

국권을 가히 극복할지니 한국인사로 하여금 타인의 노예로 달게 당하고 국가의 사상이 없으면 끝날 것임을 말할 나위도 없거니와 그 나라로 하여금 독립의 영광을 회복하고 그 백성으로 하여금 그 자유의 권리를 잃지 않게 하고자 하면 오직 교육을 확장해 민지를 발달케 함이 제일 요무要務니 크도다. 교육의 힘이여. 기울어져 끊어진 국운을 만회하고 빈사한 인민을 소활케 하는 것이로다. 어찌 증거할 것이오. 옛날에 프러시아가 프랑스 황제 나폴레옹에게 대패한바 돼 강토는 장차 프랑스에 번속되고 군신은 장차 프랑스의 신첩이 된지라.

프러시아의 현명한 재상 슈타인 씨가 말하길 국가의 큰 부끄러움을 설욕하고자 할진대 반드시 국민을 먼저 교육해 충군친상忠君親上의 마음을 배양해야 한다고 함에 프러시아 왕이 그 말을 수용해 나라의 운명이 가난할 때 단단하게 열심으로 교육에 전력하더니 그 후 60년 뒤에 프랑스와 개전해 성하城下의 맹약을 받고 수만금의 배상을 거두고 2개 주의 땅을 할양받아 프러시아에 속하게 했다. 이러므로 프러시아 장군 몰트케 씨가 말하길 금일 우리나라가 프랑스에게 이김은 그 공이 마땅히 소학교로 돌아간지라 했다. 이로 말미암아 보건대 약함을 변화시켜 강함이 되고 썩은 것을 교화시켜 새로운 것을 만드는 것은 묘법이 그 이상이 없으니 교육이라 이것이니 한국인사는 장래에 노예와 우마를 면하고 자유독립을 회복하고자 하거든 급히 학교를 설립해 교육을 진흥해 보시오.[77]

여기에서 그는 보불전쟁에서 이긴 프로이센이 교육 진흥에 노력했음을 예로 들어 교육을 일으키고 지식을 배우며 힘을 축적하는 것이 국권을 회복하는 유일한 길임을 주장하면서 학교를 세우고 교육을 진흥할 것을 국민에게 호소했다.

그리하여 1905년 을사늑약을 전후한 시기에는 주로 왕실, 부유한 자산가나 관료가 중심이 돼 교육구국운동을 벌였다. 우선 순헌황귀비 엄씨의 조카 엄주익嚴柱益(1872~1931)이 1905년 2월에 이미 사재를 투여해 양정의숙을 설립했다.[78] 또 고종의 재정 관리인 이용익李容翊(1854~1907)도 보성중학교를 설립했다. 1906년 5월에는 황실의 후원과 희사금으로 명신여학교가 설립됐는데, 이는 개인이 재산을 출연해 세운 일종의 사립형 민립학교였다. 물론 선교사가 세운 학교도 이러한 학교 유형에 포함됐다.

특히 1906년 3월 26일에 반포한 고종의 〈흥학조칙〉은 민립학교 설립에 커다란 영향을 미쳤다.

삼대 이후로 인재를 교육하는 것을 급선무로 삼지 않은 적이 없으니, 상庠과 서序와 학學과 교校를 설치한 것이 바로 그것이다. 대체로 학교가 설립돼야 인재가 양성되고 인재가 양성돼야 다스림과 교화가 흥기하는 만큼, 나라에 사람을 가르치는 법이 크게 갖추어져 여항의 백성들도 배우지 않는 자가 없으면 삼대처럼 문채가 날 것이다. 그러나 근래에 와서는 침체되고 해이해져서 정사의 방도가 밝지 못하고 나라가 진흥하지 못하고 있다. 돌아보건대, 오늘날의 급선무는 오직 학교를 일으켜 인재를 양성하는 길만이 밭을 일구고 재물을 불리는 도구가 될 것이다. 유학을 닦은 백성을 몰아다가 그들로 하여금 책을 끼고 학교에 들어가게 한다면 일 년도 되기 전에 그 공효가 반드시 열국보다 배로 나타날 것이다.

학부에서 학교를 널리 설치하는 한편, 각 부와 각 군에서도 학교의 설립에 대해 특별히 신칙하고 마음을 다해 가르치는 방도를 강구하게 하라. 학업이 성취되기를 기다려 조정에서 필요한 인재를 뽑아서 등용할 것이다. 자녀가 있는데도 가르치지 않는 집안에 대해서는 그 부모에게 죄를 논할 것이며, 혹 가르침을 따르지 않고 하는 일 없이 놀기만 하는 자녀에 대해서도 일체 죄를 논할 것이다.[79]

이에 따르면 왕실과 정부 주도의 관립학교 설립 방식에서 벗어나 지방관아와 지역 주민이 연대해 민립학교 설립을 추진하는 방식을 취했다. 당시 통감부의 압박이 나날이 강해지는 가운데 지방관아와 지역 주민이 중심이 돼 학교를 세우고 운영할 것을 강조한 것이라고 하겠다.[80] 특히 고종은 각 가정에서 반드시 자녀를 가르치게 했으며, 자녀를 가르치지 않는 부모에게는 벌을 주게 했다. 일종의 의무교육론을 역설한 셈이다.[81] 그런데 이러한 〈흥학조칙〉의 핵심이라 할 의무교육론이 《대한매일신보》 1906년 3월 24일 자에서 이미 제시됐다는 점에서 왕실과 《대한매일신보》로 대표되는 애국적 식자층 사이에는 교감이 있었다고 하겠다.

〈흥학조칙〉은 학부→관찰사→군수를 통해 각 면까지 전달됐다.

일례로 경남관찰부·경북관찰부는 고종의 조칙과 학부의 훈령을 받고 각 군수에게 학교 설립을 촉구했다.[82] 이때 고종이 내려준 학교 설립 지원금이 각 군에 전달됐다. 당시 궁내부 경리원에서 여러 종류의 학교에 지출한 교육비가 1906년과 1907년에 각각 11만 2916냥, 46만 4150냥에 이르렀다.[83] 이는 1906년 대한제국 학부예산 지출액 24만 1646환(241만 6460냥)과 비교하면 매우 많은 금액이었다.[84] 그리고 이 중 일부는 사범학교 설립 비용으로 충당됐다.[85]

이어서 고종은 학제 정비를 비롯해 학생들의 학습 공간인 교실 확보에 이르기까지 지방관들이 적극 협조할 것을 다음과 같이 지시했다.

오늘날 급선무는 교육보다 더한 것이 없다. 그러므로 짐은 늘 학교를 진흥시키는 정사에 관심을 기울여 왔다. 관립과 공립의 학제는 대체적으로 구비됐으나 인재를 교육할 장소를 마련하기가 구차하고 어려운 것이 늘 걱정이니, 넓고 큰 건물을 갑자기 도처에 짓기가 곤란하다. 여러 군에 있는 관사는 궐패를 두는 장소 외에도 아직 제법 큰 건물들이 있는데, 사신이나 손님이 머문 예도 없이 황폐하고 퇴락한 채로 방치하고 있으니 아무런 의의가 없다. 이제부터 모두 잘 수리해 교사로 만들어서 많은 인재가 학업을 익힐 수 있게 하라는 내용으로 말을 잘 만들어 각 해당 도신에게 통지하라.[86]

언론도 고종의 〈흥학조칙〉을 대대적으로 보도하면서 크게 환영했다. 마을마다 학교를 설립하고 주민 자녀가 취학해 개명 지식이 발달하게 하며 애국정신을 관철하는 것이 국권을 수호하고 문명국가를 만드는 방책이므로 이천만 민중이 모두 황제의 뜻을 받들자고 주장했다. 이를 따르는 이들은 관료와 학회가 중심이 돼 점차 증가했다. 1906년 7월에는 강원도 양양군수 남궁억이 양양 지역의 유지들과 함께 고등소학교와 보통사범과로 구성된 현산峴山학교를 건립했다.[87]

그런데 이러한 의무교육제는 지방이 교육비를 충당하고 자율적으로 운영하는 제도적 기반이 갖추어지지 않았을 때는 시행될 수 없다. 그것은 지방 명망가라든가 중앙의 보조금만으로는 불가능하기 때문이다.

이에 1906년 8월 대한자강회를 중심으로 계몽운동 식자층은 의무교육의 실시와 교육자치제 시행을 핵심으로 하는 〈의무교육조례대요義務敎育條例大要〉를 학부에 입안케 했다.

첫째, 적당한 행정구역을 일 학구學區로 하고 구립 소학사를 설치함.

둘째, 구립 소학교의 설비와 유지할 경용은 구내 주민의 부담으로 함. 단 경용의 부담은 자녀의 취학과 불취학을 가리지 않음.

셋째, 구내 주민은 구마다 20인 이내의 학무위원을 선거해 소학교에 관한 교과서 선정과 기타 일체 사무를 위임함.

넷째, 학무위원은 구내 주민의 빈부등급을 정해 학교 경용의 부과징수를 사장司掌 함.

다섯째, 학무위원은 구내 주민의 학령아동을 조사해 그 취학을 독촉함. 단 아동의 병약이나 발육이 불완전해 취학키 불능한 자는 그 취학을 연기함.

여섯째, 학령아동 보호자는 그 아동을 취학하게 하는 의무를 지니고 소위 보호자는 부모나 부모를 대신할 만한 지위에 있는 자를 지명함.

일곱째, 학령아동이 풍전瘋癲(실성한 것 – 인용자), 백치와 폐질이나 부득이한 사정으로 학무위원회에서 취학키 어려운 줄로 인진認眞한 자는 보호자의 의무를 면함.

여덟째, 학령은 남녀 만 7세부터 만 15세의 8년간으로 해 처음 5년간은 초등과로 하고 마지막 3년간은 고등과로 하되 처음 5년간으로써 의무교육의 연한으로 함.

아홉째, 현금간에는 7세 이상 15세 이하 남자는 연령에 불구하고 초등과의 수료로써 의무교육으로 함. 단 현금간에는 여자의 9세 이상은 취학지원자가 아니면 보호자의 의무를 면제함.

열째, 구내 주민 가운데 위 의무를 준수하지 않는 자에 대해서는 상당한 벌칙을 제정해 실시케 함.[88]

〈의무교육조례대요〉의 핵심은 교육자치제에 근간을 두고 의무교육을 실시함으로써 국민교육을 실현할 수 있다는 것이다. 특히 교육비는 지방 주민이 빈부등급에 따라 부담하며, 지방 주민이 선출한 학무위원을 중심으로 운영되는 교육자치제를 실현하고 자주적인 학교교육을 시행하겠다는 의지를 보여 준다. 그리하여 이러한 교육자치

제를 기준으로 운영되는 학교는 국가재정에
의존하는 기존의 관공립학교와도 다르고,
명망가나 선교사들의 자금으로 운영되는 사
립형 민립학교와도 다른 공립형 민립학교라
고 하겠다. 특히 당시 전국에 민립학교가 발
흥했으나 학교의 경비를 전적으로 유지나
자산가나 식자층에게 의존해 민립학교의 확
산은커녕 폐교마저 면하지 못하는 현실을

〈그림 45〉 이동휘

목도한 현실에서 의무교육과 교육자치제에 근거를 둔 공립형 민립학
교의 설립이 절실했다.[89]

이러한 공립형 민립학교는 초창기에는 통감부의 교육자치제 저지
로 확산되지 못하다가, 1907년 7월 고종의 강제퇴위 및 군대해산에
이어서 1908년 8월 〈보통교육령〉이 공포되자 다시 주목을 받기 시작
했다.[90] 그것은 통감부의 탄압이 극심해지고 황실의 재정을 일제가
해체하자 지역 주민이 스스로 교육 진흥을 위해 선택한 방식이었다.

이러한 공립형 민립학교의 대표는 이동휘李東輝(1873~1935)[91]가 여
러 곳에 설립한 보창학교였다. 물론 이 학교는 처음부터 지역 주민이
부담해 설립 운영한 공립형 민립학교는 아니었다. 이 학교는 왕실과
독지가의 출연에 힘입어 설립되고 운영됐으며, 1907년 3월에는 지교
가 89개에 달할 정도로 눈부시게 발전했다. 첫 졸업생 배출은 1907년
4월로 고등 소학과 학생 19명과 초등 소학과 학생 18명 등 모두 37명

의 학생이 졸업했다.[92] 그러나 1907년 7월 말 군대해산과 뒤이어 발발한 8월의 강화의병봉기를 일본군이 대대적으로 탄압하면서 보창학교는 폐허가 되다시피 했다. 보창학교 교사 중에 군인 출신이 많아 일본군이 무자비하게 탄압해 교사들이 희생되고 학생들이 흩어졌기 때문이다.

이에 이동휘는 1908년 1월 학교를 재건하기 위해 파괴된 학교를 수리하고, 학부모와 주민에게 눈물을 흘리며 간절히 권면해 흩어진 학생을 다시 모집했다. 마침내 2월 18일 개학식을 거행할 수 있었다.[93] 여기서 이동휘를 비롯한 학교운영자들은 지역 주민의 지원이 매우 절실함을 느끼고 새로운 유형의 민립학교를 구상했다. 그리하여 당시 이동휘를 비롯한 군수와 유지들은 의무교육을 강조하면서 공립형 민립학교 설립을 주장했다. 이어서 강화학무회江華學務會를 발기하고 이를 중심으로 학교 설립을 주도하게 했다.[94] 그 결과 기존의 21개 지교 말고도 31개를 증설해 강화도 학령아동 모두 보창학교에 입학할 수 있는 길을 열었다.

보창학교의 이러한 재설립은 지역 주민의 지원에 근거를 두는 공립형 민립학교의 탄생을 의미했다. 이러한 학교는 개인 독지가가 출연한 재원으로 학교를 세우는 사립형 민립학교와 달리 지역사회 주민이 재원을 마련해 설립됐으며, 지방세를 비롯한 다양한 재원으로 운영하는 공립형 민립학교였다.

식자층과 민인은 각 지역에 소학교설립운동을 벌여 나가는 한편, 5

년간 의무교육과 교육자치제를 실현하려 했다.[95] 의무교육 시행을 위한 주요 내용은 다음과 같다.

첫째, 강화도 내 16면 114개 마을을 학구로 나눈다.

둘째, 학구마다 사립학교를 설립한다.

셋째, 학령아동은 강제로 각 구역 학교에 입학하게 한다.

넷째, 15세 이상 20세 이하 한문에 능숙한 자는 보창학교 중학과에 입학하게 한다.

다섯째, 20세 이상 40세 이하 한문에 능한 자는 중성학교 내 사범속성과에 입학하게 한다.

여섯째, 학교경비는 주민 생활 정도에 따라 부과한 의무금, 유지 의연금, 학생월사금 등으로 충당한다.[96]

의무교육의 실시를 전제로 하면서 초등교육에 근간을 두되 중등교육, 사범교육에도 역점을 두었음을 확인할 수 있다. 특히 공립형 민립학교의 특징이라 할 재원의 지역적 공공성을 확보하려 했음을 확인할 수 있다.[97] 즉 주민의 생활 형편에 따른 의무금은 일종의 지방세로서 의연금, 학생월사금에 앞서 핵심 재원으로 인식됐다.

이러한 재원 확보 방식은 이미 1907년 이전부터 활용됐다.[98] 1905년 4월 홍천군수는 학교를 설립하는 데 해당 군의 수철점 세금을 학교 재원으로 사용했다.[99] 어업세를 학교 재정에 사용한 경우도 있었다. 1906년 8월 함경남도 단천에서는 학교를 설립하는 데 어세를 학교 재원으로 사용하겠다고 학부에 청원했다.[100] 또 상업세도 학교 교육비의 중요한 재원이었다. 1906년 11월 송파의 강선인江船人(하운업자) 30여 명이 진선조합회사를 설립해 그 세액 중 일부로 소학교를 설립하기도 했다.[101] 경기도 풍덕군에서는 여각에서 거래되는 상품 거래 가액의 백분의 일을 보창학교 교육비로 징수했다.[102] 또한 야학과도 설치해 상업가 자녀를 교육했는데, 학생이 410명에 이르렀다.[103] 나아가 강화 보창학교와 마찬가지로 영명학교를 영구 유지하기 위해 학무회를 조직한 뒤 동계洞契를 창설해 포구의 구전과 학도의 월사금 등으로 비용을 충당했다.[104] 경남 진양군 미천면은 군에 소재한 민립학교 경비를 위해 재정을 동 단위로 배정했다.[105] 개성군 강남학교는 학교 재정이 곤란해지자 면장 이기조가 학교의 유지를 위해 의무교육을 실시할 것을 역설하고, 해당 면 내 집집마다 여름보리 1두, 벼 1두씩 수납하기로 했다.[106]

그리하여 지역 주민은 학교운영 비용을 스스로 부담하고 그들을 대표할 학무위원을 뽑았으며, 학무위원들은 지역 주민의 의견을 수렴해 학교를 운영했다.[107] 실제로 학교 유지비가 없어 폐교 상태에 이른 학교를 주민들이 교원 월급 등의 자금을 마련함으로써 되살리기도 했다. 예컨대 충북 괴산군에서는 노동자들이 돈을 모아 학교 설립에 보조하거나[108] 개성에서는 재정난에 직면한 사립학교에 품삯마저 기부했다.[109] 강원도 춘천의 북내 서장2면의 초군들은 짚신 판매대금을 학교 보조금으로 내는 데 머뭇거리지 않았다.[110] 그리고 서울 현석리 노동자들은 관내 학교를 지원할 찬학회를 조직했다.[111] 이들은 매달 임금 일부를 모아 민립학교설립운동에 앞장섰다.

주민들과 노동자들의 이러한 지원 행위는 삼화항 노동자들의 지원에서 볼 수 있듯이 국권수호가 학생에 달려 있으니 게을리하지 말고 열심히 해 자유독립의 회복을 희망했기 때문에 이루어졌다.[112] 나아가 이는 지역사회와 주민들이 스스로 학교를 세우고 운영하는 교육자치의 실현을 의미했다. 교육자치제를 실현하기 위한 노력은 당시 지방자치제 시행 논의와 맞물려 있었다는 점에서 주목할 필요가 있다. 천안군의 경우 주민 스스로 군회를 조직해 학교 설립을 결의하기도 했다.[113]

당시 지방 공공 재원에 근거를 두고 운영된 공립형 민립학교의 현황은 자료가 부족해 정확하게 파악되지 않는다. 다만 통감부의 〈사립학교령〉(1908)과 〈기부금품 모집 단속 규칙〉(1909), 〈지방비법〉(1909)에 근거를 두고 민립학교 5000여 개 중 2000여 개만 인가했다는 점에서 3000여 개 이상이 공립형 민립학교로 추정된다. 당시 민립학교 중 공립형 민립학교가 차지하는 비중이 작지 않았을뿐더러 지역 주민의 공립형 민립학교에 대한 적극적인 지원을 확인할 수 있다.

계몽단체와 학회도 민립학교설립운동에 적극 앞장섰다. 우선 비밀결사단체인 신민회의 지도로 안창호安昌浩(1878~1938)가 평양에 대성학교를 설립한 것을 비롯해, 이승훈李昇薰(1864~1930)이 강명의숙 및 오산학교를, 윤치호가 개성에 한영서원을, 이용익의 손자 이종호李鍾浩(1885~1932)가 서울과 함북 경성에 각각 오성학교와 경성학교를 각자 사재를 털어 설립했다.[114] 또 기호학회는 기호학교를, 대동학회는 법률교육을 목적으로 대동전수학교를, 대한동인회는 동인학교를, 보인학회는 보인학교를 설립했다. 나아가 이들 단체와 학회는 지역사회 주민과 연계해 민립학교 설립, 운영, 교과과정 통일, 교과서 편찬, 출판 등에 적극 관여함으로써 공립형 민립학교 설립을 지원했다.[115]

당시 대성학교를 다닌 김형식金瀅式은 학교 상황을 다음과 같이 언급했다.

1907년 대성학교 설립의 소식이 세상에 전파되자, 이를 성원지지하는 소리는 전 조선을 흔들었으며, 입학 지원자는 조소와 같이 밀리어 불시에 오륙백 명의 청년이 모이었다. … 그 당시 학교의 과정은 중등학교라 하지마는 지금의 중등학교보다는 훨씬 고등이어서, 4학년 과정은 어떤 전문학교의 정도와 대등했고 학교 설비도 중등학교로서는 유례가 없을 이 만큼 완비했었다.[116]

물론 이러한 학교 대부분은 학교 건물이나 교육내용 및 교원 등 많은 면에서 매우 불충분했다. 그러나 돈이 있는 사람은 기꺼이 돈을 냈고, 목공 기술이 있는 사람은 팔을 걷어붙여 교실을 지었고, 너도나도 자녀를 학교에 보내 힘을 보태었다. 그리하여 학교가 문을 여는 날은 – 학생을 많이 모으지 못했지만 – 모든 마을 사람의 잔칫날이었다. 이날은 일반 민중이 오랫동안 꿈꾼 희망이 실현되는 날이기도 했다. 그래서 개교식 날에 이들은 그동안 배우지 못한 설움을 털어버리듯 울고 웃었다.

그 결과 민립학교는 1907~1908년에 급증해 1910년 5월 〈사립학교령〉 공포 직전에는 5000개에 달했다.[117] 이 중에는 선교사들이 주도해 만든 종교계 학교도 적지 않았다. 이러한 학교들도 당시 교육구국운동의 일환으로 민립학교 설립을 강렬하게 원한 한국인의 희망을 반영한 산물이라는 점에서 반일운동이라는 지향은 공립형 민립학교와 크게 다를 게 없었다.[118]

반면에 한국인은 일제가 설립한 보통학교에 자식을 보내기를 꺼려했다. 그 결과 일본인 교감들은 1909년에 열린 제2회 관공립 보통학교 교감회의에서 당시의 상황을 "스스로 입학하러 온 자는 극히 드물어서 모집이 곤란했다. … 경찰력을 빌려 강제적으로 모집"[119]한다든가 "군수에게 의뢰해 강제로 모집"[120] 혹은 "군수와 도모해 각 면에 5명씩 학생을 의무적으로 입학하게 했다"[121] 등으로 보고했다.[122] 개중에는 "졸업생의 의무로서 적어도 입학생 한 명을 알선"[123]하는 일까지도 있었다. 그것은 한국인 학부모가 자식에 대한 관심이 없어서라기보다는 일제의 동화교육에 대한 우려로 관공립보통학교보다는 민립학교를 선호했기 때문이다.

한국 식자층의 이러한 교육구국운동과 주민의 이러한 성향은 학생의 의식에 영향을 미쳤다. 학생들은 일본인의 시찰에도 공부 목표를 당당하게 설명했다. 예컨대 1908년 3월 초 부산 초량에 있는 사립소학교를 시찰한 일본인이 학생들에게 공부하는 희망을 말하라고 했을 때, 6살 난 어린 여학생이 "나는 국권회복을 위해 열심히 공부한다"라고 했다.[124] 학생들은 국권회복을 목표로 애국적 열의를 가지고 공부에 임했던 것이다.

그리하여 통감부의 주도로 설립된 공립학교는 국고금으로 신식 교사를 짓고 수업료 및 교구 등을 무료로 제공했지만 한국인에게 외면을 당했다. 따라서 공립학교는 사면초가의 처지에 몰렸고,[125] 입학하는 학생은 극소수에 지나지 않았다.[126] 일제의 예상과는 달리 중류 이상 가정의 자녀나 심지어 일본어를 이해하는 지방관 자녀도 취학하지 않았기 때문에 중류 이하의 자녀가 입학하는 빈민학교로 전락했다.

교과서 편찬과 학교교육

지방의 식자층과 주민은 민립학교를 설립하고 통감부의 학교정책에 대항해 당국의 요구와 달리 교과과정을 설정하고 교과서를 편찬했다. 당시 식자층은 통감부의 교과서정책을 다음과 같이 인식했다.

　근래 학부에서 허가하고 또 사용하게 하는 교과서를 보건대 일인이 일문으로 출판해 일본에서 사용하던 것을 한국 내 학교에 가져다 사용케 하니 애국의 뜻을 가진 사람들이 과연 놀라운 일이다. … 관령으로 허다한 교과 도서를 압수해 가는 동시에 이러저러한 일본책을 각 학교에 사용케 하니 … 우리는 국어국문이 쇠약하는 그때에 국가 정신이 침몰할까 우려한다. … 각 학교에서 일본역사를 교육함은 한국의 정신을 매몰함이며 곳곳에 일본인 교원을 배치함은 한국의 정신을 매몰함이다.[127]

이에 일본 관리도 한국 사회의 여론을 탐지할 정도였다. 조선인의 국민성을 없애려는 계획이라든가 조선인을 일본 군인으로 만들거나 일본으로 납치해 노동자 또는 노예로 만들려는 것이라는 비난이 들끓었다.[128]

그리하여 계몽운동 식자층은 교과서를 독자적으로 편찬하거나 1905년 이전에 학부가 편찬한 교과서를 사용했다. 이들은 한국인의 민족의식을 불러일으키기 위해《초등본국역사》,《초등대한지지》,《초등소학》,《초등국어어전》등을 편찬해 학생들이 조국의 말과 글, 유구한 역사와 문화, 산천을 공부할 수 있게 했다. 심지어 흥사단 같은 단체는 교과서를 편찬해 학부에 인허를 청원하기도 했다.[129] 이러한 교과서 중에 학생들이 가장 많이 읽은《유년필독》은 대부분의 내용이 을지문덕, 양만춘, 계백, 김유신, 장보고, 강감찬, 이순신 등 구국 영웅에 관한 이야기로 구성됐다. 또한 여기에는〈독립가 삼三〉이라는 창가 가사가 실려 있었다.

독립하세 독립하세 우리 청춘소년 우리나라 독립하세 의뢰도 그만두고 어서 독립하세 관작도 그만두고 사계도 그만하게. 이 인민 우리 인민 남의 인민 아닐세. 당당독립 우리 대한 세계 일등 돼 보세. 우리 청춘소년 자립해 보세. 이 나라 우리나라 남의 나라 아닐세. 이 강산 우리 강산 남의 강산 아닐세. 우리 청춘소년 어서 독립하세. 어서 독립하세 독립이로다 독립이로다 대한을 독립이로다.[130]

슬프구나 슬프구나 우리 국민 슬프구나
국민치욕 우리 무리 지금 생존 무슨 면목
슬프구나 슬프구나 우리 국민 슬프구나
한 칼로 순국하신 정충대절 그 영혼
슬프구나 슬프구나 우리 국민 슬프구나
자유 국권 빼앗겼소. 금일 노예가 아닌가.
저버렸네 저버렸네 민충정을 저버렸네
구원명명저 가운데 우리 국민 굽어보네[131]

오호라 슬프구나 유대인과 폴란드의 망국의 참상이여. 눈으로 차마 보지 못하겠고, 귀로는 차마 듣지 못하겠구나. 우리 동창제국아 이 두 그림을 유심히 보시오. 머리 잘린 사람과 발을 절단한 자도 있고 시체를 던지고 뼈를 버리고 혈육이 낭자하구나. 대개 망국의 신하와 백성은 다른 사람의 노예가 돼 천함이 소, 말과 같아 채찍질 당하며 살고 죽임을 당한다. 자기의 밭과 재산과 집은 타인에게 빼앗기고 자기의 부모와 처자들은 사방에 흩어져 사망하니 소원하기를 우리 동포는 마음을 합쳐 협력해 국가를 보존하고 지킵시다.[132]

여기에서 알 수 있듯이 독립을 위해서는 국력을 키워야 하는데 그것의 가장 기본이 학문이다. 그리고 민영환의 순국을 노래한 〈혈죽가〉를 교과서에 수록해 국권수호운동의 필요성을 강조했다. 또한 유대인과 폴란드의 망국 역사를 반면교사로 삼아 국권수호의 의지를 드높였다. 그러면서 다음과 같이 과거 위인을 호명해 독립 의지를 북돋았다.

이순신은 우리나라의 제일 명장이다. 전라경상 양도의 바다에서 적병을 대파하기를 수십 차례 되니 일본 수군이 바다에서 진멸한지라 … 그 거북선이라 하는 배는 철로써 쌌으니 곧 세계 각국 철갑선의 시조라 하나이다.[133]

나아가 《유년필독》에서 강조한 학문은 《국어독본》의 기초 지식과 생활에 필요한 단순 지식이 아니라 좀 더 이치를 따지고 원리를 연구하는 '큰 학문'으로 보았다는 점이다.

만일 우리 학생이 책만 보고 옛날의 낡은 일만 말하면 우리도 낡은 인종이 될 것이다. 그렇기 때문에 다만 산과 강의 일만 아는 것이 아니라 방 안에 있을 때에는 방을 어떻게 지으며 방 속에 책상과 문갑들은 어떻게 만드는지를 고민해야 할 것이다. 뜰아래 화초는 어떻게 심으면 잘 자라고 어떻게 하면 꽃이 잘 피는지 그 이치를 고민해 어떤 물건을 보는 대로 그 물건이 되는 내역과 그 이유를 깊이 연구하고 나의 재주대로 그 이치에 충하는 것이 큰 학문인 것이다.[134]

이에 많은 학교도 대한제국기에 사용한 교과서나 민간 교과서를 활용하면서 교육구국운동의 목표를 실현하고자 했다. 따라서 민립학교는 통감부의 요구를 외면하고 별도의 교육과정으로 수업을 진행했다. 초중등 사범과정을 운영한 보창학교의 교육과정은 〈표 19〉와 같다. 이에 따르면 교수 과목 중 본국역사, 본국지지에서 볼 수 있듯이 통감부 교육과정에 없는 교과가 대거 들어 있다. 이러한 배치는 민립학교에서 일반적으로 보이는 현상이다. 그리고 관립사범학교와 달리 일어 과목의 비중이 별로 높지 않다.

특히 민립학교의 대다수를 구성하는 소학교에는 서당에서 2~3년간 한자를 배운 학생이 다수 입학했는데, 여기에서는 국어·본국역사·본국지지·수신·산술·위생·한문·물리 및 화학의 초보·창가·체조 등이 교습됐는데, 그중에서도 국어·본국역사·본국지리 등 관공립학교에서 배제된 교과목에 중점이 두어졌다.[135]

중등학교인 대성학교도 통감부의 시책에 반하는 교육과정을 기준

〈표 19〉보창학교의 교육과정

소학과	개교 시기	1904년 9월→초등·고등 소학과(1906년, 각 2년)
	교수 과목	본국지지, 본국역사, 외국지지, 외국역사, 산술
	입학 자격	연령 7·8~16·17세의 신체 건강한 자
	본교 학생 수	보통과, 일어과·영어과와 합해 80여 명
보통과	개교 시기	1905년 2월→중학과(1907년, 3년)
	입학 자격	연령 7·8~16·17세의 신체 건강한 자
일어과·영어과	개교 시기	1905년 2월, 중국어과(1906년)
	입시 과목	한문, 국문, 작문, 습자
	입학 자격	연령 16~20세
여학과	개교 시기	1905년 7월
	입학 자격	미상
	본교 학생 수	200여 명(12월)
사범과	개교 시기	1906년 4월
	교수 목적	소학교와 보통학교의 교원양성
	교수 과목	윤리학, 수신학, 독서, 작문, 내외지, 내외역사, 교육학, 물리학, 화학, 생리학, 경제원론, 법학통론, 수학, 도서, 창가, 병식 기계체조, 외국어(영어, 일어)
	수업 연한	2년
	입시 과목	독서, 국한문 작문, 역사, 국한지지문대國漢地誌問對, 수학 사칙 이내
	본교 학생 수	210명(6월)

출전 : 김성학, 〈한말 강화지역 사립보창학교의 등장과 성장-민족과 기독교, 황실의 조우〉, 《한국교육사학》 36-3, 2014, 15쪽.

으로 학생을 교수했다. 〈표 20〉은 대성학교 교육과정이다. 이들 교과도 관공립학교와 다르거니와 교과서도 통감부의 시책에 맞지 않았다. 예컨대 현채의 《중등교과 동국사략》과 헐버트의 《만국신지지》는 1910년 7월 1일 학부불인가 교과용 도서다.[136] 물론 민립학교는 통일된 지도로 통할되지 않았기 때문에 같은 교과과정으로 수업이 이루어지지 못했고 규모나 설비, 교과서, 교원 등에서 빈약했지만, 교육내용의 주체성과 과학성, 사상성에서 진보적이었으며 또한 민족운동의 중핵인 근대교육운동의 본류를 형성했다.

이에 일제는 민립학교의 이러한 교과서 사용을 신랄하게 비판했다. 다음은 1908년 〈사립학교령〉 반포 직후인 10월 19일 학부차관이 사립학교회 대표자들을 모아 한성사범학교 강당에서 행한 강연의 일부다.

다수의 사립학교의 경우를 보건대 사용하는 교과서에 부적당한 것이 많다. 심한 경우에는 유해한 교과서를 사용하며, 그 수가 많음에 놀라지 않을 수 없다. 무슨 까닭으로 이것을 유해하다 하는가. 이제 그 일례를 든다면, 교과서 가운데 현시의 정치문제 또는 사회문제를 편찬한 것이 많음을 본다. 즉 한국 정부의 상황을 분개하는 기사를 편찬하고, 현시 한국 정부의 상태를 변경하려면 각인이 피로써 이와 싸우지 않으면 안 된다는 것과 같은 문자가 산현한다. 이것이 학교 교과서로서 과연 적당한 것이라고 하겠는가. 한국의 장래를 위해 과연 무해하다고 할 수 있겠는가.[137]

〈표 20〉 대성학교의 학년별 교과목과 교과서

학년 과목	예비과	1학년	2학년	3학년
수신	중등 수신	윤리학교과서 상	윤리학교과서 하	심리학
국어	대한문전	대한문전		
한문	한문독본	어정 오경백선	중학 문법	고등 문법
작문	논論, 서함書織	책策, 기記, 서함	명銘, 잠箴, 서序, 발跋, 서함	의疑, 표表, 소疏, 전 傳, 공문식公文式
역사	동국사략	동서양역사 상	동서양역사 하	
지리 및 천문	대한지리	만국신지지	지문학	천문학
수학	사칙과 분수	비례와 구적	대수, 기하, 부기	기하, 삼각, 측량
박물	신편박물학	식물학	동물학	광물학
이화학	초등 이화학	중등 물리학	물리, 화학	화학
법제	경제	국사학	법학통론	경제학
농학	농학입문	임업학	수산학	농정학
상업	상업대요	상업대요		
공업	불명	불명	불명	불명
외국어	영어, 중국어, 일본어	영어, 중국어, 일본어	영어, 중국어, 일본어	영어, 중국어, 일본어
도화	자재화	자재화	자재화	용기화
음악	단음, 창가	단음, 창가, 악기 용법	복음, 창가, 악기 용법	복음, 창가, 악기용법
체조	보통, 병식	보통, 병식	보통, 병식	보통, 병식

출전 : 《대한매일신보》 1908년 10월 6일 광고; 신용하, 〈신민회의 창건과 그 국권회복운동(상)〉《한국학
보》 3-3, 1977, 69쪽.
비고 : 자재화는 연필이나 모필을 사용해 그리는 그림, 용기화는 자나 컴퍼스 등의 도구를 이용해 기하
학적인 형태를 그리는 그림을 뜻한다.

심지어 학부차관은 교과서 내용을 다음과 같이 구체적으로 지적하기도 했다.

지금의 교과서는 그 편찬 방법에 결점이 많은 것은 잠시 접어두고라도 그 내용이 완전히 교육의 목적에 부응하지 않고, 아니 오히려 이에 배치되는 것을 교과서로 사용하는 것을 묵과할 수 없는 것이다. 제군의 눈에도 평소 저촉되는 바, 교과서 중에 정치문제 또는 시사에 관한 사항을 포착해 현 정부에 대해 비난을 하고 현 정부의 조직을 파괴하려고 하는 것, 혹은 일본의 보호로 독립에 상처를 내는 것은 치욕이라고 해 이를 서술하는 데 풍자적 또는 도발적인 문자로 독자에게 스스로 격월비통한 생각이 일어나지 않을 수 없게 한다. 그로 인해 학생은 서로 이끌어 불평의 무리가 돼 편협한 사람으로 변화해 후일 건전한 국민 돼야 할 소질을 잃는다. 국민이 건전하지 않으면 국가 역시 어찌 건전할 수 있겠는가? 시험 삼아 가까운 예를 들어보건대 일본이나 서양 교과서 중에는 개미와 벌은 일 잘하고 잘 저축하며 근면 역행하는 동물로서 이를 설명했다. 그런데 한국 교과서는 개미에게는 대소가 있어 큰 것은 작은 것을 살육한다, 벌은 검을 소장해 서로 투쟁한다는 등으로 썼다. 그 좋은 점을 들어 교훈의 자료로 삼지 않고 약육강식 또는 반목서제를 설명해 암암리에 살벌, 잔인의 마음을 야기할 것을 기하는 것은 실로 말로 다할 수 없는 도서가 아니냐?[138]

일제의 이러한 인식을 통해 당시 학교에서 사용한 교과서의 성격을 짐작할 수 있다. 즉, 이들 교과서는 통감부의 시책과 달리, 근대 지식의 전수에 중점을 두기보다는 국권의 피탈 앞에서 민족의식을 고취하고 현실 사회문제에 적극 참여하는 데 중점을 두었음을 역설적으로 알려 준다.

교육구국운동으로서의 운동회

관립학교와 민립학교는 1905년 을사늑약 직후 한동안 치러지지 않은 운동회를 자주 개최했다. 1906년 한 해만 하더라도 무려 39회에 이르렀다.[139] 이후에는 운동회가 더욱 많이 열려 1907년에는 59회, 1908년에는 110회로 최절정에 이르렀다. 그리하여 1896년에서 1910년에 열린 운동회 가운데 1905년 이후에는 무려 94퍼센트를 차지하는 322회나 됐다.[140]

운동회는 처음에 한국인이 학교운영에 깊이 관여한 일어학교에서 시작됐지만, 러시아 발틱함대와 일본 연합함대가 최후의 결전을 벌인 1905년 5월 훈련원에서 관공사립소학교 연합운동회가 개최됐다. 정부는 이처럼 국내외 위기가 고조되자 1890년대 후반 큰 효과를 거둔 대규모 연합운동회를 개최하기에 이른 것이다. 특이점은 이전과 달리 민립학교가 관공립학교 연합운동회에 대거 참가했다는 점이다. 또한 한성뿐만 아니라 지방에서도 학생들이 참가하기 시작했다. 나아가 1907년 이후에는 평양·의주·충주·개성·남양 등으로 확산되면서

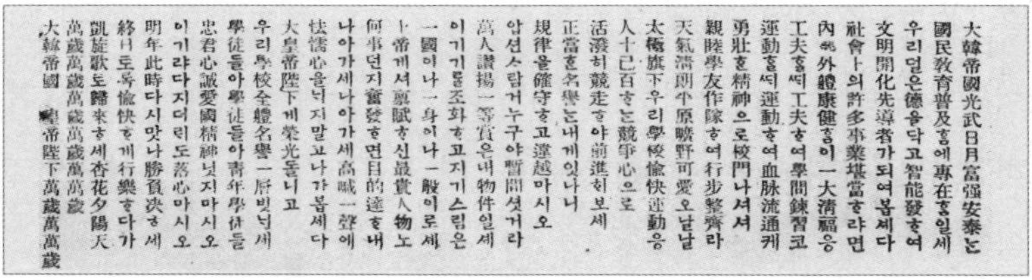
大韓帝國光武日月富强安泰ᄂᆞᆫ
國民教育普及홈에專在홈일세
우리덜은德을닥고智能發ᄒᆞ여
文明開化先導者가되여봅세다
社會上의許多事業堪當ᄒᆞ랴면
內外體康健홈이一大淸福을
工夫홀떡工夫ᄒᆞ여學問鍊習코
運動홀떡運動ᄒᆞ여血脉流通케
勇壯ᄒᆞᆫ精神으로校門나셔셔
親睦學友作隊ᄒᆞ여行步整齊라
天氣淸朗平原曠野可愛오날날
太極旗下우리學校愉快運動을
人十已百ᄒᆞᄂᆞᆫ競爭心으로
活潑히競走ᄒᆞ야前進히보세
正當ᄒᆞᆫ名譽ᄂᆞᆫ내게잇나니
規律을確守ᄒᆞ고違越마시오
압션ᄉᆞ람거누구야暫間셧거라
萬人讚揚一等賞은내物件일세
이기기를조화ᄒᆞ고지기스림은
一國이나一身이나一般이로세
上帝께셔稟賦ᄒᆞ신最貴人物노
何事던지奮發ᄒᆞ면目的達ᄒᆞ내
나아가세나아가세高喊一聲에
怯懦心을닉지말고나가봅세다
大皇帝陛下게榮光돌니고
우리學校全體名譽一層빗닉세
學徒들아學徒들아青年學徒들
忠君心誠愛國精神닛지마시오
이기랴다지더러도落心마시오
明年此時다시맛나勝負決ᄒᆞ세
終日토록愉快ᄒᆞ게行樂ᄒᆞ다가
凱旋歌도歸來ᄒᆞ세杏花夕陽天
萬歲萬歲萬歲萬歲萬萬歲
大韓帝國 皇帝陛下萬歲萬萬歲

〈그림 46〉 군부주사 김유택이 지은 관공사립학교 운동가
(《황성신문》 1907년 4월 26일)

민립학교끼리 단독으로 진행하는 운동회가 자주 열렸다. 이들 운동회는 그 지역 인근에 있는 각종 학교를 망라한 대규모 운동회였다. 그리하여 지방에 다수 설립된 민립학교 중심의 운동회가 활성화됐다.[141] 1906년 한 해만 하더라도 민립학교 주도의 운동회가 전체 운동회의 69퍼센트를 차지하기에 이른다. 당시 민립학교가 각지에서 증가했기 때문이다. 이 가운데 민립학교가 가장 많이 설립된 경기도·평안도·황해도·충청도에서 연합운동회가 자주 개최됐다. 지역마다 민립학교를 묶어 연합운동회를 개최함으로써 일제의 탄압에 꺾이지 않고 단합된 힘을 보여 주었다. 그 결과 1908년 4월에 평양에서 개최된 평안도 연합운동회에는 182개 학교가, 그리고 같은 해 5월에 강화에서 개최된 연합운동회에는 100여 개 학교가 참가했다.[142] 여기에 관람객을 포함하면 그 규모는 오늘날 프로야구 경기의 관중만큼 많았다. 또 상품이 마련돼 우승한 학생에게 수여됐다. 상품으로는 수첩·필기장·연필·서양종이 등이 있었다.[143]

당시 운동회는 주로 학교 밖에서 실시됐다. 물론 초기에는 궁궐, 유적지, 절 주변이나 학교운동장에서 개최됐다. 그러나 대다수 연합운동회는 훈련원이나 연무대 같은 넓은 연병장에서 개최됐다. 참가 인원도 만만치 않거니와 100보(60미터) 달리기 같은 종목을 치르기에는 비좁았던 것이다.[144]

왜 다수 식자층과 민립학교는 물론 관공립학교 운영자들은 이러한 운동회 개최에 관심을 가지고 진력했을까. 우선 운동회는 학생에게 정정당당한 경쟁심을 배양하고, 건강한 신체와 건강의 중요성을 인식하게 하며, 진취적인 상무정신 등을 고취하게 했다. 당시 황태자가 황실을 대표해 1907년 10월 26일 개최된 운동회에 참석해 다음과 같이 대독했다.

짐이 생각하건대 운동회는 소년 자제의 체육 장려함을 위함이니 정신을 유쾌히 하고 협동일치의 덕성을 함양하는 양법이라. 금일 훈련원에서 관공사립 연합운동회 설행함을 들으니 임원과 학원 등은 공명정대한 행동을 해 반드시 그 목적을 이룸을 시중하라. 이에 시신을 보내 그 실황을 시찰케 하노라. 짐이 시신의 복명을 기다려 양호한 성적을 듣고자 하노니 너희 임원과 학생은 열성으로써 국민체육의 선도자가 될 모범을 전국에 보임을 기극히 그 공을 완성할지라.[145]

운동회는 학생과 지역 주민이 혼연 일체가 돼 국권수호의 필요성

〈그림 47〉《을지문덕전》과 책 속의
을지문덕 그림

을 자각하는 체험의 공간이었다. 이들은 남녀노소 가릴 것 없이 운동장 중앙에 서 있는 태극기를 보면서 애국심을 느꼈고 애국가를 제창하면서 민족의식을 내면화했다. 특히 명망 있는 연사들이 연단에서 국가의 존망을 논하고 애국심을 역설할 때면 많은 학생과 주민은 연사의 주장에 공감하고 일제의 침략에 분노했다.[146] 특히 폐막 때에는 우승한 학생에게 도서·공책·연필·석필 등 여러 학용품들이 상으로 수여됐는데 이 가운데는 《월남망국사》,《을지문덕전》 같은 계몽서가 포함됐다. 학생들은 이 책을 읽으면서 국권수호 의지를 다지고 구국의 인물이 될 것을 다짐했을 것이다.

또한 운동회는 남학생과 식자층 남성의 전유물이 아니었다. 어린 여학생도 가부장제 사회 분위기에도 적극 참가해 운동회가 남성만의 전유물이 아님을 증명했다.[147] 나아가 서울 경희궁에서도 여학교 연합운동회가 열렸다. 다양한 종목을 만들어 여러 여학생이 수상하기도 했다.[148] 수원 같은 지방에서도 여학교 연합운동회가 개최되기도 했다.[149] 후일이기는 하지만 기생이 참여할 정도로 신분과 직업을 가리지 않는 모든 주민의 잔치였다.[150] 그리하여 운동회가 열리는 장소에는 주민은 물론 상인도 구름같이 몰려와 인산인해를 이루었다. 이들 모두 대한제국의 근대 국민이라는 의식과 일체감을 느끼게 하는 계몽과 소통의 공간이었다.

〈그림 48〉 군사행렬(《최신 초등 소학 권2》)
어린 학생들이 국기·나팔·나무검을 들고 행진하는 모습이다.

운동회에서는 군사훈련을 방불케 하는 온갖 체육행사가 진행됐으니, 마치 군인들이 나라를 되찾기 위해 벌이는 전쟁놀이 같았다. 물론 주된 종목은 1905년 이전과 마찬가지로 멀리뛰기, 높이뛰기, 이인삼각, 씨름, 사환射丸, 줄다리기 등이며, 그 밖에 새로운 종목으로 장애물경주, 제광경주提筐競走, 제등경주提燈競走, 기취旗取 등 다양한 유희적 경기와 계산경주라는 독특한 계몽적 경기가 열렸다.[151] 그러나 운동회를 시작할 때 남학생들이 총을 메고 행진해 운동장에 들어왔다는 점에 주목할 필요가 있다.[152] 심지어 여학생들이 장거리를 마다하지 않고 단총을 메고 대연합운동회에 참가해 신문에서 논설로 다루어지기도 했다. 예컨대 1908년 5월 평안남도 영유군永柔郡(지금의 평원군 영유면) 이화학교李花學校 학생 64명이 이 경성관사립학교 연합대운동회에 참가하기 위해 교기를 올린 채로 단총을 어깨에 메고 나팔을 불면서 정제된 대오로 이동했는데, 그 거리가 700리(약 275킬로미터)나 됐다.[153] 또한 국권의식을 드높이고 항일정신을 북돋우는 운동가를 불렀다. 공옥소학교 학생은 이러한 행보가를 불렀다.

사면 열강들은 호랑이들 같으나
무릅쓰고 마구 몰아나가세
나아가누나 나아가누나
우리 학생들이 나아가누나

우리 학생들은 전국 방패되어
임금 백성 위해 직책 다해
나아가누나 나아가누나

우리 학생들이 나아가누나[154]

당시 이런 모습은 운동회를 참관하던 일본인의 간담을 서늘케 했다. 일본인에게는 나팔을 불고 북을 두드리며 나아가는 모습이 완연히 무장한 군인의 시위행진으로 비쳤다.[155] 끝날 때도 학생들의 군사 훈련이 뒤따랐다. 당시 이러한 군사훈련은 체육교사들이 맡았는데, 개중에는 1907년 군대 해산 이후 쫓겨난 한국군 군인이 있었다. 수원 삼일학교 체육교사 송세호는 한국군 출신으로 구령이 크고 힘이 있어 서울에서 열리는 연합운동회에서 구령교사로 뽑혀 활약할 정도였다.[156] 나아가 운동회에서는 새로운 군사훈련이 소개되기도 했다. 예컨대 1907년 경기도 강화에서 열린 대운동회에서는 새로이 창안한 공격과 방어를 보여 주는 경기방식이 선을 보였다.

이번 운동 과정 가운데 새로 발명한 과목은 방어공격이니 10세 내외 학생 100명을 뽑아 50명씩 양 소대로 나누고 한 소대는 포대모자, 견장복장을 입혀 대포 1좌를 좌우열로 줄을 끌며 해당 소대장이 칼을 잡고 영솔해 전진케 했고, 한 소대는 보병모자 입전모(모자 앞 털 - 인용자)를 꽂으며 보병견장에 곡호병曲號兵(나팔을 부는 병정 - 인용자) 한 쌍이 해당 소대장을 따라 전진했고, 또 15세 내외 학생 60명은 경장하고 청홍건으로 머리를 감싸 최후열이 돼 결사대 모양을 했고, 20세 내외 학생 10명은 적십자표를 오른쪽 어깨에 붙이며 기구를 메고 해당 기의 신호를 따라갔는데 적진 형세는 운동장 한 가장가리에 학생 50명이 한 개의 성을 옹호한 모양이오 성내 높은 성채에 적장이 한 개의 기를 잡고 호령 도전하며 바깥에서는 학생 200명이 일 자 장사진을 열었더라. 얼마 안 되어 양진에서 포성이 연발해 한바탕 즐거이 싸울 때 포대에서 원거리로 대포를 발사하되 적의 세력이 견고해 끝내 충돌하지 못하더니 후열 결사대가 일제 일어나 포위해 오며 장사진을 부수며 적의 성채 호위병을 죽여서 흩어지게 하고 적의 기를 뽑아 가질 때 한편에서는 적십자군이 사상병을 메고 가고 또 다른 한편에서는 포로병을 결박해 잡아 한바탕 대전투를 경과한 후에 만세 삼창하고 군가를 부르며 한 진의 장졸이 각각 상을 받으며 돌아갔으니 희한한 운동과정이라 할 만하다.[157]

이 점에서 운동회는 국권을 수호하기 위해 미리 군사훈련을 치르는 자리인 셈이다. 그리하여 서울에 올라와 운동회 광경을 본 계몽식 자층은 고향으로 돌아가 이러한 운동회를 조직하고 실시했다. 《북간도》 작가 안수길의 아버지는 운동회에 이어진 연설에서 다음과 같이 설파했다.

… 서울에서 본 소견으로는 우리나라의 형세가 날로 기울어져 가 걷잡을 수 없도록 되어 있는 것이 사실입메다. 그것이 눈에 환히 보입데다. 그러나 한편으로는 뜻있는 인사들이 뻗디고 있고, 청년 학도들이 힘 있게 자라고 있는 것입메다. 도산 선생님(안창호 – 인용자)도 뵈었읍메다마는 선생님의 말씀도 우리나라는 우리 청년 학도들의 손에 달렸다고 했읍메다. 촌에 살다고 해서 멍해서는 앙이되겠습니다. … 그러구 학부모도 자녀의 뒤를 밀어 조야겠습니다. …[158]

이러한 연설 장면은 운동회가 지방 식자층에게 영향을 끼치면서 계몽과 소통의 매개이자 민족운동의 마당으로 활용됐음을 보여 준다.

끝으로 운동회는 민립학교설립운동을 확산하고 기부금을 받는 자리였다. 당시 관공립학교는 주로 황실이나 한국인 관리, 일본인 교장 등에게서 기부를 받는 반면에 사립학교 운동회에서는 지방 유지, 일반인, 노동자, 여성 등 다양한 계층에게서 기부를 받았다. 특히 기부자로서 일반 주민의 등장은 새로운 현상이었다. 이들 주민의 지원은 '한성'의 관공립학교 연합운동회를 제외한 모든 유형의 학교운동회에서 나타났지만, 민립학교 주도 학교운동회에서 두드러졌다. 예컨대 1906년 9월 인천 영화학교 추기운동회에 부인 73명이 많게는 10원 적게는 40전의 금전과 물품을 십시일반으로 기부했고, 그 밖에 일반 주민 9명이 금전과 운동회 필요 물품을 기부했다.[159] 또 함경북도 부녕군 청진항 연합운동회에 발기인들과 항내 부녀자들 및 노동자들이 200여 원을 기부했다.[160] 상인들이 학교운동회를 직접 지원한 사례도 보인다. 1908년 평안남도 각 학교 연합운동회에서 평양의 객주는 의주·용천 지역의 학생과 임원 150여 명의 음식비를 전담했다.[161] 1908년 민립학교가 주로 참가한 인천 관공립사립학교 연합운동회에서는 창기 35명과 청소부 27명이 총 70원을 기부했다.[162] 특히 민립학교 교장과 교감 등 학교운영자들이 솔선수범해 운동회에 많은 금전을 기부했으며, 학생들도 1원 내지 수십 전씩 운동 경비를 부담하기도 했다.[163] 그리고 지역 노동자들이 무임으로 자원해서 운동장을 평평하게 개선했으며, 어떤 주민은 손수 밥을 지어 학생과 교직원을 직접 대접하기도 했다.[164] 이러한 지역 주민의 지원과 기부 행위는 한국 농촌 사회의 오랜 전통으로서 교육구국운동과 결합해 새롭게 빛을 발하기에 이르렀다. 그 밖에 학회들도 운동회에 적극 기부하거나 연설원을 보내 애국 계몽 연설을 하게 했다.[165]

그런데 이 기부금에는 운동회 경비만이 아니라 학교 설립과 운영에 필요한 각종 경비도 포함됐다. 당시 지방 식자층은 이 자리를 빌려 학교 설립의 필요성을 역설했고 지역 주민은 여기에 적극 호응했기 때문이다. 물론 개중에는 이러한 운동회를 빌미로 이익을 취하기도 했다. 예컨대 지역의 일부 유지는 신분 상승과 과시 욕망을 충족하고자 했다.[166] 또 일부 상인은 여관·음식점·잡화점 등을 운영해 한몫 잡으려 했다.[167] 게다가 유림들의 저항으로 운동회가 무산되기도 했다.[168] 그러나 지역 주민 대다수는 교육구국운동에 공감하면서 학교 설립과 운동회에 참여했다.

이에 통감부는 운동회 개최 기간에 이루어지는 주민의 기부 행위에 경계를 늦추지 않았다. 친일 학부대신 이재곤李載崑(1859~1943)은 1908년 5월 관찰사회의에서 다음과 같이 운동회 폐단을 언급했다.

근년에 학교 연합운동회가 각지에서 서로 경쟁적으로 개최되어 거의 일종의 유행과 같은 모습을 보이고 있다. … 따라서 금후 운동회는 춘추 2회에 그치게 하고 그 연합 구역을 될 수 있는 대로 한 군 또는 한 지방에 국한하게 해 시일과 비용을 절약해 행하도록 주의하게 해야 할 것이다. 또 세인이 왕왕 운동회 등에 대해 다액의 기부를 하면서도 학교의 유지나 그 내용의 개량과 같은 유익한 사업에 대해서는 투자에 인색하는 풍속이 있다. 지방관은 이 사태를 살펴 이를 이득하는 데 게을리하지 않기를 바란다.[169]

이 기사를 통해 학부대신이 당시 활발하게 열린 연합운동회에 대해 개최 횟수와 연합 구역을 규제할 것을 지시하는 동시에 당시 지역 주민이 운동회에 많은 기부를 하는 상황에 직면해 지방관들이 간여해 규제할 것을 요구했음을 확인할 수 있다.

그리고 한 달 뒤인 1908년 6월 이토는 다음과 같이 운동회를 혹독하게 비판했다.

한국 내에는 학교라고 칭하는 것이 매우 많다. 무릇 학문은 다 나쁘다고 단언할 수 없지만, 이들 이른바 학교라는 것들은 과연 오늘날의 급무에 적합한가 아닌가는 고려해야 할 것이라 믿는다. 금일의 급무는 한인으로 하여금 우선 먹고 입는 게 궁하지 않게 하고, 그 후에 다양한 능력을 익히는 교육을 해야 할 것이다. 쓸데없이 독립을 주창해 애국을 외쳐도, 무위도식하면 국가를 위해 아무런 이익이 없다. 최근 학교의 운동회라는 것이 각지에서 행해지고 있지만 이러한 천박한 방법으로 애국심의 발동을 재촉하는 것은 매우 어리석은 일이다. 학교운동회는 국가를 지키는 데 아무 이익도 없다. 그러나 이를 장려해 배일주의를 외치고 다니는 어리석은 행위는 한국의 이익이라고 전혀 할 수 없고, 그저 학교 학생과 일본 병사 사이에 충돌을 일으킬 뿐이다. 깊이 반성해야 한다.[170]

　그는 운동회가 반일계몽운동으로 흐르는 것을 매우 경계하면서 운동회를 중지할 것을 주문했다.

　그에 따르면 주민의 기부 행위는 운동회의 반일 계몽 지향적 성격을 지원하는 행위인 셈이다. 나아가 운동회가 애국계몽운동의 언설 공간이 되면서 민립학교가 확산되는 계기가 됨을 우려한 것이다. 그리하여 통감부는 운동회의 개최 자체를 금지했다. 당시 학부차관 다와라는 평양에서 열린 연합대운동회를 보고 그 심정을 토로하면서 학생들이 나팔을 불고 북을 치며 행진하는 것을 '무작정 시위'로 규정하기도 했다. 또 통감부에서는 학교의 체조시간에 나팔을 불고 북을 치며 많은 사람을 모이게 하는 것은 치안에 미치는 영향이 크다고 우려하면서 이를 문제 삼기도 했다.[171] 1909년 4월 대운동회를 끝으로 통감부는 서울의 관립학교와 민립학교가 함께 모여 열린 연합대운동회를 재정난을 내세워 폐지했다.[172]

일제의 민립학교 탄압

　통감부는 한국인의 민립학교설립운동과 학교운영 방식에 불만을 품고 이를 억제하고자 했다. 이러한 노력은 학교설립과 운영, 교과서 사용, 학교 감독 등 여러 방면에서 조직적으로 강구됐다.

우선 한국인의 공립형 민립학교설립운동을 저지하고자 교육자치제를 근본에서 막았다. 이에 1908년 7월 2일 〈학부훈령 66호 학무위원규정준칙〉을 제정해 각도 관찰사와 한성부윤에게 훈령했다. 이 훈령에 따르면 학교운영의 주축이라 할 학무위원을 한국인의 요구와 달리 선출하지 않고 촉탁하게 하고 그 임무는 관찰사와 한성부윤을 보좌하고 자문하는 데 국한했다.[173] 이로써 통감부는 한국인이 아래부터 논의하는 교육자치를 봉쇄하는 한편 관치 방식으로 학교운영을 통제할 수 있었다.

이어서 통감부는 민립학교를 전반적으로 감독·통제하기 위해 1908년 8월 26일 칙령 제62호로 〈사립학교령〉을 제정했다. 주요 내용을 인용하면 다음과 같다.

1조 사립학교는 별단의 규정이 있는 것을 제한 외에 모두 본령 규정에 의해야 한다.
2조 사립학교를 설립하고자 하는 자는 다음의 사항을 구비해 학부대신의 인가를 받을 수 있다.
① 학교의 목적, 명칭과 위치
② 학칙
③ 교지 교사의 평면도
④ 1개년 수지예산

⑤ 유지방법(단 기본 재산 또는 기부금에 대해서는 증빙서류를 첨부해야 한다)

⑥ 설립자, 학교장과 교원의 이력서

⑦ 교과용 도서명

4조 사립학교는 그 명칭에 사립 두 자를 덧붙인다.

6조 사립학교에서 사용하는 교과용 도서는 학부가 편찬한 것이거나 학부대신의 검정을 경유한 것 가운데서 택해야 한다. 사립학교에서 전항 이외의 도서를 교과용 도서로 사용하고자 할 때는 학부대신의 인가를 받아야 한다.

8조 다음의 각 조항 어느 하나에라도 해당하는 자는 사립학교의 설립자, 학교장 또는 교원이 될 수 없다.

① 금옥 이상의 형에 처했던 자(단 특사복권된 자는 이 조항에 해당하지 않는다)

② 징계처분으로 면관에 처하고 2개년을 경과하지 아니한 자(단 징계를 면한 자는 이 조항에 해당하지 않는다)

③ 교원허장 환수의 처분을 받고 2개년을 경과하지 아니한 자

④ 성행불량으로 인정된 자

9조 사립학교의 설비, 수업, 기타 사항에 대해 부적당하다고 인정할 때에는 학부대신은 이의 변경을 명할 수 있다.

10조 다음의 경우에 학부대신은 사립학교의 폐쇄를 명할 수 있다.

① 법령의 규정을 위배할 때

② 안녕질서를 문란케 하거나 풍속을 괴란할 우려가 있을 때

③ 6개월 이상 규정 수업을 하지 않을 때

④ 9조에 의해 학부대신의 명령을 위반할 때

11조 설립인가를 받지 아니하고 학교의 사업을 하는 자에 대해 학부대신은 그 사업의 금지를 명할 수 있다.

12조 사립학교장은 매년 5월 말일 현재 직원 성명, 담당 학과목, 학년별, 학원 학생 재적자 수와 출석자 수, 교과용 도서명, 회계 상황에 관한 보고서를 조제해 익월 내로 학부대신에게 보고해야 한다.

13조 지방관은 학부대신의 지휘에 따라 그 소관 내의 사립학교를 감독한다.[174]

〈사립학교령〉의 핵심은 2조·6조·8조·10조·12조로, 민립학교를 관리하는 차원을 넘어 한국인이 추진한 민립학교설립운동의 확산을 저지할뿐더러 민립학교 교수 내용을 제한하고 애국 교사의 채용을 억제하는 데 중점을 두었다. 특히 8조 교장·교원 자격 요건에서 볼 수 있듯이 교원의 전문성보다는 범법 사실 여부를 조회하는 내용이 주를 이루었다. 국권수호운동에 관여한 인사를 철저히 배제하려 한 것이다. 또한 2조 5항에서 기본 재산 또는 기부금에 대해서는 증거서류를 첨부하게 해 민립학교의 설립과 운영을 통제하고자 했다. 이에 한국인 식자층이 〈사립학교령〉 취지에 의구심을 표명하자 통감부는 학부차관의 언설대로 〈사립학교령〉이 사립학교 폐멸에 목적을 두지 않고 구식학문에서 벗어나 신식학문을 교습함으로써 교육 진흥을 하는 데 있음을 강조했다.[175]

그러나 이러한 주장은 법령의 취지를 호도하는 발언이었다. 한국인 민립학교는 신청된 1217건 중 겨우 42건밖에 인가되지 않았다. 이후 공립형 민립학교들의 설립 추세는 1908년 말을 고비로 꺾이기 시작했다. 1908년 492개가 설립됐는데 1909년에는 272개, 1910년에는 149개에 지나지 않았다.[176] 심지어 많은 학교가 운영비 부족으로 폐교되기에 이르렀다. 그리하여 〈사립학교령〉에 따라 민립학교를 정리해보면 1910년 5월에는 1년 9개월 동안 인가된 민립학교는 5000여 개중 단 2250개에 지나지 않았다.[177] 이러한 현상은 일제가 노린 목표가실현됐음을 의미했다.

또한 기본금과 기부금에 대한 통제는 바로 훈령을 통해 구체화됐다. 1908년 9월 "학교 설립에 기본금 수천 환 이상을 준비하지 아니하면 유지 방법이 견고치 아니하다고 해 설립청원서를 수리하지 않는다"[178]는 훈령을 내렸다. 당시 이러한 훈령은 학교 재정의 내실을 내세워 기본금이 모자란 민립학교를 인가하지 않겠다는 의지의 소산이었다. 다만 종교계 사립학교는 기부금 단속이라든가 여러 요인에서 제약을 받지 않았기 때문에 타격이 없었다. 〈사립학교령〉은 학부당국자가 말했듯이 일반 사립학교라 할 공립형 민립학교에 해당됐다.[179] 그리고 통감부는 지방민이 요구한 교육자치제의 기반이라 할교육비 부담 구역 설치안도 지방비 실시를 빌미로 거부했다. 이전과달리 지방비 시행으로 별도의 교육비 부담 구역을 설정할 수 없다는것이다.[180]

이처럼 학교 설립과 운영, 교과서, 교사 등의 요건을 엄격하게 제한함으로써 민립학교의 설립과 교습 활동을 억제했다. 그것은 주권 수호가 목표인 한국인의 민족교육을 사전에 저지하겠다는 극단의 조치였다.

반면에 종교계 사립학교는 일본이 미국 및 영국과 빚어질 외교 마찰을 우려해 인가를 까다롭게 하지 않았다. 오히려 학부차관은 "원래 외국 전도회가 교육에 종사하는 목적은 정령에 잘 복종하는 양민을 양성하려고 하는 데"에 있음을 강조하면서 영·미 선교사가 주도하는 종교계 학교에 대한 신뢰를 드러냈다.[181] 심지어 이토는 외국인 선교사에게 "당신의 학교를 재차 심사하려고 하는 것은 아니다. 다만 서류를 다시 한 번 작성하기 때문에 귀찮지만 협력해 주었으면 한다"라는 뜻을 전하며 종교계 학교 관계자를 무마했다.[182] 실제로 이토가 통감을 사임할 때인 1909년 6월 종교계 학교는 신청된 778건이 모두 인가됐다. 따라서 이토에게는 외국인의 반감을 사지 않고 민립학교의 반일세력을 분열하려는 의도가 있었다고 하겠다. 그러나 이토 이임 후 한국인 민립학교가 종교계 학교로 명의를 바꿀 것을 우려해 민립학교들을 속속 인가했다. 한국인 민립학교가 치외법권을 행사하는 서구인의 학교가 되지 않음으로써 일제가 적절하게 통제할 수 있다고 판단했기 때문이다.[183] 그리하여 종교형 사립학교가 기본금이나 기본전담 또는 수업료, 기부금, 교회 보조비 등이 확보된 데 반해 공립형 민립학교는 이러한 재원을 확보할 수 없었다.[184]

〈사립학교령〉의 또 다른 목표는 6조에서 규정했듯이 교과서를 학부가 편찬하거나 학부대신이 검정한 것으로 제한함으로써 민립학교의 교육내용을 철저하게 통제하는 데 있었다. 이토는 이에 관해서도 교묘한 방법을 강구했다. 〈사립학교령〉을 공포한 지 이틀 뒤인 1908년 8월 28일 〈교과용도서검정규정〉을 공포했는데,[185] 민간인 저작 교과서의 검정 또는 인가 기준은 다음과 같다.

1조 정치적인 면

① 한국과 일본의 관계 및 양국의 친교를 막거나 나쁘게 말하는 것은 없는가

② 한국의 국시에 위반해 질서와 안녕을 해치고, 국민의 행복을 무시하는 말은 없는가

③ 한국 고유의 국정과 어긋나는 내용은 없는가

④ 잘못된 애국심을 불러일으키는 것은 없는가

⑤ 배일사상을 고취하거나 특히 한국인에게 일본인 그 밖의 외국인에 대해 나쁜 감정을 가지게 하는 기사나 어조는 없는가

2조 사회적인 면

① 음란하거나 그 외 풍속을 어지럽히는 말이나 기사는 없는가

② 사회주의 그 밖에 사회평화를 해치는 기사는 없는가

③ 황당무계한 미신에 해당하는 기사는 없는가

3조 교육적인 면

① 기재 사항에 오류는 없는가

② 정도나 분량, 재료의 선택은 교과서가 목적하는 바에 맞는가

③ 편찬 방법은 적당한가[186]

여기서 주목할 것은 1조 ①, ④, ⑤항과 같이 일본에 우호적인 내용이 서술될 것을 요구했다는 점이다. 이 기준은 1909년 각급 학교령을 개정해 여타 민립학교에서 사용하는 교과서에도 적용됐다. 그 결과 일부 민립학교는 통감부가 검정 인가한 교과서와 일본어 위주로 하는 수업에 반발해 폐교되기도 했다.[187]

특히 통감부는 학부 검정 교과서 이외의 교과서를 사용할 경우 사용 인가를 받게 했는데, 이 과정에서 지방의 헌병과 경찰에게 단속을 의뢰했다. 그리하여 학교에서는 이제 조선의 역사와 문화를 배울 수 없었다.

나아가 일제는 학교 밖에서도 조선의 역사와 문화를 배울 기회를 박탈하려 했다. 1909년 2월에 공포한 〈출판법〉을 근거로 교과서나 일반 서적의 발행과 내용을 일일이 검열했다. 이때 가장 많이 압수된 책이 바로 《유년필독》이었다. 일제의 이러한 조치는 한국인의 민족의식을 누르겠다는 의지를 보여 주었다 하겠다.

관비유학생 출신 류승흠柳承欽은 〈교육방침에 관한 의견〉에서 교과서 편찬의 기본 방향을 제시하면서 일제의 교과서 편찬을 다음과 같

이 비판했다.

제1 교과서편에는 비록 누구라도 외인의 간섭은 일체 거절하고, 중학 이하 정도와 역사 지지와 같이 성질이 있거나 본래 동적인 종류에 속한 교과서는 그 온오薀奧를 연찬硏鑽하며 원칙을 명확히 하기 위해 일정한 편술가에 전임하며, 기타 중학 정도 이상과 각 과학에 관하여는 지육적이거나 가동적 종류에 속한 것은 널리 여러 학자에게 방임해 세세한 규칙에도 각기 의견대로 다수 번역과 편술하기를 바라노라.

제3 교육 순서의 지점 선후 이는 본보 제7호 본제 제1항, 즉 교육기관의 조성이란 하에 병설한 고로 이에는 생략함.[188]

일부 민립학교는 통감부의 지시에 굴하지 않고 여전히 《유년필독》과 《동국사략》을 교재로 활용했다. 심지어 종교계 학교 일부도 이 책들을 교재로 활용하다가 통감부의 요구로 거둬들였다.[189] 또한 일부 민립학교는 검정 불합격 교과서를 사용하다가 경찰에 압수당하는 일도 일어났다.[190] 나아가 이토를 처단한 안중근은 공판정에서

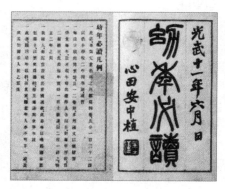

〈그림 49〉《유년필독》

이토를 처단한 여덟 번째 이유로 교과서 문제를 들었다. 그것은 한국의 학교에서 사용한 좋은 교과서를 일제가 이토 지휘로 소각했기 때문이다.[191]

그 밖에 통감부는 국권수호와 애국사상을 고취하는 창가가 급속히 퍼지자 일부 창가를 금지했다.[192] 1909년 7월 한성부윤 장헌식張憲植은 한성 내 각 사립학교장에게 타당하지 않은 가사를 사용하는 것은 교육의 범위를 벗어난 것이니 이를 사용하지 말 것을 주지하게 하고 직원 학생에게 엄칙할 것을 당부했다.[193] 아울러 민립학교에서 널리 사용되는 교과서와 함께 기존 창가를 적극 단속하기 시작했다.[194] 이때 학부의 힘만으로는 단속하기 어려워 경찰 관리가 엄금케 했다. 나아가 1910년 5월 《국어독본》의 운문에 곡을 붙인 《보통교육 창가집》을 간행해 학교에서 사용하게 함으로써 기존의 애국 창가가 유포되는 것을 막았다.[195] 이 창가집에는 모두 27곡의 창가가 수록됐는데, 그 대부분이 일본의 창가를 우리말로 번안하거나 개작한 것이었다. 그리하여 민립학교 학생이 널리 부르던 창가마저 역사에서 사라졌다.

통감부가 이처럼 민립학교 설립을 억제하자 《대한매일신보》를 비롯한 계몽운동가 식자층은 민립학교 설립에 필요한 재원을 확보하는 데 힘을 쏟았다. 그것은 명망가라든가 상인에게만 의존하지 않고 지역 주민의 지원에 바탕을 두어 학교를 설립하고 운영하고자 했기 때문이다.

장하다 한국에 교육가 제공이여 국민교육의 중임을 담당하고 학교를 설립하는 데 그 힘을 다하고 학교를 유지하는 데 그 재산을 기울여서 땅을 풀고 집을 풀어도 아끼지 아니하니 상쾌하다 제공의 뜻이여.

저 해외 열강국에는 의무교육의 제도가 성행해 각 군 각 면 각 촌에서 그 교육비를 각각 분배해 담당하거니와 한국은 그렇지 아니해 학교집 한 칸을 건축해도 다만 지사의 돈을 힘입으며 교사 한 사람을 고빙해도 또한 지사의 돈을 기다려서 하니 어렵도다 제공의 사업이여.

근일에 한국 안에서 사립학교가 곳곳에서 일어나니 어떤 고을 어떤 사람은 돈 몇 천 환을 연조하며 어떤 고을 어떤 사람은 밭 몇 날갈이를 기부해 각각 그 주먹을 부릅쥐고 그 마음을 괴로이 해 교육이 흥왕할 도를 강구하니 우리는 제공을 위해 항상 마음으로 축원하는 바이거니와 근일에는 전일보다 일층 더 곤란한 문제가 성했으며 일층 더 위협한 경우를 당했으니 곧 〈사립학교령〉이라 이 〈사립학교령〉은 일반 제공도 익히 아는 바이거니와 사립학교에 상당한 기본금이 없으면 폐지케 하기로 했도다.

오호라 즉금에 소위 사립학교가 나라 안에 별같이 벌려 있으나 그 실상은 완전한 기본금을 갖춘 학교가 몇이나 있는가. 전일에는 기본금이 없을지라도 몇몇 유지한 사람이 오늘에 몇 환을 내고 명일에 또 몇 환을 내어 근근이 유지해 왔으나 즉금은 기본금이 없으면 할 수 없을 터이오 전일에는 기본금이 없을지라도 다만 교육가에서 자의로 학교를 설립하며 아무 구애함이 없이 가르쳤거니와 금일에는 기본금만 없으면 할 수 없을 터이라

그런즉 지금부터는 상당한 기본금이 없으면 새로 설립도 못할 것이오 이

미 있는 학교는 폐지가 될 지로다

오늘날 한국 경제계를 살펴보건대 재정의 고갈함이 날로 심할 뿐 아니라 비록 유지한 자본가에서 재산을 아끼지 아니하고 학교경비를 담당할지라도 또한 일이 년 혹 삼사 년이면 자본이 다해 어찌할 수 없는 지경이 될 염려가 있는 중에 정부에서 억지로 폐지케 하는도다

만일 금일에 앉아서 아무 방침이 없으면 필경에는 전국 안에 각 학교가 구름같이 사라지고 안개같이 흩어져서 몇 해 동안 새로 싹이 조금 나던 교육계가 흑암한 광경이 드러나리니 어찌 급히 정신을 찾을 일이 아닌가. 백방으로 생각할지라도 교육가 제공이 일제 협력해 상당한 기본금을 구취하되 한 촌에서 못하거든 한 면이 합해 하고 한 면에서 못하거든 한 고을이 합해 하고 한 고을에서 못하거든 두어 고을이 합해 완전한 학교를 설립하고 일면으로는 학교를 확장해 교육의 풍력을 권장할 밖에 없도다

과연 이렇게 하면 비록 정부에서 기본금이 부족한 학교를 폐지할지라도 기본금이 완전한 학교는 보전할 터이니 이것이 어찌 양책이 아닌가.[196]

통감부가 〈사립학교령〉을 제정해 명망가의 지원에 의존해 온 대다수 민립학교를 기본금 부족을 빌미로 폐지하려 하자, 한국인 계몽운동 식자층은 그 대안으로 이전에 시도한 교육자치제와 의무교육제도를 기준으로 공립형 민립학교를 유지하고자 했다.

이에 일제는 민립학교의 재정 운영에 개입해 통제하고자 했다. 통감부는 1909년 2월 〈기부금품 모집 단속 규칙〉을 공포해 기부금을 모

집할 때에는 내무 및 관계 대신의 허가를 받게 했다. 이는 민립학교 재정에서 중요 부분을 차지한 기부를 제한하려 한 것이다. 특히 〈지방비법〉, 〈향교 재산 단속 규칙〉을 제정해 민립학교의 주요 재원인 지방의 각종 조세와 향교 재산, 서원 소유의 땅 등을 장악하고자 했다. 동시에 〈사립학교 보조 규정〉을 두어 일본인 교사를 채용하게 유도했다. 일본인 교사를 둠으로써 민립학교까지 장악하겠다는 의도였다. 그뿐만 아니라 인가를 받지 못한 민립학교는 재산을 소유할 수 없게 하고 세금제도의 혜택도 받지 못하게 해 학교운영 부담을 가중했다.

일제는 1909년 4월과 7월에 각각 〈보통학교령〉과 〈보통학교령시행규칙〉을 개정했다. 주목할 것은 민족의 애국심과 민족정신을 기르는 과목으로 중시된 역사의 비중을 크게 낮추면서 역사와 지리를 통합해 지리역사로 표현했다는 점이다. 더욱이 교수 요지에 "… 지리와 역사는 특별한 시간을 정하지 아니하고《국어독본》과《일어독본》에 실린 대로 교수하나니 …"[197]라고 해 실제 교수 시간을 없애 버렸다. 그 밖에 수예과목이 기존에는 선택이었으나 이제는 필수가 돼 주당 수업시간도 늘어났다. 일제는 보통학교교육이 진학을 위한 기초교육이 아닌 실업교육을 강화함으로써, 보통학교에서 모든 학업을 끝내는 완성교육이 되는 것에 중점을 두었음을 분명히 하기 시작했다.

그러나 일제의 이런 탄압과 우민화 작업 속에서 민족계 민립학교들은 앞으로 이 나라의 국권회복을 위해 힘쓸 아동을 키워냈다. 우선 민립학교 일부에서는 여전히《유년필독》을 비롯해《동국사략》등의 일제가 금지한 교과서를 사용했고, 심지어 〈안중근 일기〉, 〈이등공 암살 사유 7개조〉, 〈신협약 기일〉 등을 학습 자료로 제공했다.[198]

〈그림 50〉 김원봉

또한 한국인은 통감부가 연합운동회를 규제했음에도 연합운동회를 꾸준히 개최했다.[199] 운동회는 한국인에게 공동체 의식을 함양하는 공간이자 국권수호 의지를 다질 수 있는 민족운동의 자리였기 때문이다.

훗날 의열단을 만들어 일제를 불안케 한 김원봉金元鳳(1898~1958)[200]은 마산 창신학교를 세운 고모부 황상규黃尙奎(1890~1941)의 지도로 반일사상을 품고서 성장했다. 그는 창신학교를 졸업한 뒤 전홍표全鴻杓가 세운 동화중학교에 입학했다. 전홍표는 김원봉을 비롯한 학생들에게 이렇게 격려하곤 했다.

미래는 너희들의 것이다. 너희들이 분기하지 않고 대체 누가 조국광복의 대업을 이룰 것이랴?[201]

이렇듯 교장선생의 훈계와 격려를 받을 때마다 어린 학생은 모두 "선생님, 저희는 언제까지나 그놈들과 싸우겠습니다. 싸우고 또 싸워서 기어코 나라를 찾고야 말겠습니다"[202] 하고 마음속으로 맹세를 거듭했다. 이들 학생 가운데는 김원봉뿐만 아니라 최수봉, 윤세주, 김상윤, 김소지, 박소종, 정동창 등이 훗날 의열단원으로 성장했다.[203]

한편 일제는 근대적인 교육 기관으로 탈바꿈하던 서당을 개량해 유지했다.[204] 그것은 서당을 폐지할 경우 학생을 모두 보통학교로 흡수할 수 없었을뿐더러, 서당 폐지에 따라 사립학교가 증가하면 오히려 문제가 커진다고 판단했기 때문이다. 다만 서당이 관공립보통학교의 설립과 운영에 방해가 되지 않게 신경을 곤두세웠다. 또한 보통학교 취학을 장려하기 위해 수업료를 면제해 주고 교과서나 학용품을 주며, 취직에서 특전을 약속했다. 그러나 한국인은 보통학교에 취학하지 않고 서당에 들어갔다. 당시 '자식을 보통학교에 보내면 남자는 졸업 후 내지(일본)로 데리고 가 병졸로 해 총알받이로 삼는다. 여자는 내지로 데리고 가 창녀로 판다'는 유언비어가 떠돌아다닐 정도였다.[205]

1910년 1월 통감부는 연합운동회가 탄압에도 여전히 성행하자 공사립학교를 통틀어 운동회는 1교 단독으로 개최하며 기간도 1일에 한해 하라는 훈시를 내렸다.[206] 이제 민족교육 차원에서의 운동회는 사라지고 오로지 유흥, 체력 단련, 오락 등의 기능만 남은 운동회가 됐다.

통감부는 보통학교를 비롯해 한국 학교에 대한 장악이 궤도에 오르자 수업료 징수의 가능성을 열어 놓았다. 즉 〈개정 보통학교령〉 2조 2항에서 "보통학교에서는 수업료를 징수할 수 있다"[207]라고 규정해 차

후 수업료를 징수하고자 했다. 이전만 하더라도 보통학교에 학생을 끌어들이기 위해 수업료를 징수하기는커녕 지필묵까지 제공했지만, 이제는 재정 위기를 핑계 삼아 서서히 본색을 드러내기 시작한 셈이다.[208] 그리고 1910년 강제 병합 이후 수업료 징수는 기정사실이 됐다.

한편 일제의 강요로 퇴위한 고종은 1908년 3월 15일 서북간도 및 부근 지역민에게 "민이 나라의 근본이며 대한은 고종 1인의 대한이 아니라 너희 만성萬姓의 대한"[209]임을 강조하면서, "너의 몸을 세우고 피를 뜨겁게 하고 학문을 닦아 광복을 이루어"[210]낼 것을 당부하는 글을 보냈다. 학문에 힘씀으로써 때를 기다리고 인내해 마침내 독립을 이루어내자는 점이 주목할 만하다. 이러한 고종의 학문과 독립에 대한 의지는 간도와 연해주에 거주하는 한인의 교육열을 북돋았을 것이다.

그리하여 1906년에 이상설이 설립한 서전서숙이 이듬해에 일제의 공작을 이기지 못해 폐교되자 용정 명동촌의 지도자 김약연金躍淵(1868~1942)은 1908년 4월 27일 기존의 서당을 합친 명동서숙을 세웠다.[211] 이는 사숙의 형태를 띤 기존 서당의 운영방식에서 탈피해

〈그림 51〉〈서북간도와 그 부근에 거주하는 민인들에게 내리는 문서(諭西北間島及附近各地民人等處)〉(1908년 3월)

지역사회에 근간을 둔 신식학교로 전환했다는 점에서 민족교육의 새로운 산실로 거듭났음을 의미했다. 특히 서전서숙의 교원들을 초빙하고 서전서숙이 이루지 못한 근대 지향의 반일교육 방침을 명동서숙은 자연스레 승계했다.

이후 명동서숙은 1909년 명동학교로 개칭하고 본격적인 교육활동에 들어갔다. 이를 위해 황의돈(역사), 장지영(한글), 김홍일(체육) 등을 교사로 초빙했다. 명동학교가 기독교교육과 더불어 민족독립의식을 갖춘 인재를 양성하는 데 힘을 기울인다는 명성이 국내외에 널리 알려지자 간도 일대뿐만 아니라 국내와 연해주 등지에서도 입학생이 몰려들었다. 명동학교는 1901년 중학부를 증설한 데 이어, 1911년 이 학교를 방문한 보창학교 창설자 이동휘가 여성교육의 필요성을 역설함에 따라 북간도에서는 처음으로 학교 내에 여학부도 병설하기에 이르렀다. 당시 학생 수는 중학부에 160명(남자 114명, 여자 46명), 소학부 280명(보통과 121명, 고등과 159명), 그리고 여학부에는 65명 등 총 505명이 등록됐을 정도였다.[212] 고종의 칙유대로 이제는 국내가 아닌 간도에서 민족독립과 후세의 민족의식을 고취하기 위한 민립학교설립운동이 본격화되기에 이르렀다.

이때 소학부에서는 국어, 동국 역사, 성경, 교육학, 창가, 체조 등을 이수했으며,[213] 교과서는 한국 내에서 이미 배포가 금지된 《유년필독》,《월남망국사》 등이 사용됐다.[214] 그 밖에 이들 간도 거주 한국인은 일제가 운동회를 단속함에도 운동회를 개최해서 애국정신을 고취

〈그림 52〉 북간도의 서당(1905년)
《천자문》을 앞에 놓고 찍은 사진, 여학생도 보인다.

하고 군사교육과 체력단련을 통해 대일전쟁을 대비했으며, 수많은 애
국지사가 연설과 강연으로 민족의식을 일깨웠다. 그뿐만 아니라 명
동학교는 생업으로 정규 교육과정에 들어오지 못하거나 나이든 농민
을 대상으로 문맹을 퇴치하기 위한 야학을 운영했고, 교과 속에 사범
교육학을 개설해 교사를 양성하거나 강습회를 열어 교사를 재교육하
는 데에도 힘썼다.[215] 식자층과 교사들은 이처럼 이국 하늘 아래서 희
망의 씨앗을 뿌렸고 학생들은 이러한 어른들의 가르침과 돌봄 속에서
굳건한 성인으로 자라났다.

또한 국내에서 개최하기 어려운 연합대운동회가 북간도에서 부활

됐다. 연합운동회를 통해 조선인은 공동체적 정체성을 공유하는 기회를 가질 수 있었다.[216] 공동체적 정체성은 태극기, 애국가 등 강렬한 민족주의 코드를 통해 공유됐다. 또한 연합운동회는 많은 조선인이 한 자리에 모임으로써 활발한 인적 교류의 마당이 됐다.

3

학생의 일상생활과
문화

단발의 확산과 복장 지도

1905년 을사늑약 이후에도 학생들의 문화가 급격하게 바뀌지는 않았
다. 그러나 단발이 보급되고 학생들의 복장에도 많은 변화가 일어났
다. 급기야는 단발이 신문화의 상징으로 부각되면서 신구 문화의 충
돌로 이어졌고 사회문제로 발전했다. 또한 한성사범학교와 법관양성
소 등에 이어 외국어학교, 의학교, 중학교 등이 한성부에 설립되면서
지방에서 상경한 유학생들의 기숙문제가 사회적 주목을 끌었다.

　러일전쟁을 전후로 정부 관리들이 단발에 동참하면서 관립학교 역
시 이 분위기에 휩싸였다. 당시 단발은 단지 머리모양의 변화에 그치
지 않았다. 이웃나라인 청나라는 단발과 양장을 혁명의 조후라 여겨

해외 유학생들의 단발과 양장을
금지하고자 했지만, 청나라 복장
이 군사훈련에 불편하다고 해 양
장은 허용하되 단발은 여전히 금
지할 정도였다.[217] 또한 대한제국
도 단발에 대한 거부감이 커서 군
인·경관·외교관만 단발할 뿐이지
기타 관인은 동참하지 않았다.[218]
심지어 단발한 자들은 일진회뿐
이라 여기며 단발에 반발해 큰 소
요를 일으킬 정도였다.[219] 당시 세

〈그림 53〉 김산

간에서는 단발을 하고 양복을 착용한 자를 '구신파'라고 하고, 상투
를 틀고 한복을 입은 자를 '수구파'라 불렀다. 1905년생인 김산金山
(1905~1938)[220]은 단발을 둘러싼 향촌 사회의 논란을 다음과 같이 회
고했다.

어른 간에 단발문제로 논란이 있었던 기억이 난다. 그 문제가 마치 세상에
서 가장 중요한 것인 듯이 보였다. 상투를 잘라버린 사람은 다른 사람한테
배척 받는 존재였다. 그런 사람이 지나갈 때 우리 꼬마들은 손가락질을 하
며 놀려댔다. 단발을 했다는 것은 그들이 독립협회의 회원(김산의 착각, 당시
계몽학회나 일진회 등을 가리킴 – 인용자)이라는 것을 의미했다. 그들은 신식학교

를 세우고 이제 막 일어나고 있는 일의 의미를 사람들에게 가르치려고 했으나, 마을 사람들은 고함을 지르고 떠들어대면서 떼를 지어 이 학교로 몰려갔다.[221]

그리하여 정부는 단발은 점진적이고 단계적으로 진행해야 했다. 당시 단발이 문명의 여부를 나타내는 지표가 아니라는 반론이 만만치 않았기 때문이었다.[222] 1895년에 유생 의병장들이 단발령에 반발해 의병을 일으킨 데다가 단발을 일본화로 여기던 터였다. 그럼에도 정부의 계도와 단발의 편리로 인해서 단발은 교장, 교사는 물론 학생에게도 확대됐다.[223] 그리하여 단발 반대론자들은 이를 '신세계'라 비판했다.

이런 가운데 경상남도 웅천군(오늘날 창원시 진해구) 소재 웅천학교의 학생 3~4인이 서로 결의해 체발함으로써 학부모가 대경실색해 학생의 등교를 막기에 이르렀다.[224] 이에 학생 13명이 교실 작은 방에 모여 심야에 서로 체발하면서 문명시대의 도래와 황제의 단발을 명분으로 삼았다. 이는 더욱더 사태를 악화해 학부모가 주도해 학교를 폐교하고자 했다. 그리고 웅천군수 신석린은 학생들을 불러 그들의 의사를 타진한 결과 학생들의 자발적 단발임을 확인하고 권면해 귀가케 했다. 심지어 단발 학생들에게 모자를 구매할 연금을 지급하기까지 했다.[225]

이러한 소동은 특정 고을에만 국한되지 않았다. 다른 지역에서도 학부모들이 단발을 반대해 학생들을 퇴학케 하고 연조금을 제공하지 않음으로써 학교가 폐교되기도 했다.[226] 또 학교 설립에 앞장선 부모조차도 자식의 단발을 꾸짖으며 학비를 보내지 않았다.[227] 물론 일부 향촌에서는 단발을 칭찬하기도 했다.[228] 그러나 이러한 경우는 극히 드물었다.

이에 통감부는 민심의 동요에 반응해 운동회에 참가하는 학생들을 강제로 단발하는 방식을 완화하는 가운데 모자와 의복을 집안 형편에 따라 준비하라고 지시했다. 그러면서도 운동회 참가를 가능한 한 억제하고자 했다.[229] 심지어 일부 인사들은 상투 있는 사람에게는 운동회 참가를 허락하지 말자는 논의까지 공공연하게 했다.[230] 그리하여 학부모들이 아무리 단발을 막고자 해도 교육계 정황이 단발하는 경우에 이르렀을뿐더러 단발하지 않으면 입학했어도 퇴학을 당했다. 또 북청군에서는 학교 전체 학생 150명이 일체 단발하기도 했다.[231] 부근의 함흥 역시 사정은 마찬가지였다. 학생들은 개별적으로 단발하기보다 집단적으로 하기 위해 단발동맹을 결성하기도 했다. 작가 한설야가 소년 시절의 체험을 담아 집필한 《탑》에서 단발동맹 과정을 다음과 같이 묘사했다.

단발동맹은 여덟 학생을 까까중으로 만들고 한 아일 청이의 대가리처럼 앞머리만 잘라놓고 중동무이가 됐다.
갑자기 새파란 중대가리가 된 아이의 어머니들은 집에 돌아가서도 아이의

머리를 쥐어박으며 애고 대고를 불렀다.[232]

이러한 분위기는 확산돼 전주공립보통학교 전체 학생 200여 명도 일제히 단발했다.[233] 심지어 성리학자 박문오의 최고 제자가 단발하기까지 했다.[234] 그리고 단발한 학생들이 서울로 유학해 모자를 쓰는 비율이 높아져 갔다.[235] 단발에는 신식 모자가 안성맞춤이었기 때문이다.

한편 학생의 복장문제도 사회적 현안으로 떠올랐다. 당시 국권이 풍전등화 같은 현실에서 학생들이 면주 등 비단류 의복을 입음으로써 사회적 논란을 일으켰기 때문이다. 그리하여 계동 보흥학교는 1907년 음력 세밑에 찬무회를 열어 우리나라 제품이라고 하더라도 면주를 일체 폐지하고, 순흑색의 광목과 본국 포목 등으로 지은 상하의와 두루마기를 입게 했다.[236] 그 결과 이 학교에서는 3분의 2가 착용하기에 이르렀다.

그러나 일부 학생의 사치 풍조는 좀처럼 없어지지 않았다. 머리는 향수 냄새가 나게 하고 기름이 흐르게 했으며, 의복은 두루마기나 모직 양복이 아니면 입지 않았고, 신은 6~7환짜리 서양 구두를 신을 정도였다. 심지어 담배를 물고 가로를 횡행했다. 또 일부 학생은 술집에 출입해 술 냄새가 진동하기도 했다. 그리하여 기성세대들이 학생에게 경고하는 논설이 《대한매일신보》 1908년 10월 28일 자에 실리기도 했다. 이후에도 이러한 사치 풍조는 여전해 보성중학교는 단속緞屬을

입는 자는 탈취해 소각했다.[237] 이런 점에서 여학생도 예외가 아니었
다. 여학생들의 찬란한 비단옷이 큰 문제가 됐다.[238] 그리하여 스스로
모직과 비단을 일체 버리고 포목류로 입기로 결의하기도 했다.[239] 더
욱이 학생의 모범이 돼야 할 교사마저 외국산 사치품을 착용해 사회
문제가 됐다.[240] 이러한 의복 단속은 단지 국산품 애용과 관련되는 것
만은 아니었다. 비단옷이 신체의 건강을 막고 활동에 불편했기 때문
이다.[241] 그리고 서울에서는 법률 정치, 산수 이화 등 학문을 배운 학
생과 해외에서 돌아온 유학생들이 오만한 태도를 보여 지탄의 대상
이 됐다.[242] 반면에 평안도는 의복이 검소하고 언행이 근실하며 겸공
謙恭 근실하다는 평이 나오기도 했다. 이러한 언급은 서울 학생의 사
치스러운 복장과 오만한 태도를 비판하기 위함이었다. 그리하여 학생
의 생활비를 줄여주기 위해 복장을 검정 두루마기로 정했다.[243] 다만
일부 학교에서는 양복을 실시해 학생들이 자퇴하기도 했다. 왜냐하면
서울로 유학온 학생들은 생활비도 만만치 않은 데다가 양복마저 입어
야 했기 때문이다.

또한 일부 부잣집 학생들은 비싼 란도셀을 등에 메고 학교에 등교
했다. 란도셀은 일본에서 들어온 책가방으로, 배낭을 뜻하는 네덜란
드어 'ran´sel'을 일본식으로 부르다 란도셀(란도세루, ランドセル)이 됐
다. 당시 일본은 지진이 발생해 뒤로 넘어질 때 아동의 머리를 보호하
기 위해서 소학생의 가방으로 란도셀을 권장했다. 게다가 이 제품의
품질보증기간이 초등학교 기간에 맞춘 6년이기에 비싸긴 해도 주로

아이들이 선호하는 방향으로 부모들이 사준다고 홍보했다. 물론 국내의 대다수 학생은 비싼 란도셀을 구매하기 어렵기 때문에 책보에 책을 담아 등교했다.[244]

이에 일부 애국적인 교사는 부유한 학생의 이러한 행위를 꾸짖으며 경계로 삼았다. 어느 보성학교 담임교사는 학생들이 고급 토시를 착용하자 교육구국운동을 벌이던 교장이 경무청에 체포됐다는 소식을 전하며 학생들이 나라의 운명에 관심을 가질 것을 역설했다.[245] 교사는 학생들의 학업을 독려하기도 하지만 학생으로서의 반듯한 자세를 가다듬는 데 주의를 주었던 것이다.

그 밖에 당국은 단발을 장려하는 방책과는 달리 학생들의 소소한 일상생활을 통제하고자 했다. 그 가운데 학생 흡연이 이전과 달리 주된 통제 대상이었다. 그리하여 교사가 교실과 운동장을 순찰했다.[246] 이제 학교 규율의 시대가 열리기 시작한 것이다.

기숙 생활

학생들에게 가장 큰 현안은 기숙문제였다. 이전에는 지방 학생이 서울에 유학하는 일이 성균관 유생을 제외하고는 거의 없었기 때문에 기숙문제가 심각하지 않았지만, 신식학교가 점차 서울을 중심으로 증가하면서 지방 학생들을 위한 기숙 시설이 부족했기 때문이다. 물론 한성사범학교 등 일부 관립학교는 기숙시설이 갖추어져 큰 문제가 되지 않았다.[247] 그러나 여타 학교는 이러한 기숙 시설이 충분히 갖추어지지 않았다. 이에 유학생들은 각자 여점, 객주에 기주했다. 이러한 여점, 객주가 빌려준 방은 굴뚝이 불쑥 나와 방이 좁고 음식이 매우 거칠어 위생에 좋지 않고 공부에도 방해가 됐다.[248] 그리고 같이 거주하는 불량배에게서 나쁜 영향을 받아 학생 사이에 폐해가 자주 일어났다.

따라서 당시 식자층들은 동향 후학들에게 편의를 제공하기 위해 여기저기 기숙시설을 만들고자 했다. 이 과정에서 안동 대동기숙관大東寄宿館이 1907년 6월 22일 건립됐는데,[249] 여기에는 관립학교와 사립학교에 기숙할 수 없는 학생들이 절차를 밟아 기숙할 수 있었다.[250] 이곳은 학생들에게 편의를 제공하기 위해 의복 세탁, 조석식, 취숙就宿, 조기早起, 소세梳洗 등을 정해진 시각에 하게 해 유학생들이 의식주에 대한 여러 걱정을 잊고 학업에만 진력하게 했다.[251] 또한 잡화, 서적, 재봉한 우리옷과 양복, 한약·양약 등을 비치해 판매했고, 이발소도 갖추었으며 고명한 의사를 고빙했다. 학생들의 학업과 건강, 일상생활에 필요한 제반 시설을 갖추고자 했음을 알 수 있다. 이발소는 학생들의 단발을 촉진하는 요인을 제공했으며, 기숙관이 학생들을 감독하고 청결에 만전을 기해 위생에도 문제가 없었다. 또 기숙사비는 한 달에 신화폐 4환 80전으로 기숙관이 일반 여점보다 저렴했다.[252] 이처럼 식자층이 보기에 기숙사는 자고 먹는 장소에 그치지 않고 학생들이 질서 있는 생활 방법을 연습케 하고 면학에 편익을 제공하며 사

적으로 교제하려는 욕망을 눌러 후
일 공적인 교제를 위주로 하는 관습
을 잘 기르는 장소로 여겨졌다. 그리
하여 당시에도 '무형적 학교'라고 부
를 정도였다.[253]

이러한 기숙관은 학생들을 수용하
기 위해 2층으로 크게 지었으며, 간
가間架는 기와 149칸이었다.[254] 또 학
생들에게 필요한 물품을 제공한다고
알려져 100여 명의 학생이 신청서
를 제출했다.[255] 그리하여 1907년 9
월 1일부터 학생들의 기숙이 시작됐
다.[256] 이곳은 기숙 학생들의 근거지
일 뿐만 아니라 지방 학생들의 임시
거처가 되기도 했다. 가령 개성군의
각 공사립학생 200명이 기차로 상경
해 운동회를 하려고 할 때 여기에서
기숙했다.[257]

하지만 겨울에는 난방이 제대로
되지 않는 등 애로도 적지 않았다.[258]
그리하여 이 기숙관을 건축한 정희찬鄭熙燦은 자금 압박으로 기숙관

〈그림 54〉 대동기숙관 광고
《대한매일신보》 1907년 7월 27일)

을 폐관할 지경에 이르렀다.[259] 이에 정부는 이 기숙관을 유지하기 위해 노력했다.[260] 정부는 시학관을 파견하고 관주와 학생을 위로했다.[261] 또 학생들도 유지회를 결성해 기숙관 유지에 힘을 보태 1908년 1월 대동기숙관은 주식회사로 발전하기에 이르렀다.[262] 그러나 민영휘가 주식회사를 발기 조직해놓고 채권을 집행함으로써 주식회사 계획은 수포로 돌아갔다.[263] 특히 관주 정희찬이 주식회사 계획에 반대해 채권주에게 넘어가 대동기숙관의 운명은 백척간두에 이르렀다.[264] 기숙관이 필요하고 기숙 학생들의 반발이 컸음에도 민영휘가 학생들을 고소해 기숙관은 문을 닫고 상가가 들어섰다.[265]

때로는 동향 사람들이 기숙관에서 만나 동향同鄕 위주의 학회를 만들기도 했다. 1908년 3월 4일 관동학우회가 조직됐으며,[266] 이어서 5월 5일 기호흥학회가 대동기숙관에서 조직됐다.[267] 이런 점에서 당시 일부 학회가 이러한 기숙관에서 조직됐음을 추측할 수 있다.

따라서 대동기숙관이 자금난으로 폐지되자 향우회와 문중에서는 동향 출신 학생들의 학업을 진작하기 위해 각기 기숙사 건립에 힘을 썼다. 안동김씨 종약소는 영가학생 기숙관을 설립하기로 했다.[268] 또 호서학생친목회의 찬성회도 호서학생 기숙사 설립 방안을 의논했으며, 그 자리에서 의연금이 들어왔다.[269] 당시 근대화 물결 속에서 재경 호서지역 출신들이 서울로 유학한 고향 학생들이 학비로 고생하자 호서지역의 발전을 위해 이를 적극적으로 지원하고자 했기 때문이다.[270] 나아가 기숙사 건립을 구상하기도 했다. 기숙사가 좁은 한성사범학교는 경리원 자리를 빌려 기숙사를 설치하기로 결정했다.[271] 민간에서도 일반 집을 기숙사로 개조해 저렴한 가격에 밥값을 받았다.[272] 심지어 학업을 폐할 지경에 이른 학생들에게는 공짜로 밥을 제공했다. 또 어떤 이는 학원기숙조합소學員寄宿舍組合所를 설치하려고 했다.[273] 이러한 기숙사는 학생들의 삶의 중심이었으므로 이사할 경우 신문 광고를 통해 기숙사를 알리기도 했다.[274]

이러한 학생기숙관은 학교의 감독을 강화하기 위한 수단으로 활용되기도 했다. 예컨대 관립한성고등학교에서는 학생들의 기숙사를 시찰하기 위해 직원을 종종 파견하기도 했다.[275] 심지어 시찰의 편의를 위해 공동기숙관을 설비하기도 했다.

물론 전염병이나 경비 절감을 이유로 방학 기간에는 학생들을 집으로 돌려보내기도 했다.[276] 그러나 학교 교감과 교원들에게 지원을 받은 가난한 학생들이 무사히 학업을 마치기 위해서는 기숙사 증설이 매우 시급하였다.[277] 기숙사가 학생 풍기 단속은 물론 학생들의 학업 지원에 편리했기 때문이다.[278] 이에 관사립학교장들은 학부에 기숙사 증설을 요청했다. 그러나 학부차관은 학생들의 식비, 기숙비 체납을 우려해 기숙사 증설을 거부했다.

강점 초기 일제의 점진적 동화주의교육 추진과 한국인 학생의 기개

4

〈조선교육령〉제정과
한국인 민립학교
억압

일제는 1910년 8월 대한제국을 강점하고 1911년 〈조선교육령〉을 발
표했다. 여기서는 궁극적 교육 목표를 한국인의 일본인화에 두면서도
'시세와 민도', 즉 당시의 정세와 문화 수준을 내세워 고등교육은 도
외시한 채 오로지 한국인의 초등교육과 실업교육에 중점을 두었다.
앞에서도 언급했듯이 내지연장주의보다는 점진적 동화주의의 실현
에 초점을 맞추면서 차별교육을 실행하고자 했던 것이다.[1] 1910년 당
시 학무과장이었던 구마모토 시게키치限本繁吉는 〈교화의견서敎化意見
書〉에서 '조선인'교육의 기본 방침을 다음과 같이 밝혔다.

> 조선 민족의 교육에서 시설해야 할 것은 … 당분간 주로 초등교육 및 직업
>
> 교육으로 충분함을 분명히 할 것. … 초등교육은 주로 일본어를 보급하는

기관으로 급진적으로 하는 것을 피하고 오로지 옛 그대로 민도에 상응하는 간단한 것으로 시설한다. … 직업교육은 초등교육을 이어받아 그것을 완성하는 것으로 한다. … 초등교육 이외의 교육시설은 그들의 생업에 직접 관계되는 것에 한해 착실 온건한 교육을 주게 해 제국통치에서 행복한 생활을 향락하게 하는 방향으로 그들을 지도하는 것이 중요하다. 일부의 동화론자와 같이 일본처럼 여러 종류의 고등한 학교를 주어 문화의 급격한 발달을 꾀하는 것은 그들을 더욱 생활난으로 빠지게 하고 나아가 제국의 화평을 해하기에 이른다.[2]

그리하여 이런 기본 방향에 입각해 제정된 〈조선교육령〉의 핵심은 다음과 같다.

2조 '〈교육에 관한 칙어〉의 취지'에 근간을 둔 충량한 국민을 육성하는 것
3조 시세와 문화 수준에 맞게 교육하는 것
5조 보통교육을 통해 보통의 지식·기능을 교수하고, 특히 국민으로서의 성격을 함양하며, 국어(일본어─인용자)를 보급하는 것
8조 보통학교는 … 신체 발달에 유의하고, 국어를 가르치며, 덕육을 실시해 국민으로서의 성격을 양성하고, 생활에 필요한 보통지식과 기능을 가르치는 것[3]

일제는 8조와 같이 보통학교를 규정하고 초등교육에 가장 역점을

두었다. 이에 대해 우사미 가쓰오宇佐美勝夫 내무부장관은 1912년 4월 공립보통학교 교장강습회에서 다음과 같이 부연 설명했다.

> 현재 교육의 중심, 바꿔 말하면 교화의 중심은 공립보통학교에 있다. 그러
> 므로 여러분의 임무는 오로지 학교의 내용을 충실히 하고 교화를 지방에
> 보급시킴으로써 총독 정치의 목적을 완수하는 데 있다. 공립보통학교의
> 경영은 총독부가 가장 중시하는 바로서 여러분의 임무가 참으로 중차대하
> 다. … 보통학교는 그 목적이 결코 졸업생들을 중학·대학 등 계급 향상을
> 좇아서 학술연구를 추구하려는 것이 아니다. 공립보통학교를 졸업하면 곧
> 바로 실무에 종사해 성실, 근면, 노력을 싫어하지 않고 국어(일본어 - 인용자)
> 에 능통하며 상당한 정도의 실제적인 지식·기능을 지닌 충량한 신민을 양
> 성하는 것을 목적으로 한다.[4]

이어서 내무부장도 1913년 4월 "보통학교교육은 예비교육이 아니
고 완성교육을 행하는 것으로, 학교를 졸업하면 곧 성실, 근면, 실무
에 복종하고 충량한 국민으로서 신민의 본분을 다하게 지도하라"[5]라
고 훈시했다. 즉 한국인 학생은 상급학교에 진학하지 말고 근면 착실
하게 노동을 해 의식주를 편안하게 하며, 집안을 일으키고 나라를 부
유하게 하는 '양민'이 되게 지도해야 한다는 것이었다. 이를 위해 조
선총독부는 보통학교를 증설하고, 한국인 교원은 학력과 경험이 없
다는 이유로 일본인 교원을 보통학교에 다수 배치해, 한국인 아동을

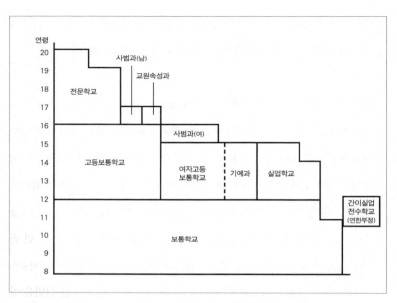

연령

20
19
18
17
16
15
14
13
12
11
10
9
8

사범과(남)
교원속성과
전문학교
사범과(여)
고등보통학교
여자고등
보통학교
기예과
실업학교
간이실업
전수학교
(연한부정)
보통학교

〈그림 55〉 1차 〈조선교육령〉 시기(1911~1922년)의 학제도

일본천황과 제국에 절대적으로 충성하는 신민으로 만드는 교육을 강력히 추진했다. 또한 일제는 고등교육의 기회를 제공하지 않기 위해 법학교, 성균관, 관립외국어학교를 폐지했다. 나아가 관립사범학교는 '학통 분립'을 피하고 '경비 절약'을 꾀한다는 명분으로 폐지하고 대신에 경성고등보통학교 임시교원양성소를 설치했으며, 궁극에는 경성고등보통학교에 사범과를 설치하는 것으로 매듭지었다.[6] 교원의 전문성을 부정하고 저렴한 비용으로 교사를 양성하고자 한 것이다. 〈그림 55〉는 1차 〈조선교육령〉 시기 한국인 학생이 진학할 수

있는 학교 제도다.

한편 일제는 시세와 문화 수준에 맞는 교육을 실시한다는 구실로 짧은 기간의 학제를 마련함으로써 각급 학교의 수업 연한을 단축해 한국인에게 되도록이면 적은 비용으로 가장 낮은 교육을 실시하게 했다. 수업 연한은 보통학교 4년, 고등보통학교 4년, 여자고등보통학교 3년, 실업학교 2년 또는 3년, 전문학교 3~4년이라는 단축된 교육체계로 나타났다. 그리하여 한국인 자녀의 초등교육 및 중등교육 기간은 8년제로, 일본인의 초등교육 및 중등교육 기간은 11년제로 됐다.

일제가 이처럼 같은 초등 및 중등교육임에도 한국인 학교와 일본인 학교에 차이를 크게 둔 것은, 일본 본국과 한반도의 농공 분업 체제의 실현이라는 전제에서 조선을 일본의 단작농업지대單作農業地帶, 즉 원료 공급 지대로 설정하고 이에 필요한 인자들을 양성하고자 했기 때문이다.[7] 당시 학무과장 유게 고타로弓削幸太郎는 이른바 식민지 교육에 대한 일반적인 지침과 설명에 앞서 다음과 같이 조선의 역할을 강조했다.

식민지를 영유하는 목적은 식민지에서 본국에 필요한 원료를 쉽게 또는 유리하게 공급하거나 본국 제품의 확실한 판로를 얻기 위함이다.[8]

이에 따르면 조선은 원료 공급지로서의 역할을 수행하기 위해 농업을 비롯한 1차 산업에 중점을 둔 반면에 일본은 공업제품을 생산하는 데 중점을 두었다. 이러한 방침은 조선총독부 자체의 방침이기도 하거니와 일본 본국의 지침에서 비롯됐다. 당시 일본 내각과 제국의회 유력자의 주요 의론을 자주 폭로한《신한민보》의 보도에 따르면 다음과 같다.

같은 식민지로 말할지라도 혹 자본을 다져 공업을 일으킬 공업식민지도 있으며 혹은 본국에 물품을 발매할 상업식민지도 있으나 조선은 다만 농업식민지에 지나지 못하니 고로 농업식민지에 대해서는 고등교육을 베풀 필요가 없으며 조선 인민은 다만 좋은 농민이 되게 하면 넉넉하며 농업 지식만 있었으면 그 외에 한문이나 혹 고등 학술은 필요치 아니할 뿐만 아니라 도리어 극해가 될 줄 믿노라.[9]

또한 일제의 통치방침을 대변해 온《대한매일신보》는 농업학교 설립을 주장하면서 다음과 같이 그 배경을 보도했다.

이러므로 각종 요지에 농업학교를 설치하거나 모범장을 설해 이를 일반 농업자에게 유시 지도할 뿐 아니라 한편 농업졸업자에게 장려 지도케 하나니, 무릇 농업학교를 졸업한 자는 그 배운 바를 실지에 시도하거나 그 밖의 몽매한 농부를 지도함이 즉 본직이라 할지오 … 이와 같은즉 지금부터 조선은 농산국의 본성을 발휘해 부력을 증진하리니 근자에 즐거운 소식을 들은 즉 내지 고베항의 아무개 상회는 조선 새 쌀 2000석, 미쓰이물

산회사는 돌을 제거한 정백미 50포대를 미국으로 수출했다 하는지라 …
고로 한마디로 말해 조선의 금융을 원활케 하려면 외자의 수입을 원하지
아니치 못할지오 외자의 수입은 즉 정수한 미곡을 수출함에 있다 할지오,
정수한 미곡을 조제하려면 농업졸업자가 일반 국민을 잘 지도함에 있다
하노라.[10]

여기서 조선총독부가 일본의 미곡 수요와 대외 수출에 부응하기
위해 무엇보다 조선 농법을 개량하고 미곡 생산을 증대하는 데 필요
한 농업교육에 중점을 두었음을 확인할 수 있다.

한편 일제는 근대개혁기 한국 정부가 설립해 고등교육의 주축으로
삼아 운영해 온 기존 관립학교의 위상을 낮추거나 폐교했다. 그 이유
는 유게 고타로가 다음과 같이 펼친 언설에서 단적으로 드러난다.

식민지 교육은 우선 본국어(일본어 - 인용자) 보급을 주로 하고 고등교육을
피해 실업교육으로 그쳐야 한다. … 이와 같은 설의 근거 이유는 식민지
인민의 자각을 막는 데 있다.[11]

즉 일제는 한국인이 자주적인 인민으로서의 자각과 대일 경쟁력
강화를 원천 봉쇄하기 위해 고등교육을 받을 수 있는 기회를 박탈함
으로써 일제의 순량한 국민으로 육성하고자 했다. 한마디로 한국인의
고등교육 기회를 줄임으로써 양순하고 무기력하고 말 잘 듣는 인간상

으로 키우겠다는 의지를 드러낸 것이다.

일제는 문화 수준을 평계로 한국인이 의무교육을 실시하라는 주장을 거부했다. 내무부장은 이에 관해 다음과 같이 장황하게 설명했다.

조선의 교육은 의무교육이 아니다. 조선의 문화 수준은 아직 의무교육을 실시할 정도에 이르지 못했다. 그런데 보통학교장 중에는 자칫하면 취학 비율을 운운하고 학생이 적은 것을 한탄하거나 일본과 같은 안전한 설비를 하려고 초심하는 자가 있다. 이는 모두 잘못이다.[12]

또한 일제는 점진적 동화주의를 실현하기 위해 공립보통학교를 증설해 한국인의 교육 기회를 늘려 주면서, 공립형 민립학교가 사라진 뒤 그 자리를 메운 사립형 민립학교마저 억제하거나 관공립화하는 데 주안을 두고 각종 법령을 제정했다. 그리하여 사립학교, 즉 민립학교의 신설을 억제하면서 이들 학교의 상당수를 공립보통학교로 전환했다. 우선 민립학교에 대한 방침은 〈조선교육령〉 제정을 앞두고 세워졌다.

이외에 학제의 방계인 각종 사립학교에 대해서는 지도감독을 해 점차 그 내용을 개선함으로써 총독부 교육 방침에 합치하게 한다.[13]

각종 민립학교에 대해서 엄격하게 지도 관리함으로써 그들의 통치 방향에 맞게 하겠다는 것이다. 이에 일제는 사립학교에 대한 전면적인 탄압을 감행할 수 있는 '법적 근거'를 마련하기 위해 이미 한말에 제정한 〈사립학교령〉을 더욱 개악해 1911년 10월 20일 〈조선총독부령 제104호 사립학교규칙〉을 공포했다.[14]

우선 이 규칙은 〈사립학교령〉에 비해 인가 조건이 까다로워졌다. 무엇보다 도의 인가가 아닌 조선총독부의 인가를 받아야 한다는 점에서 인가권자를 상향 조정한 셈이다. 또한 이 부칙에 따르면 〈사립학교령〉에 따라 설치인가를 이미 받은 학교도 다시 인가를 받아야 했다. 즉 1910년 이전에 〈사립학교령〉에 의거해 학부대신의 허가를 얻어 설립된 민립학교에도 소급·적용된 셈이다. 이에 기존의 개별 사립학교도 〈사립학교규칙〉에 따라 인가를 받기 위해서는 학칙을 만들어 교육과정을 표준화하고, 교과서 사용, 교원 임용, 재정 운용 계획 등을 구체적으로 마련해 인가원을 제출해야 했다. 그리고 사립학교 중에서 〈보통학교규칙〉을 충족하면 사립보통학교로 인가를 신청하기도 했다. 특히 사립학교 설립자 요건을 〈사립학교령〉에 비해 훨씬 강화했다. 예컨대 11조 1항에 '금옥禁獄' 조항을 새로 넣어 〈보안법〉을 위반한 경력이 있는 자들을 배제하고자 했다. 〈보안법〉 7조에 따르면, 금옥은 '정치에 관해 불온한 언동을 하거나 타인을 선동, 교사 혹은 사용하거나 타인의 행위에 간섭함으로써 치안을 방해하는 자'로 규정됐다. 따라서 일제는 이러한 규정에 따라 금고는 물론 금옥을 치른 사람이 설립한 학교는 설립인가를 취소할 수 있었고 학교장, 교원 등을 마음대로 해고할 수 있었다.

또한 〈사립학교규칙〉은 기존 인가 사항을 변경할 때에도 다시 조선 총독의 인가를 받거나 신고하게 규정했다(3조). 학교의 설립 목적, 학칙, 설립자, 학교장을 변경하는 경우에 다시 조선총독의 인가를 받게 했고, 학교의 이름과 위치, 교지校地나 교사 및 그 소유자, 재정의 유지 방법, 교원 등에서 변화가 있을 때는 조선총독에게 신고하도록 규정하고 있다. 아울러 설립자나 학교장 및 교원의 변경에 대해서는 반드시 이력서를 첨부하게 했다. 이처럼 1911년 10월 이전에는 〈사립학교령〉에 준거해 학교의 설립 인가를 신청함에 단순한 기재사항에 지나지 않았던 항목들이 이제는 허가를 받거나 신고를 요하는 사항으로 강화됐다. 그리고 이들 항목은 변경될 때마다 지속적인 관리·감독의 대상이 됐다. 한국인 민립학교들의 개폐교와 변동 사항을 엄격하게 관리함으로써 이들 민립학교를 철저하게 통제하겠다는 의도를 보여 준다 하겠다.

교과용 도서에 대한 사용 규정도 더욱 까다로워졌다. 해당 교과서가 없을 경우 조선총독의 인가를 얻어 교과서로 사용할 수 있게 하되 〈사립학교령〉의 기존 규정을 강화해 교과서로 사용하려는 도서의 이름, 책수, 대상 학년, 저자·역자, 발행자, 발행일 등을 상세하게 기록해 조선총독에게 제출해야 했다

그리하여 1911년 초부터 초대 총독인 데라우치 마사타케寺內正毅는 지방장관들에게 민립학교를 새로 설립하지 못하게 지시했으며, 이미

설립된 민립학교의 경우 교육내용 및 교원, 학생들의 움직임에 대한 일상적인 감시를 행해 〈식민지법〉에 저촉되거나 그러한 요소가 있다고 인정될 경우 거리낌 없이 강제로 폐교했다. 이에 식민지배의 부당성에 맞서는 일부 민립학교가 〈사립학교규칙〉에서 요구하는 기준을 충족하지 못하거나 거부해 폐교됐다. 다만 외국인 선교사가 운영한 종교계 학교는 상대적인 '자율성'을 부분적이나마 누렸다. 이는 '불편한' 외교 관계를 고려한 상황과 맞물려 있었다.[15] 종교학교 또한 재정과 교과과정 및 교과서 규정 등에서는 〈사립학교규칙〉의 규제를 받았지만 종교교육을 보장 받았음을 확인할 수 있다. 이는 〈사립학교규칙〉이 인허가를 까다롭게 하고 재정을 과도하게 부담하게 함으로써 민간의 사립학교 설립을 어렵게 만들어 사립학교가 급격하게 감소했다는 사실과 대조적이다.[16]

이처럼 1911년에 제정된 〈사립학교규칙〉은 사립학교에 대해 감시를 한층 강화하고 통제하는 정책의 일환이었고, 당시 사학으로서는 커다란 부담이 됐다. 그 결과 1910년 7월에 인가 받은 사립학교는 2082개(일반 1327개, 종교계 755)였지만, 〈사립학교규칙〉 제정 이후인 1912년에는 1362개(일반 817개, 종교계 545)로 감소했다. 사립종교학교는 210개가 폐교되거나 공립학교로 전환된 반면에 사립일반학교는 510개가 폐교되거나 공립학교로 전환됐다.[17] 민립학교의 엄청난 타격이라 하겠다.

또한 민립에서 공립으로 전환되면서 학교 성격에도 큰 변화가 있었다. 일제는 1911년 10월 칙령 제256호 〈조선공립보통학교관제〉를 제정해 보통학교에 교직원으로 교장과 훈도, 부훈도를 파견했고, 신설되는 공립보통학교에는 반드시 일본인 교장을 임용 배치했다.[18] 그 결과 상당수 학교는 교사校舍, 학생, 재정 기반 등은 승계됐는데 교원은 승계되지 않았다. 그럼에도 조선총독부는 여전히 그 성과가 미흡하다고 보고, 1915년에는 더욱 적극적인 형태로 〈사립학교규칙〉을 개정함으로써 사학은 크게 위축될 수밖에 없었다.

1915년 3월 24일에는 칙령 제24호로 〈사립학교규칙〉을 개정해 사립학교에 대한 관리 감독을 더욱 강화했다. 초등교육과 관련한 추가 내용을 요약하면 다음과 같다.

6조 2 보통교육, 실업교육 또는 전문교육을 하는 사립학교의 교육과정은 〈보통학교규칙〉, 〈고등보통학교규칙〉, 〈여자고등보통학교규칙〉, 〈실업학교규칙〉 또는 〈전문학교규칙〉에 준해 정한다. 전항의 경우에는 〈보통학교규칙〉, 〈고등보통학교규칙〉, 〈여자고등보통학교규칙〉, 〈실업학교규칙〉 또는 〈전문학교규칙〉에 규정된 이외의 교과과정을 덧붙일 수 없다. 가령 초등보통교육을 하는 사립학교는 〈보통학교규칙〉에 규정된 교과과정에 준해야 할 것이고 〈보통학교규칙〉에 규정된 이외의 교과과정을 더할 수 없으므로 지리, 역사와 같은 것은 전혀 과목으로 할 수 없다.

10조 2 보통교육, 실업교육 또는 전문교육을 하는 사립학교의 교원은 국어(일본어 - 인용자)에 통달하고 해당 학교의 정도에 맞는 학력을 가진 자여야 한다. 다만 초등의 보통교육을 하는 사립학교의 교원은 별도로 정하는 시험에 합격한 자, 교원면허장을 가진 자 또는 조선총독이 지정한 학교를 졸업한 자에 한한다. 오로지 외국어, 조선어 및 한문 또는 특종의 기술을 가르치는 자에 한해 전항의 규정을 적용하지 않는다.

부칙 초등의 보통교육을 하는 사립학교의 교원 또는 고등보통교육, 실업교육 또는 전문교육을 하는 사립학교에서 수신, 국어, 역사, 지리, 체조 이외의 교수를 하는 교원에 대해서는 대정 9년(1920) 3월 31일까지 10조 2의 규정에 따라야 한다.[19]

6조 2항에서 알 수 있듯이 사립학교 교육과정의 자율적인 운영권을 노골적으로 박탈해 교육과정을 통제하고 획일화했다. 이러한 획일화 조치는 종교계 학교에도 그대로 적용된다는 점에서, 데라우치가 《조선휘보朝鮮彙報》1915년 5월호에서 밝힌 바대로 종교계 사립학교는 성경과목을 정규 교육과정으로 가르칠 수 없게 됐다. 이제 일본은 서구 열강과 맺은 불평등 조약을 개정하면서 종교계 학교를 적극 간섭하기 시작한 것이다. 또 10조 2항에서 볼 수 있듯이 초등 수준의 사립보통학교 교원은 교원자격시험에 합격해야만 했고, 일본어에 능해야 했다. 수신·국어·역사·지리 체조를 가르치는 교원은 1915년 4월 1일부터 즉시 교원 자격을 갖추어야 했다. 일제의 이러한 요구는 당시 사립학교에서 가르치던 한국인 교원을 대규모로 축출할 수 있는 근거가 됐다. 한국인 교원 가운데 이런 과목의 자격자가 거의 없다고 할 만큼 드물었기 때문이다.[20] 또 일본어로 교수해야 하는 현실에서 민족의식이 강한 교원은 사퇴했다. 이는 사립학교가 일본인 교원을 대폭 채용해 학교의 인가를 받거나 스스로 폐교해야 하는 길을 강요한 셈이다.

그 결과 각종 사립학교는 1911년 1671개에서 1916년에는 1045개로 줄어들었으며, 이 가운데 일반학교는 1911년 1039개에서 1916년에는 624개로 줄어들었다. 그리고 1919년 3·1운동 직전에는 각각 778개, 444개에 지나지 않았다.[21] 연해주 한인신문《권업신문》1913년 2월 23일 자 기사는 일제 강점 초기 민립학교 탄압 상황을 잘 보여준다.

을사 이후 한국 내 각 학교 중 관립을 물론하고 각 군 공립학교까지라도 조금 잘 될 만한 곳은 갑종이라 해 의례히 일인 교사를 파송해 일어를 가르치고 정신교육을 방해함으로 전국 내 정신교육이라고 하는 곳은 다만 사립뿐인데 왜 통감부에서 이것을 싫어해〈사립학교령〉을 발표하며 각 방으로 저해하되 한국이란 이름이 있는 고로 임의대로 하지 못하더니 합병 이후로는 드디어 사립학교를 백방으로 저해해 날로 감소되는 모양인데 … 몇 해만 지나면 사립학교는 전국 내에 종자도 없으리라 하더라.[22]

한편 일제는 보통학교 학생을 모집하기 위해 보통학교 취학을 거부하거나 기피하는 한국인의 저항을 뚫는 데 힘을 기울였다. 우선 서당 학생이 주요 대상이었다. 다음은 1912년 3월 충청북도 단양공립보통학교에 부임해 2년간 근무하다가 1914년 황동공립보통학교로 옮겨 근무한 구와하라 노리히사桑原慶永라는 교원의 회고다.

또한 당시 지방민 대다수는 신교육이 무엇인지를 알지 못해 매년 신학기에 즈음해서는 모집정원을 채우기 위해 학년 말 휴가는 각 부락에 출장 나가 권유한 것인데, 이는 주로 서당을 목표로 나갔다. 그러면 교사는 마치 외적이 습격해 온 줄로 알고 자녀를 산림 중에 은폐하고 인원과 연령 등을 속였던 것으로, 부모 중 학교교육의 완전함을 지각한 자까지 이 때문에 주저해 신교육을 늦춘 것이 적지 않다. 이때의 고난악투는 현재와 비교해 실로 격세지감이 드는 것이다.[23]

당시 한국인은 일제의 보통교육을 받으면 일본인의 총알받이가 된다고 생각하고 완강히 거부했다. 어떤 학부모는 "내 아들이나 손자에게 신식 체조를 가르쳐 군인으로 만들어 최전선에 세워 죽이려는 것이다. 나는 자식이 죽으면 살 수 없다"[24]라고 할 정도였다. 특히 일본인이 요구하는 농업교육이라든가 일본어교육의 필요성을 그다지 느끼지 못했다. 3·1운동 직후 농민 대다수가 '재래의 서당으로 충분하다, 보통학교에 아동을 강제로 수용하는 것은 괴로운 일이다, 보통학교에서는 한문의 교수가 불충분하다, 일본어·농업 같은 것은 필요 없다'고 여길 정도였다.[25] 당시 한국인이 취직할 자리가 없는 상황에서 이러한 교육

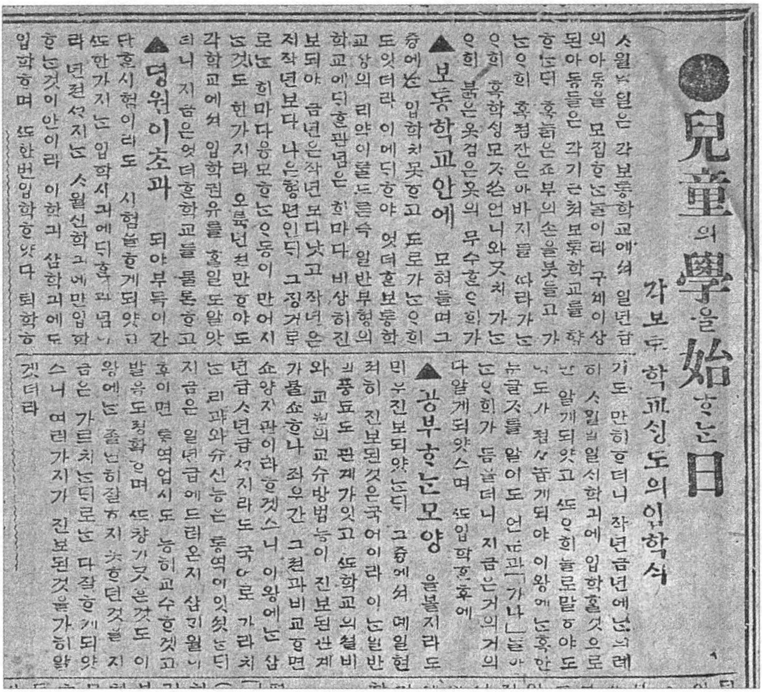

兒童의 學을 始ᄒᆞᄂᆞᆫ 日

각보통학교신도의입학식

▲보통학교안에

▲명원이초과

▲공부ᄒᆞᄂᆞᆫ모양

〈그림 56〉 보통학교 입학생의 증가를 보도한 기사
(《매일신보》 1916년 4월 2일)

은 별로 효과가 없다고 판단했기 때문이다. 오히려 이러한 교육은 일본인으로 만드는 교육이라 여겼다. 그리하여 일본인 순사가 서당을 급습해 학생들을 보통학교에 입학하게 하면 학생들은 달아나기 일쑤였다. 다음은 1910년대 보통학교를 다닌 어느 학생의 회고다.

숨어라 숨어라! 순검 잡으러 올라! 순사나 헌병 보조원들의 제 키만이나 한 장검이 동리 밧게만 번쩍여도 이런 탐보가 각 서당에 쫙 퍼진다. 그럴 때마다 서당에서는 일대 소동이 일어나며 통감, 동몽선습 짜리들이 제마다 피난처를 찾노라고 팽이맛난 쥐가 담구멍 찾듯 쏼쏼댄다. 장검을 압세우면서 긔구장, 군청고원가튼 사람들이 시시로 서당을 습격하야 잡히는 대로 아이들을 끄을고 가는 까닭이다. 머리깍기는 죽기보다 더 실코 학교에 다니면 나종 일본 병정으로 뽑혀간다는 바람에 학교라면 경풍을 하얏다.[26]

그 밖에 공립보통학교 입학을 꺼리는 이유는 삭발이었다. 당시 한국인 학생은 단발을 넘어서서 삭발을 강요하는 학교 당국의 처사에 불만이 많았다. 당시 선배들이 바리깡(삭발기계 제조회사명)을 신입생 머리 위에 들이대면 신입생은 '살려주소! 살려주소!'라고 외칠 정도였다.[27] 그러나 대한제국기에 학력과 관직임용제도가 연계되면서 일제가 관리 선발에 학력을 더욱 중시하자 입신출세를 꿈꾸는 일부 한국인은 신식학교 입학에 관심을 가졌다. 비록 초창기에는 한국인의 기피로 공립보통학교 취학률이 낮았지만, 일제가 판임문관 임용자격 제도를 마련하면서 1910년대 중반에는 학력이 인정되지 않은 민립학교와 달리 취학률이 높아졌다.[28] 이제 한국인 가운데 극히 일부이지만 '상급학교에 진학하지 않으면 도저히 사회에 나갈 수 없다'는 생각이 들었다는 점에서 일제가 관공립학교를 조선사회에 정착되게 하려는 노력이 결실을 맺기에 이르렀다.[29]

그 결과 보통학교 숫자는 전국적으로 1912년 4월 말 관공립 330개, 사립 25개로 총 355개였다가, 1919년 5월 말에는 관공립 450개, 사립 33개 총 517개로 대폭 증가했다. 이 가운데 공립보통학교가 보통학교에서 차지하는 비중이 높아졌다. 또한 보통학교 취학률도 급격히 상승했다. 1912년에는 2.1퍼센트에 지나지 않았으나 1919년에는 무려 3.7퍼센트로 올라갔다.[30] 따라서 취학률이 증가하면서 입학생 대비 졸업생 비율도 증가했다. 또한 사립보통학교가 감소를 면할 수 있었던 것은 일제가 초등교육에 중점을 두었기 때문이다.

〈표 21〉에 따르면 취학률이 점점 높아지고 있음을 확인할 수 있다. 또한 입학생 대비 졸업생의 증가 추세를 보여 준다. 그러나 1910년대 취학률은 일본인 학생의 취학률에 비해 턱없이 낮다. 그것은 보통학교에 대한 한국인의 기피가 무엇보다 컸기 때문이다. 그러나 이러한 요인만으로는 설명할 수 없다. 취학률의 저조에 한국인의 기피 현상이 반영될 수 있지만, 입학한 뒤에도 반 이상이 졸업하지 못할 정도로 취학자의 경제 기반은 매우 취약했다. 일본인 학생도 사정은 마찬가지여서 졸업할 가능성이 낮지만 취학률이 95퍼센트 이상이라는 점에서 한국인 학생의 취학률에 비할 바가 아니다. 당시 한국 하층민 가정은 자녀를 1, 2년간 서당에 보내거나 대부분 공식 교육은 하지 않는 경우가 다수인 가운데, 중류층 자녀도 일부 보통학교에 취학했더라도 졸업으로 이어지는 게 만만치 않았다.[31] 더욱이 당시 한국인 학생은 1910년 이전과 달리 수업료를 감당해야 하는 현실에서 일반 가정에

〈표 21〉 1910년대 공립보통학교 학교 수, 학생 수, 입학자 및 졸업자

연도	학교 수 (개)	학생 수 (명)	입학생 (A) (명)	졸업생 (B) (명)	취학률 (C) (퍼센트)	D(B/A) (퍼센트)	비고	
							일본인 소학교 학생	
							취학률(E) (퍼센트)	F(졸업생/ 입학생) (퍼센트)
1911	234	27,616	20,125	8,218		40.8		46.8
1912	341	41,141	22,829	9,249	2.1	40.5	95.4	51.5
1913	366	47,066	25,449	10,003	2.4	39.3	97.2	42.3
1914	382	50,753	25,532	11,463	2.6	44.9	95.9	42.5
1915	410	58,757	30,602	11,897	2.8	38.9	95.8	48.7
1916	426	65,653	33,949	8,792	3.1	25.9	96.3	46.4
1917	435	73,157	36,998	9,521	3.5	25.7	97.6	50
1918	469	76,061	36,376	13,295	3.8	36.5	97.9	49.8
1919	535	76,918	37,420	21,112	3.7	56.4	98.4	47.9

출전 : 《조선총독부통계연보》 각 연도; 조미은, 《일제강점기 재조선 일본인 학교와 학교조합 연구》, 성균관대 박사학위논문, 2010, 213쪽.
비고 : 입학자는 해당연도 입학자이지만 졸업자는 4년 이후 졸업자를 가리킨다. 일본인 학생의 경우는 6년제이므로 6년 이후 졸업자를 가리킨다.

서 자녀를 학교에 보내기는 버거웠다.

또한 3·1운동의 여파가 한국인 학생의 학업에 크게 작용했다. 1916년과 1917년에 입학한 학생이 1919년 3·1운동의 여파로 1920년과 1921년에 졸업하는 비율이 매우 낮았다. 그러다 1922년에는 다시 예전의 비율로 회복했으며, 1923년에는 졸업 비율이 획기적으로 증가했다. 1917년 농촌생활을 조사한 보고서에 따르면 이전 시기와

달리 교육비 항목이 잡힐 정도로 교육비 지출이 늘어났으니 이는 한국 학부모의 교육열이 반영된 결과로 보인다.[32] 교육을 신분 상승을 위한 탈출구로 인식한 것이다. 이 점에서 학생과 학부모에게 보통학교 입학은 일제의 교육정책에 순응하기보다는 교육을 통한 사회적 이동을 모색하려는 동기가 작용했다.

2

교원의 책무와
활동

일제의 강점 이후 관공립초등학교 교원은 일본 본국의 교원과 달리
조선총독부의 관료 신분이었다. 즉 일본 본국의 교원은 관료 신분이
아니어서 신분이 불안정했지만 상명하복의 측면에서는 조선에 비해
좀 더 자유로웠다. 반면에 한국인 교원은 일반 임용 관리로서 〈판임관
봉급령〉에 따라 봉급이 지급되고 신분이 안정됐지만, 구성 원리가 관
료적이고 위계적이어서 상명하복의 관계에 충실해야 했다. 이는 조선
총독부가 지방자치제와 교육자치제 실시를 고려하지 않고 중앙집권
적 시책을 강화하고자 했기 때문이다. 특히 일제로서는 교원을 통치
보조자로 적극 활용하고자 할 의도에서 그들의 신분적 지위를 높이고
안정되게 할 필요가 있었다.[33] 즉 일제는 교원에게 관료제의 일원으로
서 복종의 의무를 강조했고, 사범교육에서도 교육자로서의 책임이나

학생에 대한 헌신보다 먼저 관료로서의 의무와 규율을 강조했다. 조선총독부가 편찬해 1912년부터 교원양성소 교재로 사용한 교육학 교과서《교사》첫 항목에서 "부훈도와 훈도는 모두 판임관이라. 즉, 공립보통학교 교원은 교육에 종사하는 관리"[34]라고 정의하고 보통학교 교원들에게 주입되게 했다.

물론 초등 교원은 고위 관료가 아니었다. 친임관-칙임관-주임관-판임관-판임관 대우-촉탁-고원의 관료 위계에서 판임관은 하급 관료에 속했다. 그러나 보통학교는 면사무소, 주재소와 함께 지역사회에서 일반인이 가장 가깝게 직접 접촉하는 관공서 중 하나였다. 그리하여 교원은 하급 관료인 판임관이지만 지역민에게서 존대를 받을 수 있었다.

이들 교원은 출신 학교와 시험 성적에 따라 다시 구분됐다. 1종 훈도는 일본의 소학교 본과 교원과 동등한 자격이 부여됐으며, 교장은 1종 훈도 중에서 임명됐다. 2종 훈도는 일본의 소학교 심상과 교원과 동등한 자격을 갖춘 교원으로 인정했다. 3종 훈도는 보통학교 졸업자로서 6개월이나 1년 정도의 단기양성과정을 거친 뒤 매년 실시하는 3종 시험 합격자에게 자격을 부여했다. 그런데 이들 훈도 중 3종 훈도가 적지 않았을뿐더러 비자격 학력 소지자 역시 적지 않았다. 1920년대 후반이기는 하지만, 3종 시험 합격 상당 학력소지자와 비자격 학력소지자가 45퍼센트에 가까웠다.[35] 특히 이 가운데 대다수는 한국인 교원이었다. 따라서 이들 한국인 교원은 자격 요건의 제약으로 소수

〈표 22〉 1912년, 1919년 관공사립학교 보통교육 현황

구분	연도	학교 수 (개교)	학급 수 (개)	교원 수(명)			학생 수(명)		
				한국인	일본인	계	남	여	계
관립	1912	2	10	8	6	14	269	138	407
	1919	2	13	5	10	15	302	159	461
공립	1912	328	1,034	1,029	362	1,391	38,837	3,363	42,200
	1919	482	1,878	1,629	725	2,384	73,726	10,580	84,306
사립	1912	25	71	67	24	91	1,534	497	2,031
	1919	33	110	102	24	126	3,211	1,310	4,521
계	1912	355	1,115	1,104	292	1,496	40,640	3,998	44,638
	1919	517	1,766	1,766	759	2,525	77,239	12,049	89,288

출전 : 이만규, 《조선교육사》 2, 거름, 1991, 151~152쪽.

의 일본인 교원에 비해 제대로 대우를 받지 못했던 것이다.

이들 교원은 1910년대에 일제의 보통학교증설정책에 따라 공립
보통학교를 중심으로 매년 증가했다. 특히 관공립학교의 경우 일본
인 교원의 증가율은 한국인 교원의 증가율을 넘어섰다. 〈표 22〉는 이
러한 추세를 보여 준다. 관립보통학교는 1912년과 1919년 사이 학급
수가 증가했음에도 한국인 교원은 일본인 교원과 달리 오히려 줄어들
었다. 공립보통학교 역시 한국인 교원의 증가율은 학급 증가율에 비
해 상대적으로 낮은 데 반해 일본인 교원의 증가율은 높았다. 이 시기
에 한성사범학교 출신 교사가 다수 사직했다. 일제가 통감부 시기부

터 일본어 중심의 교육을 실시하고 한국인 훈도의 이전 경력을 인정하지 않았기 때문이다. 더욱이 1910년 이후 한국인 교장이 교장 지위를 잃으면서 교단을 떠났다. 이러한 현상은 일제의 일본인 교원 중심의 증원정책이 효과를 얻었음을 보여 준다. 이에 반해 사립보통학교는 학급 수 증가만큼 한국인 교원이 증가했으나 일본인 교원은 정체했다. 사립학교에서는 일본인 교원보다 한국인 교원을 선호했기 때문이다. 참고로 학교 수와 학급 수, 학생 수의 대비를 통해 살펴보면 학교가 1910년대 후반으로 갈수록 규모가 커졌음을 짐작할 수 있다. 다만 학급당 정원이 40.03명에서 50.6명으로 증가했다는 점에서 교육재정이 한국인의 향학률에 미치지 못해 교원의 부담이 오히려 증가했음을 확인할 수 있다.

교원은 임용되자마자 1916년 총독부 훈령 제2호로 발표된 〈교원심득〉을 숙지하고 이에 따라 상부에 복종해야 했다. 요컨대 〈교원심득〉은 일본의 국체를 인식하게 하고 한국에서 일제 교육정책을 시행하는 전위로서 교원이 수행해야 할 역할을 강조한 것으로, 즉 한국인을 일본인화하는 데 교원이 직접적이고 적극적으로 관여하도록 지시한 문서였다. 그리하여 교원은 늘 학생의 연령·체질·기풍·습관 등을 연구조사해야 했고, 학생의 가정과 연락을 긴밀히 하며, 졸업 후까지도 연결돼야 하는 주도면밀한 교육을 하게 요구됐다. 즉 교원의 임무는 '제국의 충량한 신민'을 육성함에 있으니 늘 이를 자각하고, 학교장 이하 동료 교원과 합심해 학생이 좋은 교풍을 이어받게 해야 한다는 것이다. 〈교원심득〉이 발포되자 각 학교에서는 교원을 대상으로 강구회 등을 열어 교원들이 이 내용을 체득하고 실천할 것을 강조했다.[36]

또한 조선총독부의 무단통치 방침에 따라 이들 교원은 〈그림 58〉과 같이 '세이버'라 불리는 환도環刀를 차고 교단에 올라 수업을 진행했다. 그들은 교사가 아니라 군인으로 보였다. 당시 이런 교원의 모습은 한국인에게 어떻게 비쳤을까. 소설가 염상섭廉想涉(1897~1963)의 작품《만세전萬歲前》에서 주인공은 3·1운동 직전인 1918년 도쿄의 여자에게 보내는 편지에서 다음과 같이 적었다.

소학교 선생님이 세이버를 차고 교단에 오르는 나라가 있는 것을 보셨습니까? 나는 그런 나라 백성이외다. … 이제 구주(유럽 – 인용자)의 천지는 그 참혹한 살육의 피비린내가 걷히고 휴전 조약(베르사유조약 – 인용자)이 성립됐다 하지 않습니까. 부질없는 총칼을 거두고 제법 인류의 신생을 생각하려는 것 같습니다. 그러나 이 땅의 소학교 교원의 허리에서 그 장난감 칼을 떼어 놓을 날은 언제일지 숨이 막힙니다. …[37]

교원이 군인처럼 칼을 차고 학생을 가르치는 이곳이 1910년대 한국인 학생이 매일 눈뜨면 마주쳐야 하는 일제 치하 조선이었다.

더욱이 대부분의 학교는 졸업식장에서 대한제국이 멸망했음을 깨달았다. 〈그림 57〉과 〈그림 58〉은 각각 1908년 한성 인현보통학교 졸업생 1회와 1917년 같은 학교 졸업생 12회 졸업식 광경인데 1회 졸

〈그림 57〉 인현보통학교(1908년)
학생은 교모와 두루마기 차림이고 교원도 일부를 제외하고는 망건을 쓴 채 두루마기 차림이다.
비고 : 명치 42년(1909)으로 표기돼 있는데《광희 팔십칠년사》(1982)에는
1908년으로 표기돼 있다.

〈그림 58〉 인현보통학교(1917년)
학생의 복장은 바뀌지 않았지만 교사는 헌병경찰 같은 복장을 하고 있다.

업식장에 걸린 태극기가 12회 졸업식에서는 사라지고 교사들이 세이버를 차고 있음을 확인할 수 있다.

규정에 따라 보통학교는 한 학급당 교원 1명씩을 두었다. 수업은 대체로 30시간 내외이고 최대 32시간이었으며, 이러한 시간을 넘기는 자에게는 근무시간에 맞게 월 5원~15원의 수당을 지급하게 했고, 교원은 각종 교무를 담당했다.[38] 교원은 〈조선교육령〉과 〈보통학교규정〉에 명시된 교육목표와 교과 및 매주 교수 시수, 교수 주의사항, 학교장이 결정한 교수세목과 수업진도표에 따라 수업지도안을 작성했다. 교원 독자적으로 교과내용을 재조직할 여지는 거의 없었고, 예체능과 실업교과를 제외하고는 교과서 이외의 다른 교재나 교구는 거의 사용되지 않았다.

수업은 교원 1명이 학생 60명 이상을 상대하는 주입식 교육이며, 수업이나 교원과 학생의 대화도 일본어로 이루어졌다. 교실의 배치는 교사 한 사람과 학생 다수가 서로 바라보는 구도여서 교원은 학생 전원을 대상으로 하되 교단 위에서 한 사람에게만 집중하는 구도로 배치돼 있었다.[39] 교사의 질문을 이해하고 일본어로 답하는 학생은 전체 학생에서 극히 일부에 지나지 않았으므로 교사와 학생의 상호작용은 실지로 매우 우수한 몇몇 학생에게만 한정됐을 뿐, 나머지 대다수 학생은 수업에서 소외됐다. 또한 교사는 빈번하게 학생을 체벌하고 학생에게 폭력을 가한 것으로 보이며, 학부모는 공부를 잘하라는 매를 맞을 경우에는 체벌을 인정했다. 그러나 지나친 학생 구타와 폭력에 대해서는 이에 저항하기도 했다.

1911년 8월 〈조선교육령〉이 반포돼 교감직이 폐지되고 일본인 교원을 교장에 임명하면서 자연히 공립보통학교 교장의 업무도 지방 각 계급의 사상조사, 시세의 추이에 따른 보통학교 교육현황, 학교를 중심으로 하는 지방교화방법 조사 등으로 확장됐다.[40] 이때 교원은 교장의 지시를 철저히 따라야 했으므로, 독자적으로 교과내용을 변경하거나 다른 교재를 사용할 수 없었다. 또한 교원은 수업 이외에 조회·주회·자치회, 학교에서 이루어지는 각종 행사, 학생 관리 등 각종 훈육을 담당했다. 그 밖에 교원은 교무를 비롯해 서무·회계·위생, 도서와 물품·장부 관리도 담당했다.

교원은 학교 바깥에서도 활발하게 돌아다녀야 했다. 보통학교 졸업생을 정기적으로 소집해 담합회·강습회 등을 실시하거나 가정 방문을 통해 평소 행동을 시찰 조사하고 지도했다. 이는 오로지 더는 진학할 수 없는 농촌 사회의 청소년층을 지도함으로써 식민체제의 불안 요인을 사전에 없애려는 조선총독부의 시책에서 비롯됐다. 더 나아가 교원들은 지역 개선사업, 일본어 보급사업, 청년회 지도, 부인교화사업 등 이른바 사회교화사업에 동원돼 일제의 손길이 미처 닿지 못하는 여러 문제를 해결하는 데 관여했다.[41] 그 밖에 각종 연구회에 나가 교재나 훈육 방법을 연구해야 했으며, 강습회에 참가해 조선총독부의 교육 방침과 교수 훈육에 관한 사항 등을 끊임없이 반복적으로 들어야 했다. 그리고 이 가운데 성적이 우수한 자는 일본을 시찰해 일본 교육의 우수성을 체험하고 널리 알려야 했다. 이러한 현실 속에서 한국인 교원들은 차츰 조선총독부의 교육 방침에 따라 먹고 살기 위해 마지못해 일제의 나팔수가 되거나 심지어는 일제 권력의 힘과 논리에 압도되면서 그들의 동화정책에 적극 동참해 출셋길을 열어 보려 했다.

학교 안에서는 교장을 중심으로 하는 수직적인 명령과 감독의 위계제가 확립돼 있었다.[42] 이들 일본인 교장은 왕과 같은 존재로 교원과 학생은 그에게 절대 복종했다. 그것은 조선총독부가 일본인 교장을 매개로 한국인 교원과 조선 교육계를 장악하기 위해 교장에게 막강한 권한과 책임을 부여했기 때문이다.

그리하여 1913년 4월 14일 정무총감 야마가타 이사부로山縣伊三郎는 신임 공립보통학교 교장회의에서 교장의 책무를 다음과 같이 밝혔다.

조선 교육의 목적은 〈교육에 관한 칙어〉의 취지를 받아 충량한 백성을 육성함에 있다. … 참으로 개개 국민의 성질을 변화하고 국민의 정신을 도주함은, 즉 교장의 성질 여하에 있다. … 조선의 무수한 청년으로 하여금 선량한 국민의 성질과 선량한 국민의 정신을 교화코자 할진대, 교장 제군의 책임이 과연 지대하다.[43]

여기서 야마가타는 한국인 학생을 일본인화하는 데 교장의 책임이 막중함을 강조했다. 이는 교장의 높은 권위를 전제하는 발언이었다.

그리하여 교장은 학교의 교과, 수업 운영 등에 대한 일체의 권한과 교직원 감독권을 가지고 있었다. 따라서 보통 한국인 훈도는 일본인 교장 지휘를 받으며 학교 운영에 수동적으로 참가할 수밖에 없었다. 교장은 학교운영에 관한 전권을 행사했고, 심지어는 훈도의 독서 경향이나 복장과 같은 사생활까지 간섭했다. 많은 일본인 교장은 수석 훈도 등을 동원해 교사의 일상생활을 감시했고, '불온한' 성향을 띤다고 판단되면 여러 가지 제재를 가했다. 훈도의 독서나 교우관계에 간섭하기도 했고, 심한 경우 별 이유 없이 전근하게 했다.

교장이 지역사회에서 가지는 발언권 또한 여간하지 않았으니 1930년 4월 7일《조선일보》에 게재된 안성영의 만화 〈위대한 보통학교장〉은 당시 보통학교 교장의 위세를 단적으로 보여 준다.(〈그림 60〉 참조) 개성제일보통학교 교장 기사누키 기요스케木佐貫喜代助가 사직하고 일본으로 돌아가는데 그 환송에 학생 전원과 시내 유지 등 1000여 명이 모여들어 깃발을 펄럭이는 대성황을 이루었다고 한다.

평소 학교에서 교장의 위세는 대단했다. 1910년대와 별로 다를 게 없었던 1930년대 시절 원산보통학교 교장 호소카와는 여름 겨울 할 것 없이 언제나 흰 와이셔츠에 검정 넥타이를 매고 다녔다. 무슨 의식이 있을 때면 프록코트에 흰 장갑을 끼고 〈교육에 관한 칙어〉가 든 상자를 신주 모시듯 들고 다니는데 근엄하기가 짝이 없었다.[44] 복도에서는 꼭 모자를 벗어서 손에 들고 발자국 소리를 내는 법이 없이 발끝으로 사뿐사뿐 걸었다. 조회 때는 그러한 문명한 예절을 따라 배울 것

〈그림 59〉 부산 봉래공립보통학교 졸업식 사진(1910년 3월)

〈그림 60〉 일제강점기 일본인 교장의 위세를 풍자하는 만평
(《조선일보》1930년 4월 7일)

을 누누이 강조했다. 키는 작달막하고 코밑에는 채플린 수염이 달렸는데 말을 할 때는 쨍쨍 쇳소리가 났다. 전교의 수신과는 교장이 친히 도맡아 가르치다시피 했다. 그래야 일제에 충성을 다하는 교장으로 보일 수 있기 때문이다. 또 진위보통학교 교장은 다른 교장과 마찬가지로 늘 말을 타고 군복에 군모를 쓰고 칼을 차고 다녔다. 그러면서도 겉모습과 다르게 뒤로는 신임교원에게 돈을 빌려주고 이자를 챙겨 돈을 저축하기도 했다.[45] 일본인 교장의 이중성을 잘 보여 주는 대목이라 하겠다.

일본인 교사 역시 일본인 교장을 중심으로 편제된 가운데 조선과 한국인에 대해 문명과 야만이라는 이분법적 인식체계에서 바라보았다. 1910년대 일본인 여교사는 수업시간에 다음과 같이 언급하고는 했다.

조선은 아직 멀었다. 해마다 이렇게 식목을 해도 사흘만 지나서 가보면 다 뽑아다 불을 때고 마는구나. 그런 야만된 소위가 어디 있겠니. 원래 미개한 나라에서는 도적이 많은 법이니라.[46]

이러한 일본인 여교사의 지적은 조선에서 연료부족을 겪는 한국인의 현실을 외면한 채 오로지 겉으로 드러난 현상만 두고 비판한 것이다.

한국인 교원과 일본인 교원의 차별은 우선 임용 과정에서 두드러졌다. 한국인 교원은 1908년 1월 〈보통학교령〉에 따라 일본 본국의 교원과 달리 교원, 부교원이 아닌 본과 훈도, 전과 훈도, 본과 부훈도, 전과 부훈도 등으로 불렸다. 이 중 훈도는 일본인 교원이 차지한 데 반해 부훈도는 한국인 교원이 대부분이었다.[47] 그 밖에 한국인 촉탁교원이 한국인 교원에서 차지하는 비율이 일본인 촉탁교원이 일본인 교원에서 차지하는 비율보다 훨씬 높았다. 1919년에 후자가 5.7퍼센트인데 반해 전자는 16.8퍼센트에 이르렀다.[48] 이들 촉탁교원은 전직이 대한제국 시절 사립학교 교원으로서 공립학교로 전환된 이후에도 남은 사람이거나 교원양성기관을 수료했지만 훈도 자격시험에 합격하지 못한 사람이었다.

또한 한국인 교원은 일본인 교장과 동료 일본인 교원에게 민족적인 모욕과 차별대우를 받았다.[49] 한국인 교원과 일본인 교원 사이에 의사충돌이 생기면 일본인 교장은 주로 한국인 교원을 전임하게 했으며 심지어 한국인 교원을 폭행하는 일도 왕왕 있었다. 이러한 상황에서 한국인 교원이 승진에서 차별을 받은 것은 어쩌면 당연한 일이었는지도 모른다.

이러한 차별은 교장 임명 과정에서도 나타났다. 강점 후 조선총독부가 교장은 일본인으로만 임명하게 하면서 기존 한국인 교원 겸 교장은 교장직을 면직당했다. 대신 1910년 이전에 채용된 일본인 교원이 교장에 임명됐다.[50]

이러한 차별은 경제적인 대우에서도 두드러지게 나타났다. 〈표 23〉

〈표 23〉 1910년대 공립보통학교 훈도의 봉급월액

(단위 : 엔)

연도	한국인		일본인	
	남	여	남	여
1913	18	15	57	27
1918	25	19	57	26
1919	32	25	68	37
1920	52	45	112	70

출전 : 조선총독부, 《조선총독부통계연보》, 각 연도.

에 따르면 일본인 교원의 봉급은 한국인 교원의 1.5~2배에 이르렀다. 여기에다 한국인 교원은 강습회 여비나 교통비 등에서도 심한 차별을 받았으며, 일본인 교원이 받는 가봉(정한 봉급 외에 따로 주는 일정한 액수의 돈), 사택료, 가족수당 등도 받지 못했다. 이러한 사정은 3·1운동 이후 이른바 문화정치에서도 시정되지 않았을뿐더러 오히려 격차가 벌어졌다.

이러한 구조적인 민족 차별은 교원양성과정에서 이미 나타났다. 일제는 그나마 명맥을 유지한 관립한성사범학교를 1911년에 폐지하고, 일제의 교육·경제 편리에 따라 더는 독립된 교원양성기관을 설치하지 않았다.[51] 대신에 경성고등보통학교 및 평양고등보통학교에 교원속성과를 설치했으며, 1913년에는 이 두 학교와 경성여자고등보통학교에 사범과를 신설하고 교원속성과를 폐지했다. 그 밖에 부족한 교원을 채우기 위해 경성고등보통학교에 부설 임시교원양성소를 설치해 부훈도를 양성했다. 이때 일본인 중학교 졸업자도 받아들였는데, 이들은 중학교 졸업 후 1년간의 교육만으로 훈도 자격을 얻었고, 양성소 졸업 후 1~2년 만에 교장이 돼 한국인 교원을 감독하고 통제할 수 있었다.[52] 반면에 한국인은 학제에 따라 대부분 4년제 보통학교를 졸업하고 사범과 소정의 과정을 마친지라 훈도의 자격을 받지 못하고 부훈도의 자격을 받는 데 만족해야 했다.

그럼에도 일부 조선인 교원은 자신을 관료로 인식하고 지역사회에서 유지로 행사하고자 했다. 당시 《개벽》에서 박달성은 다음과 같이 꼬집었다.

군청직원과 어깨를 같이하고 경찰서원과 칼을 같이 번쩍거리고 면 직원 같은 것은 눈 아래로 깔보고 지내니 이런 행세가 어디에 잇스랴! 우리 집안 큰 영광이다라고 훈도되신 자신, 온 가족 온 문중까지 바로 전날에 대과나 나신 문중같이 떠들어 내는 기쁨이요 자랑이 아니었습니까.[53]

교원은 민족 차별 속에서도 한국인의 여타 직업에 비해 상대적 우위를 점한지라 일제의 요구와 처우에 순응했다. 이에 이들 교원은 무기력하다는 이유로 학생의 지탄 대상이었다. 그리고 한국인 학생에게 일본어를 통한 동화를 강요하는 현실에서 교원 스스로 자괴감을 느끼지 않을 수 없었다.

심지어 애당초 관직으로 나아가는 길로 훈도를 선택한 사람도 적지 않았다. 대표적인 사례가 김태석金泰錫이다. 1908년 한성사범학교를 졸업한 김태석은 보통학교 훈도로 있다가 1912년 통역으로 경찰에 입문한 이후 경부, 경시를 거쳐 참여관까지 승진하면서 강우규 의사를 체포하는 등 친일경찰로 악명을 떨쳤다.[54] 또 일부 교원은 단기 연수를 거쳐 훈도가 됐기 때문에 사명감이나 전문지식이 턱없이 부족하기도 했다. 이런 이유는 학생들의 동맹휴학을 초래했다.[55]

그러나 한국인 교원 대다수는 일본인 교원과 비교할 때 처우나 전망이 원래 기대에 미치지 못했기 때문에 이직하는 일이 많았다. 그들은 스스로 상당한 엘리트 집단이라고 생각했지만 관료제 질서 속에서는 말단 판임관에 지나지 않았다. 나아가 일부는 일제의 민족적 차별, 조선어 사용 금지 등의 문제를 교육 모순이라 인식하고 학교 수업이나 비밀 모임을 통해 학생에게 민족의식을 심어 주었다. 그리하여 산청보통학교 아무개 교원은 조선어 시간에 안중근 의사의 거사를 들려주기도 했으며, 같은 학교 김소달金小達 교원은 하숙집에서 주 2회 정도 밤에 학생과 만나 민족주의와 자주독립을 강조하면서 민족의 얼을 일깨워 주었다.[56] 아울러 아동지도에 대한 체계적 연구와 교과서 분석 작업을 실시했으며, 대안 아동 독서물을 제공하기도 했다. 함남 영흥군 소재 사립 문명학교 교사 이학룡李學龍은 수업시간에 한국 독립을 희망하고 일제에 반항하는 내용의 창가를 가르쳤다.[57] 또 경성 소재 오성학교 교사 최창식崔昌植은 역사 수업시간에 이완용과 이토 히로부미를 각각 저격한 이재명과 안중근의 의거를 찬양하고 국권회복

〈그림 61〉 최창식(앞열 왼쪽에서 3번째)
1919년 10월 11일 상하이 임시정부 초대 내각의 기념촬영사진

을 연설했다.[58]

그리하여 3·1운동 때에는 교사도 학생 못지않게 앞장섰다. 경상북
도의 경우 상주·내성·인동·비안·예안·도산·신녕 등 각 공립보통
학교의 교원이 상급생과 함께 학생을 인솔해 시위에 참여했다.[59] 이런
인솔은 전국 각처에서 이루어졌다. 또 진주의 아무개 교원은 태극기
를 들고 선두에 서서 일반 군중을 지휘하며 시내를 돌았다. 1919년 5
월 7일 독립운동에 참가해 수감된 강계군 공립보통학교 여교원은 학
교 교장이 교원 부족을 막으려고 백방으로 노력한 끝에 풀려날 수 있

었는데, 이때 큰 소리로 다음과 같이 말했다.

독립운동은 나의 천직이다. 이보다 더한 일이 내게 무엇이 있겠는가.[60]

이에 보통학교 일본인 교장은 한국인 보통학교 학생을 회유하고자
했다. 3·1운동 이후 이 사건을 정리해 보고서를 제출한 역사학자 박
은식은 다음과 같이 예화를 전했다.

또 하루는 교장이 학도들을 회유하면서 "한국과 일본은 형제 사이다. 형제
끼리 친목하지 않으면 복이 없고 화만 있을 뿐이니, 우리는 마땅히 친목을
더욱 돈독히 해야 할 것이다"고 했다. 이에 대해 한 학생이 고개를 들고 대
꾸하기를, "감히 묻겠는데, 먼저 태어난 사람이 형입니까, 아니면 나중에
태어난 자가 형입니까"라고 했다. 교장이 "물론 먼저 태어난 사람이 형이
다"고 하자 다시 학생이 "우리 한국이 탄생한 지는 4250여 년이 됐고, 일
본은 2200여 년입니다. 그렇다면 우리 한국이 형이 되고, 종가가 되는 것
이 명분에 옳고 순리입니다. 반드시 이와 같이 된 이후라야 친목을 말할
수 있을 것입니다"라고 했다. 교장은 아무 말도 못하고 부끄러워했다.[61]

일본인 교장이 일본인과 한국인의 뿌리는 같으며 일본이 형이라고
하는 일선동조론日鮮同祖論을 내세우자 한국인 학생은 이러한 주장의
논리적 모순을 지적하면서 3·1운동의 정당성을 강조했다.

그리하여 당시 한 일본인 보통학교 경찰 간부는 어린 학생들이 시위에 참가하는 모습을 보고 탄식하면서 다음과 같이 말했다.

우리가 오리 새끼를 키워 물에 놓아주었구나. 10년간의 노력이 하루아침에 허사로 돌아갔다.[62]

일제가 스스로 인정했듯이 한국인 학생의 3·1운동 체험은 그들의 의식을 바꾸는 계기가 됐을뿐더러 일제의 점진적 동화주의가 결코 성공할 수 없음을 보여 주었다.

3

교과서의
편찬과 내용

교과서 편찬 방향

일제는 대한제국 강점 직후 그들의 통치 방침에 맞추어 교과서를 개편하고자 했다. 그리하여 〈조선교육령〉 공포에 맞추어 1911년 5월 편수관과 편수 서기를 임명하고 교과서 편찬에 착수했다.[63] 교과서 편찬에 앞서 조선어와 일본어의 가나 표기법을 결정하고 보통학교 교과서 편찬에 대한 일반 방침을 제시했다. 일반 방침이 장황하므로 핵심 내용만 간추리면 다음과 같다.

① 보통학교 교과서는 〈조선교육령〉 및 〈보통학교규칙〉에 준거해 편찬한다.
② 보통학교 교과서는 조선어 및 한문 독본을 제외한 모든 교과서를 국어

(일본어 – 인용자)로 기술한다. 단 국어 보급이 될 때까지 사립학교 학생용으로 사용하기 위해 수신서·농업서 등에 한해 조선어 역문을 만든다.

③ 내용은 교과목 특성에 따라 각기 특색이 있게 함은 물론이나 국민성 양성과 직접 관계되는 교과목에서는 무엇보다도 다음의 사항에 중점을 둔다.

- 조선을 내지(일본 – 인용자), 대만 등과 같이 우리나라의 일부임을 명확히 알게 한다.
- 우리 제국은 만세일계의 천황이 통치함을 알게 한다.
- 우리나라가 오늘날같이 국력이 발전되고 한국인이 대일본 제국 신민으로서 세계일등 국민이 돼 행복한 생활을 영위할 수 있는 것은 오로지 황실의 은택에 의한 것임을 깊이 심어 줌으로써 각기 본분을 지켜 황실을 존경하고 국가에 충성을 다하는 도를 알게 한다.
- 실용 근면을 주로 해 공리공론에 빠지지 않게 한다.

④ 보통학교 교과목에 별도로 지리·역사를 설치하지 않으므로《국어독본》교재 중에 본방本邦(일본 – 인용자) 역사, 지리 일반을 넣고 조선어 및 한문독본 교재 중에서 조선지리의 개요를 가르친다.[64]

교과서 편찬이 이전과 달리 개별 법령이 아닌 1911년에 공포된 〈조선교육령〉과 〈보통학교규칙〉을 준거로 이루어지고 있다는 점에서 위로는 교육의 근본 법령이라 할 〈조선교육령〉에서 아래로는 교과서 내용에 이르기까지 하향식으로 일관된 체계를 갖출 수 있게 됐다. 그러나 이러한 편찬 원칙이 일본어 상용을 전제로 삼고 마련됐다는 점에서 일제의 점진적 동화주의 방침을 일본어 보급을 통해 실현하겠다는 의지를 보여 준다. 그리고 조선을 자주 국가가 아니라 일본 천황이 통치하는 일본 제국의 영토라고 명시함으로써 한국인이 일본 국민임을 규정했다. 또한 〈조선교육령〉에 따라 실용 근면을 강조함으로써 일본 통치 방침에 순응하면서 근면한 국민으로 양성하겠다는 취지를 밝혔다. 특히 지리와 역사 과목을 설치하지 않고 《국어독본》에서 일본 역사와 지리를 다룸으로써 한국인으로서의 민족적 자긍심과 정체성을 근본에서 억제하고자 했다. 요컨대 일제는 학교 교과서를 통해 한국인을 일본인화하는 데 필요한 일본어와 일본 왕실 및 국체에 관한 것을 가르치려고 했으며, 실용주의를 강조했음을 확인할 수 있다.

이어서 〈보통학교규칙〉을 제정해 교과의 취지와 교과목을 규정했다. 이에 따르면 1910년대 보통학교의 교과는 수신, 국어(일본어), 조선어 및 한문, 산술 4개의 필수 과목과 이과, 창가 및 체조, 도화, 수공, 재봉 및 수예, 농업초보, 상업초보 일곱 개의 가설 과목으로 돼 있었다. 가설 과목이란 학생의 자유의사에 따라 선택하는 과목이 아니라 학교에서 선택해 가르치는 과목이었다. 아울러 1910년대 교과목 교수 시수 현황은 〈표 24〉와 같다.

시수 현황을 보면 일본어가 단연코 최고의 비중을 차지했다. 다음으로 산술의 비중이 작지 않다. 주로 실용교육과 관련해 초급산술을 학생에게 주입하고자 했다. 그 밖에 조선어·한문 시수를 적지 않게

교과목	1학년	2학년	3학년	4학년	계
수신	1	1	1	1	4
국어(일본어)	10	10	10	10	40
조선어 및 한문	6	6	5	5	22
산술	6	6	6	6	24
이과	-	-	2	2	4
창가 및 체조	3	3	3	3	12
계	26	26	27	27	106

출전 : 《조선총독부관보》 1911년 10월 20일, 〈조선총독부령 110호 보통학교규칙〉.

잡았다. 그러나 이러한 시수 규정은 조선어의 보급 확대에 초점을 두기보다는 아직 일본어의 보급이 여의치 않은 상황에서 일본어를 보급하는 데 조선어와 한문을 보조 언어 및 보조 표기로 활용해 일본어 보급에 도움을 주고자 했던 것이다.

침략 교육의 선봉, 수신 과목

당시 일제가 제일 중시한 교육은 수신교육이었다. 수신은 가정, 사회, 국가윤리를 교육하는 역할을 하면서 '한국인의 일본인화'를 의도한 동화교육에 가장 적합하다고 판단됐기 때문이다.

수신은 〈교육에 관한 칙어〉 취지에 따라 도덕에서 사상 및 정조를 양성하고, 양풍미속을 상실하지 않게 주의해 실천궁행을 권려함을 핵심으로 한다. 수신은 근이 적절한 사항에서 시작해 인륜도덕의 핵심을 교수하고 점차로 국가사회에 대한 실무를 알게 하며 국법을 준수하고 공덕을 숭상해 공익에 힘쓰는 기풍을 조성하는 동시에 보통의 예법을 교수해야 한다. 여아를 위해서는 특히 정숙의 덕을 양성하는 데 힘써야 한다.[65]

이와 같은 취지에 따라 수신은 통감통치기에 마련한 수신교육의 연장으로 이루어졌다. 교과내용의 변화가 두드러질 뿐이다.

비록 수업시간의 비중은 작았지만 일본 천황에 대한 숭배사상을 주입하는 교과였다는 점에서 여타 교과에 뒤지지 않게 온갖 노력을 기울였다. 따라서 일제는 학생용과 교사용 수신 교과서는 물론 일본어를 해독하지 못하는 한국인 학생을 위해 조선어로 된 번역본을 별도로 발행했다.[66]

일본 국내 여론도 수신교육의 중요성을 강조했다. 한국인이 사설邪說(반일 독립사상)에 젖어드는 것을 사전에 막기 위해서는 수신교육을 강화해야 한다고 여겼기 때문이다.[67] 그리하여 일제는 국체에 관한 관념을 배양하는 것을 수신 과목의 기본 목적으로 삼아 이 교과서에 〈교육에 관한 칙어〉 전문을 실어 학생에게 암송을 강요했다. 또한 '황실' 항목을 두어 메이지천황이 한국인에게 많은 은택을 베풀었다는 점을 강조했다. 그 밖에 신궁, 조국정신肇國精神(건국정신), 황국신민, 국

〈그림 62〉 보통학교의 수업 모습
(서울특별시 시사편찬위원회, 《사진으로 보는 서울 2》, 서울특별시 시사편찬위원회, 2002, 246쪽)

헌, 국법, 일본 국민, 도덕, 충군애국, 신도, 무사도, 일본 축제일, 팔굉
일우八紘一宇(팔방을 덮어 집으로 삼는다는 뜻이다. 진무神武 천황이 일본을 통일한
뒤 반포했다는 조칙으로 전 세계가 일본 천황에 귀속돼야 한다는 주장이 핵심을 이루
며, 일본 천황제와 군국주의를 뒷받침했다) 등 일본 천황제 교육의 핵심을 가
르쳤다.

또한 일제는 학생에게 '국민성을 기르는 데 필요한 도덕관념을 배
양'한다고 하면서 수신 교과서에 정직·근면·검약·저축·청결·위생
등에 관한 내용을 넣어 가르쳤다. 즉 한국인 학생이 식민지 지배 질서
에 순종하는 데 온갖 노력을 기울였다. 대신에 자치·독립·권리·민권

普通學校學徒用 修身書卷四

第一課 獨立自營

西洋某都會에少年二人이잇ᄂᆞᆫᄃᆡ、一人은富家에生長ᄒᆞ고一人은貧家에生長ᄒᆞ엿더라。富家에生長ᄒᆞᆫ者ᄂᆞᆫ婢僕의使令이足ᄒᆞ야무숨일이던지自手로ᄒᆞ지안코極히安樂ᄒᆞ게生活ᄒᆞ며貧家에生長ᄒᆞᆫ者ᄂᆞᆫ幼少ᄒᆞᆫ셰로브터父母의生計ᄅᆞᆯ助力ᄒᆞ기爲ᄒᆞ야諸般困苦ᄅᆞᆯ備嘗ᄒᆞ더라。然故로富家의少年은貧家의少年을卑賤히녁이고貧家의少年은富家의

修身書卷四

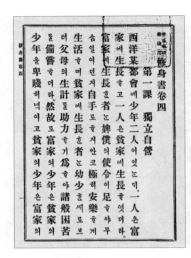

〈그림 63〉《보통학교 학도용 수신서》
(학부, 1908년)

普通學校學徒用 修身書卷四

第一課 自活

西洋某都會에少年二人이잇ᄂᆞᆫᄃᆡ一人은富家에生長ᄒᆞ고一人은貧家에生長ᄒᆞ얏더라。富家에生長ᄒᆞᆫ者ᄂᆞᆫ婢僕의使令이足ᄒᆞ야무숨일이던지自手로ᄒᆞ지안코極히安樂ᄒᆞ게生活ᄒᆞ며貧家에生長ᄒᆞᆫ者ᄂᆞᆫ幼少ᄒᆞᆫ셰로부터父母의資生을助力ᄒᆞ기爲ᄒᆞ야諸般困苦ᄅᆞᆯ備嘗ᄒᆞ더라。然故로富家의少年은貧家의少年을卑賤히녁이고貧家의少年은富家의

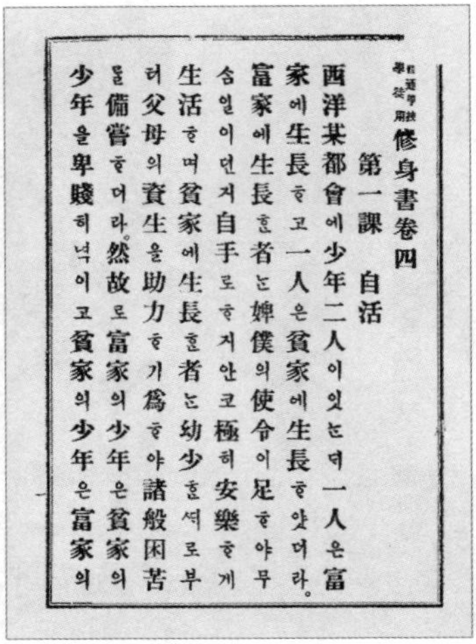

〈그림 64〉《보통학교 학도용 수신서》
(조선총독부, 1911년)

등에 관해서는 전혀 가르치지 않았다.[68] 예컨대 1908년 학부가 편찬한《보통학교 학도용 수신서》의 '독립자영'이 1911년 조선총독부가 편찬한《보통학교 학도용 수신서》에서는 '자활'로 변경됐다.[69] 그것은 '독립'이라는 글자가 자칫 정치적 독립을 가리킬 수 있다고 판단했기 때문이다.

그러나 일제는 근대적 개인도덕과 사회도덕에 중점을 두면서도 한국인을 국가 차원에서 통합해야 할 필요에서 전통적인 유교의 충효 관념을 적극 활용하고자 했다.[70] 이에 1914년에 새로 편찬된 수신 교과서를 활용할 때 천황의 '은恩'을 가르칠 것을 강조했다. 예컨대 일

본이 조선통치의 안정을 위해 교육·산업 시설을 구축하는 데 필요한 자금을 이른바 천황이 하사한 '임시 은사금恩賜金'이라 포장해 제공했는데, 이러한 내용을 가르치게 했다.[71] 그리하여 한국인 학생은 학교가 천황의 은사금 이자로 설립됐음을 알고 천황의 은혜에 늘 감사하는 마음을 지니게 유도했다. 교원 역시 일제의 이러한 지침에 따라 무엇보다도 학생을 '충효를 근본으로 삼아 덕성을 함양'해 제국의 신민으로서 그 본분을 완수할 수 있는 인물로 키워야 함을 책무로 여겼다.[72] 이러한 목표가 실용을 핵심으로 한 지식기능의 교수, 강건한 신체의 육성보다 중시됐기 때문이다.

동화정책의 근간, 일본어(국어)·일본사(국사) 과목

일제는 강점 이전만 하더라도 한국인의 반발을 의식해 일본어를 국어로 가르치지 않았다. 그러나 강점 직후 일제는 일본어를 적극 보급하기 위해 국어의 위상으로 승격하고 대신에 조선어를 강등했다.[73] 그것은 일본어교육을 동화정책의 가장 중요한 수단으로 여겼기 때문이다. 그리하여 일제는 각급 학교를 일본어를 보급하는 기본 장소로 이용했다. 그것은 당시 보통학교의 교과목 구성에서 일본어교육이 차지하는 비중을 보아도 명백했다. 한 주에 배정된 총 수업시간이 1~2학년은 26시간, 3~4학년은 27시간이었는데, 일본어 수업시간은 각각 10시간으로서 그 비율은 1~2학년 때는 38.5퍼센트, 3~4학년 때는 37퍼센트를 차지했다. 10시간은 강점 이전 일본어 시수인 6시간의 1.6배 이상인 셈이다.

일본어교육은 비단 일본어 수업시간을 통해서만 진행되지 않았다. 일제는 일본어가 "국민정신이 깃들어 있을 뿐 아니라 지식과 기능을 습득하는 데 없어서는 안 될 것이기 때문에 어느 과목에서나 국어(일본어 - 인용자)의 사용을 정확히 하고 그 응용을 자유롭게 할 것을 요한다"[74]라고 하면서 일본어교육을 장려했다. 그 밖에 일제는 각급 학교에서 조선어교육을 실시한다고 하면서 조선어 및 한문 과목을 설정했으나, 이 과목 교수에서도 천황을 숭배하고 규율을 준수하는 충량한 국민으로 양성하는 데 초점을 맞추었다.[75] 이 과목들도 수신 과목이나 마찬가지였다.

그리하여 일제는 일본어가 국어가 된 직후인 1912년《보통학교 국어독본》을 간행했다. 이 교과서는 단지 일본어를 배우는 학습교재가 아니라 수신 교과서와 함께 수신교육의 주된 교재였다.[76] 이 교과서는 1910년 이전만 하더라도 일제가 대한제국의 국권을 완전히 장악하지 못한 까닭에 한국인들에게 문명을 베푼다는 문명시혜론을 담은 데 반해 강점 이후에는 노골적으로 그들의 식민 통치를 정당화하는 담론을 대폭 담았던 것이다.

이 책에서는 저학년을 위한 일본어 가타가나와 히라가나 학습에서 단어, 단문, 인사 예절, 세시풍습, 속담, 민담, 근대 문물, 지리, 일본 명절과 지리, 고대 신화 등이 다양하게 소개됐다.[77] 쉬운 단어에서 어려운 단어로, 단문에서 장문으로, 나아가 긴 분량의 글로 바뀌는 단원 배치는 학습자의 수준을 일정하게 고려했다. 그러나 학년이 올라갈수록 일어 학습과 관계되는 비중이 줄어들고 대신 일본 역사와 정치, 산업과 지리 등에 대한 단원이 많아지는 것을 볼 수 있다.

일제는 조선역사와 조선지리 과목에 대한 개별 교과 교육을 가능한 한 배제했다.[78] 그것은 한국인의 민족적 긍지와 자부심이 높아져 반일감정이 자라날 것이 두려웠기 때문이다. 대신에 수신·국어(일본어)·조선어 과목에서 조선역사와 조선지리를 왜곡해 가르쳤다. 먼저 일제는 조선어교육에서 일선동조론을 가르쳤다. 1914년에 출판한 보통학교 2학년《국어독본 권4》〈22과 알에서 깨어난 왕〉에는 허황된 내용이 담겨 있었다. 그 내용은 일본의 어떤 사람이 알을 낳아 함 속에 넣어 바다에 띄워 보냈는데, 그것을 한 할머니가 조선 해변에서 얻어 열어보니 알에서 태어난 아이가 있었으며 그가 바로 신라왕이 됐다는 것이다.

또한 일제는 국어(일본어) 교과서에서 조선에 대한 침략을 자기들의 입맛에 맞추어 유리하게 꾸미려고 애를 썼다. 가령 1912년 판《국어독본 권8》에서는 일제가 조선에 대한 독점적 식민지 지배권을 탈취하기 위해 도발한 1894~1895년 청일전쟁과 1904~1905년 러일전쟁을 동양의 평화와 조선의 독립보존을 위한 전쟁이라고 억지를 부리며 가르쳤다. 당시 보통학교를 다닌 임실 출신 진판옥은 국어시간에 교장에게서 군병에 대해 들었다. 심지어 미술시간과 산술시간에도 러일전쟁에 관한 이야기를 들어야 했다.[79] 그 밖에 《국어독본 권3》의 〈24과 관청(2)〉에서는 무단통치의 상징이라 할 헌병을 '순사와 같이 백성을 보호'해 주며, '헌병이나 순사 덕분으로 나쁜 사람 등이 없어진다'고 해 무단통치를 정당화했다.

관공립보통학교에서 조선역사와 조선지리 과목을 폐지한 조치는 사립학교에도 영향을 끼쳤다. 그리하

〈그림 65〉 청일전쟁과 러일전쟁 관련 본문
(《국어독본 권8》 4과)

여 사립학교에서 역사 교과서로 널리 사용된 《보통교과 동국역사》, 《초등 대한역사》를 비롯해 《을지문덕》 등의 역사책을 판매하지 못하게 하거나 사용하지 못하게 했으며, 그것을 닥치는 대로 압수해 불태워 버렸다.[80] 조선지리의 경우도 마찬가지였다. 일제는 《국민 소학독본》, 《최신초등 대한지지》 등의 교과용 도서를 모조리 압수해 불태워 버렸다.

이에 후일이기는 하지만 3·1운동 과정에서 조선 역사와 지리를 배우지 못하는 현실을 토로하는 불만이 다음과 같이 터져 나왔다.

지리·역사 등의 학과를 빼고 송충이나 새 알 을 잡게 해, 아동에게 생물을 죽이게 하는 따 위는 비록 그것이 곤충이라고 하더라도 불가 하다. 이 때문에 잔인성을 순치하고 있다. 역 사·지리를 모르면 우물 안의 개구리처럼 세계 를 모르게 돼 마치 금수와 다름이 없다.[81]

〈그림 66〉 김학철

어린 학생들에게 그들의 선조가 조국을 위해 싸우다가 죽어간 내용을 담은 전설이나 동요나 민담을 들려주려 는 한국인 교원은 투옥, 고문, 추방 또는 그보다 더 심한 곤욕을 치러 야 했다. 1920년대 초이지만 작가 김학철金學鐵(1916~2001, 원산 출신)에 게 역사를 가르친 일부 한국인 교사는 조선시대 역사를 가르치기도 했다.

"우리나라에는, 즉 우리 조선에는 지난 오백년 동안에 임금이 모두 스물일 곱 분이 계셨다. 나랏님, 즉 왕이 계셨단 말이다. 우리가 조선 사람으로서 … 조선민족 … 조선백성으로서 … 적어두 자기 나라의 임금이 어떤 분들 이었는가는 알아야 하지 않겠느냐. 그러니 오늘을 교과서를 덮어놓구 이 것을 배우기루 하자."

이렇게 허두를 떼어놓고 김영하 선생은 모두 숨도 크게 못 쉬고 귀를 도사 리는 아이들을 죽 한 번 둘러본 뒤

"초대의 임금이 태조대왕이시구 두 번째 임금 이 정종대왕 ⋯ 그다음 임금이 태종대왕이신 데 ⋯ 외우기 쉬우라고 첫 글자 한 자씩을 떼 서 일곱 자씩 일곱 자씩 ⋯ 태太, 정定, 태太, 세 世, 문文, 단端, 세世 ⋯ 이렇게 외우기루 하자. 그리구 맨 나중은 정正, 순純, 헌憲, 철哲, 고高, 순純 ⋯ 여섯 분밖에 안 계시니까 ⋯ 없는 그

〈그림 67〉 이미륵

대루 여섯 글자를 외우기루 하자. 다들 알았느 냐?"하고 물었다. ⋯ 스물네 살에 총각선생 김영하는 그렇게 하는 것으로 써 아이들의 가슴 속에다 조선민족으로서의 긍지와 애국심을 심어주려고 했던 것이다.

평소에 공부하기를 즐기지 않는 선장도 이날만은 열심히 그 스물일곱 자를 외었다.[82]

우리 역사가 교실에서 사라졌지만 민족애를 지닌 한국인 교사가 열정으로 우리 역사를 되살렸으며, 학생은 교사의 열정에 감화를 받 으면서 자신의 정체성을 깨달아 가고 있었다.

《압록강은 흐른다》를 지어 독일 문학계에서 명성을 얻은 이미륵李 彌勒(1899~1950)[83]도 당시 보통학교 시절을 다음과 같이 묘사했다.

나는 가끔 자정이 넘도록 책을 들고 앉아 있었다. 학과는 전보다 훨씬 어

려웠고 시간은 짧아졌다. 우리는 일본말을 배우고 모든 학과가 일본어로 바뀌었기 때문이다. 역사를 우리는 다시 배우지 않으면 안 됐다. 한국이 독립했던 시대에 일어난 모든 사건을 없애려 했던 것이다. 한국 민족을 자기 본연의 고유한 역사를 가진 민족으로 여기지 않고 오래 전부터 일본 나라에 공물을 바쳐야 하는 특이한 민족으로밖에 보지 않았기 때문이다.[84]

일제는 1912년 7월 그들이 하늘같이 떠받든 메이지천황이 죽자 각지에 요배소를 설치하고 요배를 강요했다.[85] 그리고 각종 제일, 축일마다 학생을 동원해 요배를 계속 강요했다. 1915년 8월에는 〈신사사원규칙〉을 공포하고 일본 천황 조상의 영혼을 섬긴다는 이른바 '신궁'과 '신사'를 곳곳에 만들어 놓고 학생에게까지 참배할 것을 강요했다.[86]

연산만 배우는 산술 과목

대한제국기에 소학교에서 배운 산술 과목이 일제의 강점 이후에도 설정됐다. 그러나 산술 과목의 취지는 달랐다. 대한제국기 산술은 사칙연산에 중점을 두더라도 수학과 과학의 연계를 염두에 두고 시간과 중력을 예로 들었다. 반면에 일제강점기 산술은 〈보통교육규칙〉의 취지대로 '일상적인 계산을 익히게 해서 생활에 필요한 지식을 가르치'는 데 중점을 두었다. 그리하여 〈그림 68〉과 같이 반복적인 연산을 통해 산술 능력을 키우고자 했다.

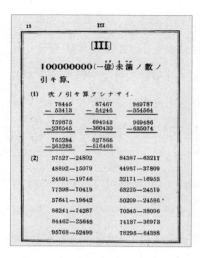 

〈그림 68〉 조선총독부, 《보통학교 산술서》(3학년), 1919, 12쪽

〈그림 69〉 조선총독부, 《보통학교 산술서》(3학년), 1919, 14쪽

또한 전자는 이상설의 산술 교과서에서도 볼 수 있듯이 전통 수학과 조선 사정을 염두에 두고 수를 표시하고 단군기원을 계산하는 문제를 제시했다. 그러나 후자에서는 벼와 보리의 파종, 수확 기간 등 농사 재배 일정, 화폐, 노작 상황 등을 활용해 일상생활 속 소재를 이용한 문제가 대다수를 차지했다.[87] 특히 〈그림 69〉와 같이 조선이 일본제국의 영토임을 산술 교과서를 통해서도 주입하고자 했다.

〈그림 69〉에 따르면 일본의 인구 가운데 조선 지방의 인구가 1592만 9900명임을 제시한 뒤 일본 본국, 타이완, 사할린, 조선의 인구를 합치면 얼마인가를 묻고 있다.

요컨대 이 시기 산술 과목은 전통 수학이나 한국 민족문화를 염두에 두고 고등 사고력을 증진하기보다는 실생활에 필요한 연산 능력을 증진하는 데 중점을 두었다. 이러한 구성 방식은 특별한 계열성 없이 단지 소재를 중심으로 나열한 것으로, 숫자와 연산을 중심으로 반복 연습을 강조했다. 나아가 산술 교과서도 점진적 동화주의 방침에 따라 한국인에게 일본국의 국민임을 상기하게 했다.

천황과 일본을 찬양하는 음악 과목

일제는 〈조선교육령〉에서 이전과 달리 창가 교과를 선택이 아닌 필수로 정하고 《신편창가집》을 서둘러 편집했다.[88] 이 배경에는 사립학교를 중심으로 애국 조선 식자층이 주도해서 퍼뜨리는 애국 내용의 창가를 저지하고, 일제 지배에 순종하고 전쟁 행위를 찬양하는 노래를 보급하겠다는 속셈이 깔려 있었다. 조선총독부 초대 총독 데라우치는 "사립학교 가운데는 … 창가 기타 교과에서 독립을 고취하고 또한 제국에 반항하는 노래를 장려하는 경우가 많다"[89]라고 하면서 일본 창가 보급에 열을 올렸다.

일제는 이를 위해 한국인이 만든 창가집을 압수하거나 인가하지 않은 반면에 《신편창가집》을 국정 교과서로 만들었다.[90] 이 책은 일제의 1차 〈조선교육령〉의 목적 및 기본 방침과 교과서 편찬의 일반 방침을 충실히 반영했다.

그리하여 여기에는 일제가
의도한 대로 〈교육에 관한 칙
어〉에 충실한 노래로 일본 국
가인 〈기미가요君が代〉를 비롯
해 〈기겐세쓰紀元節〉, 〈덴초우
세쓰天長節〉, 〈조쿠고호토勅語奉
答〉, 〈소쓰교시키卒業式〉, 〈히노
마루노하타日の丸の旗〉 등 11곡
이 수록됐다. 이 중 6곡의 의식
창가가 1편에 실렸다. 이 창가
들은 공식 행사 때 부르는 노
래로 이른바 개인과 일제의 국

〈그림 70〉 〈조쿠고호토〉 악보(국립중앙도서관)

체관념이 완전히 합일을 이루는 것이 그 목적이었다.

물론 일본어로 표기된 의식 창가 외에도 한국어로 번역된 일반 창
가도 실렸다. 그러나 이 역시 일본어에 익숙하지 않은 학생에게 쉽게
일본의 정서를 심어 주고자 하는 의도가 엿보였다.[91] 한국 전래동요
〈달〉을 제외하고는 일본의 전통적 정서의 노래이기 때문이다.

일본 창가 중 학교에서 가장 많이 불린 노래는 〈기미가요〉다. 이 노
래는 일본 국가이며 종교적 상징인 일본 천황을 찬미했다. 다음은 〈기
미가요〉의 가사 일부다.

왕의 치세는 천세 만세에 이르러 굴러가는 돌이 바위가 되고 이끼가 될 때
까지[92]

〈기미가요〉는 '파'와 '시'가 없는 일본 5음계를 기본으로 작곡된 4
분의 4박자 노래로 천황의 시대가 영원하기를 염원한다.
〈조쿠고호토〉는 천황이 내린 칙어를 절대적으로 받아들이고 복종
하겠다는 내용이다.

아 정말, 대칙어大勅語
그 뜻은 조그마한 것에도
밤낮으로 귀중하구나 귀중하구나
천황의 마음을 새겨두어
따르도록
아 정말, 대칙어[93]

또한 일본의 상징인 일장기·벚꽃(사쿠라)·후지산·국화·학 등을 창
가로 노래함으로써 간접적으로 일본 황실을 칭송하고 일제에 충성하
는 식민지 국민의 태도를 기르고자 했다. 그중 '일장기'를 찬양하기
위해 〈히노마루노하타〉를 노래했다. 태양을 상징하는 히노마루는 –
일본의 황조신 아마테라스 오미카미天照大神가 태양신이며, '태양이
나온 곳'이라는 의미의 국호 일본과도 상통하기 때문에 – 메이지 초기

부터 불려온 노래였다. 다음은 창가 〈히노마루노하타〉의 가사다.

흰 바탕에 붉게 물든 둥근 해 아름답다, 일본의 깃발
아침 해가 뜨는 힘찬 기운을 보이네 아름답다, 일본의 깃발[94]

창가 〈깃카菊花〉는 일본 황실의 상징인 국화꽃을 노래한다. 다음은
창가 〈깃카〉의 가사다.

가을 햇살에 반짝이는 향기로운 국화꽃은 꽃 중의 군자일세
씨앗을 전해 외국인도 존중하는 국화꽃은 참된 도리인 황실의 어문御紋일
세[95]

결국 꽃을 노래함으로써 일본 황실을 찬양하고 있다.
물론 학생의 심신 발달에 맞추어 학생이 이해하기 쉬운 내용을 다
룬 창가도 있다. 그러나 이도 대부분 일본 전래동화의 내용을 바탕으
로 했다. 이는 일제가 창가를 통해 일본 전래 문화 및 정서를 조선의
학생에게 전달하려 한 것이다. 다음은 일본 전설의 대중적인 영웅이
라 할 〈모모타로桃太郎〉의 가사다.

복숭아에서 태어난 모모타로 착하고 힘센 아이
마귀를 물리치려 용감히 집을 나간다(1절)

일본 최고의 수수팥떡 인정에 따라오는 개와 원숭이

꿩도 같이 친구가 되네 서두르라 다 같이 늦지 마라(2절)

격전 끝의 대승리 마귀가 쳐들어오면 다 물리치네

빼앗은 보물은 얼마일까 금, 은, 산호, 능라 비단(3절)

수레에 실은 보물 개가 끌고 원숭이가 밀고

꿩이 줄을 끄네 멋진 행차일세(4절)[96]

    일본 창가는 이처럼 조선 문화와 정서를 없애고 그 자리에 일본 문화와 정서를 옮기기 시작했다.

    일제는 한국인에게 근로·저축·절약·직업적 도야 등을 강조하기 위해 수신 교과서에서 자주 언급하는 일본의 이른바 모범인물 니노미야 긴지로二宮金次郎를 창가교과서에도 수록했다.[97]

몸을 아끼지 않으며 열심히 일하고 밤에 일을 끝낸 뒤

습자와 독서를 꾸준히 한다네 모범은 니노미야 긴지로

가업을 중히 여기고, 소비를 줄이고, 작은 것이라도 가볍게 여기지 않아

마침내는 입신해 남을 도와주는 모범의 니노미야 긴지로[98]

이러한 품성을 가진 인간을 양성하는 것은 어느 시대를 막론하고 매우 중차대한 일이다. 근면·저축·절약 등은 어느 시대에나 반드시 요구되는 덕목이기 때문이다. 다만 당시 이민족의 통치에 대한 어떠한 고민도 없이 오로지 개인의 덕성을 강조하는 것은 시대적·사회적 과제를 해결하기보다는 일제 통치체제에 순응하는 인간을 양성하는 것을 의미했다. 일제는 한국인에게 필요한 것은 고상한 학문을 배우기보다 비근한 정도의 보통교육을 받는 것이라고 강조하면서 한국인을 일할 수 있는 인간으로 양성하는 것을 교육목표로 삼았다.

이런 창가들은 조선의 음악 정서를 단절하고 그 자리에 일본 음악과 서양 음악의 정서를 집어넣기 위해, 한국 전통 음계는 전혀 쓰지 않고 일본 음계인 요나누키ヨナヌキ 음계로 작곡됐다. 요나누키 음계는 《신편창가집》 전체 41곡 중 약 44퍼센트에 달하는 18곡에 사용됐다.[99] 그 밖의 5곡은 일본 전통 음계로, 나머지 18곡은 서양 장음계로 작곡됐다. 한국 전통 음계는 한 곡도 등장하지 않는다. 또 여기에 수록된 창가는 대부분 2/4, 4/4 등 단순한 박자 – 심지어 군가 풍의 부점 리듬, 한 도막이나 두 도막 같이 형식이 단순한 것을 포함해 – 로 작곡됐다. 그리하여 한국인의 정서는 우리 전통 음악에서 멀어져 일본식으로 해석된 서양 음악과 일본 전통 음악에 가까워졌다. 결국 조선 학생은 어린 시절부터 조선 고유의 민족문화와 정서를 잃어버린 채 오로지 서양음계에 녹아든 일본 전통 문화와 정서만을 느껴야 했다.

4

성적과 품성 평가,
그리고
훈육

성적과 품성 평가

갑오개혁기에 과거제가 폐지된 이후 학교에서 치르는 시험이 중요해
졌다. 학생의 입학, 진급과 졸업 등에서 시험 성적이 관건이었기 때문
이다. 1905년 통감통치가 시작되면서 이러한 시험은 더욱 중요해졌
다. 을사늑약 직후인 1906년부터는 〈보통학교령시행규칙〉에 따라 매
학기 시험을 치러 성적을 낸 뒤 학생 성적고사 표를 작성하게 했다.
이때 시험은 시간을 예고하지 아니하고 평소 수업시간에 실시하며,
성적은 10점을 만점으로 해 각 교과목 4점 이상이고 전체 평균이 6점
이상이 될 때 합격 표준으로 삼아 진급을 하거나 졸업을 하게 했다.[100]
학적부에 이러한 시험 성적을 기입해 학생의 모든 사항을 기록했다.

일제 강점기에 들어와서도 이러한 시험 방식은 마찬가지였다. 다만 고등보통학교와 달리 시험 시기와 횟수가 정해지지 않았고 학교장의 자율에 맡겨졌다. 1911년 〈보통학교규칙〉에 따르면 다음과 같다.

30조 각 학년 과정의 수료 또는 전 교과의 졸업을 인정할 때는 평소 성적을 고사해 이를 정해야 한다.[101]

그리하여 학교장은 1년간 학생의 학업성적과 평소 근면의 정황을 토대로 수료나 졸업을 판정해, 학년 말에 수료자에게는 수료증을, 전 교과 졸업자에게는 졸업증을 수여했다. 그리고 학기마다 통지표로 학부모에게 통보했다. 이때 성적 평가는 집단 내에서 서열을 매기는 상대평가가 아니라, 일정 수준에 도달했는가를 판정하는 절대평가였다. 〈그림 71〉 통지표에 따르면 이 학생은 수공을 제외하고는 성적이 표기돼 있다. 2학기, 3학기 갑과 을 등으로 표기했는데 갑과 을은 각각 10점과 9점을 가리켰다. 그리고 학기마다 학급석차, 학년마다 학교석차가 기재돼 있다.

그러나 이러한 평가 방식은 1930년대에 들어와서는 - 이미 상대평가가 시행된 중학교와 마찬가지로 - 상대평가 방식으로 바뀌었다.[102] 이는 일제가 문화정치라는 이름으로 추진한 민족분열정책을 그대로 학교에서 실행한 것이다. 즉 학력이 높은 한국인을 일제통치 하수인으로 끌어들여 학력이 낮은 한국인을 통치하게 함으로써 조선을 원활하게 통치하려는 일종의 '학력 차별을 통한 민족분열정책'이 었다. 이에 따라 학생 개개인의 소질과 특성을 신장하고 발전하게 하기 위해 지도·조언·충고하는 기능, 즉 학교의 교육적 기능보다 학생 능력을 변별해 선발·분류·배치하는 기능, 즉 사회적 선발 기능이 더욱 강화됐다. 여기에는 한국인 학생 사이에 경쟁 심리를 유발해 서로 경쟁·투쟁하게 함으로써 항일운동에 대한 관심을 약화한다는 고도의 전략도 숨어 있었다.

또한 학교는 학생의 품성과 행동을 평가하는 데도 힘을 기울였다. 전통 시대나 대한제국기 학교교육에서는 학생의 이러한 품행, 즉 조행操行이나 성행性行에 대해 별도로 평가하지 않았다. 그러나 일제 강점기에는 학적부의 학업성적란에 조행이라는 항목을 첨가해 갑·을·병·정 혹은 우優·양良·가加·불不을 구별해 평가했다.[103]

〈그림 71〉 1910년대 진천공립보통학교 학생의 성적(1917년 3학년 학생의 통지표)

이는 학생을 일제가 제시하는 규칙이나 규율을 준수하고, 일제 지배 구조에 순종하게 하려는 속셈에서 나왔다. 〈그림 71〉에 따르면 교과 성적 하단에 조행 등급이 기재돼 있는데, 대상 학생은 '갑'이라는 조행 평가를 받은 것으로 확인된다. 나아가 이러한 조행 등급은 한국인 학생을 지도하는 데 위협하는 수단으로 활용됐다. 예컨대 1920년대에 빈번한 동맹휴학에 가담한 학생에게 품행평가를 두고 협박함으로써 규율 준수를 강요하기도 했다.[104] 이러한 협박은 품행평가의 결과가 진급·진학·취업에 매우 중요한 자료로 활용됐기 때문에 가능한 일이었다. 따라서 일제의 정책에 순응하지 않는 사람이 직업을 구하거나 사회활동을 할 수 있는 길을 조직적이고 은밀하게 제한할 수 있었다.

그리하여 학생이 졸업 후에 상급학교에 진학하거나 취업을 원할 경우 학교장은 학적부와 여러 조사부에 기재된 석차와 조행 등급 등을 기준으로 소견서를 작성했다. 따라서 이 조사부 기재 내용에 따라 학생의 향후 진로가 달라졌다. 또한 학교장은 퇴학 및 징계 제도를 통해 학생의 운명을 결정하기도 했다. 그 밖에 출석부, 출석독촉부 등을 만들어 학생의 출석을 관리하고 독촉했다.

한편 학교장도 교사와 학생의 상황을 조사 작성한 뒤 매월 말 상급 기관에 보고하게 했다. 이러한 규정은 이전에는 볼 수 없는 내용으로 일제가 학교와 학생을 철저하게 옭아매려고 취한 조치로 보인다. 여기에는 학급별, 학년별, 교수일수, 입학자 수, 퇴학자 수, 월말 재학생 수, 개근출석 학생 수, 재적학생 총일수, 출석학생 총일수, 출석백분비 등 각종 통계 자료가 들어 있었다.

1913년 3월에 일제는 조선총독부 훈령 제24호로 〈관공립학교 생도 신체검사 규정〉을 공포했다.[105] 이에 따라 학생이 입학하고 진급하는 4월이 되면 모든 학생의 신체를 검사했다. 항목은 모두 11개로 키, 몸무게, 가슴둘레, 척추, 체격, 시력, 눈병, 청력, 귓병, 치아, 질병이었다. 질병검사의 항목은 영양불량, 빈혈, 피부샘병(腺病), 각기, 폐결핵, 두통, 신경쇠약, 비질鼻疾, 인후병咽喉

〈그림 72〉 1910년대 진천공립보통학교 학생의 신체검사표(통지표 기입용)

病, 전염성 피부병, 기타 만성질환이었다. 이러한 신체검사는 황국의 건강한 신민을 육성하려는 방책이었다. 나아가 국민을 훌륭한 병사로 키우는 방책이기도 했다. 신체검사를 통해 확인된 신장, 체중, 가슴둘레, 척추, 체격, 시력 등을 비롯해 각종 신체 특징을 기입했다.

또한 일제는 학생 환경을 철저하게 조사해 훈육 자료로 적극 활용하고자 했다. 함흥공립보통학교에서 시행한 학생의 '성행과 가정 상황 조사' 내용은 다음과 같다.

1. 개성

1) 신체 방면

① 건강 상황 ② 감관 상황 ③ 자세 ④ 특이한 형태 및 습벽

2) 정신 방면

① 주의의 강약 ② 관찰의 정조 ③ 기억, 상상, 판단 ④ 감정 특성 ⑤ 의지의 강약 ⑥ 심미적 감정 ⑦ 학과의 호오 ⑧ 기타 정신상 특이한 점

2. 조행

1) 학교에서

① 청결 정돈, 복장 상황 ② 근태 상황 ③ 근신 상황 ④ 예의작법禮儀作法 ⑤ 교규校規 및 명령에 대한 상황

2) 가정에서

① 가사 돕기 상황 ② 부모 및 형제에 대한 상황 ③ 어른에 대한 종순 상황 ④ 근로 상황 ⑤ 예습 복습의 상황 ⑥ 기타

3. 가정

① 신분 ② 부모 존부 ③ 가족 수 ④ 직업 ⑤ 자산 생계 정도 ⑥ 배우자 존부 ⑦ 부모의 아동에 대한 태도 ⑧ 학용품 공급 상황 ⑨ 졸업 후에 대한 부모 의견[106]

이러한 조사는 각 개인의 특성에 맞는 교육을 한다는 구실로 학생의 신체, 정신, 태도는 물론 가정 형편까지 소상하게 파악하려는 일제의 의도를 보여 준다. 교사는 이 기록에 따라 훈화와 지도를 했고, 학기 말에는 표준에 맞추어 우열을 평가하고 기록했다.

훈육과 조회

일제 통치에서 교육은 훈육訓育, Discipline으로 불렸다.[107] 이때 훈육은 규칙에 따라 행동하게 훈련하는 것을 가리켰다. 나아가 권위 있는 사람에게 복종하는 것을 가르친다는 의미도 지닌다. 이때 훈육 과제를 지도자 또는 교사의 생각이나 기준에 개인의 감정이나 행동이 일치되게 하는 것을 지칭한다면 무엇보다 일제 훈육이 여기에 해당한다. 이러한 의미의 훈육은 복종과 외부에서의 규제를 주요한 내용으로 삼는 집단 훈련인 셈이다.

따라서 각 학교의 교훈은 이러한 규제를 기준으로 제정됐다. 〈그림 73〉은 1917년 3학년 학생의 통지표에 보이는 1917년 충북 진천공립보통학교의 교훈이다. 크게 성실·근검·규율·청결로 구성됐다. 무엇보다 학교운영과 학생 지도는 모두 일본 천황의 〈교육에 관한 칙어〉에 근거를 두고 수행됐음을 확인할 수 있다. 이어서 행동·언어·근검·시간 엄수, 청결·위생 측면에서 반드시 지켜야 할 규율이 자세히 규정됐다. 반면에 독립·자치·용감 등과 같은 덕목은 준법·규율·절제·공덕 등의 덕목보다 덜 강조됐다.[108] 전자 같은 정치도덕이 개인도덕과 사회도덕보다 우선시되면 천황에 대한 충성심을 이끌어낼 수 없다고 판단했기 때문이다.

이러한 훈육 가운데 조회는 일본 본국과 마찬가지로 교육에서 큰 비중을 차지하는 훈육 행사였다.[109] 조회는 본래 전통 시대에 신하들이 왕을 뵙는 행위로 국민국가 이후에도 일부 나라에서 시행됐는데, 일본과 이에 부속된 신 영토도 예외가 아니었다. 그리하여 조회는 학교 단위로 매일 전교생과 교직원이 집합해 단체 의식을 거행하는 행사로 학생은 물론 교직원에게 규율의식을 심어주는 자리가 됐다.

우선 교장은 매일 전교생을 교정이나 적당한 장소에 모이게 했다. 그러고는 복장을 검사하면서 교원에게 아침 인사를 하게 하고, 자세를 바로하고 심호흡을 하거나 5분간 체조를 하게 했다. 때에 따라서는 일동경례, 학교장의 훈유, 일동경례의 순으로 진행됐다. 이때에는 어떠한 일이 있어도 학생들의 마음과 눈을 다른 데로 돌리지 못하게 했다. 교장의 훈유가 있는 날이면 교원들은 상급자의 말을 경청했다가 각 학급에서 적당히 풀어서 그 취지를 알아듣게 설명했다. 이처럼 조회는 경례·호령·훈화·검열 등으로 이루어지면서 명령과 복종의 상하 질서가 정연하게 드러났다.

천황 부인의 생일과 같은 국가적인 의식이 있는 날이면 교장이 앞장서서 교원과 학생을 닦달했다.[110] 이런 날에는 수업을 중지하고 여학생들은 오전 8시부터 봉축식을 거행하기도 했다.[111] 봉축식 차례는

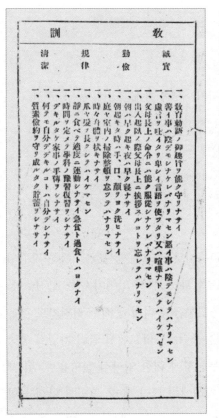

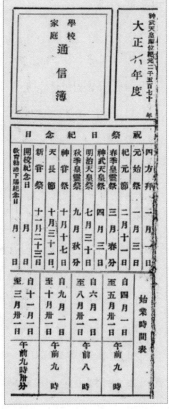

〈그림 73〉 1910년대
진천공립보통학교의 교훈

〈그림 74〉 1910년대
진천공립보통학교의 각종 축제일
(1917년 3학년 학생의 통지표)

다음과 같다.

① 직원 학생 〈기미가요〉 합창함.

② 직원 학생 천황폐하, 황후폐하의 어영에 대해 최경례最敬禮를 행함.

③ 학교장은 대례大禮(중대한 의식 - 인용자)에 관해 훈화를 행함.

④ 학교장은 〈교육에 관한 칙어〉를 봉독함.

⑤ 직원 학생은 문부성 선정의 〈대례봉축가〉를 합창함.

⑥ 직원 학생은 만세를 봉창함.[112]

이러한 의식은 무려 1시간 30분이나 걸리는 행사였다. 특히 교장의 훈화는 매우 길어 학생들은 지루함과 오래 서 있어야 하는 모진 고통을 이겨내야 했다. 일부 학생은 고통을 견디지 못해 쓰러지기도 했을 것이다. 예컨대 함남 영흥군 영흥공립보통학교에서 열린 기념절 봉축식에서 교장은 개식취지와 진무천황에 대한 역사적 설명을 한 뒤 폐회식을 하기에 이르렀다.[113] 이 자리에는 관리, 유지, 그리고 학생을 합쳐 270여 명이 참가할 정도였다. 참고로 학교에서 기념해야 할 축제일은 〈그림 74〉와 같이 학생의 통지표에도 기재됐다.

이때 천황을 위해 거행되는 각종 의례가 천황을 정점으로 교장·교원·학생이라는 상하 질서를 더욱 굳건하게 만들면서 어린 학생을 고통으로 몰아넣었다.[114] 물론 대한제국 때도 국가의례는 거행됐다. 그러나 이런 의례는 운동회 날이나 가끔 거행하는 것으로 일상 행사는 아니었다. 이에 비해 일제는 시시때때로 국가 의례를 거행했고 조회는 그 정점이었다. 다만 조회를 비롯한 각종 국경일 행사에 천황의 초상화에 경례를 하는 일본 본국과 달리 대한제국에서는 이러한 경례 의식이 나오지 않았다.[115] 그러나 일제치하에서는 학생들이 몸을 90도로 굽히는 복종의 태도, 구령에 따라 아무 흐트러짐 없이 이루어지는 의식 속의 집단 광기, 〈기미가요〉와 봉축창가가 일으키는 비장한 정조, 식장의 엄숙함 등으로 자기도 모르게 천황에 대한 숭배에 젖어들었다.

일제는 이러한 훈육이 얼마나 효험을 보았는가를 알고 싶어 했다. 그래서 불시에 시학관(일종의 장학관)을 보내 이른바 학생사상(심리)조사를 실시했다. 다음은 1916년 12월 개성 제일공립보통학교에서 '학생심리조사' 정경을 묘사한 글이다.

"가장 위대하다고 생각하는 사람은?"이라는 문제에 대해 "천황폐하"라고 답한 것이 가장 많았고, "가장 중요한 것이라고 생각하는 것은?"이라는 문제에 대해 "직업이 있는 것"이라는 대답이 다수였다. 당시 시학관들은 이러한 답변에 뿌듯함을 느꼈다.[116]

그러나 이는 그들의 오산이었다. 어린 한국인 학생들은 마음속 깊이 조국 독립의 새로운 날을 손꼽아 기다리고 있었다. 그들은 한국인으로서 자긍심을 가지고 때를 기다리고 있었다. 특히 민족계 사립학교에서 배운 학생들은 마음속 깊이 반일사상을 품었다. 이때 김원봉도 어린 나이에도 밀양공립보통학교 시절 행사를 위해 준비한 일장기를 학교 화장실에 처박아버렸다.[117] 이 일로 김원봉은 평생 동지 윤세주와 함께 자퇴해야 했다. 3·1운동은 이들 학생이 일상적인 학교생활을 지내는 가운데 가슴속에 품은 오랜 소망의 분출이었다.

5

한국인 학생의
기개와
3·1운동

학생의 일상생활

학생들은 1차 〈조선교육령〉 10조에서 8세 이상이면 입학하게 한 규정에 따라 8세에 입학했다. 그러나 이러한 규정은 법적 입학 연령이어서 실제와 차이가 많았다.

1915년《조선총독부통계연보》에 따르면, 1915년 3월 말의 평균 연령을 보면 1학년은 11.4세, 2학년은 13.0세, 3학년은 14.5세, 4학년은 15.1세다. 최고 연령은 1학년은 22.1세, 2학년은 25.7세, 3학년은 25.8세, 4학년은 28.6세였다.[118] 일제의 적극적인 입학 권유에도 아랑곳하지 않던 한국인 부모가 마지못해 늦게야 학교에 보냈기 때문이다. 그러나 최저 연령을 보면 모든 부모가 다 그러하지는 않았던 듯하다. 최

(단위 : 세)

연도		1913	1914	1915	1916	1917	1918
1학년	최소	6	6.7	6.8	7	7.1	10.8
	최고	25.8	22.11	22.11	24.5	12.7	12.7
	평균연령	11.5	11.4	11.4	11.7	11.7	11.4

출전 : 《조선총독부통계연보》, 각 연도.

저 연령은 1학년은 6.8세, 2학년은 7.1세, 3학년은 8.8세, 4학년은 9.5세였다.[119] 일부이긴 하지만 일제 방침에 따라 제 나이에 아이를 보통학교에 보내는 부모도 나타났다. 그리하여 통계에서도 최저 연령과 최고 연령의 격차가 대단히 심했다. 〈표 25〉는 1910년대 1학년 평균 입학 연령을 보여 주는 통계로 이러한 특징이 잘 드러난다.

1913년의 경우를 보면 전국 최저 연령은 6세, 최고연령은 25.8세로 19.80세의 차이가 보인다. 그리하여 한 교실에서 25세 넘는 청년과 6살 코흘리개가 같이 공부하는 진풍경이 연출됐다.

또한 지역별로도 입학 연령이 조금씩 달랐다. 충청남도와 경상북도는 입학 연령이 다른 도에 비해 훨씬 높아 각각 12.1세와 12.6세였다. 이에 반해 함경북도, 황해도, 평안남도, 함경남도는 각각 10.0세, 10.6세, 10.7세, 10.8세였다.[120] 당시 평안북도 각 군에서는 대다수 학부모가 자녀를 사립학교에서 공립보통학교로 전학하게 할 정도로 공립보통학교에 대한 열망이 컸다.[121] 그것은 한말 이후 평안도 지역에

〈그림 75〉 1915년 대흥보통학교 졸업 기념사진(1915년 3월 23일)
학생의 연령대가 다양했음을 보여 준다.

서는 신식학교가 다수 설립된 데다가 입신출세를 위한 학력이 필요
했기 때문이다.[122] 일반 평민과 상공인이 많고 일찍부터 서양 종교의
영향을 받은 지역에서 드러나는 특성으로 보인다. 심지어 위정척사
를 외친 유생마저 계몽운동가로 전환할 정도였다.[123] 반면에 경상도
일대는 유학적 학풍이 강한 데다가 양반이 많아 공립보통학교에 대
한 반발이 강했다.

　입학 연령은 농촌과 대도시 간에도 차이가 났다. 농촌은 경제적 여
건이 열악할뿐더러 신교육을 접하는 기회가 적었기 때문이다. 일본과

지리적으로 가까운 통영조차 전국 평균 연령보다 높은 것도 이러한 사정과 연관됐다.[124] 전국 평균 연령이 11.5세인 데 반해 통영공립보통학교의 입학연령은 무려 13.4세였다.[125]

그러면 보통학교에 입학하기 전에는 어디에서 공부했을까. 남학생은 서당 수학률이 1912년에는 70퍼센트였고 이후에도 떨어지지 않아 1919년에는 77.8퍼센트에 이를 정도였다.[126] 당시 남아 있는 일부 학적부를 보면 대다수는 여전히 서당에 다녔음이 확인된다. 통영공립보통학교는 사숙·서당·한문·한문사숙 등 전통교육기관에 다닌 학생이 전체의 80퍼센트를 차지할 정도였다.[127]

그 밖에 공립보통학교에 입학하고 싶어도 통학거리가 멀어 학교에 입학하지 못한 경우도 적지 않았다. 입학자의 거주지와 학교의 거리가 입학률에 영향을 주었다. 〈표 26〉은 전국의 입학자 통학거리와 입학자의 상관관계를 보여 준다.

〈표 26〉에 따르면 통학거리도 보통학교 입학에 영향을 미친 것으로 보인다. 즉 거리가 멀수록 입학률도 점점 낮아졌다. 또한 함경도와 평안도 지역은 학교가 가까우면 자녀를 학교에 취학하게 하고자 했음을 보여 준다. 이는 이들 지역의 입학 연령이 여타 지역에 비해 낮다는 점과 상관이 높음을 보여 준다. 반면에 충청도와 경상북도는 통학거리가 가까워도 입학률이 낮다는 점에서 보통학교에 대한 거부감이 높은 것과 밀접한 것으로 보인다. 다만 개항장 부산이 소재한 경상남도는 학교와 통학거리가 가까울수록 입학률이 높은 것으로 보인다.

(단위 : 명, 괄호 안은 퍼센트)

도별	0.5리 이내	1리 이내	1.5리 이내	1.5리 이상	합계
전국	23,389 (84.7)	2,619 (9.5)	779 (2.8)	829 (3)	27,616 (100)
경기도	4,006 (87)	418 (9.1)	126 (2.7)	57 (1.2)	4,607 (100)
충청북도	737 (68.6)	208 (19.3)	50 (4.7)	80 (7.4)	1,075 (100)
충청남도	1,227 (73.8)	244 (14.7)	129 (7.8)	62 (3.7)	1,662 (100)
전라북도	1,483 (86.3)	108 (6.3)	47 (2.7)	81 (4.7)	1,719 (100)
전라남도	2,765 (81.3)	282 (8.3)	127 (3.7)	226 (6.6)	3,400 (100)
경상북도	1,791 (80)	334 (14.9)	56 (2.5)	60 (2.7)	2,241 (100)
경상남도	2,260 (87.6)	246 (9.5)	36 (1.4)	39 (1.5)	2,581 (100)
황해도	1,201 (93.2)	60 (4.7)	24 (1.9)	4 (0.3)	1,289 (100)
평안남도	1,752 (87.3)	203 (10.1)	30 (1.5)	22 (1.1)	2,007 (100)
평안북도	1,966 (86.5)	195 (8.6)	42 (1.8)	69 (3)	2,272 (100)
강원도	1,102 (73.2)	126 (9.2)	75 (5.5)	65 (4.8)	1,368 (100)
함경남도	1,662 (88.5)	128 (6.8)	35 (1.9)	54 (2.9)	1,879 (100)
함경북도	1,437 (94.8)	67 (4.4)	2 (0.1)	10 (0.7)	1,516 (100)

출전 : 〈공립보통학교 학생 통학구역〉, 《조선총독부통계연보》, 1911.

비고 : 1리＝약 400미터

〈표 27〉 학적부에서 형제 관계

(단위 : 명)

구분	장남	차남	삼남	사남	합계
학생 수	47	13	10	5	75
백분율(%)	62.7	17.3	13.3	6.7	100

출전 : 길민정, 《한말·일제 초 인천지역 초등교육의 도입과 전개 : 인천사립영화학교와 인천공립보통학교를 중심으로》, 인하대 석사학위논문, 2011, 36쪽 재인용.

그렇다면 형제 중에서 누가 보통학교에 입학한 비율이 높았을까. 이에 대한 전국 통계가 발견되지 않아 확인할 수 없지만 몇몇 학교의 학적부를 통해 짐작할 수 있다. 통영공립보통학교 학적부에 따르면 장남과 장녀의 비율이 50퍼센트에 근접한 반면에 차남과 차녀는 25퍼센트 남짓이다. 그리고 삼남과 삼녀는 14퍼센트 이하로 격감했다.[128] 여타 인천 지역의 보통학교도 사정은 마찬가지였다. 〈표 27〉은 이를 잘 보여 준다.

학부모의 교육열은 높았지만 모든 자녀를 신식학교에 보낼 수 없는 형편에서 학부모는 결단해야 했다. 이러한 실정을 《개벽》 주간 김기전金起纏은 다음과 같이 꼬집었다.

널리 우리 집안을-아니 우리 농촌을 보면 어떠합니까. 보통학교 하나 졸업만 하면 큰 명당자손 같이 생각해 그외 무수의 유년 소년은 흐트러진 그 머리로 목에 때가 새까만 그대로 학생의 전정을 아조 말살한 것이 아

닙니까.[129]

　한국인 가정은 대부분 살림 형편이 넉넉하지 않아 자식 1명만 진학하게 하고 나머지 자식은 취학할 가능성이 없었다.

　이와 같이 어렵게 보통학교에 입학한 학생은 일제가 제정한 보통학교 운영에 따라 각종 규칙을 준수해야 했다. 수업시수는 매주 18시간 이내로, 학사운영은 3학기제로 했다.[130] 1학기는 4월 1일부터 8월 31일, 2학기는 9월 1일부터 12월 31일, 3학기는 1월 1일부터 3월 31일까지다. 한 학급의 학생 수는 약 60명으로 했다.[131]

　학생들은 학교에서 정규 학업 외에도 실업수업을 받아야 했다. 실습은 원래 규정된 수업시간 외에 배정할 수 없다고 돼 있었지만, 실제로는 과외실습으로 대부분의 시간을 소비했다. 경남 초계공립보통학교에서는 한 달의 절반가량을 실과실습을 했고, 농업실습도 일주일에 12~15시간을 하기도 했다.[132]

　방학은 1년 동안 한여름과 한겨울을 합쳐 50일 이내로 했다. 봄방학은 4월 1일부터 4월 5일까지, 여름방학은 7월 21일부터 8월 31일, 겨울방학은 12월 29일부터 1월 7일까지다. 건원절乾元節(1908년 8월 고종 퇴위 이후 순종 탄일을 기념해 제정한 국경일로 양력 3월 25일), 개국기원절開國紀元節(이성계가 조선 왕조를 개창한 날로 양력 8월 14일, 즉위예식일卽位禮式日(순종이 황제에 즉위한 날로 8월 27일), 계천기원절繼天紀元節, 묘사서고일廟社誓告日(종묘와 사직에 맹세하며 고하는 날로 11월 18일), 일요일은 수업을 쉬는

휴업일로 했다.[133]

그러나 일제가 1910년 8월 대한제국을 완전히 강점하자 경축일이 많이 바뀌었다. 가령 사방배四方拜(1월 1일 거행되는 황실 제의), 원시제元始祭(1월 3일 궁중 3전에서 거행되는 의식), **효명천황제**孝明天皇祭(121대 천황인 효명천황을 모시는 제사), 기원절紀元節(초대 천황 진무천황 즉위 기념일로 2월 11일), 춘계황령제春季皇靈祭(춘분에 역대 천황·황후·황친의 신령을 맞는 의식), 진무천황제神武天皇祭, **추계황령제**秋季皇靈祭(추분에 역대 천황·황후·황친의 신령을 맞는 의식), 신상제紳嘗祭(황실 대제일의 하나로 10월 17일 천황이 그 해에 거둔 새로운 쌀을 이세신궁에 바치는 제일), 천장절天長節(천황 탄생 축일), 신상제新嘗祭(매년 11월 23일에 거행되는 추수감사제) 등이 그런 날이었다. 물론 대한제국 시절보다 공휴일이 많아진 것은 즐거운 일이기도 했다. 그러나 듣지도 보지도 못한 일본 여러 신과 황실의 각종 제삿날과 경축일을 아무 상관도 없는 한국인 학생이 억지로 쉬는 꼴이었으니 마냥 즐거울 수만은 없는 일이었다.[134] 게다가 그냥 쉬는 게 아니었다. 이런 날 중 어떤 날은 반드시 학교에 모여 교장 훈화를 듣고 온갖 의식을 치러야 했다. 참으로 지겹고 고된 휴일이었다.

학부모가 자녀를 신식학교에 보낼 때 드는 부담은 적지 않았다. 대한제국기에는 학교와 국가가 수업료를 비롯해 교과서 대금, 각종 학용품을 무상으로 제공했지만, 1914년 4월 1일부터는 관공립학교도 학부모가 마련해야 했기 때문이다.[135] 1914년에는 수업료가 매월 평균 4.6전이었다.[136] 그런데 수업료가 점차 인상돼 1917년에는 드디어

〈표 28〉 1914년 보통학교 1학년 학생 취학비

교과서 대금	수신서	초권 6전
	국어 독본	
	조선어 · 한문 독본	
	습자집	
월사금		한 달 치 10전
모자 및 기타	모자	1개 45전 (상품 55전)
	가방	1개 30전
	모자 교표	상품 35전
문구류	공책	1권 4전 가량 5권 20전
	연필	4개 6전
	종이, 석판, 석필, 병	5전
	큰 붓, 작은 붓	5개 16~17전
	도화지	20장 10전
	습자지	20전 4전
	벼루	1개 10전
	필갑	1개 10전
합계		1원 60전 내외

출전 : 《매일신보》 1917년 3월 10일.

10전을 넘어섰다. 당시 쌀 한 되 값이 15전~20전임을 감안한다면 매우 큰 부담이라 하겠다.[137]

〈표 28〉에 따르면 학부모가 자녀를 보통학교에 입학하게 하려면 적어도 2원 이상을 마련해야 했다. 더욱이 1911년 10월에 제정된 〈공립보통학교 비용령〉에서 '전 항목(임시 은사금 이자, 향교재산수입, 기본재산

〈표 29〉 1914~1919년 보통학교 졸업생 진로 현황

(단위 : 명, 괄호 안은 퍼센트)

연도	총수	가사 종사자	취직자(관공서, 은행, 회사, 교원)	진학자	기타
1914	5,799	3,388(58.4)	554(9.6)	1,585(27.3)	272
1915	7,049	4,146(58.8)	753(10.7)	1,800(25.5)	350
1916	8,215	5,212(63.4)	770(9.4)	1,884(22.9)	349
1917	9,395	5,930(63.1)	1,014(10.8)	2,043(21.7)	408
1918	10,707	7,050(65.8)	1,156(10.8)	1,838(17.2)	663
1919	11,875	7,725(65.1)	1,267(10.7)	2,020(17.0)	863

출전:《조선총독부통계연보》, 각 연도(1915~1920).
비고 : 기타와 진학자에는 각각 사망자와 유학자 포함. 졸업자 진로 현황 조사 시점은 졸업 1년 뒤임.

수입, 수업료, 기부금, 국고보조금과 지방비보조금) 외 공립보통학교의 설립 유지에 필요한 비용은 학교 설립 구역 내의 한국인의 부담으로 한다'는 규정에 따라 해당 지역 내에 거주하는 한국인이 모두 일정한 비용을 부담해야 했다.[138] 반면에 일본인은 지방기관이 지원하는 학교조합을 구성해 자율 운영함으로써 그러한 부담을 상당히 줄일 수 있었다.[139]

보통학교를 졸업한 뒤 직업을 구하는 일이 쉽지 않았다. 그들의 진로는 〈표 29〉와 같다. 〈표 29〉에 따르면 1910년대 후반으로 갈수록 졸업자의 취직률은 정체되었을 뿐더러 진학률도 낮아졌다. 이러한 현상은 보통학교 졸업자의 가치가 떨어지고 상급학교가 팽창된 것에 비해 관공리 및 사무직은 상대적으로 확대되지 않은 결과다. 또한 일제

가 문관 임용에서 관공립학교 졸업 자격을 요구함으로써 한국인 졸업생은 관공리 및 사무직에 취직하기 위해 상급학교 진학을 더욱더 선호하기에 이르렀다. 학력의 자격화가 초래한 결과다. 그리고 모든 보통학교 졸업생이 안정적인 직업을 가지지 못한다고 하더라도 그 가능성이 조금이라도 열릴 기회를 관망하면서 보통학교에 대한 취학열기가 상승했다. 이러한 상황은 이미 예견된 상황으로, 1911년에 5월에 제출된 충주보통학교 일본인 교원의 보고에서 잘 드러난다.

기존에 (보통 – 인용자)학교를 졸업하면 모두가 나중에 급여를 받을 수 있는 학교에 입학하려고 했고 … 학생에게도 그 부모에게도 앞으로 관리가 될 것을 희망해서 입학한 자가 많았다. 일부 학생은 내지인에게 접근해서 입신의 길을 얻으려고 하고, 수비대, 우체국 또는 은행 등의 고원 자리가 있는 것을 듣고 알선을 의뢰하는 등 교감을 졸업생의 직업소개소처럼 생각했다. 이러한 상태에 대해 (보통 – 인용자)학교가 실업사상이 발달하게 하고 근로의 습관을 양성하려 노력한 결과 … 졸업생들에게 이전처럼 근로를 싫어하는 분위기가 없어졌다. … 그러나 아직도 졸업생 중에는 내지인 상인의 도제가 돼 앞으로 좋은 상인이 되려거나 목수 견습생이 되려거나 또는 과자 제조법을 연구하려고 하는 자는 절무하니 옛날의 풍습에서 벗어나지 못하고 있다고 말해야 한다.[140]

졸업생들은 교육이 신분상승의 주요 통로인 전통시대의 연장에서 학교를 인식하면서 대우와 급여가 낮은 실업계 취직을 선호하지 않아 상급학교 진학을 선택했다. 그러나 일부 학생은 일제 강점하 조선의 현실을 타개하고 민족 독립에 관심을 가지며 향학열을 불태웠다. 학생들은 곧잘 일본인 교사와 논쟁을 벌이기도 했다. 다음은 개성보통학교에서 벌어진 일본인 교사와 한국인 여학생들이 벌인 논전의 한 장면이다.[141]

일인 선생은,

"그렇다. 그런데 일본은 우리나라가 아니냐. 그러니까 내지와 조선과 합병한 날이라고 한다. 일본과 우리나라와 합병했다고 하면 무식하다고 남이 웃는다."

"왜 일본이 내지로 변했나요?"

"변한 게 아니라 천황폐하의 계신 곳을 존칭하는 것이다."

"그러면 세계 각국은 다 일본은 내지라고 하나요?"

"아이, 아직도 세상일을 모르니까 그렇구나. 조선은 일본 안에 있는 조선이니까 그렇지. 우리나라 안에서는 서로 내지라는 말을 쓴단 말이다. 비겨 말하면 서울 같은 데서는 행랑것들이 큰댁이라고 하는 것과 같단 말이다."

"그게 무슨 말씀이에요? 그러면 우리는 일본 사람의 행랑것들이에요?"

"그런 것이 아니다. 비겨 말하면 그렇다는 말이지. 그렇게 성낼 게 무어냐? 집에 가서도 어머님께랑 그런 말씀을 말아라."[142]

한국인 여학생들은 일본인 교사가 언급한 '내지'라는 개념을 집중 시비하면서, 겉으로는 일본인과 한국인의 평등을 강조하면서 실제로는 민족 차별을 정당화하는 일본인의 차별 시책을 신랄하게 비판한 장면이다. 이 여학생들은 상급학교에 진학해도 이러한 민족의식을 상실하지 않고 더욱 발전되게 했다. 경기고등보통여학교에 입학한 여학생들은 다시 한 번 일본인 교사와 이른바 합병 문제를 두고 큰 논쟁을 벌였다.

1917년 7월 상순 어떤 역사 시간에,

"선생님. 합병하던 이야기를 좀 들려주셔요. 저희는 모르니."

"또 너희들은 선생이 가르치려고 준비해 온 것을 가로막고 귀찮은 문제를 끌어내느냐?"

"아니에요. 모르니까 선생님께 묻는 것이에요."

"그러면 간단히 말해주마. 당시 조선이 대단히 연약해서 법란서(프랑스-인용자)의 속국이 될 뻔했는데, 그러는 것보다는 가까운 우리나라와 합해서 문명의 길에 들어가는 것이 량변에 다 좋으리라 하여 피차에 잘 상의한 결과로 조선 임금이 우리 천황폐하께 청원을 드려서 허락이 된 것이다. 그런데 무슨 불평이나 의심이 있을 것이 무엇이란 말이냐, 참말 감사하게 알아야지."

한 애가 벌떡 일어나며,

"선생님네 나라로 보면 감사하겠지오."

"감사가 무어냐, 도리어 귀찮기만 하지."

"제발 그 귀찮은 것을 내어노…"

이 이상 더 말할 용기가 없었다. 선생님은 들었는지 말았는지,

"지금까지 10년간에 쓴 모든 비용을 조선에서 받는 세납으로 족할 줄 아느냐. 반도 못된다 반도. 그 돈이 어디서 나오는데. 그게 다 우리 일본 정부에서 나오는 것이다. 점점 조선에도 산업이 왕성하게 돼서 명년부터는 아무쪼록 조선에서 나는 돈으로 모든 비용을 써 가기로 결정이 됐지마는…"

하고 웃으면서 농담모양으로,

"그러니까 고맙습니다 하고 절을 해야 옳지."

할 때에 일동의 열혈은 분격의 화염으로 극도에 비등돼 일제히 입에서 피피피 소리가 연발돼 교실은 용산전기회사의 발전소로 변했다. 선생은 놀란 태도로

"왜 이렇게 소요하냐. 그 피피피 하는 게 무슨 뜻이냐?"

"열날 때에 하는 소리에요." 하는 애도 있고,

"설명을 충분히 아니해 주실 때에 쓰는 말이에요." 하는 애,

"고마운 사례를 미처 못했을 때에 하는 소리에요." 하는 애. 저마다 나오는 대로 톡톡 쏟아버렸다. 선생은

"아하 그래? 조선에는 참 굉장한 말이 다 많구나." 하고 얼굴이 벌개지며 나간다. 아마도 무슨 벼락이 내릴 줄 알았더니 무슨 수단인지 아무 일도 없고 말았다.[143]

여자고등보통학교 학생들은 보통학교 시절의 문제의식을 잃지 않고 이처럼 '합병문제'를 일본인 교사와 논쟁했다. 강점 초기부터 일본은 '합병'은 시혜라고 선전했지만 여학생들은 그것이 아니라는 것을 잘 알고 있었다. 그리고 합병이 시혜이기에 일본 측에서 보면 도리어 손해라는 선생의 논리를 그대로 가져가다 그렇다면 손해 보는 일은 그만두라고 역공했다. 여학생들은 어린 나이에도 일제의 시혜론을 논박함으로써 한국의 독립에 대한 정당성을 역설한 셈이다. 또 한국인 학생들은 일본인 교사의 애국논리를 한국의 독립 의지로 바꾸어 이해하기도 했다. 다음 예화는 이를 잘 보여 준다.

1918년 10월 15일 외국지리 시간에 독일 이야기를 하다가,
"지금 독일에서는 소학교 학생들까지도 공부할 새도 없이 나라를 위해 일을 한다. 사람이란 애국심이 없어서는 못쓴다. 그런 것들은 냉큼 한강으로 가서 죽는 것이 상책이다"라고 말할 때에 일동은
"참 옳은 말씀이에요. 고맙습니다."[44]

이들 여학생은 드디어 고종인산일을 맞이하면서 일본인 교사와 논전을 벌였다. 가령 정의의 상대성을 말하는 교사에게 여학생은 정의의 보편성을 거론하며 비판했다.

"무엇이 어째, 그 정의니 인도니 하는 말은 누구에게 배웠니? 세상이란 다

그렇지. 덕국(독일 – 인용자)이 악하다 하지마는 덕국 자신으로 보면 정의다."

"선생님, 만일 세상에 정의라는 것이 있다 하면 대다수의 희망하는 바를 공평한 마음으로 판단해 주는 것이 당연하지요?"

"그렇고말고."

"그러면 어떤 나라가 남의 속국이 된 것이 심히 분해서 그 국민 전체가 독립을 열망한다면 시켜주어야 하지요?"

"그렇지 … 아하, 알았다. 그러나 나는 정치가가 아니니까 그런 방면 일을 몰라" 한 적도 있다.[145]

한국인 여학생이 보편적 정의에 따라 민족자결주의를 주장하는 것에 대해 일본인 교사는 자신의 논리적 모순을 절감하고 토론을 회피하고자 함을 확인할 수 있다.

1910년대 초부터 이미 어린 보통학교 학생들조차 이런 식으로 일제의 조선통치를 날카롭게 비판했기에 이 기운들이 모여 3·1운동으로 터져 나왔을 것이다. 그리고 이러한 민족의식을 지니고 성장하면서 상급학교에 진학해 향학열을 불태웠다. 또 이러한 민족의식을 유지하면서 청년으로 성장했다. 예컨대 1924년 경성의학전문학교를 졸업한 한국인 학생은 모두 49명이었는데 이들은 일본인 학생과 별도로 그들만의 졸업앨범을 만들었다. 이름은 《형설기념螢雪記念》, 일본인 학생이 주도권을 쥔 관립학교에서 극심한 민족차별을 받아가면서도 꿋꿋하게 학업에 힘써 졸업에 성공한 그 감격스러운 느낌을 표현했다. 또한 이 49명의 졸업생 중에서 훗날 김동익, 박병래, 최상채, 이선근, 이종륜 등 9명의 의학박사가 나온 만큼, '형설'이라는 어휘는 잘 맞았다. 졸업생들은 졸업앨범에 한국 지도를 넣고는 그 위 자기 고향 지점에 이름을 올렸다. 자신과 고향에 대한 애정을 당당하게 표현한 것이다. 아울러 공부하는 상머리를 비춘 '형설'만이 아니라 작지만 민족의 미래를 비출 '형설'이 되고자 하는 소망과 의지를 밝혔다. 졸업생들의 민족의식은 이 앨범의 머리말에도 잘 나타난다.

심술 많은 서모庶母(일본 – 인용자)에게 때로 죄 없는 구박을 받고 불쌍한 외로운 형제들, 옛 어미(한국 – 인용자)나 생각하고 머리를 맞대고 울어본 적이 몇 번이며, 등을 때려서 밖으로 쫓아낼 때 젖 먹던 힘을 모아 반항한 적이 몇 차례나![146]

일부는 일제의 강요와 억압에도 굴하지 않고 배움에 대한 열의와 조국 독립의 의지로 불타올랐다. 님 웨일즈Nim Wales 《아리랑》의 주인공이기도 한 김산은 이 시절을 다음과 같이 회상했다.

학교에서 나는 세 나라 말을 배웠다. 소학교에서는 필수적으로 일주일에 일본어를 일곱 시간, 한국어를 다섯 시간, 한자를 세 시간씩 배우도록 정해져 있었다. 일본 아이들은 이런 학교에 다니지 않았다. 일본인 학교가 따로 있었다. 조선총독부는 조선인의 세금에서 나온 경비를 조선인 공립학교뿐만 아니라 일본인 공립학교에도 지출했다. 수업료가 전액 면제인 학교도 있었고 한 달에 일 원씩 받는 학교도 있었다. 비록 도시 어린이가 농촌 아이보다는 학교 다니기가 쉽기는 했지만 그래도 가난한 집 자식치고 일 년 이상 학교에 다니는 아이는 거의 없었다. 빈농의 자식들은 충분히 일할 수 있을 만큼 자라면 들에 나가 농사를 지어야만 했다. 그렇지만 조선인은 모두 교육에 대단한 열의를 가지고 있으며, 가족 중 한 사람이 읽기를 배우면 모든 식구에게 가르쳐 준다. 기독교 교회, 특히 감리교와 장로교 계통의 교회에서는 일요학교를 개설하고 있다.

우리 어린이의 귀에도 이따금씩 가까운 만주 국경에서 일어나는 흥미 있는 사건 소식이 들려온다.

"이틀 전에 10인조가 들어와서 왜놈을 여섯 놈이나 죽였다"라고 한 소년이 말을 꺼냈다. "우리 편은 한 명밖에 죽지 않았어. 나머지는 국경을 넘어 멀리 사라졌어."

다른 소년이 우리 모두에게 절대 비밀을 지킬 것을 약속 받은 후에 말을 받았다.

"우리 형도 지난주에 집에 와서 우리와 함께 지냈어. 다른 투사 다섯 명과 함께 돌아와서 평양 근처에서 왜놈 보초들에게 총을 쏘았어. 그리고서 하루 종일 논 속에 숨어 있었기 때문에 왜놈들에게 붙들리지 않았다."

영웅에 대한 존경심으로 우리 마음은 불타올랐다. 그래서 이다음에 어른이 되면 독립군에 가담해서 침략자 왜놈들을 기습공격하기 위해 공격대를 이끌고 압록강을 넘어 오겠다고 새로이 결의를 다지곤 했다.[147]

그리하여 보통학교 학생은 밤마다 잃어버린 조국을 되찾기 위해 독립군이 돼 압록강을 다시 건너오는 꿈을 꾸었을 것이다. 그리고 그는 자라서 중국혁명운동에 참가해 투쟁하는 한편, 조국 독립과 민족 해방을 위해서 헌신했다. 비록 그의 꿈이 때를 잘못 만나 억울한 누명으로 미처 실현되지는 못했지만 그의 고귀한 뜻은 후배들에게 귀감이 됐다.

3·1운동과 학생들의 시위

1919년 3월 1일 오후 2시 서울 탑골공원에서 경성의학전문학생 한위건韓偉健(1896~1937)이 앞으로 뛰어 나와 독립선언서를 낭독한 뒤 "조선 독립 만세!"를 외쳤다.[148] 만세 소리가 울려 퍼지자 온 나라에서는 어른, 아이, 남자, 여자 가릴 것 없이 거리로 나와 태극기를 흔들며 만세를 불렀다. 이 가운데 대한제국 때 초등 학창시절을 보낸 청년학생과 교사 등 식자층이 가장 열성적으로 시위를 주도했다. 심지어 보통학교 한국인 교사들도 적극 참여했다. 평안북도 공립의주보통학교 김지백金志柏과 공립벽동보통학교 이교창李敎昌은 각각 3월 4일과 3월 17일 교내에서 독립만세를 불러 면관을 당했다.[149] 심지어 공립이원보통학교 교원 박순룡朴恂龍은 〈조선독립선언서〉를 학생들 앞에서 들려주기도 했다.[150] 여기에는 보통학교 학생, 서당 학생 등 어린 학생도 참여했다.[151] 그들은 어른들과 교사들을 따라다니며 만세를 부르기도

〈그림 76〉 2월 28일 고종 인산 연습을 하는 학생과 시민

했고, 먼저 나서서 시위를 주도하기도 했다.

고종 장례식인 1919년 3월 3일, 보통학교 학생들은 장례 행렬과 시위에 참여하기 위해 모두 등교하지 않았다. 동맹휴학을 한 것이다.[152] 이날 오후 2시 개성에서 호수돈여학교 학생들이 만세를 부른 뒤, 5시 반에는 15~16세가 안 된 어린 보통학교 학생과 소년 수백 명이 충절의 상징인 선죽교에 모여 만세를 부르기 시작했다. 이들은 '우리 조선은 독립일세'라는 구호를 부르면서 만월대로 올라가고 일단은 반월성에서 정거장을 향해 만세를 부르며 내려왔다.

일제는 어린 학생의 시위에 별로 신경 쓰지 않았다. 며칠 후에는 평온을 찾으리라고 예상했다. 그래서 일제는 학교의 문을 다시 열었다. 하지만 학생은 아무도 오지 않았다. 가게 문은 여전히 굳게 닫혀 있었다. 공공기관에 고용된 노동자도 일하러 나오지 않았다. 이 중 어린 학생의 등교 거부가 가장 당혹스러운 일이었다.

어린 학생들은 각지에서 독립만세를 부르며 시위를 계속했다. 3월 6일 인천공립보통학교 3~4학년 학생들은 교사가 없는 사이 학교에서 나와 공립상업학교 학생과 함께 시가지를 돌아다니며 만세를 불렀다. 3월 7일 오전 10시 시흥공립보통학교 학생도 전부 동맹휴학을 하고 만세를 부르며 부근 촌락으로 시위행진을 했다. 같은 날 오후 3시경 당진 면천공립보통학교 학생 약 200명이 태극기를 선두에 세우고 만세를 부르며 시위운동을 하다가 경찰의 제지로 해산된 일도 있었다.

3월 11일에는 안성 동항리 양성공립보통학교 학생들이 한국인 선생님들을 따라 만세를 불렀다. 이후 만세 시위는 3월 하순부터 안성 지역 전체로 퍼져 나갔다. 그리하여 노약자를 뺀 안성 주민 2000여 명이 시위에 참가했는데, 주재소, 우편소 등 일제의 기관을 공격하고 일장기를 불태우기까지 했다. 이어서 일본인 상점과 고리대금업자를 공격했으며, 경부선 철도를 차단하려 했다.[153] 보통학교 학생들의 만세 시위가 3·1운동 3대 시위 중 하나인 안성 시위를 이끌어 냈다.

3월 12일 강화 읍내 보통학교에서 3~4학년 학생이 전부 모여 칠판에 태극기를 그리고 만세를 부르며 운동장으로 나갔다. 3월 16일 오

〈그림 77〉 1919년 2월 28일 오전 10시 광화문 네거리 비각 앞 고종 인산 예행연습 장면(《매일신보》 1919년 3월 1일)
경기고등보통학생을 비롯한 많은 학생이 교모를 쓰고 예행연습을 하고 일반 시민이 이 연습 광경을 구경했다.

전 11시 정읍군 태인 장날 학생 60여 명이 태극기를 들고 만세를 부르며 시장을 지나가자, 시장에 모인 사람과 각 동리 주민이 이에 호응해 수천 명이 함께 만세를 부르고 시위운동을 했다. 그 때문에 시장의 각 상점과 노점은 전부 문을 닫았다. 3월 18일 진주공립보통학교 교사가 태극기를 들고 선두에 서서 일반군중을 지휘하며 시내를 돌았다. 학생들은 등교를 거부하는 한편, 일본 천황의 〈교육에 관한 칙어〉를 찢어 버리고 만세를 부르며 운동장에서 시위행진을 했다. 3월 22일 함남 홍원 어린이 수백 명이 태극기를 들고 만세를 부르면서 인근을 돌아다니다가 해산 당했다. 이 일을 모의한 이 중 가장 나이 많은 자가 17세의 소년이었다.

여기서 눈길을 끄는 일은 어린 학생들이 어른들처럼 조선 독립의 의지를 세계만방에 알리려고 노력했다는 점이다. 만세 시위가 시작된 뒤 채 10일도 되지 않은 3월 10일 한국남녀소년단韓國男女少年團은 파리강화회의에 조선의 독립을 진정하는 〈한국아동읍혈진정서韓國兒童泣血陳情書〉를 제출했다

다만 빈손과 빈주먹으로 부르짖는 아이뿐이오니 세계에 정의인도를 주장하시는 많은 국민이여, 우리 소학생은 여러분 앞에 슬프게 고하는 것은 상제는 어질고 사랑하사 허약한 망국민족은 긍휼히 여기시는 이 마음을 본받아 조그마한 정의로 한국의 독립을 도와주어 일인의 흉악한 칼끝을 막아 우리 유한한 한인으로 조금 그 생명을 연장케 해 주시옵소서. 그렇다면

상제께서 또한 여러분의 의로운 용기를 허하시고 여러분을 복으로 허하시고 복으로 돌이켜 도와주시리니 바라옵나니.[154]

어린 학생들의 의로운 뜻과 굽힐 줄 모르는 용기가 잘 드러나는 글이라 하겠다.

그 밖에 영암·아산·강화·포천·괴산·정읍·순천, 경성 아현·홍원·신흥·진주·임실·안주·입석·자산·한천·부산·함안·통영 등에서도 보통학교와 서당의 어린 학생들이 시위를 벌이고 동맹휴학을 했다.[155] 이제 만세 시위는 언니·형만의 일이 아니었다.

일제의 유혈 탄압과 어린 학생들의 기백

이런 분위기에서 일제는 학생들이 졸업식에 참석해 졸업증을 받아 가리라 생각하고 졸업식을 강행했다. 졸업증은 학생들이 4년 동안에 열심히 공부해 졸업함을 인정하는 소중한 문서였기 때문이다. 그러나 일제의 이런 예상은 완전히 빗나갔다. 3월 24일 정동공립보통학교에서는 졸업식을 거행하던 중 졸업생과 재학생이 만세를 부르면서 '조선이 독립된 후 학교에서 수업한다'고 의기충천하게 외쳤다. 인의동 공립보통학교 졸업식에서도 학생 전부 한목소리로 졸업가 대신에 만세를 불렀다. 졸업식장이 오히려 독립 만세를 외치는 장소가 돼 버렸다.

프레더릭 매켄지Frederick Arthur McKenzie라는 미국 기자는 어느 보통학교 졸업식 광경을 다음과 같이 묘사했다.

일제는 어린 아이들이 등교를 거부하는 데에 제일 당혹했다. 어느 한 커다란 보통학교에서는 학생들에게 졸업식에 참가해 졸업증을 받아가라고 애원했다. 애원을 들은 학생들은 표면적으로 고집을 꺾은 것처럼 보였다. 그리고 수많은 관리와 다른 저명한 인사가 참석한 가운데 졸업식이 시작됐다. 각 학생에게는 귀중한 졸업증이 수여됐다. 그런 다음 열두어 살쯤 된 학생회장이 그의 선생님과 당국에 감사의 뜻을 전하기 위해 앞으로 걸어 나왔다. 그는 깍듯이 예의를 갖추는 것 같았다. 그는 절을 할 때도 최대한 경의를 표시했고 마치 자기는 경청을 좋아하기라도 한다는 목소리를 길게 뽑았다. 내빈들은 기분이 좋았다.

말이 끝날 때가 되자 그는 "저는 이제 이 말만은 하지 않을 수가 없습니다"라고 결론을 내렸다. 그의 목소리가 바뀌었다. 그는 며칠 동안에 지금 자기가 하고자 하는 말로 많은 사람이 죽음을 당했다는 사실을 잘 알고 있었다. "우리는 여러분께 한 가지를 부탁드리고자 합니다." 그는 겉옷 속에 손을 집어넣더니 소지 자체만으로도 죄가 되는 태극기를 끄집어내었다. 그는 태극기를 흔들면서 "우리의 나라를 돌려달라! 대한 독립 만세!"라고 울부짖었다. 모든 학생이 자리를 박차고 일어나더니 그들의 품속에서 태극기를 꺼내어 흔들며 만세를 드높이 불렀다. 그들은 이제 기절초풍한 내빈 앞에서 그들의 귀중한 졸업증을 찢어서 땅바닥에 던지고 떼를 지어 밖

으로 나갔다.[156]

이날 이후 일제는 각 학교의 졸업식을 일시 중단하게 했다. 그러나 보통학교 학생들과 서당 학생들은 일제의 탄압에 굴하지 않고 계속 만세 시위를 했다. 또 일부 지역에서는 시위를 주도하기도 했다. 부안군 줄포공립보통학교 학생들은 장날을 이용해 태극기 수백 장을 만들어서 군중에게 나눠 주고 만세를 부르며 시위행진을 하다가 해산 당했다. 무주에서는 보통학교 학생이 선두에 서서 무주 뒷산에 봉화를 올렸더니, 각 면 각 동에서 일제히 불을 놓고 만세를 불렀다. 또 함경남도 신포에서는 보통학교 학생 마희일 외 5명이 3월 1일은 독립기념일이라며 태극기를 게양하고 기념사를 작성해 4~5곳에 붙이다가 체포되기도 했다. 그리고 군산공립보통학교 재학생 70여 명이 동맹해 연서로 퇴학원을 제출한 뒤, 밤중에 불을 내 교실을 다 태워버리기도 했다. 경성 전동보통학교 학생 4명은 겨우 11~12세 나이로 '보통학교는 대한의 아이들을 모아 노예의 재물로 삼으려는 장소'라고 외치며 교실 유리창을 깨뜨렸다. 일제에 대한 저항의 표시였다.[157]

평안도에서도 안주·입석·자산·한천·부산 보통학교 등 5개 학교 학생이 시위에 참가하고 6개 학교가 휴교하기도 했다.[158] 심지어 고등보통학교 시험을 치러 간 학생들마저 시위를 주도하기도 했다. 예컨대 대구고등보통학교 입학시험을 치르기 위해 대구에 갔다가 대구 시위를 목격하고 돌아온 내성공립보통학생 이구락은 동교생 및 교사와 상의한 뒤 태극기를 제작하고 시위 계획을 세웠다.[159] 장날 시위 직전에 이들 학생은 체포됐지만 그 의기와 애국열은 대단했다.

이에 일제는 남녀노소 가릴 것 없이 맨손으로 시위하는 어린 학생들까지 잔혹하게 탄압했다. 일본 경찰과 군인은 늙은이들과 어린 아이들을 체포하고 그들을 무자비하게 구타했다. 당시 국내에 들어와 취재하던 미국인 기자 칼턴 켄달Carlton W. Kendal은 어린 여학생들이 일본군에게 가혹하게 구타당해 고꾸라지는 광경을 목격했다.[160] 또한 일본 소방대들이 소년 소녀를 쫓아가서 긴 쇠갈고리로 잡기도 했다. 그리고 일본 군인은 시위하는 어린 여학생의 양팔을 칼로 내리친 뒤 죽이기까지 했다.

경성에서 독립운동이 일어나던 날, 한 어린 여학생이 오른손에 국기를 들고 만세를 불렀다. 왜병이 이를 보고 칼로 그의 오른손을 잘라 떨어뜨리니, 여학생은 다시 왼손으로 국기를 들고 만세를 불렀다. 왜병이 다시 칼로 찍어 왼손마저 베어버렸지만 연방 입으로 만세를 불렀다. 이러자 왜병이 다시 그의 머리를 찍어 살해해 버렸다. 어느 서양인이 이 살해 장면을 촬영하려 하자 왜병은 그 사람을 잡아갔다.[161]

심지어 총을 발포해 많은 사상자가 나오기도 했다. 그리고 어린 학생들을 잡아다가 배후 인물을 캐묻는 혹독한 고문을 가하기도 했다. 그러나 학생들은 용기를 내어 당당하게 맞섰다.

서울에서 11세 난 어느 여학생이 독립운동으로 체포돼 일본 순사에게 엄한 심문을 받았다.

"너는 무슨 이유로 기를 들고 기뻐 좋아하느냐?"

"잃은 물건을 다시 찾은 까닭에 좋아합니다."

"무슨 물건을 잃었지?"

"우리 대한민족이 대대로 전해 온 삼천리 금수강산입니다."

일본인 순사가 소리를 지르면서

"너 같은 어린 것이 무엇을 알아서 그것이 좋다고 하느냐?"

어린 아이는 다시 온화한 말로 대답했다.

"당신은 정말 지식이 없군요. 전날 우리 어머니가 작은 바늘을 잃고 반나절이나 찾아서 다시 갖고 기뻐하는 빛이 얼굴에 드러났습니다. 더구나 삼천리 금수강산이 다시 우리 것이 됐는데, 어찌 즐겁지 않겠어요?"

일본 순사도 감복해 눈물을 흘렸다.[162]

어린 학생들의 독립을 향한 움직임은 한두 가지가 아니었다. 어떤 학생은 일본인 순사 앞에서 태극기를 그리는가 하면 한국인 순사에게 호통을 치기도 했다. 심지어 마산의 12세 보통학교 학생은 일본 경찰의 총탄을 맞아 죽어가면서도 "왜놈의 치료는 받지 않겠다"라고 하며 일본인 의사의 치료를 거부했다.[163]

어린 학생들까지 식민지 노예교육을 받기를 거부하고 오히려 서당에 입학하는 경향이 나타나기까지 했다. 시위 동안에는 학교 출석자가 거의 전무해 휴교를 하지 않으면 안 되는 곳이 많았다. 경상남도 하동에서는 보통학교 입학자가 한 명도 없었으며, 4월 말 출석자가 40퍼센트 정도밖에 되지 않았다. 심지어 경상남도 양산에서는 학부모가 보통학교에 다니는 자녀에게 휴학을 종용하기까지 했다. 이리하여 '시위 후 학교교육을 기피하고 한문 서당이 융흥한 지방이 많은' 실정이었다. 또 보통학교에서 다시 공부하게 된 이후에도 한국인 학생은 - 그날을 잊지 않기 위해 - 조선과 일본이 교전하는 전쟁놀이를 할 때면 조선이 일본을 이기는 것으로 만들었다. 그리하여 경기가 끝나면 학생들은 일제히 '대한만세'를 높이 외쳤다. 그러면 옆에서 이를 구경하던 사람들이 순식간에 몰려와 수천 명이 일제히 환호하며 시가지를 행진했다.

그리하여 당시 한 일본 경찰 간부는 어린 학생들이 시위에 참가하는 모습을 보면서 착잡하고 불안한 심정을 다음과 같이 말했다.

특히 조선인이 다수 집단이 돼 국기를 앞세워 만세 소리를 크게 지르면서 관헌의 지시 명령에 대항하거나 폭행 소요를 감행한 당시의 인상은 그들 학생·아동의 뇌리에 새겨져 부지불식간에 나쁜 감화를 주었음은 물론 교사·학생 또는 부모로서 소요에 가담한 자가 있었으므로 그 자녀에 대한 감화가 어떠했을 것인가. 여기에 깊이 생각이 미치면 두려움을 느끼지 않을 수 없다.[164]

3·1운동에 참여한 경험과 한국인의 활동이 학생들에게 미친 영향은 이처럼 컸다. 그것은 이른바 '불온 사조'에 따른 독립에 대한 열망, 일제 교육 반감에 따른 취학자·입학자의 감소, 일본인 교사에 대한 '반항심 조성' 및 '존경심 감퇴' 등으로 나타났다.[165] 그리하여 일제는 조선의 어린 학생들이 훗날 굳건한 독립운동가로 성장해 그들에게 칼날을 겨눌까 두려웠던 것이다.

이처럼 3·1운동을 일제가 강제 진압했음에도 10월경 각 학교 한국인 학생들은 동맹휴학을 하고, 일본어를 외국어 교과로 바꾸어 시수를 줄일 것을 주장했다.[166] 특히 학생들은 조회 시간에 일본 교과서를 폐지하라고 요구했다. 이어서 교과서 폐지를 거부하는 교장 몰래 교실에 들어가 일본 교과서를 모두 파기하고 학교에 등교하지 않을 것을 통보했다. 일제의 두려움은 곧 현실이 됐다. 1920년대 각급학교 많은 한국인 학생이 동맹휴학을 벌이며 교원 배척 운동을 벌여 나갔는데 이 가운데 보통학교 학생들의 교원 배척 동맹 휴학이 매우 치열했다. 이들 학생은 교사의 학생 구타나 처벌, 교사의 실력 부족과 불친절, 무성의, 불공정, 교사의 좋지 못한 품행, 학생에 대한 무리한 처벌, 조선역사나 조선창가를 가르치지 않는 것, 교장이나 교사의 민족차별 의식에 대한 반발 등이 동맹휴학의 원인이었다.[167]

이후 보통학교·서당 출신 한국인 학생 일부가 독립운동가로 성장했으며, 이들은 만주와 중국, 연해주에서 일제에 맞서고 농촌과 공장으로 들어가 농민·노동자가 돼 온갖 싸움에 적극 참여했다. 또한 그들은 자신이 겪어야 했던 일제의 일본화교육은 물론 교육적 불평등에 문제 의식을 가지며 민족 교육의 실현과 함께 소학교 무상의무교육에 관심을 기울였다. 조소앙趙素昻의 삼균주의三均主義에서 말하는 교육의 균등은 무상의무교육에 대한 큰 밑그림이었으며, 1948년 〈제헌 헌법〉 16조 '국민학교 의무무상교육' 규정은 의무교육을 실현하고자 하는 민인 대중의 열망을 반영한 결과다.[168] 드디어 오랫동안 꿈꾼 보통교육의 시대가 1949년 〈교육기본법〉에 의무교육 실시 조항이 들어감으로써 실현될 수 있는 기틀이 마련돼 6·26 남북전쟁 직전에 시행되기 시작했다. 비록 남북전쟁이라는 민족적 비극을 만나 실시 시점이 유보됐지만 초등학교 의무무상교육은 휴전 직후인 1954년부터 본격화해 1958년 〈교육세법〉 제정으로 결실을 맺었다. 그러나 경제적인 궁핍으로 예산이 따르지 않아 학교 교실이 턱없이 부족했고, 교원양성체계가 갖추어지지 않아 교사는 더더구나 말할 나위가 없었다. 과밀학급의 별칭이라 할 '콩나물 교실'은 이렇게 해서 탄생되었다. 그럼에도 보통교육의 밑돌이 이처럼 마련됨으로써 후일 독재에 맞서고 산업화의 기반을 이루는 수많은 인재와 일꾼이 탄생했다. 역사는 그렇게 흘러오는 것이다.

맺음말

지난 20세기는 민인 대중이 오랫동안 꿈꾸어 온 보통교육의 시대가 실현되는 과정이었다. 그러한 보통교육의 씨앗은 조선 후기 소학교육의 본산인 서당의 확산이었으며 전통적 소학교육은 1876년 국교 확대 이후 서구에서 들어온 신식 교육과 충돌하고 조화를 이루면서 새로운 소학교육으로 변모했다.

우선 1876년 국교 확대 이후 우리 정부는 서구 및 일본의 침투에 맞서서 근대 주권국가를 건설하기 위해 교육개혁을 본격적으로 도모했다. 기본 방향은 동도서기라는 전제 위에서 전통적 유교 이념을 사회 운영원리로 삼고 서구의 실용 지식을 수용해 부국강병을 도모하는 것이었다. 그리하여 지방에는 원산학사를, 중앙에는 동문학과 육영공원을 설립해 전통적인 교육을 근간으로 하되 시세를 알고 실용을 추구하는 인재를 양성하고자 했다. 나아가 우리 정부는 그때그때 새로운 학교를 설립하는 데 그치지 않고 새로운 학제를 구상하고 현실로 옮기고자 했다. 그것은 전통적인 소학-중학-대학 체제를 근간으로 하면서도 서구에서 자리 잡은 소학교-중학교-대학교로 이어지는 근대 학제를 도입하는 것이었다. 특히 소학교를 설립해 조선 후기 이후 성장을 거듭하던 서당을 제도적인 틀 안으로 끌어들이고자 했다. 국민교육의 기초를 구축한 셈이다.

다음으로 학교교육은 일본의 강요로 시작했지만 우리 정부의 기본 방향 위에 갑오개혁을 계기로 새로운 전기를 맞았다. 1895년 4월 정부는 갑오개혁 직후부터 추진해 온, 국민교육의 근간이라 할 소학교를 설립하는 동시에 교사 양성기관인 한성사범학교를 설치하기에 이르렀다. 이러한 사범학교는 가까이는 프랑스 고등사범학교가 일본을 거쳐 들어온 사범학교가 모델이었지만, 멀리는 '경전에 밝고 행동을 닦아 도덕을 겸비하면 사범이라고 할 만하다(經明行修 道德兼備 可謂師範)'라고 하는 조선의 사범양성 취지와 맥을 같이했다. 이제 국민교육을 제도적으로 뒷받침할뿐더러 지속적으로 유지할 수 있는 기반이 마련된 셈이다. 이후 정부는 소학교를 전국 각지에 설립했으며, 이는 새로운 인재가 성장할 수 있는 터전이 됐다.

한편 1896년 1월 아관파천으로 새로운 내각이 들어서면서 여러 분야에서 정책 기조가 바뀌었으나, 교육개혁의 방향은 정권의 성격과 상관없이 꾸준히 지속했다. 광무정권 역시 소학교 증설에 힘쓰는 한편, 외국어학교·농상공학교·중학교 등 각종 각급의 학교를 신설했다. 그것은 멀리는 교육을 근간으로 한 조선 국가의 기본 방향에서 말미암은 것이고, 가까이는 1895년 2월에 발표된 〈교육입국조칙〉을 근간으로 했다. 이 조칙에 따르면 덕양·체양·지양을 기본 요소로 하는 교육목표를 제시했다. 따라서 이러한 조칙은 삼육三育을 근간으로 두면서도 궁극적으로는 '충량한 신민' 양성이 목표인 일본의 〈교육에 관한 칙어〉와는 거리가 멀었다. 따라서 이 시기 소학생 교육의 목표와 교과목 학습의 방향은 인간으로서 지켜야 할 인륜의 함양에 중점을 두면서도 실용과 시무를 겸비한 인간으로 양성하는 데 주안을 두었다. 수신과 국어·국사 과목을 중시하면서도 이른바 문명개화와 밀접한 산술·이과·만국역사·만국지리·체조·음악·미술·재봉 등도 소홀히 하지 않았다. 특히 영어를 비롯한 외국어가 문명개화의 주된 수단이라는 점에서 외국어학교의 유지에도 힘을 쏟았다. 그리고 이 과정에서 국민교육의 공간적 거점이라 할 교실이 탄생했고, 시간관념을 비롯한 근대적 시공간 담론이 퍼졌으며, 새로운 규율이 학생 사이에서 내면화됐다. 이 가운데 문명개화의 상징이라 할 단발 문화가 기성세대의 반대에도 점차 학생 사이에서 퍼져나갔다. 이제 근대교육은 서구식 문화에 근간을 둔 새로운 일상생활을 예고했다.

그러나 우리 정부의 이러한 교육목표와 시책의 실행은 일제가 러일전쟁에서 승리하고 을사늑약을 강요하면서 수포로 돌아갔다. 일본은 대한제국의 외교권을 무력으로 탈취했을뿐더러 내정에 적극 관여하는 가운데 교육 부문에도 침략의 손길을 뻗쳤다. 그 중심 인물은 학정참여관으로 들어온 시데하라였다. 그는 〈한국교육개량안〉을 제시해 교육목표와 개편 방향을 수립했다. 그것은 한국인의 일본인화였다. 이를 위해 그는 일본어의 보급 확대에 중점을 두는 한편, 실용을 내세워 우민화교육에 중점을 둔 학제를 제안했다. 즉 일본식 신교육을 도입하되, 수업 연한을 단축할뿐더러 학제와 과정을 간단히 하고 고등교육은 당분간 유보해야 한다는 것이다. 그리하여 대한제국 정부가 추진해 온 삼양에 근간을 둔 초등교육·중등교육·고등교육으로 이어지는 학제를 거부하고 보통교육과 저급 실업교육에만 중점을 둔 우민화교육 방침을 구체화했다. 그것은 점진적 동화주의의 실현에 목표를 두었다. 소학교 연한의 단축과 고등교육기관의 형해화, 일본인 교사의 증가 등은 이를 잘 보여 준다. 또한 소학교의 명칭은 완성교육, 종결교육을 뜻하는 '보통학교'로 개명됐다. 일제의 이러한 조치는 한국인 학생들의 학업과 일상생활에 크게 영향을 미쳤다. 이제 학생들은 보통교육을 받는 것으로 만족하고 일제의 정책을 충실히 따르는 순종적인 학창생활을 영위해야 했다. 물론 근대적 시공간을 둘러싼 담론은 일본식 규율과 연계돼 학생들의 일상생활을 통제하기에 이르렀다.

한편 한국인 식자층과 학생들은 일제의 이러한 방침에 반발하면서 교육구국운동을 전개하는 가운데 곳곳에 민립학교를 세워 민족교육을 수호하고 보통교육을 실현하고자 했다. 나아가 이들 식자층과 지역 사회는 한국인 학생들을 자주적인 주체로 육성하기 위해 교과서 집필에 힘을 쏟았으며 이들 학생을 가르칠 교사들을 양성하기 위해 민립사범학교 설립에도 힘을 기울였다. 특히 박은식 등을 중심으로 애국적 식자층의 활동이 두드러졌다. 또한 의무교육론을 제기하며 교육자치제를 실현하기 위해 각종 활동을 벌였다. 학생들 역시 일본인 교원들의 교수 방침에 정면으로 반발해 자치 활동을 벌이는 가운데 기성층의 계몽 활동에 적극 참여하거나 운동회 등에서 군사훈련을 방불케 하는 각종 경기에 열심히 임했다.

이에 일제는 한국인들의 이러한 교육구국운동을 누르기 위해 학교를 증설함으로써 한국인 후속 세대에게 일제의 통치정책을 정당화한 각종 담론을 주입하는 한편, 자주의식을 고취하는 서적의 판매를 금지한다든가 민립학교 설립을 방해하기 위해 〈사립학교령〉, 〈기부금단속령〉 등의 각종 법령을 제정해 가혹한 조치를 취했다. 일제의 이러한 탄압은 한국인들의 교육구국운동을 원천 봉쇄하는 효과를 거두었다.

일제의 이러한 방침은 1910년 8월 일제의 대한제국 강점 이후에도 크게 바뀌지 않았다. 오히려 이러한 방향은 1911년 〈조선교육령〉과 〈사립학교령〉 등을 통해 확고하게 자리를 잡음으로써 한국인 민립학교가 감소하는 가운데 학교교육과 학생들의 의식 및 일상생활에 커다란 영향을 끼쳤다. 그리하여 일제 당국은 무력 강점이라는 현실을 배경으로 삼아 일본어를 한국인이 반드시 배워야 할 '국어'로 규정하고 일본어교육을 강화했다. 또한 수신교육 역시 노골화해 일본의 복종문화, 일본식 생활 방식을 적극적으로 한국인 학생들에게 주입하고자 했다. 반면에 한국인의 민족의식을 일깨울 수 있는 역사와 지리는 학교교육에서 배제된 채 수신과 일본어교육을 통해 오리엔탈리즘과 식민사관으로 왜곡된 한국의 역사와 문화가 한국인 학생들에게 주입되게 했다. 여타 과목도 일제의 이러한 방침을 구현하는 데 기여했음을 물론이다.

그러나 일제가 관료 등 공직으로 나아가는 데 학력을 요구하는 학력주의를 더욱 심화하는 현실에서 한국인 학부모와 학생들은 마냥 일제의 공립보통학교 취학 정책을 거부할 수 없었다. 그리고 한국인 스스로 자주독립과 신국가 건설을 염두에 둘 때 근대적 시무를 중심으로 구성된 근대 교과목을 학습해야 함을 제기했다. 1910년대 초반에는 취학률은 낮고 취학연령은 높았던 반면에, 1910년대 후반에는 취학률은 높아지고 취학연령이 낮아진 것은 이 때문이었다. 그 결과 일제가 요구하는 일본어 해독자가 증가하고 일본식 훈육을 내면화한 학생들이 증가하기 시작했다. 이들은 일본의 의례에 맞춰 조회에 참가했으며 천황에 대한 숭배심을 키우기도 했다. 그리고 드디어 관공서에 취직해 입신출세를 꿈꾸기도 했다.

하지만 일제의 이러한 교육방침은 곧 난관에 봉착했다. 우선 한국인 학생들의 취직이 제한된 현실에서 보통학교 취학률의 증가는 실업자의 증가를 예고했다. 나아가 이들 한국인 학생은 보통학교 졸업으로는 취직하기 힘들어지는 여건에서 고등보통학교 진학이나 일본 유학을 통해 이러한 난관을 타개하려고 했지만 이 역시 실업의 악순환 사태를 가중할 뿐이었다.

한편 일제의 점진적 동화주의 자체가 모순에 차 있었기 때문에 고등보통학생과 전문학생은 물론 보통학교 한국인 학생들도 반발했다. 일부 학생들은 동화주의가 전제하는 한국인과 일본인의 평등성이 결코 현실에서 이루어질 수 없는 모순임을 인식하고 적극적으로 민족차별문제를 제기했다. 또한 교원의 지위에서도 민족 차별이 더욱 심화되는 일상 속에서 한국인 학생들은 일제 통치정책의 허구성을 파악할 수 있었다. 그것이 3·1운동 전야 한국인 학생들이 당면한 현실이었다. 그리고 이 속에서 한국인 학생들은 독립의 필요성을 자각하고 시위에 적극 참여했으며, 아동의 이름으로 파리강화회의에 진정서를 제출해 일제의 폭압과 3·1운동의 정당성을 세계 각지에 알리고자 했다. 물론 이러한 참여에는 대한제국기에 독립적인 인격체로서 갖추어야 할 자주성과 민족구성원으로서의 정체성을 근간으로 성장한 청년 세대의 교육 경험과 집단기억이 이들 보통학교 학생의 활동에 영향을 미쳤다. 이후 이들 학생 중 일부가 고등교육을 받으면서 향학열을 불태우는 가운데 일부는 항일독립운동과 민족문화 건설의 동량으로 성장했다. 그리하여 해방 후 한국인들은 이러한 역사적 기반과 처절한 경험을 근간으로 삼아 의무교육을 함으로써 주체적이고 자주적인 소학교육을 실시하고자 했다. 1948년 〈제헌헌법〉에 의무교육 조항이 포함된 것은 이 때문이었다.

그러나 의무교육은 비약적인 경제 성장에도 초등학교·중학교에 한정돼 더는 확대되고 있지 않다. 특히 오늘날 사교육의 열풍과 사회의 양극화 속에서 학령 인구의 급격한 감소와 시골 학교의 폐교 등은 소학교육을 새로운 위기 국면으로 몰고 가고 있다. 신규 초등교사의 임용 대란은 이를 단적으로 말해준다. 이럴 때일수록 우리의 선배 세대들이 걸어온 길을 되짚으면서 그들이 우리 세대에게 물려준 자산과 과제가 각각 무엇이었는가를 곰곰이 따져야 할 것이다. 그들이 추구해 온 소학교육의 이념과 목표, 내용, 그리고 배움의 균등한 기회를 확보하기 위한 치열한 노력 등에서 무엇을 계승하고 무엇을 단절할 것인가.

주

1. 우리 정부의 신식 소학교 설립과 보통교육의 제도화

I   이범직, 〈조선전기 유학교육과 향교의 기능〉, 《역사교육》 20, 1976, 16~23쪽.

고려 시기에는 수령의 5사로 전야벽田野闢(전지를 개척함)·호구증·부역균·사송간·도적식盜賊息(도적을 그치게 함) 등의 다섯 가지를 수령 고적考績의 기준으로 삼은 데 반해, 조선 시기에는 수령의 7사로 농상성農桑盛(농상을 성하게 함)·호구증戶口增(호구를 늘림)·학교흥學校興(학교를 일으킴)·군정수軍政修(군정을 닦음)·부역균賦役均(역의 부과를 균등하게 함)·사송간詞訟簡(소송을 간명하게 함)·간활식奸猾息(교활하고 간사한 버릇을 그치게 함) 등의 일곱 가지를 수령 고적의 기준으로 삼았다. 조선 시기에 수령은 향리를 단속해야 할뿐더러 학교진흥에도 힘써야 했음을 보여 준다.

2   이경식, 〈우리나라 흥학과 기개함육의 추이〉, 《사대논총》 67, 2003, 172~177쪽.

3   이경식, 〈한국교육의 전통과 사범〉, 《사대논총》 54, 1997 ; 박효종 외, 《교학의 세월》, 지식과교양, 2013.

4   정순우, 《서당의 사회사》, 태학사, 2012, 238쪽.

5   김무진, 〈조선 후기 서당의 사회적 성격〉, 《역사와 현실》 16, 1995, 230~237쪽.

6   국사편찬위원회 편, 〈일동기유 후서〉, 《수신사기록》, 1971. 이와 관련해 박탄, 《일본수신사의 사행록 연구》, 강원대 박사학위논문, 2009, 52~55쪽 참조.

7   《고종실록》 권17, 고종 17년 8월 28일.

8   《고종실록》 권17, 고종 17년 8월 28일.

9   민현식, 《한글본 이언 연구》, 서울대학교출판부, 2008, 131~139쪽.

IO   구희진, 《한국 근대개혁기의 교육론과 교육개편》, 서울대 박사학위논문, 2004, 43쪽.

11 구희진, 《한국 근대개혁기의 교육론과 교육개편》, 서울대 박사학위논문, 2004, 43쪽.

12 엄세영, 〈聞見事件〉, 허동현 편, 《朝士視察團關係資料集》 1, 국학자료원, 2000, 338~339쪽.

13 조준영, 〈문부성〉, 허동현 편, 《朝士視察團關係資料集》 4, 국학자료원, 2000, 1~176쪽. 이와 관련해 허동현, 《근대한일관계사연구 : 조사시찰단의 일본관》, 국학자료원, 2000, 75쪽 참조.

14 이태진, 〈서장 국립서울대학교 뿌리찾기의 민족사적 의의〉, 국립서울대학교개학반세기역사편찬위원회 편, 《국립서울대학교 개학 반세기사 1895~1946》, 서울대학교·서울대학교총동창회, 2016, 23~24쪽.

15 허동현, 〈어윤중, 《수문록》·《재정견문》〉, 《한국사시민강좌》 42, 2008, 120쪽.

16 백옥경, 〈개화기 번역관 양성을 위한 외국어 교육과 그 문제점〉, 《이화사학연구》 50, 2015, 38쪽.

17 이광린, 〈한성순보와 한성주보에 대한 일고찰〉, 《역사학보》 38, 1968, 70~71쪽; 박성래, 〈한국근대의 서양어 통역사〉, 《역사문화연구》 16, 2002, 177쪽; 김경미, 《한국근대교육의 형성》, 혜안, 2009, 67~76쪽; 한용진, 《근대 한국 고등교육 연구》, 고려대학교 민족문화연구원, 2012, 125~133쪽 참조.

18 《한성순보》 1884년 2월 21일.

19 《한성순보》 1884년 2월 21일.

20 한용진, 《근대 한국 고등교육 연구》, 고려대학교 민족문화연구원, 2012, 84쪽.

21 류방란, 《한국근대교육의 등장과 발달》, 서울대 박사학위논문, 1995, 18쪽.

22 국립서울대학교개학반세기역사편찬위원회 편, 《국립서울대학교 개학 반세기사 1895~1946》, 서울대학교·서울대학교총동창회, 2016, 189쪽.

23 《고종실록》 권19, 고종 19년 12월 28일.

24 신용하, 〈우리나라 최초의 근대학교 설립에 대하여〉, 《한국사연구》 10, 1974.

25 〈학사절목〉, 《춘성지》.

26 《고종실록》 권21, 고종 21년 12월 23일.

27 구희진, 《한국 근대개혁기의 교육론과 교육개편》, 서울대 박사학위논문, 2004, 55쪽.

28 이광린, 〈육영공원의 설치와 그 변천에 대하여〉, 《동방학지》 6, 1963; 최보영, 〈육영공원의 설립과 운영실태 재고찰〉, 《한국독립운동사연구》 42, 2012; 김경미, 《한국 근

대교육의 형성》, 혜안, 2009, 81~97쪽; 한용진, 《근대 한국 고등교육 연구》, 고려대 학교 민족문화연구원, 2012, 133~159쪽 참조.

29 《고종실록》 권23, 고종 23년 8월 1일.

30 이광린, 〈육영공원의 설치와 그 변천에 대하여〉, 《동방학지》 6, 1963, 115~120쪽.

31 김경용, 《《육영공원일록》 연구〉, 《교육사학연구》 20-2, 2010.

32 《한성순보》 1884년 3월 18일, 〈학교〉.

33 《한성순보》 1884년 8월 31일, 〈태서각국소학교〉.

34 《고종실록》 권23, 고종 23년 1월 2일.

35 《고종실록》 권23, 고종 23년 4월 19일.

36 '경명행수'라는 용어는 이제현李齊賢의 《역옹패설櫟翁稗說》에서 처음 나온다. 고려 후기에 주자학을 도입하면서 '경명'과 함께 '수신'이 강조된 것으로 보인다. 이는 수양 을 중시하던 내적 전통 속에서 주자학의 도입으로 '행수'가 자연스럽게 부각된 것이 다. 이에 관해서는 최광만, 〈고려 국자감의 제도적 의미변화에 관한 연구〉, 《교육사학 연구》 5, 1994, 51~53쪽; 김인호, 〈원간섭기 이상적 인간형의 역사상 추구와 형태〉, 《역사와 현실》 49, 2003, 59쪽 참조.

37 "이조에서 아뢰기를, '학교는 풍화의 근원인데, 외방의 모든 교관이 우매하고 용렬한 무리라서 한갓 늠속만 허비할 뿐 교양에 보람이 없는데도 관찰사·수령이 보기를 여 사로 여기고 또한 검찰하지 않으니, 풍속이 요박해짐도 이런 것에 연유함입니다. 제 도의 관찰사로 하여금 학문의 우열과 교회의 근만을 상고해 혹 연소하고 광망한 자 와 혹 학문이 소황한 자, 혹 심행이 박악한 자는 다 아뢰어 파면하게 하고, 대신 경명 행수해 사범이 될 만한 자로서 학문에 장처가 있고 학행이 특이한 자를 가려서 임명 해 학행의 현부와 교훈의 근만을 검핵해 풍교를 두텁게 하소서' 하니, 그대로 따랐다" (《세조실록》 권12, 세조 4년 4월 辛巳).

38 이경식, 〈한국교육의 전통과 사범〉, 《사대논총》 54, 1997; 정순우, 〈군사부일체 사회 의 버팀목, 그러나 불우한 삶 : 조선조 교사와 훈장의 삶〉, 규장각한국학연구원 편, 《조선전문가의 일생》, 글항아리, 2010.

39 서찬규, 〈官學院十規〉·〈大邱各面學規節目〉, 《臨齋先生文集》 11. 이와 관련 해 구희진, 《한국 근대개혁기의 교육론과 교육개편》, 서울대 박사학위논문, 2004, 64~67쪽 참조.

40 《고종실록》권24, 고종 24년 7월 20일; 《일성록》, 고종 24년 10월 27일.

41 김윤식, 〈松坪鄕塾記〉, 《속음청사續陰晴史》권3, 무자(1888) 9월 초1일.

42 구희진, 《한국 근대개혁기의 교육론과 교육개편》, 서울대 박사학위논문, 2004, 83쪽.

43 《고종실록》권31, 고종 31년 6월 28일.

44 구희진, 《한국 근대개혁기의 교육론과 교육개편》, 서울대 박사학위논문, 2004, 85쪽; 일본문부과학성 백서·통계·출판물〉백서〉학제백이십년사〉제7절교육행재정(http://www.mext.go.jp/b_menu/hakusho /html/others/detail/1318237.htm).

45 《고종실록》권32, 고종 31년 7월 13일; 《議定存案(第一)》(규 17236).

46 《議定存案(第一)》(규 17236).

47 〈고시문〉, 《박정양전집朴定陽全集》권4, 갑오 8월 초2일 학무대신시.

48 구희진, 《한국 근대개혁기의 교육론과 교육개편》, 서울대 박사학위논문, 2004, 87쪽.

49 김홍수, 《한국역사교육사》, 대한교과서, 1992, 33쪽; 이경식, 〈한국 근현대 사회와 역사교육의 부침〉, 《사회과학교육》1, 1997, 29~31쪽; 양정현, 〈개혁기 '국민' 형성과 역사 교과의 성립〉, 역사교육연구소 편, 《우리역사교육의 역사》, 휴머니스트, 2015, 64쪽.

50 구희진, 《한국 근대개혁기의 교육론과 교육개편》, 서울대 박사학위논문, 2004, 88쪽.

51 〈고시문〉, 《박정양전집》권4, 갑오 9월 초2일 학무대신시.

52 서울교동국민학교백년사편찬위원회 편, 《교동백년사》, 서울교동국민학교동창회, 1994, 93쪽.

53 〈고시문〉, 《박정양전집》권4, 갑오 9월 초3일 학무대신시.

54 《통서일기》5, 1894년 9월 14일, 18일.

55 박정양, 《종환일기》, 고종 31년 9월 18일.

56 사범학교 설립 연일에 관한 논의가 분분하다. 현재는 1895년 4월 16일 〈한성사범학교관제〉에 근거를 두고 설립된 '한성사범학교'와 구분해 사범학교가 1894년 9월에 설립됐다는 주장이 통설이 되고 있다. 이에 관해서는 류방란, 《한국근대교육의 등장과 발달》, 서울대 박사학위논문, 1995, 75쪽; 김성학, 《서구교육학 도입의 기원과 전개》, 문음사, 1996, 56쪽; 임후남, 〈한국 근대초등교원의 양성〉, 《한국교원교육연구》20-1, 2003, 271~272쪽; 우용제·안홍선, 〈근대적 교원양성제도의 변천과 사범대학의 설립〉, 《아시아교육연구》7-4, 2006, 190~191쪽; 김경미, 《한국 근대교육의 형성》, 혜

안, 2009, 121~129쪽; 한용진, 《근대 한국 고등교육 연구》, 고려대학교 민족문화연구원, 2012, 270~274쪽 참조.

57 《교육시론》344, 1894년 11월 5일.

58 졸업생의 진로와 관련에 관해서는 《대한제국관원 이력서》, 《일성록》, 《고종실록》 등을 통해 확인했다. 한국역사정보통합시스템 http://www.koreanhistory.or.kr/ (2016년 10월 1일).

59 임후남, 《대한제국기 초등교원의 양성》, 서울대 박사학위논문, 2002, 24~25쪽.

60 구희진, 《한국 근대개혁기의 교육론과 교육개편》, 서울대 박사학위논문, 2004, 90쪽; 김경미, 《한국 근대교육의 형성》, 혜안, 2009, 129쪽.

61 윤소영, 〈갑오개혁기 일본인 고문관의 활동 : 星亨을 중심으로〉, 《한국민족운동사연구》30, 2002, 124~128쪽; 김태웅, 《한국근대 지방재정 연구》, 아카넷, 2012, 233쪽.

62 왕현종, 《한국 근대국가의 형성과 갑오개혁》, 역사비평사, 2003, 228~232쪽.

63 《관보》 1895년 2월 2일, 〈칙령 제14호 서고윤음〉.

64 왕현종, 《한국 근대국가의 형성과 갑오개혁》, 역사비평사, 2003, 305쪽.

65 《관보》 1895년 2월 2일.

66 이태진, 〈서장 국립서울대학교 뿌리찾기의 민족사적 의의〉, 국립서울대학교개학반세기역사편찬위원회 편, 《국립서울대학교 개학 반세기사 1895~1946》, 서울대학교·서울대학교총동창회, 2016, 83~84쪽.

67 《고종실록》 권33, 고종 32년 3월 25일.

68 〈한성부에 교원양성을 위한 학교를 설립하는 건〉, 《議奏》5, 奏本(各大臣間規約條件二十) 개국 504년(1895) 3월 29일.

69 《고종실록》 권33, 고종 32년 4월 16일.

70 《관보》 1895년 8월 14일.

71 구희진, 《한국 근대개혁기의 교육론과 교육개편》, 서울대 박사학위논문, 2004, 99쪽.

72 《관보》 1895년 5월 9일. 정운경에 관해서는 알려지지 않았지만, 그의 아들인 정영택이 당대 대표적인 유학자 전우田愚에게서 한학을 수학했다는 점을 비추어 보면 정통 유학자였을 것이다(《대한제국 관원이력서》21책, 550쪽).

73 《관보》 1895년 7월 24일, 〈학부령 제1호 한성사범학교규칙〉.

74 구희진, 《한국 근대개혁기의 교육론과 교육개편》, 서울대 박사학위논문, 2004, 95쪽.

75 유길준, 〈서유견문〉, 유길준전서편찬위원회 편, 《유길준전서》 IV, 일조각, 1971, 232쪽.

76 《관보》 1895년 5월 12일, 〈학부 고시 제4호 외국어학교 관제〉.

77 김기주, 〈갑오개혁기 조선정부의 대일유학정책〉, 《역사학연구》 27, 2006, 214~215쪽.

78 《고종실록》 권33, 고종 32년 7월 19일.

79 《議奏》 24, 제280호, 1895년 7월 19일(실제 상주 일자는 7월 14일); 《各部來照存案》 2(규 17748), 1895년 7월 19일

80 《議奏》 24, 제280호, 1895년 7월 19일(실제 상주 일자는 7월 14일).

81 《관보》 1895년 7월 22일, 〈칙령 제145호 소학교령〉.

82 김경미, 《한국 근대교육의 형성》, 혜안, 2009, 161~164쪽.

83 《관보》 1895년 9월 30일, 〈학부 고시 제4호〉.

84 〈개국504년도세입세출총예산〉, 《議奏》 4, 1895년 3월 30일.

85 《고종실록》 권33, 고종 32년 5월 26일.

86 〈告示各面長 11월 18일〉, 《韓末官人 朴始淳日記》.

87 《관보》 1895년 7월 22일, 〈칙령 제145호 소학교령〉.

88 김광규, 〈대한제국기 초등교원의 양성과 임용〉, 《역사교육》 119, 2011, 95~96쪽.

89 《독립신문》 1898년 1월 4일.

90 《대한제국 관원이력서》; 한국역사정보통합시스템 http://www.koreanhistory.or.kr/ 참조

91 《한성신보》 1896년 6월 18일.

92 호머 헐버트 저, 김동진 역, 《헐버트 조선의 혼을 깨우다》, 참좋은친구, 2016, 549쪽.

93 Homer B. Hulbert, "Our School", *THE KOREAN REPOSITORY*, Vol. 5, 1898. 10.

94 유수진, 《대한제국기 《태서신사》 편찬과정과 영향 연구》, 고려대 석사학위논문, 2012, 1~4쪽 ; 허재영, 〈광학회 서목과 《태서신사남요》를 통해 본 근대 지식 수용과 의미〉, 《독서연구》 35, 2015, 154쪽.

95 이 가운데 박은식은 을사늑약 즈음인 1904년경에 사직한 것으로 보인다(김태웅, 〈근대개혁기·일제강점 초기 백암 박은식의 사범교육 활동과 교재편찬〉, 《교육연구와 실천》 81, 2016, 60쪽).

96 《독립신문》 1898년 3월 6일.

97 신용하, 《박은식의 사회사상연구》, 서울대학교출판부, 1986, 76~77쪽.

98 〈사범양성의 급무〉, 《서우》5, 1907.

99 김동환, 《장도빈》, 역사공간, 2013, 48~50쪽.

100 조선총독부 경무국, 《용의조선인명부》, 1931, 43쪽.

101 《사범학교 교습합동》(규 23186, 1897).

102 《美案》2, No.1776. 이와 관련해 전민호, 〈헐버트(H. B. Hulbert)의 활동과 교육사상 고찰〉, 《한국교육학연구》16-1, 2010, 11쪽 참조.

103 《美案》2, No.1776.

104 김권정, 《헐버트》, 역사공간, 2015, 199쪽.

105 김창제, 〈한성사범학교와 은사〉, 《삼천리》4-1, 1932.

106 《관보》1896년 2월 25일, 〈학부령 제1호 보조 공립소학교 규정〉.

107 《관보》1896년 2월 25일, 〈학부령 제1호 보조 공립소학교 규정〉.

108 《관보》1906년 4월 21일, 〈휘보〉. 이와 관련해 김형목, 《최용신 소통으로 이상촌을 꿈 꾸다》, 선인, 2015, 45~49쪽 참조.

109 정숭교, 〈대한제국기 지방학교의 설립주체와 재정〉, 《한국문화》22, 1998, 288~ 292쪽; 구희진, 《한국 근대개혁기의 교육론과 교육개편》, 서울대 박사학위논문, 2004, 159쪽; 김종준, 〈대한제국기 '학교비 분쟁'의 양상〉, 《한국문화》46, 2009; 정덕희, 〈대한제국 전기 초등교육재정 규모 추정〉, 《한국교육사학》38-1, 2016, 101~108쪽.

110 〈6호 보고〉, 《公文編案》76책(규 18154)(건양 2년 3월 27일).

111 《독립신문》1897년 8월 5일, 7일, 10일.

112 《탁지부각항용하조사초록》(광무 5년 6월 조사)(규 19369).

113 〈훈령〉, 《공문편안》4책(규 18154)(광무 2년 5월 18일). 이와 관련해 구희진, 《한국 근대 개혁기의 교육론과 교육개편》, 서울대 박사학위논문, 2004, 176~177쪽 참조.

114 〈훈령〉, 《各府郡來牒》(규 19146)(광무 4년 10월 27일).

115 《황성신문》1896년 10월 20일; 《제국신문》1898년 11월 21일.

116 이에 관해서는 구희진, 《한국 근대개혁기의 교육론과 교육개편》, 서울대 박사학위논 문, 2004, 208~209쪽; 임인재, 《1895~1910년 서북지역 공·사립학교 설립 연구》,

한양대 석사학위논문, 2015, 37~44쪽; 구희진, 〈한말 교원 이강호와 근대교육의 험로〉, 《전북사학》 47, 2015, 166~171쪽.

117 구희진, 《한국 근대개혁기의 교육론과 교육개편》, 서울대 박사학위논문, 2004, 254~256쪽.

118 종성군과 안악군은 각각 800원과 6000량이었다(《황성신문》 1900년 8월 22일, 1902년 1월 23일).

119 《황성신문》 1905년 4월 24일.

120 《황성신문》 1900년 4월 14일.

121 《황성신문》 1902년 3월 1일, 〈妨敎罰俸〉.

122 임인재, 《1895~1910년 서북지역 공·사립학교 설립 연구》, 한양대 석사학위논문, 2015, 40~42쪽.

123 《황성신문》 1902년 6월 19일, 〈爲公爲私〉.

2. 우리 정부 아래 학생의 학업과 일상생활

1 가타기리 요시오 외 저, 이건상 역, 《일본 교육의 역사 : 사회사적 시각에서》, 논형, 2011, 136~137쪽.

2 〈文錄一〉·〈論辯〉·〈湖南學報論說 戊申〉, 《海鶴遺書》 권3. 이와 관련해 전영배, 《해학 이기의 교육사상연구》, 서울대 석사학위논문, 1973, 66~71쪽 참조.

3 〈文錄一〉·〈論辯〉·〈湖南學報論說 戊申〉, 《海鶴遺書》 권3.

4 한용진, 〈개화기 사범학교 《교육학》 교재 연구 : 기무라 도모지의 《신찬교육학》을 중심으로〉, 《한국교육학연구》 18-1, 2012, 11쪽.

5 유학의 교학과 삼양에 관해서는 최봉영, 〈조선시대 유학교육과 '교학'의 의미〉, 《교육사학연구》 8, 1998, 12~15쪽; 구희진, 〈한국 근대개혁의 추진과 '격물치지' 인식의 변화〉, 《역사교육》 114, 2010, 410~411쪽 참조.

6 《관보》 1895년 2월 2일, 〈칙령 교육에 관한 건〉.

7 《관보》 1895년 2월 2일, 〈칙령 교육에 관한 건〉.

8 《관보》 1895년 2월 2일, 〈칙령 교육에 관한 건〉.

9   김효선 외,《동양교육고전의 이해》, 이화여자대학교출판부, 1986, 118~125쪽.

10 박필채 저, 정경주 역,〈신학과 구학의 관계〉,《국역 추호유고秋湖遺稿》하, 부산광역
    시사편찬위원회, 2003, 152쪽.

11 《황성신문》1898년 11월 4일.

12 《관보》1895년 8월 15일,〈소학교교칙대강〉.

13 《관보》1895년 9월 30일,〈學部告示 第4號 京城內 壯洞·貞洞·廟洞·桂洞 四處에
    小學校를 設立하는 件〉.

14 정문현,《미술교육의 사조》, 한국능력개발사, 1975, 230쪽.

15 《관보》1895년 7월 22일,〈칙령 제145호 소학교령〉.

16 《황성신문》1898년 12월 23일.

17 《황성신문》1899년 4월 22일.

18 코메니우스의 교육법에 관해서는 이시용,〈코메니우스의 교육사상〉,《교육논총》24,
    2004; 안영혁,〈코메니우스 교육학의 세계관적 기반에 대한 연구〉,《기독교교육정보》
    40, 2014 참조.

19 《독립신문》1897년 1월 14일.

20 《독립신문》1896년 6월 4일.

21 《독립신문》1896년 6월 11일.

22 《주한일본공사관기록》11, 1896년 6월 20일, 경성 임시대리공사 가토 마쓰오加藤增雄
    가 문부대신 겸 외무대신 후작 사이온지西園寺에게 보고한 내용이다.

23 《황성신문》1907년 11월 17일,〈논설〉.

24 《숙혜기략》에 관해서는 이성후,《《숙혜기략》 연구〉,《논문집》6, 1985; 김민재,〈개화
    기 "학부 편찬 수신서"가 지니는 교과용 도서로서의 의의와 한계〉,《이화사학연구》
    42, 2011 참조.

25 김준형,〈구한말 학부 편찬 국어과 교과용 도서와《국민소학독본》〉,《어문학교육》43,
    2011.

26 강진호,〈국어 교과서와 근대 서사의 수용 :《신정심상소학》(1896)을 중심으로〉,《일
    본학》39, 2014.

27 정길남,〈개화기 국어교과서의 어휘와 표기에 관하여 :《국민소학독본》,《소학독본》,
    《신정심상소학》을 중심으로〉,《논문집》23, 1990.

28 설한국·이상구, 〈이상설 : 한국 근대수학교육의 아버지〉, 《한국수학사학회지》 22-3, 2009 ; 오채환 외, 〈19세기 조선의 수학 교과서〉, 《한국수학사학회지》 23-1, 2010.

29 설한국·이상구, 〈이상설 : 한국 근대수학교육의 아버지〉, 《한국수학사학회지》 22-3, 2009 ; 오채환 외, 〈19세기 조선의 수학 교과서〉, 《한국수학사학회지》 23-1, 2010.

30 이상구·홍성사·홍영희, 〈이상설의 산서 수리〉, 《한국수학사학회지》 22-4, 2009.

31 서태열, 〈개화기 학부발간 지리서적의 출판과정과 그 내용에 대한 분석〉, 《사회과교육》 52-1, 2013 ; 강창숙, 〈근대계몽기 세계지리 교과서 소학만국지지의 내용체계와 서술방식〉, 《한국지역지리학회지》 19-4, 2013.

32 강철성, 〈현채의 대한지지 내용 분석 : 자연지리를 중심으로〉, 《한국지리환경교육학회지》 14-2, 2006.

33 현채, 《대한지지》, 1899, 22~23쪽.

34 노수자, 〈백당현채연구〉, 《이화사원》 8, 1969.

35 근대개혁기 역사교과서에 관해서는 김여칠, 《개화기 국사교과서를 통해서 본 역사인식 1 : 《역사집략》을 중심으로》, 단국대 석사학위논문, 1980, 4~21쪽 ; 도면회, 〈한국 근대 역사학의 창출과 통사 체계의 확립〉, 《역사와 현실》 70, 2008, 174~185쪽 ; 양정현, 〈개혁기 '국민' 형성과 역사 교과의 성립〉, 역사교육연구소 편, 《우리역사교육의 역사》, 휴머니스트, 2015, 69~77쪽.

36 백옥경, 〈한말 세계사 저·역술서에 나타난 세계 인식〉, 《한국사상사학》 35, 2010.

37 박영민 외, 〈수학자 이상설이 소개한 근대자연과학 : 《식물학》〉, 《수학교육학술지》 2011-1, 2011 ; 손용근 외, 〈한국 근대수학교육의 아버지 이상설이 쓴 19세기 근대화학 강의록 《화학계몽초》〉, 《한국수학논문집》 20-4, 2012 ; 이상구 외, 〈수학자 보재 이상설의 근대자연과학 수용 : 《백승호초》를 중심으로〉, 《수학교육논문집》 27-4, 2013.

38 김용권, 〈한국의 개화기 미술교육 고찰 : 1885~1909년 초등미술교육을 중심으로〉, 《조형교육》 23, 2004 ; 심영옥, 〈한국 근대 초등미술교육 변천사 연구〉, 《조형교육》 29, 2007, 267쪽.

39 전영배, 《해학 이기의 교육사상연구》, 서울대 석사학위논문, 1972.

40 이기, 〈일부벽파론〉, 《海鶴遺書》 권3.

41 이학래, 《한국근대체육사연구》, 지식산업사, 1990, 51~59쪽 ; 한왕택, 〈개화기에 있어 병식체조의 성립과정에 관한 연구〉, 《한국체육학회지》 41-2, 2002.

42 조경희, 〈가정학의 성격과 한국 가정과 교육의 사적고찰〉, 《논문집》 3, 1976 ; 정덕희, 《구한말 개화기부터 8·15 광복까지의 가정과 교육의 변천에 관한 연구》, 경희대 박사학위논문, 1993, 19~29쪽.

43 조민아, 〈대한제국기 '가정학'의 수용과 가정교육의 변화〉, 《역사교육》 128, 2013, 247쪽.

44 《한성신보》 1895년 9월 15일.

45 오세향, 《개화기와 일제시대의 영어교육》, 이화여대 석사학위논문, 1980, 6~33쪽.

46 《관보》 1895년 5월 12일, 〈칙령 제88호 외국어학교 관제〉.

47 이 시기 외국어학교 설립 경위에 대해서는 이광숙, 《개화기의 외국어교육 : 1883~1911》, 서울대학교출판문화원, 2014, 35~38쪽 ; 유승희, 《구한말 관립외국어학교에 관한 연구》, 한국외국어대 석사학위논문, 2015, 8~19쪽 참조.

48 信夫淳平, 《韓半島》, 1901, 127쪽.

49 바츨라프 세로셰프스키 저, 김진영 외 역, 《코레야 1903년 가을》, 개마고원, 2006, 157쪽.

50 《황성신문》 1898년 9월 17일.

51 《독립신문》 1898년 2월 19일.

52 《독립신문》 1896년 12월 26일.

53 김영철, 《영어, 조선을 깨우다》 2, 일리, 2011, 25~27쪽.

54 《독립신문》 1898년 3월 3일.

55 《독립신문》 1899년 8월 5일.

56 이광숙, 《개화기의 외국어교육 : 1883~1911》, 서울대학교출판문화원, 2014, 167쪽.

57 김태웅, 〈조선말·대한제국기 뮈텔 주교의 정국 인식과 대정치권 활동〉, 《한국교회사연구》 37, 2011.

58 이광숙, 《개화기의 외국어교육 : 1883~1911》, 서울대학교출판문화원, 2014, 219~220쪽.

59 이차원, 〈백년전 이달 : 무슨일이 있었나 : 생신날 고종황제 코피에 독약/김홍륙 일당의 《독차사건》 발생〉, 《한국논단》 109, 1998.

60 이광숙, 《개화기의 외국어교육 : 1883~1911》, 서울대학교출판문화원, 2014, 252쪽.

61 이재헌, 〈상현 이능화 선생 연보〉, 《애산학보》 41, 2015.

62 이광숙, 《개화기의 외국어교육 : 1883~1911》, 서울대학교출판문화원, 2014, 105쪽.

63 이광숙, 《개화기의 외국어교육 : 1883~1911》, 서울대학교출판문화원, 2014, 195~196쪽.

64 《황성신문》 1900년 4월 3일.

65 《관보》 1900년 7월 2일.

66 에른스트 폰 헤세-바르텍 저, 정현규 역, 《조선, 1894년 여름》, 책과함께, 2012, 218쪽.

67 신건수, 《일제강점기 근대학교 발생과 규율공간에 관한 연구 : 테오도르 아도르노와 미셸 푸코의 근대 이론을 중심으로》, 한양대 석사학위논문, 2003, 75쪽.

68 노인화, 〈대한제국 시기의 관립소학교연구〉, 《이화사학연구》 17·18, 1988, 449~450쪽.

69 《독립신문》 1899년 5월 3일.

70 전주초등학교 학교연혁 http://jeonju.es.kr(2014년 3월 10일 확인).

71 대구초등학교 http://taegu.es.kr(2014년 3월 10일 확인); 구희진, 〈근대개혁기 옥구, 군산항 인근지역의 교육과 사회변화〉, 《전북사학》 44, 2014, 198쪽; 《황성신문》 1902년 3월 11일, 5월 31일. 이와 관련해 김종준, 〈대한제국기 '학교비 분쟁'의 양상〉, 《한국문화》 46, 2009, 96쪽 참조.

72 《황성신문》 1905년 10월 13일.

73 신건수, 《일제강점기 근대학교 발생과 규율공간에 관한 연구 : 테오도르 아도르노와 미셸 푸코의 근대 이론을 중심으로》, 한양대 석사학위논문, 2003, 87쪽; 한용진, 〈근대적 교육공간의 성격과 한국의 근대학교〉, 《한국 교육학연구》 16-1, 2010, 118쪽.

74 《매일신보》 1940년 10월 10일.

75 이만규, 《조선교육사》 2, 거름, 1991, 51쪽.

76 《독립신문》 1896년 10월 27일.

77 《황성신문》 1901년 5월 22일.

78 《황성신문》 1902년 3월 27일.

79 《황성신문》 1901년 1월 31일, 1901년 5월 22일.

80 《황성신문》 1905년 10월 2일.

81 《황성신문》 1905년 10월 2일.

82 《독립신문》 1898년 9월 26일.

83 《독립신문》 1898년 6월 7일.

84 《협성회회보》 1898년 2월 12일.

85 《독립신문》 1898년 12월 26일.

86 《제국신문》 1898년 11월 8일.

87 《제국신문》 1898년 11월 30일.

88 《제국신문》 1898년 11월 21일.

89 정상우, 〈개항 이후 시간관념의 변화〉, 《역사비평》 50, 2000, 192쪽; 구수경, 〈근대적 시간규율의 도입과정과 그 의미〉, 《교육사회학연구》 17-3, 2007, 13~20쪽.

90 학부 편집국, 《국민소학독본》, 1895, 33~34쪽.

91 《독립신문》 1897년 2월 2일.

92 학부 편집국, 《신정심상소학 일》, 1896, 20~21쪽.

93 후로카와 아키라 저, 이성각 역, 《구한말 근대학교의 형성》, 경인문화사, 2006, 79쪽; 이화백년사편찬위원회 편, 《이화100년사》, 이화여자대학교출판부, 1994, 84~85쪽.

94 계성90년사편찬위원회 편, 《계성 90년사》, 계성중고등학교, 1997, 79쪽. 이와 관련해 박선원, 〈1910년 이전 대구 기독교계 학교에 나타난 근대학교교육 : 계성학교와 신명 학교 중심으로〉, 《교육학논총》 25-2, 2004, 18~19쪽 참조.

95 김성학, 〈근대 학교운동회의 탄생 : 화류에서 훈련과 경쟁으로〉, 《한국교육사학》 31-1, 2009, 64쪽.

96 요시미 슌야 외 저, 이태문 역, 《운동회》, 논형, 2007, 32~43쪽.

97 학부 편집국, 《신정심상소학 이》, 1896, 9~10쪽.

98 김윤식, 《속음청사》, 1895년 4월 18일.

99 박상석, 《구한말 운동회의 풍경》, 한국학술정보, 2016, 29~30쪽.

100 《독립신문》 1896년 6월 2일.

101 《독립신문》 1897년 6월 19일.

102 《독립신문》 1897년 6월 19일.

103 《독립신문》 1897년 4월 29일.

104 《황성신문》 1899년 4월 14일, 1899년 4월 21일, 1899년 4월 26일, 1899년 4월 27일, 1899년 4월 28일.

105 《독립신문》 1897년 6월 19일.

106 《독립신문》 1898년 5월 31일.

107 학부 편집국, 〈운동회 일〉, 《보통학교 학도용 국어독본 권4》, 1906.

108 《독립신문》 1897년 4월 29일.

109 조연순 외, 《한국 근대 초등교육의 발전》, 교육과학사, 2005, 116~117쪽; 김성학, 〈근대 학교운동회의 탄생 : 화류에서 훈련과 경쟁으로〉, 《한국교육사학》 31-1, 2009, 60~61쪽.

110 《독립신문》 1896년 4월 28일.

111 엄성원, 《일제 강점기 수학여행의 양상과 성격》, 중앙대 석사학위논문, 2009, 4~6쪽; 조성운, 〈대한제국기 근대 학교의 소풍·수학여행의 도입과 확산〉, 《한국민족운동사연구》 70, 2012, 70쪽.

112 《독립신문》 1896년 5월 5일.

113 방정환, 〈20년 전 학교 이야기〉, 《어린이》 4-6~4-8호, 1926.

114 진위초등학교백년사편찬위원회 편, 《진위백년사 : 1900~2000》, 진위초등학교총동문회, 2000, 257쪽.

115 국사편찬위원회 편, 《배움과 가르침의 끝없는 열정》, 두산동아, 2005, 290쪽.

116 《독립신문》 1896년 5월 7일.

117 《독립신문》 1899년 4월 19일.

118 《황성신문》 1899년 7월 13일.

119 《황성신문》 1898년 11월 5일.

120 국사편찬위원회 편, 《배움과 가르침의 끝없는 열정》, 두산동아, 2005, 289~290쪽.

121 《황성신문》 1905년 4월 13일.

122 《황성신문》 1905년 9월 12일.

123 《독립신문》 1898년 3월 26일.

124 《독립신문》 1899년 7월 1일.

3. 일제 통감부의 우민화교육과 한국인 학생의 생활문화

1   이계형,《대한제국기 통감부의 식민교육정책 연구》, 국민대 박사학위논문, 2007,
    43쪽.

2   《學政參與官(幣原坦)雇聘契約書》(규 23114), 이와 관련해 이계형,《대한제국기 통감
    부의 식민교육정책 연구》, 국민대 박사학위논문, 2007, 44쪽 참조.

3   국사편찬위원회 편,《개화기의 교육》, 국사편찬위원회, 2011, 192~196쪽.

4   국사편찬위원회 편,《개화기의 교육》, 국사편찬위원회, 2011, 193쪽.

5   弊原坦,《朝鮮敎育論》, 1919, 22쪽.

6   弊原坦,〈韓國敎育改良案〉, 渡部學 · 阿部洋 편,《日本植民地敎育政策史料集成
    : 朝鮮篇》63, 龍溪書舍, 1987.

7   정재철,〈일제의 학부참여관 및 통감부의 대한국식민지주의 교육부식정책〉,《한국교
    육문제연구》1, 1984, 11쪽.

8   와타나베 마나부 · 아베 히로시 편,《식민지조선교육정책사료집성》(영인본) 63, 2장,
    대학서원, 1990, 3~4쪽.

9   이시마쓰 게이코,《통감부 치하 대한제국의 수신교과서 · 국어독본 분석 : 동시기 일
    본 교과서와의 비교를 중심으로》, 연세대 석사학위논문, 2004, 20쪽.

10 幣原坦,《滿洲觀》, 寶文館, 1916, 215쪽. 이와 관련해 백광렬,《일제의 대한 식민지
    교육체계의 구상과 실행》, 서울대 석사학위논문, 2005, 17쪽 참조.

11 백광렬,《일제의 대한 식민지 교육체계의 구상과 실행》, 서울대 석사학위논문, 2005,
    18쪽.

12 대다수 연구자는 1910년대 일본 통치자들의 언설대로 1910년대 일제의 통치정책을
    특별통치주의로 부른다. 그러나 일본 통치자들이 직접 동화정책을 완전히 실현할 시
    점을 내부 역량과 시세의 잦은 변동으로 명확하게 밝히지 않았지만, 오키나와나 홋카
    이도처럼 궁극적으로 외지인 조선을 내지화하고 조선인의 정체성을 말살하려고 했
    다. 이에 정연태는 1910년대 일제의 통치 기조를 '점진적 동화주의'로 명명했다(정연
    태,〈조선총독 寺內正毅의 한국관과 식민통치 : 점진적 민족동화론과 민족차별 폭압정책의 이
    중성〉,《한국사연구》124, 2004 참조).

13 《駐韓日本公使館記錄》1904年 機密本省往; 金正明 編,《日韓外交資料集成 5》

〈明治 37年 5月 20日 日韓議定書ニ基ク韓國經營ノ計劃外部大臣ト協議方ニ關ス ル件〉, 嚴南堂書店, 1967.

14 〈소학 교사의 渡韓을 권함〉, 《敎育界》 4-9, 1905. 7.

15 이나바 쓰기오 저, 홍준기 역, 《구한말 교육과 일본인》, 온누리, 2006, 286쪽.

16 《일본외교문서》 38-1, 일본국제연합협회, 1958, 869~870쪽.

17 《대한매일신보》 1905년 10월 1일.

18 《황성신문》 1905년 10월 2일.

19 《대한매일신보》 1906년 3월 29일.

20 구자학, 〈논아국소학교교과서〉, 《공수학보》 2, 재일본동경대학공수회.

21 《대한매일신보》 1906년 4월 13일.

22 《대한매일신보》 1906년 6월 6일.

23 이시마쓰 게이코, 《통감부치하 대한제국의 수신교과서·국어독본 분석 : 동시기 일본 교과서와의 비교를 중심으로》, 연세대 석사학위논문, 2004, 20쪽.

24 《敎育時論》 765, 1906년 7월 15일 ; 백광렬, 《일제의 대한 식민지 교육체계의 구상과 실행》, 서울대 석사학위논문, 2005, 35~38쪽.

25 《관보》 1895년 7월 22일, 〈칙령 제145호 소학교령〉.

26 《관보》 1906년 8월 31일, 〈칙령 제44호 보통학교령〉.

27 〈통감부령 제3호 소학교규칙〉, 《공보》 1909년 2월 13일.

28 이계형, 《대한제국기 통감부의 식민교육정책 연구》, 국민대 박사학위논문, 2007, 62쪽.

29 이나바 쓰기오 저, 홍준기 역, 《구한말 교육과 일본인》, 온누리, 2006, 115쪽.

30 高橋濱吉, 《朝鮮敎育史考》, 帝國地方行政學會朝鮮本部, 1927, 227쪽.

31 《관보》 1906년 9월 4일, 〈학부령 제23호 보통학교령 시행규칙〉 제9조 4.

32 이시마쓰 게이코, 《통감부 치하 대한제국의 수신교과서·국어독본 분석 : 동시기 일본 교과서와의 비교를 중심으로》, 연세대 석사학위논문, 2004, 27쪽.

33 高橋濱吉, 《朝鮮敎育史考》, 帝國地方行政學會朝鮮本部, 1927, 244~245쪽. 이 와 관련해 박득준, 《조선근대교육사》, 한마당, 1989, 109쪽 참조.

34 大垣丈夫, 〈韓國의 新學政〉, 《대한자강회월보》 2, 1906. 이와 관련해 전민호, 〈학교 령기 통감부의 교육정책 연구 : 학부 및 학부 산하 기관의 교·직원 배치를 중심으로〉,

《한국학연구》43, 고려대학교 한국학연구소, 2012, 502~506쪽; 최혜주, 〈小田省吾의 교과서 편찬활동과 조선사 인식〉,《동북아역사논총》27, 2010, 287~288쪽 참조.

35　〈제2과 삼국과 일본〉,《보통학교 학도용 국어독본 권6》.

36　〈제18과 함경도〉,《보통학교 학도용 국어독본 권5》; 〈제5과 강원도〉,《국어독본 권6》.

37　〈제17과 통감부〉,《보통학교 학도용 국어독본 권8》.

38　〈제24과 우리 마을〉,《보통학교 학도용 국어독본 권2》.

39　김대희,《20세기 조선론》, 1907, 65쪽.

40　《황성신문》1907년 10월 20일.

41　《대한매일신보》1908년 6월 21일.

42　이나바 쓰기오 저, 홍준기 역,《구한말 교육과 일본인》, 온누리, 2006, 193쪽.

43　이시마쓰 게이코,《통감부치하 대한제국의 수신교과서 국어독본 분석: 동시기 일본 교과서와의 비교를 중심으로》, 연세대 석사학위논문, 2003, 83쪽.

44　〈청결〉,《보통학교 학도용 수신서 권2》.

45　김민재, 〈개화기《학부편찬수신서》가 지니는 교과용 도서로서의 의의와 한계〉,《이화사학연구》42, 2011, 198쪽.

46　弓削幸太郎,《朝鮮の教育》, 自由討究社, 1923, 81~82쪽.

47　백광렬,《일제의 대한 식민지 교육체계의 구상과 실행》, 서울대 석사학위논문, 2005, 42~44쪽.

48　《황성신문》1906년 7월 14일; 大垣丈夫, 1909, 〈한국의 신학정〉,《대한자강회월보》2, 12~13쪽.

49　《황성신문》1906년 9월 1일.

50　이계형,《대한제국기 통감부의 식민교육정책 연구》, 국민대 박사학위논문, 2007, 73쪽.

51　이계형,《대한제국기 통감부의 식민교육정책 연구》, 국민대 박사학위논문, 2007, 75쪽.

52　《관보》1906년 11월 22일, 광고.

53　《관보》1907년 4월 29일, 〈敍任及辭令〉.

54　高橋濱吉,《朝鮮教育史考》, 帝國地方行政學會朝鮮本部, 1927, 125~127쪽.

55　《만세보》1907년 4월 18일; 한국 학부,《제2회 관공립보통학교 교감회의 요록》, 1909,

51쪽.

56 강용흘 저, 장문평 역, 《초당》, 범우사, 1993, 243쪽.

57 강용흘 저, 장문평 역, 《초당》, 범우사, 1993, 246쪽.

58 한국 학부, 《제2회 관공립보통학교 교감회의 요록》, 1909, 22쪽.

59 《관보》 1908년 1월 25일.

60 《대한매일신보》 1907년 12월 3일.

61 한국 학부, 〈부록〉, 《제2회 관공립보통학교 교감회의 요록》, 1909, 68~72쪽.

62 《황성신문》 1908년 3월 19일.

63 이정우·심우갑, 〈통감부기 임시학사확장사업에 의한 관공립 보통학교 건축에 관한 연구〉, 《대한건축학회 논문집》 24-6, 2008, 221쪽.

64 경성부, 《경성부사》 3, 1941, 98쪽; 이정우·심우갑, 〈통감부기 임시학사확장사업에 의한 관공립 보통학교 건축에 관한 연구〉, 《대한건축학회 논문집》 24-6, 2008, 224쪽.

65 이미륵 저, 전혜린 역, 《압록강은 흐른다》, 범우사, 1979, 70쪽.

66 《황성신문》 1908년 3월 31일.

67 학부, 《한국교육》, 1909, 21쪽.

68 통감부, 〈한국교육〉, 《한국시정일반》, 1906, 10쪽.

69 이정우·심우갑, 〈통감부기 임시학사확장사업에 의한 관공립 보통학교 건축에 관한 연구〉, 《대한건축학회 논문집》 24-6, 2008, 227쪽.

70 〈41과〉, 《보통학교 학도용 국어독본 권1》.

71 李應鍾, 〈학교관리법〉, 《소년한반도》 5, 1907년 3월.

72 김지원, 《학교공간에 대한 교육철학적 고찰》, 고려대학교 석사학위논문, 2000, 17쪽; 신건수, 《일제강점기 근대학교 발생과 규율공간에 관한 연구 : 테오도르 아도르노와 미셀 푸코의 근대 이론을 중심으로》, 한양대학교 석사학위논문, 2003, 87~90쪽.

73 京城日出公立尋常小學校, 《京城日出公立尋常小學校寫眞帖》, 1925.

74 서울대학교 법과대학 전시관 소장자료.

75 《황성신문》 1906년 11월 18일.

76 《관보》 광무 9년(1905) 12월 4일.

77 《대한매일신보》 1906년 1월 6일.

78 윤완, 《대한제국말기 민립학교의 교육활동연구》, 한결, 2001, 79쪽.

79 《고종실록》권47, 고종 43년 3월 26일.

80 유한철, 〈1906년 광무황제의 사학설립 조칙과 문명학교 설립 사례〉, 우송조동걸선생 정년기념논총간행위원회 편, 《우송조동걸선생정년기념논총》1-2, 1997, 161쪽; 이태진 저, 〈제3장 1904~1910년 일본의 국권 침탈과 관립고등교육기관의 시련〉, 국립서울대학교개학반세기역사편찬위원회 편, 《국립서울대학교 개학 반세기사 1895~1946》, 서울대학교·서울대학교총동창회, 2016, 367~368쪽.

81 권영규, 《대한제국기의 의무교육실시 운동에 관한 연구》, 한국교원대 석사학위논문, 2001.

82 《황성신문》1906년 3월 19일~3월 29일, 7월 10일; 《대한매일신보》1906년 3월 29일.

83 이윤상, 〈통감부시기 황실재정의 운영〉, 《한국문화》18, 1996, 399쪽.

84 김대준, 《고종시대의 국가재정 연구》, 태학사, 2004, 170~173쪽.

85 《황성신문》1906년 7월 10일, 〈경교개식〉. 이와 관련해 김효정, 《한말 민립 사범학교의 설립과 교육구국운동》, 서울대 석사학위논문, 2015, 10쪽 참조.

86 《고종실록》권 88, 고종 44년 3월 29일.

87 《황성신문》1906년 9월 26일, 〈양양교황〉.

88 李鍾濬 纂, 〈本會會報〉, 《대한자강회월보》8, 1907년 2월.

89 大垣丈夫, 〈의무교육의 본의〉, 《대한자강회월보》3, 1909; 〈논설〉, 《만세보》1906년 10월 2일.

90 권영규, 《대한제국기의 의무교육실시 운동에 관한 연구》, 한국교원대 석사학위논문, 2001, 22쪽; 김효정, 《한말 민립 사범학교의 설립과 교육구국운동》, 서울대 석사학위 논문, 2015, 5쪽.

91 이동휘는 함경남도 단천 출신으로 하급 관리에서 시작해 고위 무관에 올랐다. 1903년 강화도 진위대장이 된 뒤 계몽사업과 교육운동에 뛰어들어 이를 주도했으며, 나라가 망하자 민족운동에 앞장서 대한민국 임시정부의 초대 국무총리를 지냈다. 특히 우리나라 최초 사회주의 정당인 한인사회당을 창당함으로써 우리나라 사회주의운동의 서막을 열었다.

92 김형목, 〈대한제국기 강화지역의 사립학교설립운동〉, 《한국독립운동사연구》24, 2005, 10~12쪽(《대한제국기 경기도의 근대교육운동》, 경인문화사, 2016 수록); 강명숙, 〈성재 이동휘의 보창학교 설립과 교육구국운동〉, 《사학》126, 2010, 60쪽.

93 《황성신문》 1908년 2월 22일, 〈보창재창〉.

94 《황성신문》 1908년 3월 8일 잡보.

95 신용하, 《한국민족독립운동사연구》, 을유문화사, 1985, 164쪽; 김형목, 〈대한제국기 강화지역의 사립학교설립운동〉, 《한국독립운동사연구》 24, 2005, 11~13쪽.

96 《황성신문》 1908년 3월 8일, 〈강화의무교육〉.

97 김효정, 《한말 민립 사범학교의 설립과 교육구국운동》, 서울대 석사학위논문, 2015, 5쪽.

98 정숭교, 〈대한제국기 지방학교의 설립주체와 재정〉, 《한국문화》 22, 1998, 305~306쪽; 윤용한, 《1894~1910년 경기도내 사립학교 설립이념의 연구》, 서울시립대 석사학위논문, 2010, 48~56쪽.

99 《황성신문》 1905년 4월 24일.

100 《황성신문》 1906년 8월 1일.

101 《황성신문》 1906년 11월 30일.

102 《황성신문》 1907년 6월 14일.

103 《대한매일신보》 1908년 3월 5일.

104 《대한매일신보》 1908년 12월 10일.

105 국사편찬위원회 편, 《배움과 가르침의 끝없는 열정》, 두산동아, 2005, 256쪽.

106 《황성신문》 1909년 8월 21일, 〈江校義務〉.

107 〈잡록〉, 《대한자강회월보》 8(1907년 3월호).

108 《황성신문》 1908년 5월 1일.

109 《황성신문》 1906년 12월 1일.

110 《대한매일신보》 1908년 11월 3일.

111 《대한매일신보》 1908년 9월 25일.

112 《대한매일신보》 1907년 10월 13일, 1908년 5월 20일.

113 《황성신문》 1907년 8월 5일 잡보, 〈天郡自治〉.

114 윤건차 저, 심성보 역, 《한국 근대교육의 사상과 운동》, 청사, 1987, 348쪽.

115 윤건차 저, 심성보 역, 《한국 근대교육의 사상과 운동》, 청사, 1987, 252쪽.

116 주요한 편, 《안도산전서》, 삼중당, 1963, 89쪽.

117 손인수, 《한국근대민족교육의 이념연구》, 문음사, 1983, 58쪽.

118 류승렬, 〈한말 사립학교 변천의 경위와 그 역사적 의미〉, 《강원사학》 13·14, 1998, 301쪽.

119 한국 학부, 《제2회 관공립 보통학교 교감회의요록》, 1909, 49쪽.

120 한국 학부, 《제2회 관공립 보통학교 교감회의요록》, 1909, 49쪽.

121 한국 학부, 《제2회 관공립 보통학교 교감회의요록》, 1909, 50쪽.

122 이와 관련해 요시카와 노리코, 《일제시대 보통학교체제의 형성》, 서울대 박사학위논문, 1996, 56~57쪽 참조.

123 한국 학부, 《제2회 관공립 보통학교 교감회의요록》, 1909, 53쪽.

124 《황성신문》 1908년 3월 17일.

125 학부, 《韓國敎育ノ旣往ㅏ現在》, 1909, 37~38쪽.

126 류승렬, 〈한말 사립학교 변천의 경위와 그 역사적 의미〉, 《강원사학》 13·14, 1998, 302쪽.

127 《대한매일신보》 1909년 6월 30일.

128 한국 학부, 〈한국교육(3)〉, 《교육시론》 895호, 개발사, 1910.

129 《대한매일신보》 1908년 5월 3일.

130 현채, 〈27과 독립가 삼〉, 《유년필독 권4》, 1907.

131 현채, 〈25과 혈죽가〉, 《유년필독 권3》, 1907.

132 현채, 〈32과 유대인과 폴란드 국민〉, 《유년필독 권4》, 1907.

133 현채, 〈21과 이순신〉, 《유년필독 권3》, 1907.

134 현채, 〈2과 학문 이〉, 《유년필독 권4》, 1907.

135 《대한매일신보》 1906년 12월 15일; 《황성신문》 1908년 1월 9일; 윤건차 저, 심성보 역, 《한국 근대교육의 사상과 운동》, 청사, 1987, 365쪽.

136 김흥수 저, 〈근대적 교과서의 편찬〉, 국사편찬위원회 편, 《한국사》 45, 2000, 191쪽.

137 학부, 《학부차관연설필기》, 1908, 8쪽.

138 〈기독교상황 (6) 사립학교령 시행에 따른 한국 재류 기독교선교사 등과의 회담내용 통지 건〉, 《통감부문서 8》 1909년 2월 23일.

139 김성학, 《한국 근대교육의 탄생》, 교육과학사, 2013, 68쪽.

140 김성학, 《한국 근대교육의 탄생》, 교육과학사, 2013, 73쪽.

141 김성학, 《한국 근대교육의 탄생》, 교육과학사, 2013, 72쪽.

142 《황성신문》 1908년 4월 23일; 《대한매일신보》 1908년 5월 17일.

143 《황성신문》 1908년 5월 31일.

144 김성학, 《한국 근대교육의 탄생》, 교육과학사, 2013, 79쪽.

145 《황성신문》 1907년 10월 27일.

146 조현욱, 〈한말 이동휘의 교육진흥운동〉, 《문명연지》 5-1, 2004, 103쪽.

147 김형목, 〈한말 수원지역 계몽운동과 운영주체〉, 《한국민족운동사연구》 53, 2007, 30쪽.

148 《황성신문》 1908년 6월 5일.

149 박환, 〈근대 수원지역 학교운동회 연구〉, 《민족운동사연구》 81, 2014, 10쪽.

150 《대한매일신보》 1908년 4월 22일, 〈춘기운동〉; 《황성신문》 1908년 4월 19일 잡보, 〈화성학교연합운동〉; 《황성신문》 1908년 4월 21일 잡보, 〈기생과 주상협의〉.

151 김성학, 《한국 근대교육의 탄생》, 교육과학사, 2013, 70쪽; 박상석, 《구한말 운동회의 풍경》, 한국학술정보, 2016, 142~151쪽.

152 《대한매일신보》 1907년 4월 14일.

153 《황성신문》 1908년 5월 16일, 〈논설 又別李花學校學徒〉.

154 《대한매일신보》 1907년 10월 3일.

155 한국 학부, 《제2회 관공립보통학교 교감회의 요록》, 1909, 33쪽.

156 김세한, 《삼일학교 80년사》, 학교법인 삼일학원, 1983, 94~96쪽.

157 《황성신문》 1907년 5월 27일.

158 안수길, 《성천강》, 태극출판사, 1976, 227쪽.

159 《제국신문》 1906년 10월 18일.

160 《대한매일신보》 1909년 7월 11일.

161 《대한매일신보》 1908년 4월 25일.

162 《대한매일신보》 1908년 4월 10일.

163 김성학, 《한국 근대교육의 탄생》, 교육과학사, 2013, 92~93쪽.

164 《대한매일신보》 1908년 5월 14일, 5월 26일.

165 김성학, 《한국 근대교육의 탄생》, 교육과학사, 2013, 92쪽.

166 김남천, 《대하》, 푸른사상, 2013, 259~261쪽.

167 김남천, 《대하》, 푸른사상, 2013, 258쪽.

168 안수길,《성천강》, 태극출판사, 1976, 96~97쪽.

169 한국 학부, 〈부록 제7 융희2년 5월 관찰사회의에서 이학부대신훈시요항〉,《제2회 관공립보통학교 교감회의 요록》, 1909, 37~38쪽.

170 金正明 編,《日韓外交資料集成 6 中》, 巖南堂書店, 1965, 926~927쪽.

171 학부,《한국교육의 현상》, 1910, 44쪽.

172 국사편찬위원회 편,《배움과 가르침의 끝없는 열정》, 두산동아, 2005, 144쪽.

173 《관보》 1908년 7월 2일.

174 《관보》 1908년 9월 1일, 〈칙령 제62호 사립학교령〉.

175 〈학부차관연설필기〉(융희 2년 10월 19일 재관립한성사범학교강당),《호남학보》 8, 1909년 1월 25일.

176 김영우, 〈한말의 사립학교에 관한 연구 I〉,《교육연구》 1, 1984.

177 이만규,《조선교육사》, 거름출판사, 1991, 103쪽.

178 《대한매일신보》 1908년 9월 12일, 1908년 9월 22일;《호남학보》 9, 1909년 3월 25일.

179 《대한매일신보》 1908년 10월 11일.

180 《황성신문》 1909년 12월 9일.

181 〈8. 기독교상황, (8) 외국인 종교단체가 설립한 학교에 한국사립학교령 적용 문제에 관한 건〉,《통감부문서》 8, 1909년 3월 26일.

182 손인수,《한국근대교육사》, 연세대학교출판부, 1971, 63쪽; 문정창,《군국 일본점령 36년사》, 栢文堂, 1965.

183 이나바 쓰기오 저, 홍준기 역,《구한말 교육과 일본인》, 온누리, 2006, 121쪽.

184 류승렬, 〈한말 사립학교 변천의 경위와 그 역사적 의미〉,《강원사학》 13·14, 1998, 319쪽.

185 《관보》 1908년 9월 1일, 〈교과용도서검정규정〉.

186 《황성신문》 1910년 3월 3일; 高橋濱吉,《朝鮮敎育史考》, 帝國地方行政學會朝鮮本部, 1927, 178~179쪽.

187 《대한매일신보》 1910년 3월 9일.

188 류승흠, 〈교육방침에 대한 의견(칠호속)〉,《대한학회월보》 9, 1908.

189 귀스타브 샤를르 마리 뮈텔, 한국교회사연구소 역주, 〈1910년 7월 8일 일기〉,《뮈텔 주교일기》 4, 한국교회사연구소, 1998.

190 隈本繁吉,《報告書》, 1909; 국사편찬위원회 편,《개화기의 교육》, 국사편찬위원회, 2011, 226쪽.

191 金正明 編,《伊藤博文暗殺記錄》, 原書房, 1972, 5쪽; 안중근의사기념관 편,《안중근의사자서전》, 안중근의사기념관, 1990, 124쪽.

192 이계형,《대한제국기 통감부의 식민교육정책 연구》, 국민대 박사학위논문, 2007, 196쪽.

193 《대한매일신보》1909년 7월 2일.

194 《대한매일신보》1910년 2월 23일.

195 이계형,《대한제국기 통감부의 식민교육정책 연구》, 국민대 박사학위논문, 2007, 197쪽.

196 《대한매일신보》1908년 12월 6일 논설.

197 《관보》1906년 9월 4일,〈학부령 제23호 보통학교령 시행규칙〉.

198 隈本繁吉,《報告書》, 1909; 국사편찬위원회 편,《개화기의 교육》, 국사편찬위원회, 2011, 226쪽.

199 《관찰도래거안》, 1910년 1월 21일.

200 김원봉은 경북 밀양 출신으로 의열단을 조직해 일제의 요인들을 암살하고 시설물을 공격했다. 훗날 조선의용대를 조직해 일제에 대항했으며, 대한민국 임시정부군무부장을 지내기도 했다. 그리고 1948년 남북협상 회의 때 북한에 남아 고위직을 지냈다.

201 박태원,《약산과 의열단》, 깊은샘, 2000, 14쪽.

202 박태원,《약산과 의열단》, 깊은샘, 2000, 14~15쪽.

203 백동현,〈밀양의 개화·계몽운동〉, 밀양문화원 편,《밀양의 독립운동사》, 2003, 112쪽.

204 《대한매일신보》1908년 9월 13일.

205 尹雄模,〈隔世の感〉,《朝鮮》교육제도개정기념호 3월호, 1922, 298쪽.

206 《관찰도래거안》, 1910년 1월 21일.

207 《관보》1909년 4월 20일,〈칙령 제55호 보통학교령 개정〉.

208 백광렬,《일제의 대한 식민지 교육체계의 구상과 실행》, 서울대 석사학위논문, 2005, 41쪽.

209 이왕직실록편찬회 편,〈諭西北間島及附近各地民人等處〉,《宮中秘書》1, 1927.

210 이왕직실록편찬회 편,〈諭西北間島及附近各地民人等處〉,《宮中秘書》1, 1927.

211 김형목, 《교육운동》, 독립기념관 한국독립운동사연구소, 2009, 123~125쪽.

212 박문일, 〈동북조선거류민들의 사립교육운동과 그 역사적 역할(1906~1919 기간)〉, 서 굉일·동암 편, 《간도사신론》, 우리들의 편지사, 1993, 287쪽; 한철호, 〈명동학교의 변천과 그 성격〉, 《한국근현대사연구》 51, 2009, 266쪽.

213 김형목, 《교육운동》, 독립기념관 한국독립운동사연구소, 2009, 125쪽.

214 박문일, 〈동북조선거류민들의 사립교육운동과 그 역사적 역할(1906~1919 기간)〉, 서 굉일·동암 편, 《간도사신론》, 우리들의 편지사, 1993, 292쪽.

215 이명화, 〈북간도 명동학교의 민족주의교육과 항일운동〉, 《백산학보》 79, 2009, 335~ 338쪽.

216 정예지, 〈1910년대 북간도 조선인학교의 연합운동회〉, 《만주연구》 12, 2011.

217 《황성신문》 1902년 6월 16일.

218 《황성신문》 1905년 7월 26일.

219 《황성신문》 1905년 7월 27일.

220 평안북도 용천 출신으로 본명은 장지락張志樂이다. 1919년 3·1운동 이후 중국으로 건너가 독립운동가로, 공산주의자로 중국 각지에서 혁명 활동을 벌였다.

221 님 웨일즈·김산 저, 송영인 역, 《아리랑》, 동녘, 2005, 72쪽.

222 《황성신문》 1906년 11월 28일.

223 《황성신문》 1906년 11월 28일.

224 《황성신문》 1907년 12월 18일.

225 《황성신문》 1908년 2월 20일.

226 《황성신문》 1910년 7월 21일.

227 《황성신문》 1908년 5월 27일.

228 《황성신문》 1910년 5월 1일.

229 《황성신문》 1908년 5월 6일.

230 《대한매일신보》 1908년 5월 17일.

231 《대한매일신보》 1910년 1월 8일.

232 한설야, 《탑》, 매일신보사, 1942, 239쪽.

233 《황성신문》 1910년 1월 13일.

234 《황성신문》 1908년 9월 1일.

235 《황성신문》1908년 8월 26일.

236 《황성신문》1907년 2월 18일.

237 《황성신문》1909년 2월 19일.

238 《황성신문》1909년 9월 16일.

239 《황성신문》1909년 11월 25일.

240 《황성신문》1909년 5월 2일.

241 《황성신문》1909년 8월 12일.

242 《황성신문》1909년 8월 12일.

243 《황성신문》1910년 9월 8일.

244 《황성신문》, 1909년 10월 5일.

245 방정환, 〈20년 전 학교 이야기〉, 《어린이》 4-6~4-8호, 1926.

246 《황성신문》, 1907년 11월 28일.

247 《황성신문》1909년 12월 9일.

248 《황성신문》1907년 12월 15일.

249 《황성신문》1907년 6월 22일.

250 《황성신문》1907년 7월 17일.

251 《황성신문》1907년 6월 13일 광고.

252 《황성신문》1907년 6월 13일 광고.

253 《황성신문》1907년 12월 15일.

254 《황성신문》1908년 8월 20일.

255 《황성신문》1907년 7월 25일.

256 《대한매일신보》1907년 9월 1일.

257 《황성신문》1907년 10월 27일.

258 《대한매일신보》1907년 12월 15일.

259 《대한매일신보》1907년 12월 21일.

260 《대한매일신보》1907년 12월 25일.

261 《황성신문》1907년 12월 25일.

262 《황성신문》1908년 1월 14일.

263 《대한매일신보》1908년 2월 6일.

264 《황성신문》 1908년 2월 26일, 5월 12일.

265 《황성신문》 1908년 5월 14일, 7월 9일, 10월 28일.

266 《대한매일신보》 1908년 3월 3일.

267 《대한매일신보》 1908년 5월 7일.

268 《황성신문》 1908년 10월 28일.

269 《대한매일신보》 1909년 1월 5일.

270 《대한매일신보》 1909년 1월 13일.

271 《황성신문》 1909년 3월 11일.

272 《대한매일신보》 1910년 3월 22일.

273 《황성신문》 1910년 7월 1일.

274 《황성신문》 1909년 4월 21일.

275 《황성신문》 1910년 7월 6일.

276 《대한매일신보》 1910년 7월 22일.

277 《황성신문》 1909년 12월 5일, 1910년 2월 15일.

278 《황성신문》 1909년 12월 9일.

4. 강점 초기 일제의 점진적 동화주의교육 추진과 한국인 학생의 기개

1   강명숙, 〈일제시대 제1차 조선교육령 제정과 학제 개편〉, 《한국교육사학》 31-1, 2009,
     18~19쪽; 나카바야시 히로카즈, 〈1910년대 조선통치논리와 교육정책 : '동화'의 의
     미와 '제국신민'화의 전략〉, 《한국사연구》 161, 2013, 212~215쪽.

2   와타나베 마나부, 〈교화의견서〉, 《식민지조선교육정책사료집성》(영인본), 별집 구한
     말교육사자료 69, 대학서원, 1990.

3   《조선총독부관보》 1911년 9월 1일, 〈칙령 제229호 조선교육령〉.

4   조선총독부, 《조선총독부요람》, 1915, 26쪽.

5   《조선총독부관보》 1913년 6월 4일, 〈공립보통학교원강습회정황〉.

6   안홍선, 《경성사범학교의 교원양성교육 연구》, 서울대 석사학위논문, 2004,
     13~20쪽.

7 정연태, 〈1910년대 일제의 농업정책과 식민지 지주제 : 이른바 '미작개량정책'을 중심으로〉, 《한국사론》 20, 1988, 417~427쪽; 김근배, 《일제시기 조선인 과학기술인력의 성장》, 서울대 박사학위논문, 1996, 129쪽; 박지원, 〈1910년대 일제의 중등 농업학교 운영과 조선인 졸업생의 진로〉, 《역사교육》 130, 2014, 162~170쪽.

8 弓削幸太郎, 《朝鮮の教育》, 自由討究社, 1923, 2쪽.

9 《신한민보》 1911년 8월 9일.

10 《대한매일신보》 1914년 12월 13일.

11 弓削幸太郎, 《朝鮮の教育》, 自由討究社, 1923, 2쪽.

12 《조선총독부관보》 1913년 6월 4일, 〈공립보통학교원강습회정황〉.

13 《조선교육령제정의 건》(1911년 7월 12일), 독립기념관소장.

14 《조선총독부관보》 1911년 10월 20일, 〈조선총독부령 제104호 사립학교규칙〉.

15 弓削幸太郎, 《朝鮮の教育》, 自由討究社, 1923, 113쪽.

16 《사립학교 설치인가》(1912년~1912년) 생산부서 : 조선총독부 학무국(CJA0004673).

17 이광린, 《한국사강좌》 5, 일조각, 1981, 535~536쪽.

18 조선총독부, 《조선총독부시정연보》, 1911, 367쪽.

19 《조선총독부관보》 1915년 3월 24일, 〈칙령 제24호 개정 사립학교규칙〉.

20 이만규, 《조선교육사》, 거름출판사, 1991, 145쪽.

21 와타나베 마나부, 〈조선인교육 사립각종학교상황〉, 《식민지조선교육정책사료집성》 43(하)(영인본), 대학서원, 1990, 6~7쪽.

22 《권업신문》 1913년 2월 23일.

23 桑原慶永, 〈變れば變るの中〉, 《朝鮮》 교육제도개정기념호 3월호, 1922, 282쪽.

24 尹雄模, 〈隔世の感〉, 《朝鮮》 교육제도개정기념호 3월호, 1922, 298쪽.

25 弓削幸太郎, 《朝鮮の教育》, 自由討究社, 1923, 238쪽; 大野謙一, 《朝鮮教育問題管見》, 朝鮮教育會, 1936, 109~110쪽.

26 《동아일보》 1930년 4월 2일, 〈朴露兒(25세) 나의 10세 전후〉.

27 산청초등학교, 《개교 80년사 환아의 푸른 맥》(증보판), 1990, 112쪽.

28 나카바야시 히로카즈, 〈1910년대 공립보통학교 취학욕구의 구조 : 학력의 자격화에 주목하여〉, 《역사교육》 136, 2015.

29 豊田重一, 〈朝鮮人教育につき二三の卑見を〉, 《朝鮮教育》 6-6, 1923, 225쪽.

30 《조선총독부통계연보》1912년, 1919년 해당 항목.

31 이송순, 〈1910년대 식민지 조선의 농가경제 분석〉, 《사학연구》104, 2011, 106~111쪽.

32 이송순, 〈1910년대 식민지 조선의 농가경제 분석〉, 《사학연구》104, 2011, 108쪽.

33 김광규, 《일제강점기 조선인 초등교육 시책 연구》, 서울대 박사학위논문, 2013, 79~80쪽.

34 朝鮮總督府 編纂, 〈敎師〉, 《敎育學 敎科書》, 조선총독부, 1912.

35 조선총독부 학무국, 《조선교육령개정참고자료》, 1929, 19~20쪽.

36 〈교원심득강구회〉, 《朝鮮彙報》1916년 4월호, 1916, 190쪽.

37 염상섭, 《만세전》, 창작사, 1987, 162쪽.

38 岡久雄, 《朝鮮敎育行政》, 帝國地方行政學會朝鮮本部, 1940, 107쪽.

39 오성철, 《식민지 초등교육의 형성》, 교육과학사, 2000, 260~274쪽.

40 경상북도, 〈공립보통학교회의 자문사항 답신서〉, 《식민지조선교육정책사료집성》16, 龍溪書舍, 1920 수록.

41 박혜진, 《1910·1920년대 공립보통학교 교원의 업무와 지위》, 숙명여대 석사학위논문, 2001, 35~40쪽.

42 김광규, 《일제강점기 조선인 초등교육 시책 연구》, 서울대 박사학위논문, 2013, 153~160쪽.

43 《대한매일신보》1913년 4월 16일, 〈학교장 강습회〉.

44 김학철, 《격정시대》, 풀빛, 1988, 62쪽.

45 진위초등학교백년사편찬위원회 편, 《진위백년사 : 1900~2000》, 진위초등학교총동문회, 2000, 257쪽.

46 《독립신문》14, 1919년 9월 27일, 〈여학생일기(心園 女史)〉.

47 〈교육〉, 《교육휘보》1915년 9월호, 74쪽.

48 이기훈, 〈일제하 보통학교 교원의 사회적 위상과 자기인식〉, 《역사와 현실》63, 2007, 103쪽.

49 김광규, 《일제강점기 조선인 초등교육 시책 연구》, 서울대 박사학위논문, 2013, 153~160쪽.

50 이나바 쓰기오 저, 홍준기 역, 《구한말 교육과 일본인》, 온누리, 2006, 318쪽.

51 안홍선, 《경성사범학교의 교원양성교육 연구》, 서울대 석사학위논문, 2004,
13~20쪽.

52 佐野通夫, 《近代日本の敎育と朝鮮》, 社會評論社, 1993, 20쪽.

53 박달성, 〈모든 부형을 대하야 보통학교훈도제씨에게〉, 《개벽》 58, 1925.

54 이기훈, 〈일제하 보통학교 교원의 사회적 위상과 자기인식〉, 《역사와 현실》 63, 2007,
126쪽.

55 《조선일보》 1925년 5월 14일, 〈粗制濫造한 교육자를 排함〉.

56 산청초등학교백년사편찬위원회, 《산청초등학교 100년사》, 2008.

57 국가기록원, 《독립운동판결문》, 경성복심, 1917년 2월16일.

58 독립운동사편찬위원회 편, 《독립운동사자료집》 13(학생운동사자료집), 1973, 1453쪽.

59 독립운동사편찬위원회 편, 〈조선소요사건상황〉, 《독립운동사자료집》 6, 1973,
824~827쪽.

60 박은식 저, 김도형 역, 《한국독립운동지혈사》, 소명출판, 2008, 321쪽.

61 박은식 저, 김도형 역, 《한국독립운동지혈사》, 소명출판, 2008, 205~206쪽.

62 박은식 저, 김도형 역, 《한국독립운동지혈사》, 소명출판, 2008, 202쪽.

63 조선총독부, 《조선총독부편찬교과서개요》, 1917, 1~3쪽.

64 조선총독부, 《조선총독부편찬교과서개요》, 1917, 1~3쪽.

65 《조선총독부관보》 1911년 10월 20일, 〈조선총독부령 110호 보통학교규칙〉.

66 이치현, 《1920년대 보통학교 〈수신〉 교과서 분석》, 서울대 석사학위논문, 2002, 7쪽.

67 이치현, 《1920년대 보통학교 〈수신〉 교과서 분석》, 서울대 석사학위논문, 2002, 7쪽.

68 김경미, 〈보통학교제도의 확립과 학교 훈육의 형성〉, 연세대학교 국학연구원 편, 《일
제의 식민지배와 일상생활》, 혜안, 2004, 507~508쪽.

69 조선총독부, 《보통학교학도용수신 4》, 1911, 18~22쪽.

70 김경미, 〈보통학교제도의 확립과 학교 훈육의 형성〉, 연세대학교 국학연구원 편, 《일
제의 식민지배와 일상생활》, 혜안, 2004, 510쪽.

71 小田省吾, 〈朝鮮總督府に於ける敎科書編纂事業の槪要(一)〉, 《朝鮮敎育硏究會
雜誌》 21, 1917, 9쪽.

72 《조선총독부관보》 1916년 1월 4일, 〈교원심득에 관한 건〉.

73 김성기, 《1910년대 보통학교용 '조선어 교과서'의 내용과 성격에 대한 연구》, 국민대

박사학위논문, 2017, 23~31쪽.

74 《조선총독부관보》 1911년 10월 20일, 〈조선총독부령 110호 보통학교규칙〉.

75 《조선총독부관보》 1911년 10월 20일, 〈조선총독부령 110호 보통학교규칙〉.

76 강진호, 〈일제강점기 국어독본과 차별적 위계 교육〉, 《문학교육학》 49, 2015.

77 김윤주, 〈일제강점기 《조선어독본》과 《국어독본》의 비교 : 제1차 교육령기 보통학교 1, 2학년 교과서를 중심으로〉, 《우리어문연구》 41, 2011, 152~158쪽; 김성기, 《1910년대 보통학교용 '조선어 교과서'의 내용과 성격에 대한 연구》, 국민대 박사학위논문, 2017, 52~61쪽.

78 《조선총독부관보》 1911년 10월 20일, 〈조선총독부령 110호 보통학교규칙〉.

79 박경하, 〈1920년대 한 조선 청년의 구직 및 일상생활에 대한 일고찰 : 《진판옥일기》 (1918~1947)를 중심으로〉, 《역사민속학》 31, 2009, 159~160쪽.

80 〈압수출판물일람표〉, 《경무월보》 21, 1912년 3월, 118~121쪽. 이와 관련해 장신, 〈한국강점 전후 일제의 출판통제와 '51종 20만권 분서(焚書)사건'의 진상〉, 《역사와 현실》 80, 2011, 222~223 참조.

81 독립운동사편찬위원회 편, 〈조선 소요 사건 상황〉, 《독립운동사자료집》 6, 1973, 815쪽

82 김학철, 《격정시대》, 풀빛, 1988, 96~97쪽.

83 이미륵은 황해도 해주 출신으로 본명은 이의경이다. 1919년 3월 경성의학전문학교 재학 중 학생시위 주도자로 활동했다. 이후 독일로 망명해 작가로 활동했다.

84 이미륵 저, 전혜린 역, 《압록강은 흐른다》, 범우사, 1973, 109~110쪽.

85 《매일신보》 1912년 8월 8일, 10월 2일.

86 《조선총독부관보》 1915년 8월 16일, 〈신사사원규칙〉.

87 김민경 · 김정자, 〈일제강점기 산술과 분석〉, 《한국수학사학회지》 17-3, 2004.

88 高仁淑, 《近代朝鮮の唱歌教育》, 九州大学出版会, 2004, 69~74쪽.

89 노동은, 〈ⅴ. 과학과 예술, 2. 음악〉, 국사편찬위원회 편, 《한국사 51 민족문화의 수호와 발전》, 2013, 303쪽.

90 박제홍, 〈일제강점기 창가에 나타난 수신修身교육: 조선총독부편찬 《신편창가집》, 《보통학교창가서》를 중심으로〉, 《일본어교육연구》 53, 2010, 219쪽; 김순전 외, 《제국의 식민지 창가》, 제이앤씨, 2014.

91 박제홍, 〈일제강점기 창가에 나타난 수신교육 : 조선총독부편찬《신편창가집》,《보통학교창가서》를 중심으로〉,《일본어교육연구》 53, 2010, 220쪽.

92 조선총독부, 〈기미가요〉,《신편창가집》, 1914.

93 조선총독부, 〈기미가요〉,《신편창가집》, 1914.

94 조선총독부, 〈기미가요〉,《신편창가집》, 1914.

95 조선총독부, 〈기미가요〉,《신편창가집》, 1914.

96 조선총독부, 〈기미가요〉,《신편창가집》, 1914.

97 김주연, 〈일제강점기 초등학교 창가에 투영된 식민지교육〉,《일본연구》 18, 2012, 223~224쪽.

98 조선총독부, 〈기미가요〉,《신편창가집》, 1914.

99 高仁淑,《近代朝鮮の唱歌教育》, 九州大学出版会, 2004, 73쪽.

100 백순근,《일제강점기의 교육평가》, 교육과학사, 2013, 41쪽.

101 《조선총독부관보》 1911년 10월 20일, 〈조선총독부령 110호 보통학교규칙〉.

102 백순근,《일제강점기의 교육평가》, 교육과학사, 2013, 41쪽.

103 백순근,《일제강점기의 교육평가》, 교육과학사, 2013, 42~43쪽.

104 한국교육개발원 편,《한국 근대 학교교육 100년사 연구》 2, 한국교육개발원, 1997, 299쪽.

105 《조선총독부관보》 1913년 4월 26일, 〈관공립학교 생도 신체검사 규정〉.

106 河井軍次郎, 〈教員心得の趣旨徹底に關し設施せる事項と將來の計劃〉,《朝鮮教育研究會雜誌》 21, 1917, 44~45쪽.

107 김진균·정근식·강이수, 〈보통학교체제와 학교 규율〉, 김진균·정근식 편저,《근대주체와 식민지 규율권력》, 문화과학사, 1997, 84쪽.

108 關野貞三郎, 〈朝鮮教育に關し〉, 朝鮮總督府內務部學務局 編,《(公立普通學校長)講習會講演集》, 1912, 20~21쪽.

109 오성철, 〈식민지 학교 규율의 역사적 기원 : 조회를 중심으로〉,《교육사학연구》 16, 2006.

110 《매일신보》 1916년 10월 20일, 1916년 11월 5일.

111 《매일신보》 1915년 6월 16일.

112 《매일신보》 1915년 10월 20일.

113 《매일신보》1916년 2월 18일.

114 오성철,《식민지 초등교육의 형성》, 교육과학사, 2000, 341~342쪽.

115 오성철, 〈식민지 학교 규율의 역사적 기원 : 조회를 중심으로〉,《교육사학연구》16, 2006, 17쪽.

116 幣原坦,《朝鮮敎育論》, 六盟館, 1919, 89쪽.

117 김삼웅,《약산 김원봉 평전》, 시대의창, 2013, 37쪽.

118 《조선총독부통계연보》1915년도.

119 《조선총독부통계연보》1915년도.

120 《조선총독부통계연보》, 1915년도.

121 나카바야시 히로카즈, 〈1910년대 공립보통학교 취학욕구의 구조 : 학력의 자격화에 주목하여〉,《역사교육》136, 2015, 138쪽.

122 임인재, 〈1895~1910년 평안도 사립학교 설립 과정과 주체〉,《사학연구》120, 2015.

123 하명준,《조선 후기~근대개혁기 평안도의 정치·문물 신장 연구》, 서울대 박사학위 논문, 2016, 210쪽.

124 김지순, 〈학적부에 나타난 1910년대 통영공립보통학교의 학생생활〉,《청람사학》21, 2013, 61쪽.

125 김지순, 〈학적부에 나타난 1910년대 통영공립보통학교의 학생생활〉,《청람사학》21, 2013, 61쪽.

126 한우희, 〈일제식민통치하 조선인의 교육열에 관한 연구〉,《교육사학연구》2·3, 1990, 132쪽.

127 김지순, 〈학적부에 나타난 1910년대 통영공립보통학교의 학생생활〉,《청람사학》21, 2013, 62~63쪽.

128 김지순, 〈학적부에 나타난 1910년대 통영공립보통학교의 학생생활〉,《청람사학》21, 2013, 64쪽.

129 김기전, 〈농촌개선의 긴급동의〉,《개벽》5, 1920.

130 《조선총독부관보》1911년 10월 20일, 〈조선총독부령 110호 보통학교규칙〉.

131 《조선총독부관보》1911년 10월 20일, 〈조선총독부령 110호 보통학교규칙〉.

132 〈보통학교의 실과시설〉,《교육휘보》1916년 4월호, 115~123쪽.

133 《조선총독부관보》1911년 10월 20일, 〈조선총독부령 110호 보통학교규칙〉.

134 오성철, 〈식민지 학교 규율의 역사적 기원 : 조회를 중심으로〉,《교육사학연구》16, 2006, 11쪽.

135 《매일신보》1914년 1월 25일.

136 윤현상, 〈일제시기 공립보통학교 재정 운영〉,《한국사론》61, 서울대학교 국사학과, 2015, 252쪽.

137 《매일신보》1917년 10월 7일.

138 《조선총독부관보》1911년 10월 28일, 〈제령 제12호 공립보통학교 비용령〉.

139 조미은,《일제강점기 재조선 일본인 학교와 학교조합 연구》, 성균관대 박사학위논문, 2010, 92~97쪽.

140 조선총독부내무부학무국,《(보통학교·실업학교)학사상황보고요록》, 1912, 9~10쪽.

141 이와 관련해 이상경, 〈상해판《독립신문》의 여성관련 서사연구 : 〈여학생 일기〉를 중심으로 본 1910년대 여학생의 교육 경험과 3·1운동〉,《페미니즘연구》10-2, 2010 참조.

142 《독립신문》14, 1919년 9월 27일, 〈여학생일기〉.

143 《독립신문》18, 1919년 10월 7일, 〈여학생일기〉.

144 《독립신문》18, 1919년 10월 7일, 〈여학생일기〉.

145 《독립신문》20, 1919년 10월 14일, 〈여학생일기〉.

146 서울대학교병원사편찬위원회 편,《꿈, 일상, 추억 : 서울대학교 병원 130년을 담다》, 서울대학교병원, 2015, 74~75쪽 재인용.

147 김산·님 웨일즈 저, 조우화 옮김,《아리랑》, 동녘, 1984, 54~55쪽.

148 이태진, 〈서장 국립서울대학교 뿌리 찾기의 민족사적 의의〉, 국립서울대학교개학반세기역사편찬위원회 편,《국립서울대학교 개학 반세기사 1895~1946》, 서울대학교·서울대학교총동창회, 2016, 25쪽.

149 《조선총독부관보》1919년 5월 14일.

150 《조선총독부관보》1919년 5월 31일.

151 칼턴 켄달 저, 신복룡 역주,《한국독립운동의 진상》, 집문당, 1999, 47쪽.

152 이하 학생들의 만세 시위에 관해서는 이병헌 편저, 〈각지방의건사건〉,《3·1운동비사》, 시사시보사출판국, 1959에 근거를 두고 서술했다.

153 이지원, 〈경기도 지방의 3·1운동〉, 한국역사연구회·역사문제연구소 편,《3·1민족해

방운동연구》, 청년사, 1989, 334~335쪽; 허영란, 〈3·1운동의 지역성과 집단적 주체의 형성〉,《역사와경계》 72, 2009, 168~170쪽.

154 국사편찬위원회 편,《한국독립운동사 자료 4 : 임정편 Ⅳ》, 국사편찬위원회, 1974, 249~250쪽.

155 이하 학생들의 독립운동에 관해서는 박은식 저, 김도형 역,《한국독립운동지혈사》, 소명출판, 2008, 200~209쪽과 이병헌 편저,《3·1운동비사》, 시사시보사출판국, 1959, 853~995쪽 참조.

156 프레더릭 매켄지 저, 이광린 역,《한국의 독립운동》, 일조각, 1969, 181~182쪽.

157 박은식 저, 김도형 역,《한국독립운동지혈사》, 소명출판, 2008, 325쪽.

158 독립운동사편찬위원회 편, 〈조선소요사건상황〉,《독립운동사자료집》 6, 1973, 835쪽.

159 경상북도경찰부 저, 류시중·박병원·김희곤 역주,《국역 고등경찰요사》, 선인, 2010, 93쪽.

160 칼턴 켄달 저, 신복룡 역주,《한국독립운동의 진상》, 집문당, 1999, 51쪽.

161 박은식 저, 김도형 역,《조선독립운동지혈사》, 소명출판, 2008, 324쪽.

162 박은식 저, 김도형 역,《조선독립운동지혈사》, 소명출판, 2008, 323~324쪽.

163 박은식 저, 김도형 역,《한국독립운동지혈사》, 소명출판, 2008, 325쪽.

164 독립운동사편찬위원회 편, 〈조선소요사건상황〉,《독립운동사자료집》 6, 독립유공자사업기금운용위원회, 1973, 829~830쪽

165 독립운동사편찬위원회 편, 〈조선소요사건상황〉,《독립운동사자료집》 6, 독립유공자사업기금운용위원회, 1973, 835~836쪽.

166 박은식 저, 김도형 역,《한국독립운동지혈사》, 소명출판, 2008, 202쪽.

167 이에 관해서는 박찬승, 〈1920년대 보통학교 학생들의 교원 배척 동맹휴학〉,《역사와 현실》 104, 2017; 김광규, 〈일제강점기 직원록과 신문자료를 통해 본 교원 배척 동맹휴학의 양상〉,《역사교육》 143, 2017 참조.

168 1950년대 초등학교 무상의무교육의 배경과 전개 과정에 관해서는 정재선,《해방·국가재건기(1945~1959) 의무교육 정책의 추이와 초등교육의 강화》, 서울대 석사학위논문, 2014 참조.

참고문헌

자료

연대기
《고종실록》《관보》《세조실록》《일성록》《조선총독부관보》

신문 및 잡지
《개벽》《공수학보》《敎育界》《교육시론》《교육휘보》《권업신문》《대한매일신보》《대한자강회월보》《대한학회월보》《독립신문》《독립신문》(대한민국 임시정부)《동아일보》《만세보》《매일신보》《삼천리》《서우》《소년한반도》《신한민보》《어린이》《제국신문》《朝鮮》《朝鮮敎育》《朝鮮敎育硏究會雜誌》《조선일보》《한성순보》《한성신보》《협성회회보》《황성신문》THE KOREAN REPOSITORY

문집류
《臨齋先生文集》《박정양전집》《속음청사》《역옹패설》《유길준전서》《秋湖遺稿》《海鶴遺書》

관찬 문서와 기타 문서
《各府郡來牒》《各部來照存案》《경기관찰부 공립소학교 회계대장》《公文編案》《관찰도래거안》《대한제국관원이력서》《美案》《사범학교 교습합동》《議定存案》《議奏》《종환일기》《춘성지》《탁지부각항용하조사초록》《통서일기》《學政參與官(幣原坦)雇聘契約書》《韓末官人 朴始淳日記》

교과서와 교과서 관계 자료

《教育學 敎科書》《국민소학독본》《대동역사》《대한역대사략》《대한지지》《동국역대사략》
《동국통감》《동사강목》《만국약사》《만국지지》《백승호초》《보통교과 동국역사》《보통학
교 산술서》《보통학교 학도용 국어독본》《보통학교 학도용 수신서》《소학만국지지》《수리》
《수혜기략》《식물학》《식물학계몽》《신정심상소학》《신편창가집》《역사집략》《조선약사십
과》《조선역대사략》《조선역사》《조선총독부편찬교과서개요》《화학계몽초》 New National
Readers

통감부·조선총독부 자료와 기타 자료

《(公立普通學校長)講習會講演集》《(보통학교·실업학교)학사상황보고요록》《(통감부)공
보》《경무월보》《고등경찰요사》《사립학교 설치인가》《용의조선인명부》《일본외교문서》
《제2회 관공립보통학교 교감회의 요록》《조선교육령개정참고자료》《조선인사흥신록》《조
선총독부시정연보》《조선총독부요람》《조선총독부통계연보》《朝鮮彙報》《駐韓日本公使
館記錄》《통감부문서》《학부차관연설필기》(1908)《한국교육》(학부, 1909)《한국시정일반》

교사 자료

京城日出公立尋常小學校,《京城日出公立尋常小學校寫眞帖》, 1925
계성90년사편찬위원회 편,《계성 90년사》, 계성중고등학교, 1997
국립서울대학교개학반세기역사편찬위원회 편,《국립서울대학교 개학 반세기사
        1895～1946》, 서울대학교·서울대학교총동창회, 2016
김세한,《삼일학교 80년사》, 학교법인 삼일학원, 1983
산청초등학교,《개교 80년사 환아의 푸른 맥》(증보판), 1990
산청초등학교백년사편찬위원회,《산청초등학교 100년사》, 2008
서울광희초등학교,《광희 팔십칠년사》, 서울광희국민학교, 1982
서울교동국민학교백년사편찬위원회 편,《교동백년사》, 서울교동국민학교동창회, 1994
서울대학교병원사편찬위원회 편,《꿈, 일상, 추억 : 서울대학교 병원130년을 담다》, 서울
        대학교병원, 2015
서울재동초등학교 편,《재동100년사》, 서울재동초등학교, 1996
이화백년사편찬위원회 편,《이화100년사》, 이화여자대학교출판부, 1994

진위초등학교백년사편찬위원회 편, 《진위백년사 : 1900~2000》, 진위초등학교총동문회, 2000

기타

경성부 편, 《경성부사》, 경성부, 1941

국가기록원, 《독립운동판결문》, 경성복심, 1917년 2월16일

국사편찬위원회 편, 《개화기의 교육》, 국사편찬위원회, 2011

_____, 《수신사기록》, 1971

_____, 《한국독립운동사 자료 4 : 임정편 Ⅳ》, 국사편찬위원회, 1974

金正明 편, 《伊藤博文暗殺記錄》, 原書房, 1972

독립운동사편찬위원회 편, 《독립운동사자료집》13(학생운동사자료집), 1973

_____, 《독립운동사자료집》6, 1973

서울특별시 시사편찬위원회, 《사진으로 보는 서울 2》, 서울특별시 시사편찬위원회, 2002

안중근의사기념관 편, 《안중근의사자서전》, 안중근의사기념관, 1990

와타나베 마나부·아베 히로시 편, 《식민지조선교육정책사료집성》(영인본), 대학서원, 1990

이왕직실록편찬회 편, 《宮中秘書》1, 1927

허동현 편, 《朝士視察團關係資料集》, 국학자료원, 2000

단행본

강용흘 저, 장문평 역, 《초당》, 범우사, 1993

국사편찬위원회 편, 《배움과 가르침의 끝없는 열정》, 두산동아, 2005

귀스타브 샤를르 마리 뮈텔 저, 한국교회사연구소 역주, 《뮈텔주교일기4》, 한국교회사연구소, 1998

김경미, 《한국 근대교육의 형성》, 혜안, 2009

김경자 외, 《한국 근대 초등교육의 좌절》, 교육과학사, 2005

김권정, 《헐버트》, 역사공간, 2015

김남천, 《대하》, 푸른사상, 2013

김대준,《고종시대의 국가재정 연구》, 태학사, 2004

김대희,《20세기 조선론》, 1907

김동환,《장도빈》, 역사공간, 2013

김삼웅,《약산 김원봉 평전》, 시대의창, 2013

김성학,《서구교육학 도입의 기원과 전개》, 문음사, 1996

_____,《한국 근대교육의 탄생》, 교육과학사, 2013

김순전 외,《제국의 식민지 창가》, 제이앤씨, 2014

김영우,《한국초등교육사》, 하우, 1999

김영철,《영어, 조선을 깨우다》1~2, 일리, 2011

김원모·정성길 엮음,《(사진으로 본) 백년 전의 한국》, 가톨릭출판사, 1986

김정효 외,《한국근대 초등교육의 성립》, 교육과학사, 2005

김태웅,《한국근대 지방재정 연구》, 아카넷, 2012

김학철,《격정시대》, 풀빛, 1988

김형목,《교육운동》, 독립기념관 한국독립운동사연구소, 2009

_____,《대한제국기 경기도의 근대교육운동》, 경인문화사, 2016

_____,《최용신 소통으로 이상촌을 꿈꾸다》, 선인, 2015

김효선 외,《동양교육고전의 이해》, 이화여자대학교출판부, 1986

김홍수,《한국역사교육사》, 대한교과서, 1992

님 웨일즈·김산 저, 송영인 역,《아리랑》, 동녘, 2005

문정창,《군국 일본점령 36년사》, 栢文堂, 1965

민현식,《한글본 이언 연구》, 서울대학교출판부, 2008

바츨라프 세로셰프스키 저, 김진영 외 역,《코레야 1903년 가을》, 개마고원, 2006

박득준,《조선근대교육사》, 한마당, 1989

박상석,《구한말 운동회의 풍경》, 한국학술정보, 2016

박은식 저, 김도형 역,《한국독립운동지혈사》, 소명출판, 2008

박태원,《약산과 의열단》, 깊은샘, 2000

백순근,《일제강점기의 교육평가》, 교육과학사, 2013

손경석·이상규·이규헌 해설,《(사진으로 보는) 근대한국》상, 서문당, 1986

손인수,《한국 근대 교육사》, 연세대학교출판부, 1971

_____, 《한국근대민족교육의 이념연구》, 문음사, 1983

신용하, 《박은식의 사회사상연구》, 서울대학교출판부, 1986

_____, 《한국민족독립운동사연구》, 을유문화사, 1985

안수길, 《성천강》, 태극출판사, 1976

안용식 편, 《대한제국관료사연구》 1~4, 연세대학교사회과학연구소, 1996

에른스트 폰 헤세-바르텍 저, 정현규 역, 《조선, 1894년 여름》, 책과함께, 2012

염상섭, 《만세전》, 창작사, 1987

오성철, 《식민지 초등교육의 형성》, 교육과학사, 2000

왕현종, 《한국 근대국가의 형성과 갑오개혁》, 역사비평사, 2003

요시미 야 외 저, 이태문 역, 《운동회》, 논형, 2007

윤건차 저, 심성보 역, 《한국 근대교육의 사상과 운동》, 청사, 1987

윤완, 《대한제국말기 민립학교의 교육활동연구》, 한결, 2001

이광린, 《한국사강좌》 5, 일조각, 1981

이광숙, 《개화기의 외국어교육 : 1883~1911》, 서울대학교출판문화원, 2014

이나바 쓰기오 저, 홍준기 역, 《구한말 교육과 일본인》, 온누리, 2006

이만규, 《조선교육사》 1~2, 거름, 1991

이미륵 저, 전혜린 역, 《압록강은 흐른다》, 범우사, 1979

이병헌 편저, 《3·1운동비사》, 시사시보사출판국, 1959

이학래, 《한국근대체육사연구》, 지식산업사, 1990

정문현, 《미술교육의 사조》, 한국능력개발사, 1975

정순우, 《서당의 사회사》, 태학사, 2013

조연순 외, 《한국 근대 초등교육의 발전》, 교육과학사, 2005

주요한 편, 《안도산전서》, 삼중당, 1963

카를로 로제티 저, 서울학연구소 역, 《꼬레아 꼬레아니》, 숲과나무, 1996

칼턴 켄달 저, 신복룡 역주, 《한국독립운동의 진상》, 집문당, 1999

프레더릭 매켄지 저, 이광린 역, 《한국의 독립운동》, 일조각, 1969

한국교육개발원 편, 《한국 근대 학교교육 100년사》 2, 한국교육개발원, 1997

한설야, 《탑》, 매일신보사, 1942

한용진, 《근대 한국 고등교육 연구》, 고려대학교 민족문화연구원, 2012

호머 헐버트 저, 김동진 역, 《헐버트 조선의 혼을 깨우다》, 참좋은친구, 2016
후로카와 아키라 저, 이성각 역, 《구한말 근대학교의 형성》, 경인문화사, 2006

岡久雄, 《朝鮮敎育行政》, 帝國地方行政學會朝鮮本部, 1940
高橋濱吉, 《朝鮮敎育史考》, 帝國地方行政學會朝鮮本部, 1927
高仁淑, 《近代朝鮮の唱歌敎育》, 九州大學出版会, 2004
弓削幸太郞, 《朝鮮の敎育》, 自由討究社, 1923
大野謙一, 《朝鮮敎育問題管見》, 朝鮮敎育會, 1936
新夫淳平, 《韓半島》, 1901
佐野通夫, 《近代日本の敎育と朝鮮》, 社會評論社, 1993
幣原坦, 《滿洲觀》, 寶文館, 1916
_____, 《朝鮮敎育論》, 1919

논문

강명숙, 〈성재 이동휘의 보창학교 설립과 교육구국운동〉, 《사학》 126, 2010
_____, 〈일제시대 제1차 조선교육령 제정과 학제 개편〉, 《한국교육사학》 31-1, 2009
강진호, 〈국어 교과서와 근대 서사의 수용 : 《신정심상소학》(1896)을 중심으로〉, 《일본학》 39, 2014
_____, 〈일제강점기 국어독본과 차별적 위계 교육〉, 《문학교육학》 49, 2015
강창숙, 〈근대계몽기 세계지리 교과서 《소학만국지지》의 내용체계와 서술방식〉, 《한국지역지리학회지》 19-4, 2013
강철성, 〈현채의 대한지지 내용 분석 : 자연지리를 중심으로〉, 《한국지리환경교육학회지》 14-2, 2006
구수경, 〈근대적 시간규율의 도입과정과 그 의미〉, 《교육사회학연구》 17-3, 2007
구희진, 〈한말 교원 이강호와 근대교육의 험로〉, 《전북사학》 47, 2015
_____, 《한국 근대개혁기의 교육론과 교육개편》, 서울대 박사학위논문, 2004
_____, 〈한말 근대개혁의 추진과 '격물치지' 인식의 변화〉, 《역사교육》 114, 2010

권영규, 《대한제국기의 의무교육실시 운동에 관한 연구》, 한국교원대 석사학위논문, 2001

길민정, 《한말·일제 초 인천지역 초등교육의 도입과 전개 : 인천사립영화학교와 인천공립
　　　보통학교를 중심으로》, 인하대 석사학위논문, 2011

김경미, 〈보통학교제도의 확립과 학교 훈육의 형성〉, 연세대학교 국학연구원 편, 《일제의
　　　식민지배와 일상생활》, 혜안, 2004

김경용, 〈《육영공원일록》 연구〉, 《교육사학연구》 20-2, 2010

김광규, 〈대한제국기 초등교원의 양성과 임용〉, 《역사교육》 119, 2011

＿＿＿, 《일제강점기 조선인 초등교육 시책 연구》, 서울대 박사학위논문, 2013

＿＿＿, 〈일제강점기 직원록과 신문자료를 통해 본 교원 배척 동맹휴학의 양상〉, 《역사교
　　　육》 143, 2017

김근배, 《일제시기 조선인 과학기술인력의 성장》, 서울대 박사학위논문, 1996

김기주, 〈갑오개혁기 조선정부의 대일유학정책〉, 《역사학연구》 27, 2006

김무진, 〈조선 후기 서당의 사회적 성격〉, 《역사와 현실》 16, 1995

김민경·김정자, 〈일제강점기 산술과 분석〉, 《한국수학사학회지》 17-3, 2004

김민재, 〈개화기 "학부 편찬 수신서"가 지니는 교과용 도서로서의 의의와 한계〉, 《이화사학
　　　연구》 42, 2011

김성기, 《1910년대 보통학교용 '조선어 교과서'의 내용과 성격에 대한 연구》, 국민대 박사
　　　학위논문, 2017

김성학, 〈근대 학교운동회의 탄생 : 화류에서 훈련과 경쟁으로〉, 《한국교육사학》 31 - 1,
　　　2009

＿＿＿, 〈한말 강화지역 사립보창학교의 등장과 성장-민족과 기독교, 황실의 조우〉, 《한국
　　　교육사학》 36-3, 2014

김여칠, 《개화기 국사교과서를 통해서 본 역사인식1 : 《역사집략》을 중심으로》, 단국대 석
　　　사학위논문, 1981

김영우, 〈한말의 사립학교에 관한 연구 Ⅰ〉, 《교육연구》 1, 1984

김윤주, 〈일제강점기 《조선어독본》과 《국어독본》의 비교 : 제1차 교육령기 보통학교 1·2학
　　　년 교과서를 중심으로〉, 《우리어문연구》 41, 2011

김인호, 〈원간섭기 이상적 인간형의 역사상 추구와 형태〉, 《역사와 현실》 49, 2003

김종준, 〈대한제국기 '학교비 분쟁'의 양상〉, 《한국문화》 46, 2009

김주연, 〈일제강점기 초등학교 창가에 투영된 식민지교육〉, 《일본연구》 18, 2012

김준형, 〈구한말 학부 편찬 국어과 교과용 도서와 《국민소학독본》〉, 《어문학교육》 43, 2011

김지순, 〈학적부에 나타난 1910년대 통영공립보통학교의 학생생활〉, 《청람사학》 21, 2013

김지원, 《학교공간에 대한 교육철학적 고찰》, 고려대 석사학위논문, 2000

김태웅, 〈근대개혁기·일제강점 초기 백암 박은식의 사범교육 활동과 교재편찬〉, 《교육연
     구와 실천》 81, 2015

_____, 〈조선말·대한제국기 뮈텔 주교의 정국 인식과 대정치권 활동〉, 《한국교회사연구》
     37, 2011

김형목, 〈대한제국기 강화지역의 사립학교설립운동〉, 《한국독립운동사연구》 24, 2005

_____, 〈한말 수원지역 계몽운동과 운영주체〉, 《한국민족운동사연구》 53, 2007

김효정, 《한말 민립 사범학교의 설립과 교육구국운동》, 서울대 석사학위논문, 2015

김홍수, 〈근대적 교과서의 편찬〉, 국사편찬위원회 편, 《한국사》 45, 2000

나카바야시 히로카즈, 〈1910년대 공립보통학교 취학욕구의 고조 : 학력의 자격화에 주목
     하여〉, 《역사교육》 136, 2015

_____, 〈1910년대 조선총독부의 통치논리와 교육정책 : '동화'의 의미와
     '제국신민'화의 전략〉, 《한국사연구》 161, 2013

노동은, 〈ⅴ. 과학과 예술. 2. 음악〉, 국사편찬위원회 편, 《한국사 51 민족문화의 수호와 발
     전》, 2013

노수자, 〈백당현채연구〉, 《이화사원》 8, 1969

노인화, 〈대한제국 시기의 관립소학교연구〉, 《이화사학연구》 17·18, 1988

_____, 〈대한제국 시기의 한성사범학교에 관한 연구〉, 《이화사학연구》 16, 1985

도면회, 〈한국 근대 역사학의 창출과 통사 체계의 확립〉, 《역사와 현실》 70, 2008

류방란, 《한국근대교육의 등장과 발달》, 서울대 박사학위논문, 1995

류승렬, 〈한말 사립학교 변천의 경위와 그 역사적 의미〉, 《강원사학》 13·14, 1998

박경하, 〈1920년대 한 조선 청년의 구직 및 일상생활에 대한 일고찰 : 《진관옥일기》
     (1918~1947)를 중심으로〉, 《역사민속학》 31, 2009

박문일, 〈동북조선거류민들의 사립교육운동과 그 역사적 역할(1906~1919 기간)〉, 서굉
     일·동암 편, 《간도사신론》, 우리들의편지사, 1993

박선원, 〈1910년 이전 대구 기독교계 학교에 나타난 근대학교교육 : 계성학교와 신명학교

중심으로〉,《교육학논총》25-2, 2004

박성래, 〈한국근대의 서양어 통역사〉,《역사문화연구》16, 2002

박제홍, 〈일제강점기 창가에 나타난 수신교육 : 조선총독부편찬《신편창가집》,《보통학교
　　　창가서》를 중심으로〉,《일본어교육》53, 2010

박지원, 〈1910년대 일제의 중등 농업학교 운영과 조선인 졸업생의 진로〉,《역사교육》130,
　　　2014

박찬승, 〈1920년대 보통학교 학생들의 교원 배척 동맹휴학〉,《역사와 현실》104, 2017

박탄,《일본 수신사의 사행록 연구》, 강원대 박사학위논문, 2009

박혜진,《1910 · 1920년대 공립보통학교 교원의 업무와 지위》, 숙명여대 석사학위논문,
　　　2001

박환, 〈근대 수원지역 학교운동회 연구〉,《민족운동사연구》81, 2014

백광렬,《일제의 대한 식민지 교육체계의 구상과 실행》, 서울대 석사학위논문, 2005

백동현, 〈밀양의 개화 · 계몽운동〉, 밀양문화원 편,《밀양의 독립운동사》, 2003

백옥경, 〈개화기 번역관 양성을 위한 외국어 교육과 그 문제점〉,《이화사학연구》50, 2015

＿＿＿, 〈한말 세계사 저 · 역술서에 나타난 세계 인식〉,《한국사상사학》35, 2010

서태열, 〈개화기 학부발간 지리서적의 출판과정과 그 내용에 대한 분석〉,《사회과교육》52-
　　　1, 2013

설한국 · 이상구, 〈이상설 : 한국 근대수학교육의 아버지〉,《한국수학사학회지》22-3, 2009

손봄이,《대한제국기 공립소학교 연구 : 경기지역 공립소학교를 중심으로》, 한국교원대 석
　　　사학위논문, 2011

신건수,《일제강점기 근대학교 발생과 규율공간에 관한 연구 : 테오도르 아도르노와 미셸
　　　푸코의 근대 이론을 중심으로》, 한양대 석사학위논문, 2003

신용하, 〈신민회의 창건과 그 국권회복운동(상)〉《한국학보》3-3, 1977

＿＿＿, 〈우리나라 최초의 근대학교 설립에 대하여〉,《한국사연구》10, 1974

안영혁, 〈코메니우스 교육학의 세계관적 기반에 대한 연구〉,《기독교교육정보》40, 2014

안홍선,《경성사범학교의 교원양성교육 연구》, 서울대 석사학위논문, 2004

양정현, 〈개혁기 '국민' 형성과 역사 교과의 성립〉, 역사교육연구소 편,《우리 역사교육의
　　　역사》, 휴머니스트, 2015

엄성원,《일제 강점기 수학여행의 양상과 성격》, 중앙대 석사학위논문, 2009

오성철, 〈식민지 학교 규율의 역사적 기원 : 조회를 중심으로〉, 《교육사학연구》 16, 2006

오세향, 《개화기와 일제시대의 영어교육》, 이화여대 석사학위논문, 1981

오채환 외, 〈19세기 조선의 수학 교과서〉, 《한국수학사학회지》 23-1, 2010

요시카와 노리코, 《일제시대 보통학교체제의 형성》, 서울대 박사학위논문, 1996

우용제·안홍선, 〈근대적 교원양성제도의 변천과 사범대학의 설립〉, 《아시아교육연구》 7-4, 2006

유수진, 《대한제국기 《태서신사》 편찬과정과 영향 연구》, 고려대 석사학위논문, 2012

유승희, 《구한말 관립외국어학교에 관한 연구》, 한국외국어대 석사학위논문, 2015

유한철, 〈1906년 광무황제의 사학설립 조칙과 문명학교 설립 사례〉, 우송조동걸선생정년기념논총간행위원회 편, 《우송조동걸선생정년기념논총》 1~2, 나남출판, 1997

윤소영, 〈갑오개혁기 일본인 고문관의 활동 : 星亨을 중심으로〉, 《한국민족운동사연구》 30, 2002

윤용한, 《1894~1910년 경기도내 사립학교 설립이념의 연구》, 서울시립대 석사학위논문, 2010

윤현상, 〈일제시기 공립보통학교 재정 운영〉, 《한국사론》 61, 2015

이경식, 〈우리나라 흥학과 기개함육의 추이〉, 《사대논총》 67, 2003

_____, 〈한국 근현대사회와 국사교과의 부침〉, 《사회과학교육》 1, 1997

_____, 〈한국교육의 전통과 사범〉, 《사대논총》 54, 1997

이계형, 《대한제국기 통감부의 식민교육정책 연구》, 국민대 박사학위논문, 2007

이광린, 〈육영공원의 설치와 그 변천에 대하여〉, 《동방학지》 6, 1963

이광린, 〈한성순보와 한성주보에 대한 일고찰〉, 《역사학보》 38, 1968

이기훈, 〈일제하 보통학교 교원의 사회적 위상과 자기인식〉, 《역사와 현실》 63, 2007

이명화, 〈북간도 명동학교의 민족주의교육과 항일운동〉, 《백산학보》 79, 2009

이범직, 〈조선전기 유학교육과 향교의 기능〉, 《역사교육》 20, 1976

이상경, 〈상해판 《독립신문》의 여성관련 서사연구 : 〈여학생 일기〉를 중심으로 본 1910년대 여학생의 교육 경험과 3·1운동〉, 《페미니즘연구》 10-2, 2010

이상구 외, 〈수학자 보재 이상설의 근대자연과학 수용 : 《백승호초》를 중심으로〉, 《수학교육논문집》 27-4, 2013

이상구·홍성사·홍영희, 〈이상설의 산서 수리〉, 《한국수학사학회지》 22-4, 2009

이성후, 《《숙혜기략》 연구〉, 《논문집》 6, 1985

이송순, 〈1910년대 식민지 조선의 농가경제 분석〉, 《사학연구》 104, 2011

이시마쓰 게이코, 《통감부치하 대한제국의 수신교과서·국어독본 분석 : 동시기 일본 교과
　　　서와의 비교를 중심으로》, 연세대 석사학위논문, 2004

이시용, 〈코메니우스의 교육사상〉, 《교육논총》 24, 2004

이윤상, 〈통감부시기 황실재정의 운영〉, 《한국문화》 18, 1996

이재헌, 〈상현 이능화 선생 연보〉, 《애산학보》 41, 2015

이정우·심우갑, 〈통감부기 임시학사확장사업에 의한 관공립 보통학교 건축에 관한 연구〉,
　　　《대한건축학회논문집》 24-6, 2008

이지원, 〈경기도 지방의 3·1운동〉, 한국역사연구회·역사문제연구소 편, 《3·1민족해방운
　　　동연구》, 청년사, 1989

이차원, 〈백년전 이달 : 무슨일이 있었나 : 생신날 고종황제 코피에 독약/김홍륙 일당의
　　　《독차사건》 발생〉, 《한국논단》 109, 1998

이치현, 《1920년대 보통학교 〈수신〉 교과서 분석〉, 서울대 석사학위논문, 2002

임인재, 〈1895~1910년 평안도 사립학교 설립 과정과 주체〉, 《사학연구》 120, 2015

_____, 《1895~1910년 서북지역 공·사립학교 설립 연구》, 한양대 석사학위논문, 2015

임후남, 〈한국 근대초등교원의 양성〉, 《한국교원교육연구》 20-1, 2003

_____, 《대한제국기 초등교원의 양성》, 서울대 박사학위논문, 2002

장신, 〈한국강점 전후 일제의 출판통제와 '51종 20만권 분서사건'의 진상〉, 《역사와 현실》
　　　80, 2011

전민호, 〈학교령기 통감부의 교육정책 연구 : 학부 및 학부 산하 기관의·교직원 배치를 중
　　　심으로〉, 《한국학연구》 43, 2012

_____, 〈헐버트(H. B. Hulbert)의 활동과 교육사상 고찰〉, 《한국교육학연구》 16-1, 2010

전영배, 《해학 이기의 교육사상연구》, 서울대 석사학위논문, 1973

정길남, 〈개화기 국어교과서의 어휘와 표기에 관하여 : 《국민소학독본》, 《소학독본》, 《신정
　　　심상소학》을 중심으로〉, 《논문집》 23, 1990

정덕희, 〈대한제국 전기 초등교육재정 규모 추정〉, 《한국교육사학》 38-1, 2016

_____, 《구한말 개화기부터 8·15 광복까지의 가정과 교육의 변천에 관한 연구》, 경희대
　　　박사학위논문, 1993

정상우, 〈개항 이후 시간관념의 변화〉, 《역사비평》 50, 2000

정순우, 〈군사부일체 사회의 버팀목, 그러나 불우한 삶 ; 조선조 교사와 훈장의 삶〉, 규장각 한국학연구원 편, 《조선 전문가의 일생》, 글항아리, 2010

정숭교, 〈대한제국기 지방학교의 설립주체와 재정〉, 《한국문화》 22, 1998

정연태, 〈1910년대 일제의 농업정책과 식민지 지주제 : 이른바 '미작개량정책'을 중심으로〉, 《한국사론》 20, 1988

_____, 〈조선총독 寺內正毅 한국관과 식민통치 : 점진적 민족동화론과 민족차별 폭압정책의 이중성〉, 《한국사연구》 124, 2004

정예지, 〈1910년대 북간도 조선인학교의 연합운동회〉, 《만주연구》 12, 2011

정재철, 〈일제의 학부참여관 및 통감부의 대한국식민지주의 교육부식정책〉, 《한국교육문제연구소논문집》 1, 1984

조경희, 〈가정학의 성격과 한국 가정과 교육의 사적고찰〉, 《논문집》 3, 1977

조미은, 《일제강점기 재조선 일본인 학교와 학교조합 연구》, 성균관대 박사학위논문, 2010

조민아, 〈대한제국기 '가정학'의 수용과 가정교육의 변화〉, 《역사교육》 128, 2013

조성운, 〈대한제국기 근대 학교의 소풍·수학여행의 도입과 확산〉, 《한국민족운동사연구》 70, 2012

조현욱, 〈한말 이동휘의 교육진흥운동〉, 《문명연지》 5-1, 2004

최광만, 〈고려 국자감의 제도적 의미변화에 관한 연구〉, 《교육사학연구》 5, 1994

최보영, 〈육영공원의 설립과 운영실태 재고찰〉, 《한국독립운동사연구》 42, 2012

최봉영, 〈조선시대 유학교육과 '교학'의 의미〉, 《교육사학연구》 8, 1998

최혜주, 〈小田省吾의 교과서 편찬활동과 조선사 인식〉, 《동북아역사논총》 27, 2010

팽영일, 〈1905~1910년의 모범교육과 보통학교 일본어 교육〉, 《한국교육사학》 32-2, 2010

하명준, 《조선 후기~근대개혁기 평안도의 정치·문물 신장 연구》, 서울대 박사학위논문, 2016

한왕택, 〈개화기에 있어 병식체조의 성립과정에 관한 연구〉, 《한국체육학회지》 41-2, 2002

한용진, 〈개화기 사범학교 《교육학》 교재 연구 : 기무라 도모지의 《신찬교육학》을 중심으로〉, 《한국교육학연구》 18-1, 2012

_____, 〈근대적 교육공간의 성격과 한국의 근대학교〉, 《한국 교육학연구》 16-1, 2010

한우희, 〈일제식민통치하 조선인의 교육열에 관한 연구〉, 《교육사학연구》 2·3, 1990

허동현, 〈어윤중, 《수문록》·《재정견문》〉, 《한국사시민강좌》 42, 2008

허영란, 〈3·1운동의 지역성과 집단적 주체의 형성〉, 《역사와경계》 72, 2009

허재영, 〈광학회 서목과 《태서신사남요》를 통해 본 근대 지식 수용과 의미〉, 《독서연구》 35, 2015

찾아보기